동유럽 체제전환 과정과 통일 한국에 주는 의미

김철민·박정오 외 지음

HU:iNE

저 자

김 대 순 (한국외대 헝가리어과)

김 신 규 (한국외대 체코슬로바키아어과)

김 용 덕 (한국외대 폴란드어과)

김 철 민 (한국외대 세르비아·크로아티아어과)

박 정 오 (한국외대 루마니아어과)

안 성 호 (충북대학교 정치외교학과)

정 흥 모 (성균관대학교 정치외교학과)

<가나다 순>

머리말

1989년 사회주의 체제의 붕괴이자 공산주의 체제의 몰락으로 상징되는 베를린 장벽이 무너진 이후, 동유럽 국가들은 역사 전환의 새로운 물결 한 가운데에 서 있어야 했다. 사회주의를 벗어나 자본주의로, 공산주의를 넘어 민주주의로의 체제 전환이었다. 제2차 세계대전 이후로 등장한 사회주의와 공산주의 시기 동안 동유럽 민족들은 그들의 자유와 진실을 억압당해 왔고, 따라서 기존 체제로부터의 숨 가쁜 탈출은 많은 정치, 사회적 혼란과 경제적 고통을 불러왔던 게 사실이다. 하지만, 체제 전환 25주년을 맞이하고 있는 오늘날, 동유럽 민족들은 체제 전환 과정 중 발생하였던 여러 혼란과 어려움을 잘 극복하고 있으며, 경제 발전과 함께 자유 민주주의 체제의 소중함을 인식해 나가고 있는 중이다. 오늘날 우리는 세계사적 흐름에 역행하며 여전히 공산주의 체제만을 고집하고 있는 북한과 긴장 관계 속에 있으며, 이런 가운데서도 미래 통일 된 한반도에 대한 이상 국가를 꿈꾸고 있는 중이다. 이런 시점에서 공산화 과정과 체제 전환, 그리고 이후 진행되는 동유럽에서의 선험적 경험은 우리에게 있어 남다른 의미를 함축하고 있다 할 것이다.

본 저서는 동유럽 국가들의 공산화 과정을 비롯해 공산주의 체제 극복과 과거사 청산, 민주화 내용 등을 심도 깊게 분석함으로써 동유럽 체제 전환의 한국적 의미 모색과 함께, 자유 민주주의 체제의 소중함을 일깨우는 데 그 목적을 두고 있다. 더불어 본 저서는 동유럽을 직간접적으로 연구하고 있는 동유럽 전문가들의 시각과 분석, 그리고 그 동안 동유럽 공산화 과정 및 민주주의로의 체제 전환과 관련해 국내에 거의 소개되지 못해왔던 동유럽 현지 문헌들을 기초로 그 작업이 이루어졌다는 점을 밝히고자 한다.

무엇보다도 본 연구의 주요 테마인 동유럽 공산화 과정에서 비롯된 역사적 아픈 경험과 이후 진행된 민주화 및 체제 전환 과정 분석을 통해, 향후 다가오게 될 통일 한국의 여러 숙제와 문제들을 미리 예측하고 준비하는 토대를 마련한다는 점에서 기대 효과가 분명하다. 또한, 공산주의 체제 역사를 다시는 반복하지 않으려는 동유럽 국가들의 체제 역행 방지 노력들을 통해서 우리가 현재 누리고 있는 자유민주주의 체제의 소중함을 일깨우는 계기가 되었으면 한다. 마지막으로 한국 전쟁과 관련한 동유럽의 실증 문헌과 객관적 자료 분석들을 통해서 한국 전쟁 북침설 등 잘못된 역사관 수정 및 이를 통한 국민들의 올바른 역사관 정립을 유도해 보고자 한다. 무엇보다도 진실에 바탕 한 역사 분석과 소개를 통한 이러한 작업들 하나하나는 우리의 오늘과 미래를 지켜 줄 자유민주주의 체제 강화는 물론, 통일 한국 달성을 위한 소중한 자양분이 될 것으로 기대해 본다.

동유럽 현대사의 역사적 의미와 진실을 통해 동유럽 공산화 과정 및 체제 전환, 민주화 과정의 실제 모습들을 보다 깊게 분석하려고 한 본 연구는 주한 동유럽 대사들의 환영사들을 비롯해 내용상 크게 세 부분으로 이루어져 있다.

본 저서 출간에 대한 동유럽 국가들의 높은 관심은 연구를 위한 다양한 분야에서의 전폭적인 지원으로 이어졌다. 본 연구의 기초 작업이라 할 수 있는 현지 문헌 수집 및 기록보관소 문헌 발굴, 공산화 및 체제 전환 과정, 민주화 이후 동유럽의 현황 등 다양한 연구 내용에 있어, 현지 교수 및 전문가들의 실질적인 증언은 본 연구의 학술적, 사회 참여적인 가치를 높이는 데 기여했다고 할 수 있다. 무엇보다도 여러 바쁜 일정에도 불구하고 저서 출간 전 이를 기념하기 위해 진행된 학술대회 환영사를 써준 한국외국어대학교 이성하 대외부총장은 물론, 동유럽의 여러 대사들(주한 루마니아 컬린 파비안(Călin Fabian) 대사, 주한 폴란드 크쥐쉬토프 마이카 (Krzysztof Majka) 대사, 주한 헝가리 처버 가보르(Gabor Csaba) 대사)가 직접 쓴 저서 출간 환영사는 본 연구에 대한 동유럽 국가들의 관심 정도를 인식케 한다 하겠다. 여기에는 체제 전환 25주년을 맞이하는 현 시점에서, 동유럽 국가들과 한국과의 다양한 분야에서의 관계 증진 현황, 그리고 자유민주주의로의 체제 전환 이후 EU 가입 등 국제 사회의 일원으로써 발전을 거듭해 나가고 있는 동유럽 국가들의 여러 노력들이 소개되어 있다. 이러한 점은 본 저서 출간의 학술적 의미 외에도, 본 연구에 대한 동유럽 국가들의 깊은 관심을 확인할 수 있다는 점에서 그 의미가 크다 할 것이다.

체제 전환 이후, 경제 및 학술 교류 등 다양한 분야에서 동유럽과 한국과의 관계가 급속도로 증진되는 데 반해, 우리나라의 경우 일반인들은 물론 학술 연구자들에게 있어서도 동유럽에 대한 상식적이고도 보편적 내용조차도 잘 알려지지 않은 게 현실이다. 따라서 <국제사적 의미를 통해 본 동유럽의 자유 민주주의>란 주제를 제시한 본 저서의 첫 번째 장에서는, 동유럽 국가들의 공산화 과정과 체제 전환 과정 그리고 민주화 이후 현재의 모습을 간략히 분석해 보는 작업이 이루어질 것이다. 이 장에서는 동유럽에 대한 개념 정의 및 지정학적 의미와 함께, 제2차 세계대전 이후 현재까지의 전반적인 동유럽 역사에 대해 소개하고자 한다. 본 해당 부분은 2011년에 출간 된 김철민 교수의 저서(『(역사와 인물로) 동유럽 들여다보기』) 내용 중 '제 1장 동유럽 들여다보기', '제 4장 동유럽의 역사(II)' 부분을 각색하여 새롭게 정리한 것임을 밝히고자 한다. 여기에는 동유럽 용어의 개념과 기원 그리고 체제 전환 이후 용어 전환에 대한 구체적 설명과 함께, 국제사적 시각에서 본 지정학적, 지전략적 의미가 동유럽의 역사 형성에 있어 어떠한 의미를 던져주고 있는지에 대해 설명이 이루어 지고 있다. 이 외에도, 제 2장부터 소개될 동유럽 국가들을 포함하여 여타 다른 동유럽 국가들이 어떠한 과정 속에서 공산화에 굴복해야 했으며, 이를 벗어나 자유민주주의 국가로의 전환을 위한 노력들은 어떠했는지, 그리고 체제 전환 과정에서 발생한 연방 분열, 민족 간 내전 등 역동적인 여러 현상들에 대해서도 소개하게 될 것이다.

<동유럽 국가들의 공산화 과정, 체제 전환 노력과 민주화>란 주제로 들여다 본 본 연구의 두 번째 장에서는 동유럽의 공산화 과정 및 체제 전환 노력 그리고 민주화 과정을 현지 문헌과 시각에 따라 상세한 설명이 이루어지고 있다.

우선, 동유럽 민주화의 선구자적 역할을 수행해왔던 폴란드에 대해, 김용덕 교수는 크게 3부분으로 나누어 폴란드의 공산화 과정, 체제 전환을 향한 노력, 그리고 이후 과거사 청산을 향한 폴란드 정부의 노력들을 소개하고 있다. 첫 번째 내용에서는 "공산주의로 가는 폴란드만의 독특한 방식: 하이브리드 시스템"란 주제를 바탕으로, 사회주의 체제에 대한 혐오와 러시아에 대한 증오심을 지니고 있던 폴란드 민족 특성상 공산주의자들이 합법적인 방법으로 정권을 장악할 가능성이 거의 없었으며, 이에 따라 민족주의와 민족 해방에 호소하고자 했던 당시 공산주의자들의 독특한 공산화 과정에 대해 분석하고 있다. 두 번째 내용에서는 "폴란드 체제 전환: 노동자들이 주도한 민주화 운동과 원탁회의를 통한 타협을 중심으로"란 주제를 바탕으로, 폴란드에서의 체제 전환과 공산주의 체제의 붕괴는 외부와 내부 요인의 결합으로 인한 결과였다는 점을 강조하고 있다. 즉, 자신의 연구에서 본 연구자는 동유럽에 대한 소련 정책 변경, 1980년대 중반부터 악화된 경제, 사회 분위기, 공산주의 통제 폐지와 폴란드만의 고유한 사유화 과정, 민주 야권과 가톨릭교회의 활동 등이 역사적 연결 고리

를 따라 체제 전환으로 이어지게 되었다고 분석하고 있다. 마지막으로 세 번째 내용에서는 "청산되지 못한 폴란드의 과거사청산"이란 주제를 바탕으로, 체제 붕괴 이후 진행된 과거사청산 진행 내용과 현실적 어려움을 소개하고 있다. 여기에는 특히 폴란드 정부가 공산 정권으로부터 희생된 피해자들에 대한 보상, 탄압과 범죄를 저지른 자들에 대한 심판, 과거 공산 정권의 정보부 요원들과 협력자들이 체제 전환 이후 공직에 들어오는 것을 막는 규정 제정을 비롯해, 진정한 과거사 청산을 위한 '국가기억원' 탄생과 그 활동에 대해서 소개하고 있다.

"헝가리의 공산화 체제 극복 및 민주화 과정 고찰"을 주제로 헝가리의 자유민주주의 국가로의 체제 전환 과정을 분석하고자 한 김대순 교수는, 헝가리의 체제전환 과정이 비록 외형적으론 폴란드와 유사한 정치 엘리트 주도의 원탁협상의 형태를 띠었지만, 폴란드와는 달리 헝가리 공산당과의 권력 공유를 주요 목적으로 설정하지 않았다는 점을 강조하고 있다. 이를 기초로, 헝가리의 체제 전환 과정과 다른 동유럽 국가 간의 체제 전환 과정의 유사점과 상이점에 대해 상호 비교 설명하고자 했다. 특히 본 내용에서 연구자는 1948년 이후 공고화된 헝가리 공산화 과정에서 비쳐진 여러 특징들과 함께, 공산주의 체제 붕괴의 주요 요인들, 그리고 민주주의 체제전환 과정에서 비쳐진 여러 상황들을 살펴봄으로써, 향후 통일 한반도에 던지는 시사점을 제시하고자 했다.

체코슬로바키아는 공산 체제 하에서 상징적이고도 의미 있는 민주화 저항 운동을 낳은 대표적인 동유럽 국가라 할 수 있다. 김신규 교수는 "체코의 체제전환과 공산체제의 유산 극복 과정"이란 주제를 통해, 체코가 동유럽 탈공산주의 국가 중에서 민주주의 정착과 시장경제 구축에 가장 성공한 모델로 평가되는 일반적 시각과는 달리, 이 과정에서 대두된 여러 문제들이 현재까지도 다양한 형태로 상존하고 있음을 우려하고 있다. 특히, 과거 체제의 유산을 간직한 공산당이 민주주의의 틀 속에서 여전히 정치력을 지니고 있다는 점을 들어, 일부 체코인들이 자본주의로 진행되는 과정에서 발생한 경제적 격차 문제와 정당들의 부패에 대한 비판의 일환으로 과거에 대한 향수를 지니고 있지 않나? 라는 분석을 내놓고 있다. 이를 전제로, 본 연구에서는 체코의 공산화 과정 외에도, 민주주의 제도화에서 과거 유산을 어떻게 극복해 가고 있는지에 대해 구체적인 사례와 함께 여러 상황들을 제시하고 있다는 점에서 관심을 끈다하겠다. 이러한 분석은 향후 통일 한국이 들어설 경우 발생할 수 있는 여러 체제 역행의 시도들을 미리 확인해 보는 선험적인 연구가 될 수 있을 것이다.

동유럽 민주화 과정에서 역동적인 과정을 보여준 루마니아의 경우에 대해선, 현지 전문가적 시각에 따라 박정오 교수가 루마니아가 지니고 있던 독특한 공산주의 체제 내용과 공산화 과정에 대해 연구 분석해 놓고 있다. 우선 첫 번째 내용에서는 "루마니아와 북한의 공산주의 독재체제 비교 연구"를 통해, 김일성의 정책들을 숭상하였던 차우셰스쿠가 북한에서 습득한 '우상숭배사업', '족벌독재체제 구축', '부자세습' 그리고 '평양을 모델로 하는 수도 부쿠레슈티의 현대화 사업' 등을 루마니아에 어떻게 도입하고자 했는지를 설명하고 있다. 그리고 그는 이러한 이상들이 실행되는 과정에서 보인 차이점이 양국 간의 동서양 가치관 차이에서 비롯된 것이라는 점을 전제로, 양국의 사회주의 특징들을 하나씩 상호 비교 분석해 나가고 있다. "루마니아 공산화 과정 연구"를 주제로 진행된 두 번째 내용에서는, 당시 국제 정세에 대한 현실적 상황 언급과 함께, 루마니아의 공산화과정에 있어 중요한 요인들로 소련군의 주둔과 이에 대한 서방측의 인정, 그리고 공산주의 도입 초기 공산당에 대한 대중적 저항이 미약했던 점을 중심으로, 공산화 과정의 독특한 특징들에 대해 소개하고 있다. 마지막으로 "루마니아 공산주의 청산과 민주주의로의 전환"에서는 다른 국가들에 비해 민주주의와 시장경제체제 경험 미숙, 관료주의의 영향력 잔존이 결과적으로 루마니아의 민주화 및 개혁을 더디게 만들었으며, 그 결과 1989년 12월 유혈혁명으로 이어지게 되었다고 분석하고 있다. 더불어, 연구자는 비록 루마니아가 체제 전환 이후로 현재까지도 정치적 불안과 경제적 문제 등 여러 현안들이 잔존하고는 있지만, 이러한 시행착오들 속에 루마니아인들의 의식 속에는 역사와 문화, 심리적으로 이미 서유럽 자본주의와 민주주의의 매력이 깊숙이 들어와 있다는 점을 강조하고 있다.

세 번째 장에서는 앞으로 맞이하게 될 통일 한국의 고민과 숙제를 선험적으로 이해하기 위한 작업의 일환으로 <동유럽 체제 전환의 한국적 의미와 과제>라는 장을 통해 본 연구의 학술적 의미와 함께 미래 한국의 여러 고민 및 모습들을 그려보았다.

우선, 정흥모 교수는 "중부유럽의 민주주의 공고화: 체제전환 이후 폴란드, 헝가리, 체코의 정당·총선을 중심으로"에서, 무엇보다도 체제전환 국가에서 민주주의 공고화를 향한 논의와 논쟁이 왜 필요한지에 대해 동유럽 국가들(폴란드, 헝가리, 체코)의 사례를 들어 체계적으로 설명하고 있다. 그러한 배경에 대해, 그는 체제 전환 25주년을 맞이하는 현재까지도 동유럽 국가들은 각국에 적합한 정치제도 모델을 찾아 여전히 정치실험을 계속하고 있으며, 이러한 점이 바로 동유럽 국가들에게 있어 민주주의 체제의 공고화 필요성과 함께 이를 둘러싼 논쟁이 여전히 필요하다는 반증이라 주장하고 있다. 특히, 사례로 든 동유럽 국가들의 경우, 체제 전환이 성공한 이후로도 계속 진행된 자유 민주주의 체제의 실험 속에서, 체제전환 및 민주주의 제도의 피로감, 그리고 EU가입 전후로 대두된 여러 문제점들로 인해 예기치 못한 불만족스러운 현상들이 발생하고 있으며, 이러한 것들이 동유럽 지역에서 민주주의 체제가 정착하는 데 주요 걸림돌이 되고 있다고 언급하고 있다. 이러한 연구 배경을 바탕으로, 본 내용에서는 총선결과 분석을 통한 동유럽 정당 정치의 특징들을 살펴보고, 이것이 동유럽 민주주의 견인 및 체제 견고화에 어떠한 영향을 미치고 있는지에 대해 분석 평가하고자 했다.

안성호 교수는 "동유럽의 체제 전환 이후 한국과의 정치 관계 변동 연구"란 주제를 통해, 무엇보다도 동유럽 체제 전환 이후 한국과 동유럽국가들 간의 정상회담, 국제협정 등 정치, 외교적 분야 외에도 경제, 문화, 학술 교류 등에 있어서 상호 간 비약적인 발전을 해왔다는 점을 다양한 도표들을 통해 제시하고 있다. 또한 공산주의에서 민주주의로의 체제 전환 이후 동유럽 국가들이 추진한 민주주의 및 시장자본주의 발전, 인권문제의 향상, 그리고 세계평화 기여 등 다양한 분야에 걸쳐 한국이 추구하는 글로벌 정책과 공통점을 지니고 있으며, 앞으로도 협력할 부분들이 지속적으로 확대될 것이라는 점을 언급하고 있다. 따라서 동유럽 국가들과 한국과의 관계를 분석하고자 한 본 연구의 의미는 매우 크다 할 수 있으며, 특히 분단국가인 한국이 향후 남북통일 이후 북한의 체제전환이라는 과제를 안게 될 현실 속에서, 자유민주주의를 향한 동유럽 국가들의 체제전환 경험은 중요한 교훈이 될 수 있다 하겠다.

특히, 이 장에선 동유럽 국가들 중 한국 전쟁 당시 사회주의 국가임에도 불구하고 여러 국제 정치학적 여건 등으로 인해, 국제사적 사건들에 대한 객관적 시각을 견지할 수 있었던 유고슬라비아의 당시 비밀문서들과 외교 자료들, 현지 문헌들을 살펴보고, 이를 통해 오늘날 국내에서 여전히 논쟁중인 한국 전쟁의 기원과 배경을 둘러싼 오해와 진실을 실체적으로 검증해 나가고 있다. 김철민 교수는 "동유럽 기록에 비친 한국전쟁 기원 연구와 시사점: 유고슬라비아를 중심으로"란 주제에서 냉전이 최고조에 이르고 있던 한국 전쟁 당시 유고슬라비아가 양대 블록 어디에도 들어가지 않는 국제 역학적 상황 속에서, 블록내 다른 어느 국가들보다도 한국 전쟁에 대한 객관적인 시각을 지니고 있었음을 언급하고 있다. 이를 기초로 동유럽 국가들의 한국 전쟁에 대한 기원 이해와 전쟁 양상 그리고 그 진행과 국제사적 의미에 대해 분석하고 있다. 2008년 김철민 교수가 쓴 「한국전쟁과 동유럽: 유고슬라비아는 왜 남침설을 지지했는가?」의 분석내용을 토대로 저술한 본 연구는 한국 전쟁 종전 60주년이 지난 현재까지도, 한국 전쟁의 기원과 그 배경을 둘러싼 국내에서의 다양한 갈등과 여러 논쟁들 속에, 현대사적 진실을 찾아간다는 점에서 그 의미가 크다 할 것이다.

앞서의 언급처럼 본 저서는 동유럽 국가들의 공산화 과정을 비롯해, 공산 체제 극복과 과거사 청산 등 민주화 내용을 심도 깊게 다루고 있다. 이와 동시에 본 저서에서는 동유럽 전문가의 시각을 통해, 동유럽 국가들에서 발생한 체제전환의 선험적 경험이 우리에게 던지는 의미 또한 모색하고 있다. 이를 통해 자유 민주주의 체제의 소중함을 인식함은 물론, 앞으로 다가올 통일 한국의 문제점들을 미리 예측하고 준비할 수 있는 기본적 토대를 마련할 수 있을 것이다.

끝으로 동유럽 지역을 매개체로, 다양한 학문 분야에서 동행하고 있는 한국외국어대학교 동유럽학대의 교수님들과 동유럽발칸연구소를 비롯해, 여러 열악한 연구 환경 속에서도 동유럽 지역의 학문적 세계 증진을 위한 열의 속에 연구에 매진하고 있는 동유럽 전문가분들에게 감사 인사를 드린다. 또한 이러한 결실들이 나올 수 있도록 연구 지원을 마다하지 않은 동유럽 정부와 대사관 및 유관기관 관계자 분들에게도 감사의 말씀을 전한다. 만약 동유럽을 연구하는 동료 교수들과의 학문적 선의 경쟁이 없었다면, 국제적 중요성에 비해 국내 연구에서 소외되어 있는 동유럽 연구 저술의 한 퍼즐은 완성되지 못했을 것이다. 또한 순수 인문학 저서의 불투명한 사업성에도 불구하고, 좋은 책이 될 수 있도록 정성을 쏟아준 한국외국어대학교 지식출판원에도 감사를 드린다.

2014년 8월 30일

동유럽 연구를 향한 열정과 꿈을 담아

저자대표 **김철민**

Congratulatory Remarks

한국외국어대학교 이성하 부총장

East European and Balkan Institute has played and continues to play a leading role in our scientific research on the rapidly chaining East Central Europe and Balkan regions. In response to government's needs to pursue more aggressive academic exchanges with and conduct research on basic studies in East Central Europe and the Balkans, Hankuk University of Foreign Studies founded the East European and Balkan Institute on June 11, 1990 as a university affiliated research organization studying wide ranging areas of the former Soviet Union and Eastern European countries, including politics, economy, social issues and culture, in an effort to improve relations with those nations.

The East European and Balkan Institute at Hankuk University of Foreign Studies is the only academic institution in South Korea devoted to the study of the countries of the East Central Europe and the Balkans. Its mission is to serve our large and diverse community at the university and beyond by supporting instruction and dialogue, sponsoring vibrant, multidisciplinary events that bring together our extraordinary resources of faculty, students, and alumni. Most importantly, the Institute is committed to training the next generation of regional specialists to play leadership roles in setting the academic and scholarly agenda, making policy and challenging accepted truths about how we study our rapidly changing world.

The work that has taken place at East European and Balkan Institute over the past two decades has been remarkable and will be highlighted during today's events. But this conference is about more than past accomplishments. It is also about envisioning new paths for scientific research on East Central Europe and the Balkans.

I am sure you are all looking forward to those explorations and discussions as much as I am. It truly is going to be an exciting two days, as we remember, learn, and explore during this Conference. The Conference program reveals the diversity of the disciplines that are represented by both our speakers and the topics for discussion. In other words, this conference will embody East European and Balkan Institute' s spirit of interdisciplinary collaboration and the breaking down of barriers.

Before we get started today, I want to thank everyone who has helped make this 20th anniversary year event possible. From the members of the 20th anniversary planning committee, to our former directors and researchers, and to the people currently at the Institute who have contributed to the effort, everyone involved has made this a remarkable event, a 20th anniversary celebration to remember. Your efforts are very much appreciated.

Once again I would like to thank all of you for coming to participate in this Conference. I hope you enjoy this conference and have a pleasant stay in this nice season in Korea. Thank you so much for your attention.

What could be said in a few minutes about a two decades long process?

주한 루마니아 컬린 파비안(Călin Fabian)대사

Perhaps, the best recommended solution would be to bring together the beginning and the completion of the transition, namely, to show the way from a strongly centralized and severely isolated Romania deeply inspired by the personality cult of North Korea's Kim Il-sung in early 70s, to a fully integrated Romania in the Euro-Atlantic pattern and sharing the values governing democratic systems and market economies allowing a strategic partnership with the Republic of Korea in early 2000.

The mutual mirroring of the two extreme is undeniably a must, but by far it is not sufficient for an accurate analysis of the phenomenon and a good understanding of the costs and the benefits of the process.

To prove the importance of having a professional and profound looking inside the transition period of Romania I will only refer to the prediction of the Romanian political analyst who, early '90s, suggested that ***it would take at least 20 years for the country*** *to recover from the devastations of Ceausescu's rule.*

It is useless to say that most of the Romanians were outraged and vehemently denied what later was proven being an evidence.

Whatever pathfinder through the Romanian transition would dare to connect the two ends of this road, he has first to understand the mechanisms and the challenges and only than to give further answers accordingly.

Whoever that person is, he has to understand that the true meaning of a strongly centralized country/economy is the lack of the private sector and extremely controlled society by a powerful State Security establishment, lack of information, lack of civil-society movement, lack of private property and visible deteriorating living standards, visible discrepancy between words and facts.

Whoever that person happens to be, he has to acknowledge that there were certain cultural, social, political and economic challenges the Romanian society had to face during the transition period. Just a few examples: to fill the permanent gap between statements and facts; to recover from the syndrome of non-assuming policy; to agree on the limits of the irreconcilable concerning the previous regime without splitting the society to agree on those values which are to be considered beyond retrieve without denying our culture and traditions, to understand that solely the good will or good sense, without the frame of strict and precise rules, cannot express the true meaning of freedom and democracy; to understand and to accept that these most targeted values as freedom of thinking, freedom of speaking, freedom of movement are in the same package with transparency and partial giving up of individual sovereignty, to be creative without breaking the rules to do business without wishing to become rich over the night, to compete respecting the standards and the limit between being fair and using opportunities.

This would only be a pale flavour of what the real transition and related topics mean. From now on the true debate and the debate about the truth can start.

25th Anniversary of Post-Communist Transformations in Poland

주한 폴란드 크쥐쉬토프 마이카(Krzysztof Majka) 대사

25 years ago, in 1989 our part of Europe, Central and Eastern Europe entered a new age, free of the domination of communism.

In Poland this new era began exactly on February 6th, 1989 when so called "Round Table" talks began. Representatives of the communist regime, including high ranking communist party and government members and the opposition people, including Solidarity movement led by Mr Lech Wałęsa, sat down at the Round Table to hold talks, which initiated a peaceful transition of power in Poland.

Talks were actually held at the very big round table (more than 60 persons could sit around at the same time), which was made especially for this occasion and put in one of the palaces in Warsaw.

Round Table talks allowed to hold peacefully the first free elections in our part of Europe on June 4th, 1989. Later, in the autumn of 1990, free presidential elections were held, bringing to power Lech Wałęsa, famous Solidarity leader.

Free parliamentary election held in June 1989 in Poland actually meant that communism were finally defeated in our country. As the result of this elections first non-communist government were established in post-Soviet part of Europe. Lech Wałęsa said then: "*A lot has changed on first Sunday of 1989. On June 4th we have chosen a new Poland.*" For us this day marks the beginning of a successful, large-scale transformation of Poland's political and economic system. For Polish people this day marks the return of hope for sovereignty for the countries of Central and Eastern Europe and the beginning of a journey towards European unity.

At that time, we in Poland were united with "Solidarity" movement, which started back in 1980. Civic and patriotic life did not cease in the whole decade of 80's, despite censorship, repression and the Iron Curtain. The activities and demands submitted by Solidarity to the communist regime during the whole decade of 80's finally brought us to freedom. Poland's transformation allowed to dismantle the non-democratic system of power which had been forcefully imposed on the Central and Eastern European states and maintained by the Soviet Union. In 1991 Warsaw Pact was dissolved.

All these events paved the way for another important facts and developments in Polish contemporary history. In 1999, ten years after collapse of communism Poland became a member of North Atlantic Treaty Organization – NATO and in 2004 – a member of European Union. So we may say, that this (2014) year is very special for Poland – we celebrate 3 important anniversaries:

- 25 years of system transformation
- 15 years of accession to NATO
- 10 years of accession to the European Union.

NATO and EU accession brought a quite new situation and new possibilities for our country. NATO gives us better geopolitical position. We take advantage of membership of most powerful military treaty in the world. Poland is safe and secure as actually never in her long history. Even the recent events in Ukraine, quite near our east borders, can not change this. We feel that we have strong allies that we can rely on. Bill Clinton, US President at that time gave such a comment: "*Never again Poland will be refused the right to freedom, never again your safety and security will be in danger.*"

Polish accession to European Union has also been commented by many distinguished people. Herman van Rompuy, currently President of the European Council said: "*All Europeans are proud that Polish are the leading member of the European family, after having played a pioneer role in the democratic changes in Central and Eastern Europe.*"

EU membership gave us vast possibilities of economic development. Poland fully took advantage of this possibilities. Poland's growth, economic stability and competitiveness were fostered in large part by its membership in the EU. Positive impacts on the Polish economy from membership in the EU can be seen in exports, both to EU countries and non-EU countries, foreign investments flows, GDP growth as well as inflation rates.

Generally, system transition in 1989 allowed Poland to experience considerable economic growth. Our GDP in last 20 years rose 8 times, GDP per capita 7 times, foreign trade – 18 times. Polish economy is recently the fastest growing in European Union. We are the only EU country which maintained the GDP growth during the last global financial crisis.

We have also other solid anchors of the stability of Polish economy in future:

- rising domestic demand;
- large, young and creative population;
- growing export;
- developed consumer market.

Last, but not least, I want to say that thanks to the transformation in my country Poland established diplomatic relations with Republic of Korea on November 1st, 1989. Since then our mutual relations, both political and economic are very dynamic. Last proof of this good relations was a visit of our President Mr Bronis ł aw Komorowski to Korea in September last year. He also had a lecture here, on HUFS.

Now, in 2014 Poland is a country that has successfully completed its system transformation. It is a stable democracy with a developed free market economy, a reliable member of the international community and is playing increasingly important role in region, Europe and the world.

On Hungarian Transition: 25 Years Later

주한 헝가리 처버 가보르(Gábor Csaba) 대사

I was born in 1968 and therefore spent some twenty years of my life in a dictatorship that by the time of my birth had already started to be called Goulash Communism. While no doubt handicapped in more than one way, my generation's life was already a lot easier and more colorful than what fate had provided to our parents. We were children and young individuals in the 1970s and 1980s and in the past twenty-five years this generation has been given a great opportunity and the concomitant responsibility to change the course of Hungary and steer it to a destination where we always wanted to arrive, but from which we were excluded for far too long.

To begin with, it is important to point out that the dictatorship of Communist parties in Central and Eastern Europe could not have happened without the presence and active cooperation of the Red Army in the years immediately following WWII. While Marxist Utopia did have some appeal to the chattering classes, the regimes that emerged in the region around 1947-1948 were alien to the political culture and values of the affected nations. Although there were variations in the Soviet camp, the 1950s generally brought brutality on a scale countries in Central and Eastern Europe had not experienced before in peace time.

The regime I was born into at the end of the 1960s started experimenting with a new way of ruling Hungary. This came about in the broader context of détente but in Hungary's case one must highlight the significance of the 1956 revolution and freedom fight that despite its defeat clearly demonstrated the limits to which the Communist leadership could go. A new *modus operandi* had to be found: the old motto "he who is not with us is against us" had to be reworded and replaced by "he who is not against us is with us." Whereas certain issues such as Soviet occupation or the legitimacy of the dictatorship of the proletariat remained taboo, more openness was permitted from above. Hungary as the happiest barrack in the Socialist camp was born. After the mid-1960s, efforts were made to increase the standard of living, partially by a speculative move to allow certain market elements into our command economy. The country became more livable and rising living standards came to be increasingly the most important source of the Kádár regime's legitimacy. As, however, Goulash Communism had to be financed more and more from Western loans, this prepared the way to desperate financial maneuvering by the 1980s and a strengthening sense of an inevitable collapse.

Terms such as "Goulash Communism," or "Socialism with a Human Face", often applied to describe some of the region's Communist countries in the 1970s and 1980s, are all revealing in that they express these regimes' lack of legitimacy and their need to establish a new working *modus vivendi*. At the same time, these well-known labels somewhat concealed the fact that at their core, the Central and Eastern European regimes did not change until the very end, required big compromises from the individual, continued to cripple these societies, and were definitely not as human as the slogan meant to convey. Communism derailed the development of these countries and caused long-term damage that can only be undone by long years of hard work.

When referring to 1989 in Hungary, we tend to speak of it as *annus mirabilis*, the miraculous year. And indeed, it was miraculous how quickly a society apparently resigned to continuing to live on the unhappy side of history became energized and enthused by the prospect of regaining its freedom and sovereignty. 1989, however, was miraculous for yet another reason. Probably because with its relatively liberal communist regime and its fairly open society it was well-positioned to do so, twenty-five years ago Hungary was on the forefront of pushing the Communist dominoes and triggering a chain reaction in Central and Eastern Europe's Communist countries. After the inspiring cutting of the Iron Curtain on the Hungarian-Austrian border in May and June and the uplifting Pan-European picnic in August, on September 10 the Hungarian government, which had read the signals from the Kremlin correctly, made the deliberate, and at that time rather courageous, move of allowing 60,000 East German tourists to leave for the West. The opening of the Hungarian border lifted spirits in Central and Eastern Europe, as this first breach turned the dream of breaking the "Iron Curtain" barriers into a more realistic hope.

Many analysts have praised the success of Hungary's democratic transition and there is indeed a pretty impressive track record. Hungary established a functioning parliamentary democracy with elections regularly held every four years, effective checks built into the system and the separation of the three branches of power working well. For a long time, Hungary was the clear regional leader in terms of per capita FDI and fairly soon the previously dominant gray, so typical of the Eastern Bloc, disappeared and color returned to Budapest and the country in general. In less than fifteen years a lot of hard work also enabled Hungary to accomplish all of its most important foreign policy aspirations. We have joined all the relevant Western institutions and become a member of NATO and the European Union thereby firmly anchoring the country in a community of like-minded nations where we always wanted to belong and where we felt our rightful place under the sun was. Now we are working with other Member States to ensure the EU has the capacities and mechanisms allowing it to act as a strong, competitive and constructive international player. And all the while, Central Europe has been spared any major conflict and, with some friction here and there, we have been able to establish good working relations with our neighbors.

It is true that several expectations in Hungary and other former Eastern Bloc countries have turned out to be inflated and remained unmet and our transition has unfolded as a road somewhat bumpier than envisaged twenty-five years ago, we have every reason to celebrate the history-changing victory of freedom and democracy for millions of people in Central and Eastern Europe. We can take a lot of pleasure in how much better these times are, how vastly more human our life has become in the freedom we have regained, and how much greater opportunities we have. I agree with those suggesting that the past two and a half decades may very well have been the best in centuries in our history. There are certainly many lessons we can draw from the previous quarter-century but it is, indeed, frightening to ponder what the alternative to democratic and market economy transition could have been in our neck of the woods barring us from once again living in freedom and having an opportunity to realize our true potential.

목차

제2부 | 동유럽 국가들의 공산화 과정, 체제 전환 노력과 민주화 • 59

폴란드

3. 청산되지 못한 폴란드의 과거사청산 • 132

헝가리

1. 헝가리의 공산화 체제 극복 및 민주화 과정 고찰 • 154

체코슬로바키아

루마니아

제3부 | 동유럽 체제 전환의 한국적 의미와 과제 • 335

제1부

국제사적 의미를 통해 본 동유럽의 자유 민주주의

1. 동유럽 개념 정의 및 지정학적 특징

'동유럽(Eastern Europe)'이란 용어는 단순히 유럽을 동쪽과 서쪽을 나누는 지리적, 지역적 개념만을 의미하고 있는 것은 아니다. 동유럽이란 용어가 국제 사회에 대두되게 된 계기는 제2차 세계대전 이후 형성된 미국과 소련의 양대 블록 간의 체제 경쟁에 바탕 한 '냉전(Cold War)'이라는 국제 역학 구도라 할 수 있으며, 이러한 냉전 하에서 동유럽이란 용어는 이데올로기적 개념에 의해 구분되어진 다분히 정치적 개념에서 출발하고 있다. 즉, 제 1세계라 불리는 우리나라를 비롯한 미국 블록이 '서유럽' 혹은 '서구'로 묘사되며 자유 민주주의, 자본주의 진영을 상징했던 데 반해, 제 2 세계인 소련 블록은 '동유럽' 혹은 '동구'로 대비되며 공산주의, 사회주의 세력을 대변하는 용어로 사용되어져 왔었다. 이러한 이데올로기적 용어에서 출발한 동유럽이란 용어의 개념과 그 의미가 변화하게 된 시기는 바로, 1989년 베를린 장벽 붕괴로 상징되는 사회주의 체제의 몰락과 그 맥을 함께하고 있다. 소련은 제2차 세계대전 이후 사회주의 체제의 우월성을 입증하기 위해 우주 및 군사 등 다양한 분야에서 미국과 체제 경쟁을 지속해 왔었다. 하지만, 레이건 행정부 이후 미국은 현실주의적 전략 접근에 기초하여 경제력의 우위에 바탕을 둔 국가적 파워(Power)와 군사력의 우월적 지위를 보다 가속화시켜 갔고, 그 결과 소련은 1980년대 말에 들어와 미국과의 체제 경쟁에서 패배하였음을 시인해야만 했었다.

미국과의 체제 경쟁에서 소련의 몰락은 곧 바로 소련 블록내의 거대한 변화를 불러 왔다. 특히 유럽 내에서 소련 블록 하에 속해왔던 과거 동유럽 지역들의 국가들은 사회주의 체제 및 소련의 영향력에서 벗어나, 자유 민주주의, 자본주의 체제에 바탕을 둔 서유럽식 체제로의 전환을 서두르게 되었다. 중국 등 일부 국가처럼 점진주의(Gradualism) 요법에 따라 기존 체제 존속을 전제로 한 유연하고 부드러운 체제 전환을 시도했던 국가들이 있었던 데 반해, 제2차 세계대전 이후 오랜 동안 소련의 영향력 하에서 고통을 받아 왔던 동유럽 국가들은 급격한 체제 전환(Shock Therapy)을 추진하게 된다.[1] 동유럽에서 빠른 속도로 진행된 체제 전환은 비록 기존 사회주의 체제를 일소하고 새로운 민주주의 세력을 구축하는 데는 큰 기여를 할 수 있었지만, 그 속도에 비례하여 동유럽내 국민들은 거의 모든 분야에서 시스템 붕괴로 심각한 사회 문제 및 경제적 어려움 등을 경험해야만 했었다.

무엇보다도 동유럽은 유럽과 아시아 대륙을 연결하는 중요한 주요 통로라는 지정학적 특징을 지니고 있으며, 이러한 지정학적 운명

1) 동유럽의 체제 전환에 따라 과거 이데올로기적 구분에서 비롯된 동유럽이란 용어는 이제 더 이상 이들 국가들을 대변할 대표적 용어로 자리 잡게 어렵게 되었고, 이에 따라 유럽을 보다 지리적 개념으로 구분하는 새로운 용어들이 자리하게 된다. 결과적으로 과거 동유럽 국가들 중 중부유럽 권에 해당하는 국가들, 즉, 폴란드, 헝가리, 체코와 슬로바키아 등은 '중부유럽'으로, 그리고 발칸반도에 위치한 동유럽 국가들, 즉, 과거 사회주의 유고슬라비아 지역의 국가들(슬로베니아, 크로아티아, 보스니아-헤르체고비나, 세르비아, 몬테네그로, 마케도니아)를 비롯해 루마니아, 불가리아, 알바니아 등은 '발칸유럽' 혹은 '남동부유럽'으로 분류할 수 있을 것이다.

이 동유럽의 역사와 동유럽 민족들의 운명을 결정지었다고 할 수 있다. 이 지역은 고대 이래로 여러 민족들의 전략적 요충지로서 유럽, 러시아, 소아시아 등 열강들의 각축장이 되어왔으며, 그러한 역사적 경험은 오늘날까지 이어지고 있다.

역사적으로도 동유럽 중 중부유럽 지역은 게르만족의 일파인 아시아 유목민족과 고대 원주민간, 중세에는 프랑크 왕국과 슬라브족 간, 근대에는 오스트리아의 합스부르크 제국 및 러시아간 그리고 프로이센 등 독일 제국 간, 20세기 현대사에 들어와서는 서유럽 국가들과 소련 간 갈등 선상에 위치하면서 주변의 여러 제국들과의 힘겨루기 속에서 자신의 역사와 문화, 전통을 힘겹게 유지해 왔었다. 반면, 동·서로마 제국의 분기점에 자리한 발칸유럽 지역은 고대에는 그리스와 페르시아 간 각축전을 시작으로, 로마시대 이후로 중세에는 동로마(비잔틴 제국)와 이슬람 제국 간, 근대에는 합스부르크 제국과 오스만 터키 간, 러시아와 오스만 터키 간, 오스트리아-헝가리 제국과 러시아간, 이외에도 발칸 토착세력들 간의 영토 경쟁이 치열하게 이어져 왔었다 그리고 20세기 이후로는 사회주의 체제로의 전환 속에 소련의 영향력에서 벗어나기 위한 유고슬라비아의 독자노선과 루마니아의 자주노선이 자리한 곳이기도 하다.

유럽과 아시아의 여러 열강들 사이에 자리한 동유럽의 이러한 지정학적 위치는 마자르족에 의해 세워진 중세 헝가리 왕국이 유럽을 침공한 몽고와 오스만 터키군의 공격에 의해 왕국 존립이 어려워지는 상황에 이르게 했고, 세르비아와 불가리아를 비롯한 발칸유럽의 국가들이 약 400년 이상의 오스만 터키 지배를 받아들이는 결과를 초래하기도 했다. 더불어 한때 우크라이나 지역의 상당 지역을 차지하며 유럽의 강국을 유지하였던 폴란드는 러시아, 프러시아, 오스트리아 등 주변 열강들에 의한 수차례에 걸친 영토 분할 등으로 인해 18세기 이후로 약 120년 동안 세계사에서 그 역사가 사라지는 아픔을 겪기도 하였다. 이후 20세기 초에 들어와서는 발칸유럽의 영향력 확보를 둘러싼 발칸유럽 내 국가들 간의 전쟁(1912, 13년 제 1, 2차 발칸전쟁)과 서구 열강들(오스트리아와 러시아)간의 치열한 각축전이 계속해서 전개되면서, 결국 발칸유럽은 제1차 세계대전의 진원지가 되기도 하였다.

20세기 냉전 기간 동안, 동유럽 지역이 소련의 서유럽을 향한 중요한 완충지대(buffer-zone) 및 이해 영역(Interest sphere) 확대의 역할을 맡았다면, 1989년 민주화로의 체제 전환이 이루어진 이후로 21세기 현재에는 이들 동유럽 국가들의 NATO 및 EU 가입의 가속화에 따라 그 역학 구도가 반대로 전개되고 있다는 점도 재미있는 역사적 아이러니라 할 수 있을 것이다.

2. 사회주의 체제하 동유럽과 자유주의 운동

제2차 세계대전을 통해 소련은 중부 유럽을 비롯한 발칸 지역을 장악하였고, 이들 점령 지역에는 소련의 주도하에 사회주의 이념에 따른 공산화가 진행되게 된다. 하지만, 공산화 시기 동안 동유럽에선 소련의 지배권 강화와 공산당 독재 속에서도 소련의 일방적 지배를 거부하는 독자 노선 및 자주 노선 움직임이 확대되거나, 사회주의 체제에 저항하는 일련의 자유 운동들이 전개되게 된다.

우선, 폴란드의 경우 제2차 세계대전이 막바지로 접어들고 있던 1944년 말, 바르샤바 근교까지 진군한 소련군으로부터의 지원을 확신했던 폴란드 봉기군과 국내 공산주의자들은 독일에 저항하는 대규모 바르샤바 봉기를 일으켰다. 하지만, 소련의 지원 결핍과 무관심속에 결국 바르샤바 봉기는 아름다운 도시의 파괴와 대규모 희생만을 남긴 채 실패해야만 했었다. 이후 소련군은 폴란드 출신의 대규모 소련파를 중심으로 사회주의 체제로의 전환을 가속화 시켜 나가게 된다. 스탈린(Iosif Stalin, 1878-1953, 재임 1922-1952)은 우선, 1949년 11월 폴란드 군권을 소련파에게 완전히 이관시킨 이후, 폴란드 사회당과 노동당 그리고 통일 노동자당의 통합을 기초로 1952년 11월 새로 수립된 공화국 헌법에 따라 공산당 세력의 정권 장악을 완전히 성공시키게 된다. 이후 1956년 6월 후르시쵸프(Nikita Khrushchyov, 1894-1971, 재임 1953-1964)의 평화공존론에 자극받은 폴란드인들은 포즈난을 중심으로 노동 운동을 확대한 자유화 운동을 감행하였으나, 소련 영향력 밖으로 벗어나는 데에는 실패하였다. 하지만, 사회주의 체제에 대한 이러한 저항 움직임은 이후 계속 이어지게 된다. 1980년 육류가격 인상에 따른 노동자 파업은 레흐 바웬사를 중심으로 한 자유연대 노조(솔리다리티, Solidarity) 운동의 활성화를 낳았고, 뒤 이어 1989년 9월 동유럽 최초로 자유노조가 주도하는 비공산연정이 출범하는 결실을 이루게 하였다.

제2차 세계대전 이후에도 체코슬로바키아는 동유럽 국가 중에선 유일하게 미국이 주도하던 유럽 부흥을 위한 마샬플랜(Marshall Plan) 가입을 시도한 것처럼, 한 동안 사회주의로의 체제 전환에 그리 적극적인 모습을 보이진 않았다. 하지만, 1948년 2월 공산당 정권이 권력을 완전히 장악한 이후부터는 소련이 주도하던 '동유럽 상호경제원조회의(COMECON: Council for Mutual Economic Assistance)' 즉 '코메콘'에 가입(1949년)하고, 뒤 이어 사회주의 군사 공동체인 '바르샤바조약기구(Warsaw Treaty Organization)'에 가입하는 등, 정치는 물론 경제, 군사적으로 소련 예속화가 가속화 되게 된다. 하지만, 1960년대에 들어와 사회주의적 중앙 집중적 경제 시스템은 공산당 집권 전까지 유럽의 선진국으로 불려왔던 체코 경제에 심각한 위기를 불러왔고, 이것은 마침내 1968년 소위 '인간의 얼굴을 가진 사회주의 운동'을 목표로 한 슬로바키아인 출신인 두브체크(Alexander Dubček, 1921-1992, 재임 1968-1969) 중심의 '프라하의 봄'이 일어나는 배경을 형성케 하였다. 하지만, 이러한 계획 경제와 시장 경제를 혼합해 새로운 형태의 경제 시스템을 도입하려 했었던 체코의 움직임과 뒤 이은 자유화 시도는 결과적으론 소련의 직접적인 개입으로 실패하게 된다.

제2차 세계대전 당시 구축국에 가담하였던 헝가리는 소련군의 점령 직후 커다란 저항 없이 헝가리계 소련파들이 권력을 장악해 나갈 수 있었다. 특히, 헝가리는 1948년 스탈린주의에 입각해 당시 소련 지배에 반대하는 세력들을 '티토주의자'로 몰아세우며 대규모 숙청을 단행함으로써 강력한 친(親)소련 국가로 대두하게 된다. 하지만, 과도한 숙청 작업과 공산당의 지나친 권력 남용은 후르시쵸프의 평화공존론과 스탈린 격화 운동 그리고 폴란드 포즈난의 민주화 운동에 자극 속에, 1956년 10월 부다페스트 시를 중심으로 반(反)소련을 기치로 한 민주화 운동의 배경을 낳았다. 이에 놀란 소련은, 서구가 수에즈 운하를 둘러싼 서방 세계의 갈등을 틈타, 15만 명의 병력을 동원해 헝가리의 자유화와 민주화 의지를 꺾어 놓음으로써, 헝가리의 민주화는 1989년 이후로 넘어가게 된다.

1944년 9월 소련군의 불가리아 진격 이후, 불가리아에는 곧 바로 공산당의 권력 장악이 시도되게 된다. 권력을 장악한 공산당은 곧바로 친독 인사들에 대한 대규모 숙청 작업을 진행하였으며, 이어 1946년 10월 의회 선거를 실시해 공산당 정권이 들어서게 되자, 역시 소련 반대 세력들에 대한 숙청 작업 또한 진행하게 된다. 다른 동유럽 국가들에 비해 상대적으로 러시아와의 역사적 유대 관계가 강하였던 불가리아는 이후 강력한 친(親)소련 국가로 전환되게 된다.

하지만, 여러 역사적인 이유로 인해 러시아에 대한 감정이 좋지 못했던 루마니아의 경우는 소련에 의한 사회주의화가 그리 달갑지만

은 않은 과정이었다고 할 수 있다. 루마니아 또한 다른 동유럽 국가들처럼 1948년 소련과의 우호협력협정이 조인되고, 이어 스탈린식의 강력한 농업 집단화 과정이 진행되었다. 하지만, 일반 민중들의 소련에 대한 감정의 골은 결과적으론 1956년 후르시쵸프의 '사회주의 국제 분업(Socialist International Division of Labor)' 구상을 둘러싼 소련과의 갈등으로 이어졌으며, 1958년 6월 소련군의 루마니아 철수를 이끌어 낼 수 있었다. 그리고 뒤이어 1959년 12월엔 코메콘 내에서 가맹국들 간의 평등한 권리와 국익 존중에 대해 소련이 동의하는 결실들을 이끌어내는 동력이 되었다고 할 수 있다. 특히, 외교를 중심으로 정치, 경제 등 여러 분야에서 루마니아는 소련에 대한 일방적인 추종보다는 자국의 현실에 맞는 정책을 시행하려 노력하였으며, 이에 따라 동유럽 국가들 중에서 소련에 대한 자주노선 국가로 비쳐지게 되었다.

소련의 도움 없이 독자적 공산화를 이루어냈다는 것으로 자부심이 강했던 유고슬라비아와 티토(Josip Broz Tito, 1892-1980, 재임 1953-1980)는 문화, 종교, 역사적 차이점으로 갈라져 있던 유고슬라비아 내 민족들에게 민족 간 '형제애와 단결(Brotherhood and Unity)'이라는 당 강령을 통해 자력으로 공산화를 이루고, 알바니아 공산화를 지원함으로써, 발칸유럽의 영향권을 둘러싼 소련과의 갈등을 본격화하게 된다. 유고슬라비아와 소련과의 갈등의 대표적인 예는 1948년 티토와 스탈린 간 발칸유럽 주도권을 둘러싸고 일어난 '코민포름 분쟁(Cominform Conflict)'을 들 수 있다. 소련의 직접적인 영향력이 직접적으로 다다르지 못하고 있다고 판단한 유고슬라비아에 대해, 스탈린은 완전한 통제권 장악을 위해 공산당 연합체인 코민포름 본부를, 국가들 간의 정중앙에 자리한 체코 프라하에 두자는 다른 동유럽 국가들의 만류를 뿌리치고, 유고슬라비아의 수도 베오그라드에 설치하게 하였다. 하지만, 유고슬라비아는 소련 군사 고문단과의 마찰은 물론 소련의 강력한 반대에도 불구하고 국내 소련파 색출 작업을 단행하였고, 이것은 결과적으로 발칸유럽에 대한 완전한 장악을 시도하려 했던 스탈린을 자극시키게 된다. 이어 스탈린은 티토와 유고슬라비아를 사회주의 공동의 적으로 몰아세우며, 사회주의 블록에서 축출할 것을 결의하였고, 유고슬라비아에 대한 군사적 위협을 진행하였지만, 1950년 한국 전쟁 발발로 인한 군사 개입 지연과 1953년 그의 사망으로 인해 결국 실패하게 되었다. 이후 유고슬라비아는 새롭게 권력을 잡은 후르시쵸프로 부터 '사회주의로 가는 각자의 길'이 있을 수 있다는 점을 약속받을 수 있었고, 이후 동유럽 국가들 중에선 유일하게 모든 분야에 있어서 독자적 노선을 진행해 나갈 수 있게 되었다. 또한 이것은 훗날 유고슬라비아가 비동맹주의에 바탕을 둔 제3세계 블록을 결성하고, 제3세계 국가들의 리더로써 국제 사회에서 커다란 활약을 하는 데 바탕을 마련해 주게 된다.

3. 공산주의에서 민주주의로의 힘찬 항해

제2차 세계대전 이후, 수차례의 우주선 발사로 상징되는 우주전쟁과 세계 여러 지역에서 양 블록을 대변했던 대리전쟁들, 핵무기를 비롯한 군비 확산, 블록 내 경제적 결속과 군사력 강화 작업 그리고 외교적 대립 등 세계 각 지역에서 미국 블록과의 냉전을 지속해 오던 소련은, 1980년대 경제적 어려움에서 비롯된 여러 전반에서 심각한 문제점에 봉착하게 된다. 기존의 사회주의 경제 시스템만 가지고는 더 이상 미국 블록과의 체제 경쟁이 어렵다고 판단한 소련의 고르바초프는 1985년 3월 당서기장에 오른 이후 페레스트로이카로 상징되는 개혁 정책을 선언하였다. 하지만, 사회주의 체제를 유지하며, 일련의 구조 개혁을 실시하려 했던 그의 초기 의도는 결과적으로 연 이은 실패와 예상치 못한 결과들을 낳게 된다. 소련 내에서 시도된 자본주의적 시장 경쟁 체제의 도입은 내부의 개혁을 유도하기보다는 오히려 그 동안 소련이 경제적 효율화를 위해 유지해 왔던 연방 내 각 공화국별, 지역별로의 사회주의 분업 체제 시스템을 무너지게 하는 결과를 가져왔다. 이에 따라, 소련은 자연스럽게 연방 해체의 길로 들어서게 되었고, 연방의 해체는 곧 바로 소련의 영향력에서 벗어나려는 동유럽 국가들의 일반 민중들을 자극하게 된다.

동유럽 국가들에 대한 더 이상의 경제, 군사적 지원과 국가 통제가 어렵다고 판단한 소련의 방관 속에, 동유럽 각 국들에선 소련 영향력으로부터의 이탈을 위한 움직임이 확산되게 된다. 이것은 1917년 러시아 혁명 이후로, 약 50년에 걸쳐 세계 곳곳에서 정치, 경제, 사회, 문화 분야에서 새로운 실험을 시도 하였던 사회주의 체제가 자유 민주주의에 패배하고, 체제의 문제점을 노출시키는 것을 의미하였다. 동유럽 국가들에 대한 소련의 통제권 포기는, 곧 바로 동유럽 국가들에서 민주주의와 자유화를 향한 대규모 민중 집회로 이어졌으며, 이것은 곧 바로 동유럽의 공산당 정부 와해와 공산 정권의 붕괴로 이어지게 되었다.

1989년 11월에 들어와 사회주의 체제의 견고성으로 상징되던 베를린 장벽이 붕괴되었고, 이어 동유럽 곳곳에선 사회주의 체제의 몰락과 공산당 일당 독재 폐지, 그리고 뒤 이은 다당제 선거가 치러지면서 급격한 변화가 일어나게 된다.

이러한 변화에 가장 앞장선 국가는 사회주의 기간 동안 소련과 사회주의 체제에 끊임없이 저항하고, 특히 1980년 자유연대 노조를 중심으로 민주화와 자유화를 부르짖었던 폴란드라 할 수 있다. 폴란드는 1970년대 오일 쇼크 이후로 인한 에너지 가격 상승 그리고 원자재 부족 현상이 누적되면서, 1980년대 심각한 경제 위기를 경험해야 했었다. 1970년대 중반 이후로 단행된 물가 인상 조치로 식료품 가격들의 폭등이 이어지자, 교황 요한 바오르 2세(Pope John Paul II, 1920-2005, 재임 1978-2005)를 비롯한 폴란드 가톨릭교회의 지원 아래 노동자들은 자유연대노조를 중심으로 대규모 반정부 시위를 전개해 나가기 시작하였다. 이것은 결과적으로 1989년 4월 폴란드 공산당 정부와 바웬사(Lech Wałęsa, 1943- , 대통령 재임 1990-1995)를 중심으로 한 자유연대노조 간의 타협을 위한 '원탁회의'를 이끌었고, 여기에서 양측은 자유선거에 의한 양원제와 다당제 도입 및 민주 선거라는 합의를 이끌어내게 된다. 1989년 6월 치러진 선거에서 폴란드 공산당 정권의 예상과는 달리 공산당은 완패하였고, 상, 하원의 거의 모든 의석이 자유연대노조 몫으로 돌아감에 따라, 폴란드에서의 사회주의 체제는 자연스럽게 무너지게 되었다.

체코슬로바키아 민중들은 1968년 '프라하의 봄'이 실패한 이후, 공산정권에 대한 적극적 저항을 보이지 않아왔으며, 침묵 속에서 정치에 철저히 무관심한 태도를 보여 왔던 게 사실이다. 이러한 일반 대중들의 침묵과 무관심은 1970년대를 거치며 1980년대 경제적 위기가 심각한 상태에 이르고 있을 때 까지도, 여러 개선 방법을 시도하고자 했던 다른 동유럽 국가들과는 달리 체코슬로바키아 정부가 여전히 과거의 경제 시스템을 버리려 하지 않으려 했던 배경 중 하나가 되었다고 할 수 있다. 하지만, 1985년 고르바초프의 개혁과 개방 정책이 선언되자, 체코슬로바키아 정부는 현실적 대안이 없는 가운데 사회주의 체제의 틀 내에서 일련의 소규모적인 개혁을 시행해야만 했었다. 이와 동시에 정부는 과거 '프라하의 봄'과 같은 사태 재연을 방지하고자 했으며, 이에 따라 정부 비판론자들에 대한 무차별적인 체포와 구금을 단행해 나갔다. 이 당시 훗날 대통령으로 당선되어 체코 민주화를 성공적으로 이끌었던 것으로 평가받은 작가이자 시인인 하벨(Václav Havel, 1936-2011, 재임 체코슬로바키아 1989-

1992, 체코 1993-2003) 또한 1989년 1월 체포되게 된다.

그러나, 사회주의 체제를 유지하려던 체코슬로바키아 공산당 정부의 여러 노력에도 불구하고, 다른 동유럽 지역에서 확대되고 있던 민주화와 자유화의 열기는 피할 수 없는 당면과제로 다가오고 있었다. 1989년 4월 폴란드에선 원탁회의를 통해 다당제 선거가 합의되었고, 동년 5월 헝가리 정부는 오스트리아로의 국경 개방 및 장벽 철거 단행을 결정했다. 더불어, 수천 명의 동독인들이 오스트리아로의 국경을 넘어 헝가리를 거쳐 서유럽으로의 탈출을 감행하고 있는 가운데, 1989년 여름에 들어와 공산주의자들은 자유를 향한 동독인들의 서유럽과 서독으로의 탈출을 더 이상 막기가 어려운 상황에 처했다는 것을 확인하게 된다. 1989년 10월 동독 정부 청사가 민주주의를 부르짖는 시위대들에 의해 접수되었고, 이어 동년 11월에는 베를린 장벽으로 불려왔던 베를린의 브란덴부르크(Brandenburg) 장벽이 시민들에 의해 파괴되었다. 무엇보다도 베를린 장벽 붕괴 소식은 그동안 침묵과 무관심으로 일관해 왔던 체코슬로바키아의 일반 시민들을 크게 자극하였고, 이어 민중들의 공산 정권에 대한 저항 운동이 본격적으로 시작되게 된다. 1989년 11월 프라하에선 하벨의 민주화를 향한 연설이 이어졌으며, 비슷한 시기 슬로바키아의 수도 브라티슬라바(Bratislava)에선 1968년 '프라하의 봄'을 이끌었던 두브체크의 연설이 민주화를 향한 열기를 보다 확산시키는 계기를 마련해 주었다. 공산당 정부는 서기장과 수뇌부 교체를 통해 체제를 유지하려 노력하였지만 모든 것이 실패로 돌아갔고, 이에 정부는 민중들의 요구인 일당 독재체제 폐지와 다당제 선거를 받아들여야만 했었다. 곧바로, 민주 야당인 '시민포럼(Civic Forum)'이 결성되었고, 1990년 6월 총선에선 시민포럼의 압승과 함께 하벨이 대통령으로 당선됨으로써 체코슬로바키아의 체제 전환이 완결되게 된다.

헝가리에서도 민주화와 자유화는 피해갈 수 없는 중요한 역사적 흐름으로 다가왔다. 사회주의 기간 동안 헝가리 공산당 정부 내에선 사회주의 경제 시스템의 단점을 보완하기 위한 일련의 노력들이 전개되어 왔었다. 특히, 1956년 너지(Imre Nagy, 1896-1958, 재임 1953-1955, 1956)를 중심으로 한 헝가리 혁명이 소련의 개입으로 실패한 이후에도, 헝가리는 경제 활성화를 위한 당 내부에서의 여러 의견들이 받아들여져 시장 경제 요소의 도입과 자본주의적 인센티브 도입에 상대적으로 적극적인 자세를 취하였다. 따라서 동유럽은 물론 세계 경제의 위기가 확산되고 있던 1980년대 초에 헝가리는 이미 사적 경제의 합법화 함께 국영 기업들의 민영화 및 임대 사업들이 일부나마 시행되고 있었고, 이것은 헝가리 경제의 중요한 버팀목이 되고 있었다. 이러한 조치들이 어느 정도까지는 헝가리 경제의 안정화에 도움을 줄 수 있었지만, 사회주의 체제 내에서의 개혁에는 분명한 한계점이 존재하고 있었다.

다른 동유럽 국가들에 비해 상대적으로 보다 진보적이고 자유주의적인 헝가리 공산당 내에서의 성향은 1989년 2월에 들어와 '1956년 헝가리 혁명'에 대한 역사적 재평가를 단행하는 계기를 마련해 주었으며, 뒤 이어 다당제 선거 및 자유 의회제 도입을 이끌어내는 계기가 되게 된다. 또한 1989년 5월에 들어와 헝가리 정부는 오스트리아와의 국경선을 개방하는 등 철의 장막을 제거하여 동독 및 다른 동유럽 민중들의 서유럽으로의 탈출을 도왔으며, 난민 탈출을 방조하였다는 동독 정부의 비난에 부딪히자 곧 바로 이 문제를 UN에 제소하여 동독인들의 제 3국으로의 대량 탈출을 돕는 등, 결과적으로 동유럽의 민주화를 앞당기는 데 일조하였다. 이어 1989년 10월 의회에서 1956년 혁명 당시 활약했던 너지의 명예 회복과 함께, 다당제와 민주주의 국가로의 전환을 담은 신헌법이 발표되었고, 이에 따라 헝가리의 체제 전환이 완료되게 된다.

역사적으로 불가리아는 러시아와 매우 밀접한 유대 관계를 구축해 왔던 게 사실이다. 같은 슬라브 민족이자, 지정학적으로 흑해 연안 내 러시아의 주요 이해 국가로 인정받아 왔던 불가리아는 러시아로부터 오랜 동안 경제, 외교적 지원을 많이 받아왔었다. 특히 러·터 전쟁이후 맺어진 1878년 3월 산 스테파노(San Stefano) 조약에서 러시아는 불가리아의 독립은 물론 영토를 크게 확대시켜 주고자 했고, 이러한 역사적 인연은 양국 간의 관계를 보다 친밀하고 우호 있게 만드는 계기를 마련해 주었다고 할 수 있다. 이러한 우호 관계는 제2차 세계대전 이후 수립된 사회주의 체제에서도 계속 이어졌다. 다른 동유럽 국가들에 비해 소련은 불가리아에 대한 경제, 문화적 지원을 아끼지 않았고, 이것은 발칸유럽에서 다른 국가들에 비해 불가리아가 다소 발전된 국가로 성장하게 하는 밑거름이 되게 하였다. 하지만, 1989년 이후로 불어 닥친 동유럽의 민주화 열기는 불가리아에서도 또한 급격한 변화를 불러왔다.

중세부터 이어진 오랜 동안의 터키 지배라는 역사적 경험으로 인해 불가리아에는 터키 소수 민족 문제가 자리하고 있었는데, 1980년대 들어와 불가리아 공산당은 이들 이슬람 터키인들을 과거 오랜 터키 지배 하에서 이슬람화 된 불가리아인으로 규정하였고, 이들의 불가리아화 작업을 강제적으로 진행하고자 하였다. 이를 거부하는 터키 소수 민족들에 대해선 터키 본토로의 강제 이주 정책을 추진하게 된다. 하지만, 이것은 터키 소수 민족들의 정권 반대 운동을 촉발하게 하였으며, 이 사건은 또한 공산당 정부가 이전까지 전혀 예상치 못했던 새로운 변화를 낳게 하였다. 터키계 소수 민족 문제로 터진 불가리아에서의 반(反)공산당 운동은 곧 바로 베를린 장벽 붕괴 소식과 함께, 심각한 대중 저항을 낳는 도화선이 되게 된다. 계속되어 이어지는 대규모 시위 속에 불가리아 공산당은 1990년 6월 이후로 야권 세력들과 다당제 선거 및 민주주의 제도 구축을 위한 일련의 협상을 진행하였다. 하지만, 민주주의 틀을 잘 갖춘 튼튼한 정당일수록 시간이 많이 걸린다는 정당 성립의 속성상, 불가리아는 여러 정당들의 난립과 일반 대중들의 민주 정치에 대한 의식 결여로 인해 민주화로의 전환 이후에도 한 동안 사회적 혼란을 감수해야만 했었다.

자유화, 민주화로의 시대적 진행을 이어갔던 다른 동유럽 국가들에 비해 끝까지 사회주의 체제를 고수하려 했던 루마니아의 경우는 보다 다이내믹한 결론으로 그 끝을 맺게 되었다. 다른 동유럽 국가들처럼 루마니아 또한 1980년대 심각한 경제 위기를 맞이해야만 했다. 하지만, 주변의 사회주의 경제 시스템의 보완 요구에 대해 독재자 차우셰스쿠(Nicolae Ceaușescu, 1918-1989, 재임 1965-1989)는 사회주의 체제의 문제점보다는 이를 시행하는 관료들의 태도와 시행 방법에서 문제점 해결을 찾으려 하였다. 따라서 소련의 개혁 정책 발표 그리고 이에 따른 폴란드와 헝가리 등 다른 동유럽 국가들에서의 민주화 움직임과 자유주의 운동이 구체화 되던 시점까지도, 루마니아에선 경제 개혁 및 민주화를 향한 일련의 정책 시도가 전혀 보이지를 않았었다.

루마니아에서 일반 대중들의 민주화 열기가 구체화 된 계기는 1989년 12월 트란실바니아의 티미소아라(Timisoara)에서 헝가리 출신의 라즐로 토케스(Laszlo Tokes) 사제가 반정부적 발언과 동시에 비밀경찰에 의해 체포된 직후부터라 할 수 있다. 공산당 정부 및 루마니아인들의 소수 민족 지배 정책에 불만을 지니고 있었던 트란실바니아의 헝가리 소수 민족들은 토케스 신부를 지키기 위해 모여들었고, 이어 정부군의 진압 속에 수천 명의 사상자가 발생하게 된다. 이 사건은 루마니아 전역에 반(反)공산당 운동의 전기를 마련해 주었다. 당시 경제적 지원을 논의하기 위해 이란을 방문하고 돌아 온 차우셰스쿠는 사회주의 체제의 우월성을 강조하기 위해 혁명 광장에 관제 데모를 소집하였지만, 대중들의 반(反)정부 구호와 반(反)차우셰스쿠 운동의 확산을 확인해야만 했었다. 탱크 등을 동원한 군인들의 무차별적인 진압에도 불구하고, 시민들의 민주화 시위는 계속 확산되어 갔고, 이어 정부 청사와 국영 방송국이 시민군에 의해 점령당하게 된다. 민주주의와 독재 타도를 부르짖는 무장한 시민군과 이를 저지하려는 군부대 간에 수차례 격전들이 발생하였고, 이에 놀란 차우셰스쿠와 그 가족은 도망하는 길목에서 결국 체포되어 군법재판소에 회부 된 후 바로 총살당하는 비극을 맞이해야만 했었다. 이후 민주화의 길로 들어섰지만, 불가리아의 경우처럼 루마니아 또한 야권 세력의 분열과 정당들의 난립으로 인해, 과거의 공산당 정권에서 여러 혜택을 받아왔던 노멘쿨라트라(Nomenkulatura) 계층들이 다시 권력을 잡음으로써 1996년 민주 야당 세력이 새롭게 권력을 획득하기 이전까지 한 동안 혼란의 길을 가야만 했었다.

다양한 민족과 종교, 그리고 문화가 복잡하게 혼재하였던 사회주의 유고슬라비아 연방의 경우는 앞서의 다른 동유럽 국가들에 비해 보다 역동적이고 안타까운 방향으로 민주화가 진행되게 된다. 1980년 5월 티토의 사망이후 유고슬라비아 연방은 티토가 구상해 놓은 각 공화들 간의 합의체인 집단지도체제하에서 혼란의 시기를 보내야만 했었다. 티토 사망이후 어떠한 구심점이 없는 가운데, 1980년대에 본격화 된 경제적 어려움은 공산 정권 유지의 위기를 불러왔고, 이에 따른 각 공화국들의 이기적인 경제 정책 수행과 공화국 간, 민족 간 갈등 심화는 이러한 위기를 크게 확대시키고 있었다. 특히, 1987년 세르비아의 밀로쉐비치(Slobodan Milošević, 1941-2006, 재임 세르비아 1991-1997, 연방대통령 1997-2000)가 코소보(Kosovo) 언덕에서 그 동안 체제에서 금기시 해왔던 민족주의를 향한 강력 발언을 한 이후부터, 민족 간 해묵은 감정 대립은 보다 중요한 이슈가 되게 된다. 이어, 1988년부터 이어진 노동자들의 파업과 함께, 1989년에는 2,000%라는 천문학적인 인플레이션이 발생하면서 유고슬라비아는 연방 분열의 위기를 맞이하게 되었다.

6개 공화국으로 구성되어 있던 유고슬라비아 연방 내에는 공업 지역인 북부 지역 공화국(슬로베니아, 크로아티아)과 낙농업 지역인 남부 지역 공화국(세르비아, 보스니아-헤르체고비나, 몬테네그로, 마케도니아) 간의 경제적 격차를 지니고 있었다. 경제적 위기는 곧 바로 경제 문제 해소를 위한 방침을 둘러싸고 이들 빈부 국가들 간의 공화국 간 감정싸움으로 이어졌다. 이런 가운데 대두된 동유럽의 민주화 열기와 베를린 장벽 붕괴 소식은 개별 공화국들에서의 다당제 선거 도입 및 민주주의 국가로의 전환이라는 이슈를 낳았다. 1990년 1월 제 14차 유고슬라비아 공산당 전당대회에서 경제 문제 해결 및 미래 국가 수립에 대한 공화국 간의 의견 통합이 실패로 돌아가자, 연방은 곧 바로 해체의 길을 가게 된다. 뒤 이어 유고슬라비아에서의 민주화는 수차례의 연방 분열 과정 속에서 연방으로부터 독립해 나가려는 공화국들과 이를 저지하려는 세르비아의 입장이 충돌하면서 오랜 기간의 내전과 인종 학살로 이어지게 되었다.

4. 민주화이후 동유럽, 갈등의 극복과 희망의 미래

거대한 역사적 흐름이 되어 버린 민주화, 자유주의 체제로의 진행이 가속화 된 이후 동유럽 국가들에서 나타난 대표적인 양상은 크게 두 가지로 특징지을 수 있다. 첫 번째는 연방 국가들의 분열과 민족 간 분쟁 심화며, 두 번째는 동유럽 국가들의 EU 및 유로존(Eurozone) 가입과 이를 위한 노력이라 할 수 있을 것이다.

민주화를 단행한 동유럽 국가들 중 민족 간 분열 및 분쟁으로 가장 큰 고통을 겪었던 국가는 무엇보다도 유고슬라비아를 꼽을 수 있을 것이다. 동유럽 모든 지역에서 민주주의와 자본주의로의 체제 전환

이 급격하게 전개되는 상황 속에서, 유고슬라비아 연방은 다소 다른 양상에 따른 체제 전환의 고통이 더해지고 있었다. 1개의 연방 국가 안에 2개의 문자(라틴과 키릴 문자), 3개의 주요 종교와 상이한 문화(정교, 가톨릭, 이슬람), 6개의 주 민족과 2개의 소수 민족 그리고 6개의 공화국과 2개의 자치주로 구성되어 있었던 유고슬라비아는 동유럽에서도 대표적인 종교와 문화의 모자이크 국가였다.

경제적 위기와 동유럽의 민주화 열풍에 따라, 유고슬라비아에서는 슬로베니아, 크로아티아를 중심으로 각 공화국들의 연 이은 연방 탈퇴 선언이 이어졌고, 오랜 동안 연방 내에서 정치와 군사 주도권을 행사하여 왔던 세르비아는 이를 저지하려는 군사적 대응 움직임을 가시화 하였다. 처음에는 연방으로부터 독립 후 유럽의 일원이 되고자 했던 슬로베니아에서 시민군과 연방군간의 10일 간에 걸친 내전이 발생하였고(1991년 6월), 뒤 이어서는 슬로베니아와 함께 독립을 선언하였던 크로아티아에서 그리고 1992년 3월엔 역시 독립을 선언한 보스니아-헤르체고비나에서 내전이 발발하게 된다. 유고슬라비아 지역에서 발생한 내전은 1995년 10월 '데이턴 합의안(Dayton Agreement)'이 발효될 때까지 이어졌으며, 약 30만 명에 가까운 인명 피해와 250만 명의 난민 그리고 소위 '인종 청소(Ethnic Cleansing)'라는 비극적인 용어의 탄생을 낳게 하였다. 이후 유고슬라비아 연방은 각자 6개 공화국(슬로베니아, 크로아티아, 보스니아-헤르체고비나, 세르비아, 몬테네그로, 마케도니아)으로 나눠지게 된다.

잠시 동안 가라앉았던 유고슬라비아 지역의 민족문제는 1998년부터 확대된 세르비아 내 코소보 자치주에서의 세르비아인과 알바니아인 간의 민족 갈등이 다시 불거지면서 부터이다. 코소보에서의 민족 간 분쟁 심화는 국제 사회의 개입과 함께 마침내 1999년 3월 NATO군의 코소보 전쟁(1999년 3월 - 6월)이라는 국제 전쟁을 낳게 하였다. 비록 알바니아인이 주민족으로 있는 코소보 정부가 2008

년 2월 세르비아로부터의 일방적 독립을 선언하였지만, 이 문제를 두고 독립 인정을 주장하는 미국 등 서방 세력과 이를 인정해 줄 수 없다는 중국과 러시아 등 간의 갈등이 재현되면서 과거 냉전 시대와 유사한 블록 간 대립양상이 전개되고 있는 상황이다. 이처럼 향후 코소보의 미래를 둘러싼 열강들 간의 대립으로 인해, 국제 사회는 현재까지도 코소보 문제 해결을 위한 별 다른 대응책을 찾지 못하고 있으며, 이로 인한 다른 발칸 유럽 내 민족 갈등 또한 일련의 불씨를 안고 있는 상황이라 하겠다.

민족 간 충돌과 내전으로 귀결된 유고슬라비아 연방의 분열은 역시 연방 내에서 공화국 간, 민족 간 갈등을 안고 있었던 체코슬로바키아에게도 많은 교훈을 안겨주게 된다. 다른 동유럽 국가들과 마찬가지로 체코슬로바키아 또한 1990년대 민주화에 따른 여러 정당들의 난립이 이어졌고, 이것은 이후 연방을 구성하고 있던 체코와 슬로바키아 정치 지도자들 간의 정책 갈등과 다툼을 불러오게 하였다. 오랜 기간 동안 오스트리아의 직접적인 영향을 받아왔던 체코는 상대적으로 부유한 공업 지역이었고, 농업 국가였던 슬로바키아는 역사적으로 체코에게 일련의 피해 의식을 지니고 있었다. 특히, 슬로바키아인들은 양차 대전 동안 공업 국가였던 체코로부터 원자재 및 원료 공급 기지로써 여러 형태의 무시와 착취를 받아왔다고 여기고 있었다. 이러한 점은 2차 세계대전 당시 독일의 히틀러가 이러한 양 민족 간의 감정을 이용해 슬로바키아 민족의 정서를 자극시켜 체코슬로바키아를 통치하려 했던 배경이 되었다고 할 수 있다. 슬로바키아 민중들은 체코와의 민족 정체성이 서로 분명하다는 점을 부각시키기 위해 노력하였으며, 특히 민주화 이후로 슬로바키아인들은 경제적 예산과 정치적 배려 면에서 정부로부터 소외감을 느껴야만 했었다. 따라서 이러한 일반 대중들의 정서는 슬로바키아 정치 지도자들의 성향에 그대로 반영되었다고 할 수 있다.

1992년 6월 본격적인 다당제 선거를 통해 군소 정당들이 다수 난립한 체코에선 주로 반체제 운동 인사들 보다는 과거 공산 정권 하에서 일련의 정치 경험을 가지고 있었지만 민주화 이후 전향한 정치 엘리트 집단들이 의회를 장악하게 된다. 반면에, 슬로바키아에선 비록 아마추어적 정치 경험을 가지고 있었지만 공산주의에 저항하였던 반체제 인사들이 여전히 자신들의 권력을 계속 유지하고 있었다. 양 지역 민중들의 감정과 의회 의원들의 성향 간의 차이점은 결국 1993년 소위 부드러운 헤어짐을 상징하는 표현인 '벨벳 혁명'의 완성을 불러 왔고, 이에 따라 체코슬로바키아는 체코와 슬로바키아 양국으로 서로 갈라지게 되었다.

민주화이후 한 동안 일련의 혼란을 겪었지만 자본주의 경제 체제가 정착되고 점차 과거 사회주의적 요소들이 제거되어 가면서, 동유럽 국가들은 이제 미래를 향한 준비에 눈을 돌릴 수 있게 되었다. 과거 역사적 경험을 통해, 동유럽 국가들이 미래를 설계하면서 가장 주목하였던 최대 과제는 러시아의 세력 확장과 영향력 확대의 희생양이 되지 않겠다는 의지 그리고 본격적인 유럽의 일원으로 다시 재편입하겠다는 희망이었다고 할 수 있다. 이를 위해 동유럽 국가들은 우선적으로 미국과 서유럽이 주도하여 왔던 군사적 대응 기구인 '북대서양조약기구', 즉 'NATO'의 가입을 서둘렀고, 이에 따라 2011년 현재 세르비아 등 일부 국가를 제외한 동유럽의 대부분 국가들이 NATO에 가입한 상태이다. 동유럽 국가들이 NATO 가입을 통해 군사적 보호막을 구축하였다면, EU와 더 나아가 유로존 가입 문제는 동유럽 국가들의 국가적 미래 전략과 밀접하게 연결되어 있다 하겠다.

민주화 이후 계속해서 동유럽 국가들의 중요한 미래 전략과 국가 비전으로 제시하여 왔던 EU는 1951년 4월 유럽 6개국(벨기에, 독일, 프랑스, 이탈리아, 룩셈부르크, 네델란드)이 출범시킨 '유럽석탄철강공동체(ECSC)'가, 이후 1957년 3월 로마에서 그 기능을 좀 더 다양한 분야로 확대 발전시킨 '유럽경제공동체(EEC)' 그리고 유럽 핵에너지의 평화적 사용을 위한 '유럽원자력공동체(Euratom)' 기구 설립을 결정한데서 그 모태가 탄생하게 되었다. 이후 EU는 일련의 어려움에도 불구하고 계속된 팽창과 발전을 거듭해왔으며, 특히 동유럽의 민주화가 진행된 1990년대 들어와선 동유럽 국가들의 신규 가입을 통한 새로운 동력을 만들어가려는 움직임을 확대시키게 된다. 이러한 EU의 동유럽으로의 확대 정책은 당시 체제 전환에 따른 고통으로 힘들어 하던 동유럽 내 일반 대중들에게 미래에 대한 희망과 국가 비전을 심어주려 했던 동유럽 지도자들의 의지와 일치됨으로써 보다 신속하게 진행될 수 있었다.

1997년 12월 룩셈부르크에서 '아젠다 2000(Agenda 2000)'이 발표되었고, 이것은 동유럽 국가들의 EU 가입에 대한 청사진을 제공하게 된다. 이를 계기로 EU에선 동유럽 국가들의 EU 회원국 가입을 위한 지원과 본격적인 심사 절차가 진행되었고, 이를 통해 2004년 5월 마침내 동유럽 8개국(발틱 3국, 슬로베니아, 폴란드, 체코, 슬로바키아, 헝가리)과 지중해 국가인 몰타와 사이프러스가, 그리고 2007년 1월엔 루마니아, 불가리아가, 2013년 7월엔 크로아티아가 EU에 가입함으로써 동유럽 전역으로 EU의 확대가 이루어지게 된다. 또한 EU 가입 절차를 서두르고 있는 세르비아 등 발칸유럽의 나머지 동유럽 국가들이 EU에 가입하게 된다면, 이제 동유럽 국가들은 EU의 새로운 식구가 되어 과거와는 또 다른 미래를 꿈꾸게 될 것으로 기대되고 있다. 하지만, 러시아는 18세기 이후로 동유럽 국가들에 대한 영향력을 확보하여 왔고, 이 지역을 자신의 중요한 이해영역이자 완충지대로 간주해 왔으며, 따라서 이 지역 국가들의 EU 가입 가속화는 러시아에게 새로운 국제 역학 구도의 변화를 시험케 하려는 유혹을 낳고 있는 중이다. 하지만, 오늘날 동유럽 국가들은 이러한 러시아의 반발을 뒤로 하고, EU에 가입한 회원국 중 단일 통화권을 의

미하는 유로존에 가입하기 위한 일련의 움직임이 확대되고 있다. 그 결과 2007년에 슬로베니아가 그리고 2009년에는 슬로바키아가 새롭게 유로존에 가입하게 된다. 앞으로도 이러한 동유럽 국가들의 EU와 유로존 가입이 계속 확대될 것이라 기대되는 상황 속에서, 사회주의, 공산주의의 어두운 그늘을 벗어나 자유주의, 민주주의를 선택한 동유럽 국가들은 이제 진정한 유럽 국가의 일원으로써의 발전과 밝은 미래를 앞두고 있다 하겠다.

제2부

동유럽 국가들의 공산화 과정, 체제 전환 노력과 민주화

- 폴란드
- 헝가리
- 체코슬로바키아
- 루마니아

폴란드

1. 공산주의로 가는 폴란드만의 독특한 방식: 하이브리드 시스템

제1장 들어가는 말

제2차 세계대전이 한창이던 1941년에 장차 폴란드공산당의 모태가 되는 폴란드노동자당이 창당됐다. 그로부터 얼마 뒤에 폴란드노동자당 지도부는 모스크바로부터 다음과 같은 명령을 하달 받았다. 즉 폴란드노동자당이 원하던 바와는 정반대로 급진적인 정치적, 사회적 구호를 삼가며 다른 많은 폴란드 공산주의자들과 협력을 구하고 공조하는데 있어 일정 거리를 유지하라는 지시를 받았다. 1943년에 코민테른 서기장인 게오르기 디미트로프가 폴란드노동자당 제1서기에게 전보를 보내 다음과 같이 충고했다. 폴란드노동자당 정강 선언서인 <무엇을 위해 싸우는가?>의 기조문에 "폴란드의 자유와 독립 유지, 조속한 국가 재건, 폴란드 국민들에게 자유 보장" 등과 같은 문구들이 들어가도록 권유했다. 이외에도 디미트로프는 "폴란드 정치 체제를 소련식이 아닌 당 정강이 추구하고 있는 목표와 일치하는 민주주의 체제라고 강조"하도록 명령했다.[1] 이것은 인민전선의 개념으로 다시 말해 스페인 내전 당시 소련이 내세운 사회주의로 나아가는 제 민족 고유의 방식을 뜻했다. 폴란드노동자당 지도급 인사 중의 하나인 브와디스와프 고물카가 이런 개념을 철저히 따랐다. 이당시만 해도 폴란드 공산주의자들이 공산 독재 열망과 잠시

---

1) Jagiełło, J. (1984).

폴란드국민해방위원회 포고문 발표, 1944년 7월

결별한데에는 바로 이런 이유가 있던 것이다. 그러나 공산주의자들이 새로운 모델로 선전한 민주주의는 실상에 있어 선거로 권력을 쟁취하는 것을 전혀 고려하지 않았다. 1944년 3월 7일의 편지에서 고물카가 디미트로프에게 말하길 폴란드노동자당 당원 대다수는 당연한 일이기도 하지만 "폴란드 민주주의를 위한 투쟁 구호는 독일 점령 기간에 단지 전략적인 구호로서 당에 의해 고안된 것이며 독일을 몰아낸 다음에 당은 소비에트 폴란드 구호를 내걸 것이다"라고 믿고 있다고 밝히고 있다. 대다수 폴란드 공산주의자들에게는 단지 유일한 대안 - "소비에트 폴란드"만이 존재할 뿐이었다.[2]

전전 폴란드에서 좌파 경향을 보인 사람들이 많았음에도 불구하고 공산주의와 집산주의 즉 소련식 공산주의가 인기를 끈 적은 단 한 번도 없었다. 폴란드에서 좌파를 지지하는 사람들이 많았던 데에

2) Wrona, J. (1997) 36.

는 123년간에 걸친 식민 분할 끝에 1918년 폴란드가 재건하는데 막대한 공로를 세운 폴란드사회당[3]과 유제프 피우수드스키[4]가 미친 영향이 컸다. 하지만 1918년에 재건된 폴란드에서 가장 세력이 커다랗던 정당은 로만 드모프스키가 이끌던 우파 정당인 민족민주당이었다. 전전 폴란드 국민들은 다음과 같은 사실을 잘 알고 있었다. 즉 폴란드공산당은 좌파 계열의 정당일 뿐만 아니라 레닌과 스탈린의 명령을 수행하는 소련의 앞잡이 역할을 하는 첩자들의 집합체에 불과했다. 폴란드에서 공산주의자들이 합법적인 방법으로 정권을 장악할 가능성은 제로였다. 폴란드 국민들이라면 누구라도 이런 사실을 잘 알고 있었다. 이 당시 폴란드인들이 공산주의에 대해 느끼던 두려움은 폴란드공산당 세력이 아니라 점점 더 힘이 강대해지는 소련으로 인한 것이었다. 제2차 세계대전의 종전을 눈앞에 두고 폴란드인들이 예상한 전후 미래상은 다른 유럽 국가의 국민들과 별반 다르지 않았다. 즉 전쟁이 가져온 재앙과 참상이 지나간 뒤에 폴란드인들은 자유와 민주주의 시대가 도래할 것으로 믿어 의심치 않았다.[5]

---

3) 1892년에 폴란드 독립과 사회주의를 모토로 창설된 당으로 좌파 내 우파로 분류됐다. 1948년까지 폴란드 정국을 주도하는 주요 정당 중의 하나였다. 폴란드가 공산화된 이후 망명지로 거처를 옮겼다.

4) 유제프 피우수드스키(1867-1935)는 폴란드사회당 출신으로 독립 운동을 펼친 군인이자 정치가이다. 123년간의 식민 통치 끝에 1918년 폴란드가 독립을 되찾는데 앞장선 건국의 일등 공신으로 국민들로부터 절대적인 신뢰를 받았다.

5) 당시 영국에 망명 중이던 폴란드 임시 정부를 따르던 지하 조직의 정치 지도부는 전후 폴란드 국민들의 태도에 변화가 오리라는 점은 불가피하며 이런 변화가 다음과 같은 매우 급진적인 방향으로 진행될 것으로 예견했다. 전후 폴란드는 강력한 정부를 구성하는 의회 민주주의 체제가 될 것으로 확신됐다. 경제 체제 개혁은 전반적인 사유화와 국가 소득의 공평한 분배 방향으로 진행될 것이다. 농촌에서의 소유 구조의 재건은 농지 개혁을 통해 달성될 것이다. 50헥타르 이상의 토지는 국가에 의해 귀속되며 이렇게 해서 형성된 토지 기금으로 8-15헥타르로 구성되는 가족 단위의 농업 경제가 계획됐다. 국가는 경제를 통제하고 인도하는 지도적 역할을 수행할 것이며 여기에 계획 요소를 도입하면 경제 위기를 해결할 수 있는 전능의 장치가 될 것으로 믿었다.

하지만 제2차 세계대전이 끝나가는 시점에 그리고 종전 후에 좌파 쪽으로 방향이 급선회하는 양상이 유럽 전체에서 확연해져갔다. 그렇다고 폴란드에서 공산주의나 소련을 지지하는 우호적인 분위기가 일어난 것은 아니었다. 모스크바와 폴란드노동자당이 유럽의 좌파 우호 분위기를 사회 심리학적으로 능수능란하게 이용했을 뿐이다. 하지만 소련과 폴란드노동자당이 인기를 끌기위해 내세운 선전 구호인 민주주의와 사회 정의의 밑바닥에서는 정반대의 진실이 숨어 있었다.

모스크바의 공산당 지도부는 상기한 프로그램을 통해서만이 공산주의에 부정적인 폴란드인들의 태도에 변화를 가져올 수 있을 뿐만 아니라 소련에 대해 두려워하고 적대시하는 폴란드인들의 강경한 입장을 완화시킬 수 있다는 점을 잘 알고 있었다. 공산주의 운동이라는 구호 대신에 폴란드 공산주의자들은 민주주의와 민족 해방이라는 슬로건을 전면에 내세웠다. 이런 분위기 속에서 1943년 11월의 선언문에 들어가는 폴란드노동자당의 첫 번째 정강이 작성됐다. 또한 새로운 폴란드 공산 정권의 근간 문서로 취급되는 폴란드국민해방위원회의 선언문도 이런 취지하에 작성됐다. 모스크바에서 고국을 향해 출발하던 폴란드 공산 정권이 당시 발표한 선언문은 그보다 훨씬 전에 소련에서 이미 작성한 구체적인 프로그램과 비전을 대폭 반영한 것이었다.

제2장 새로운 체제의 원칙

스탈린의 주도면밀한 계획에 따라 정권을 잡은 초기만 해도 폴란드 공산주의자들은 정치와 경제 체제에 대해 구체적인 언급을 회피했다. 소련에서 활동하던 폴란드 공산주의 인사들이 이런 사안과 연

폴란드 공산당에 대한 충성 서약, 브워지미에쉬 시비에르스키

관해 펼치려한 모든 시도는 소련 지도부에 의해 불필요하거나 해로운 것으로 간주됐다.[6] 비록 폴란드노동자당이 전전 폴란드와 단절하긴 했지만 법률 체제와 민족 상징 그리고 국가 기관들을 이어받는다고 홍보했다. 공산주의자들이 공식적으로 밝히길 체제 변화는 전통적인 국가 조직에 대한 존중을 바탕으로 이루어진다고 선포했다.

폴란드 공산주의자들은 정권을 인수할 법적-헌법적 여건은, 과연 국제무대와 국내에서 이에 필요한 선전 홍보를 얼마나 잘 하는가에 좌우된다고 생각했다. 그래서 폴란드국민해방위원회가 발표한 포고문이 1921년 3월헌법[7]의 기본 근거와 원칙을 인용하며 자신을 합법화한 것이다. 포고문은 계속해서 "일반, 직접, 평등, 자유선거를 통해 구성되는 제헌 의회가 폴란드 국민 의지를 발현하는 새로운 헌

6) Kochański, A., Paczkowski, A. i in. (1995) 49.

7) 1918년에 재건된 폴란드가 1921년에 제정한 최초의 현대 헌법으로 의회 민주 공화국과 내각제를 근본 체제로 삼았다. 이외에도 주권은 국민에게 있으며 삼권 분립을 도입했다.

크렘린을 방문하는 폴란드 노동자당과 사회당 지도부

법을 제정할 때까지" 이런 원칙이 고수된다고 밝혔다.[8] 새로운 정치 체제를 도입하는 초기 단계에 자유스런 민주 선거가 약속된 것이다. 하지만 이런 선거는 폴란드에서 공산주의 체제가 붕괴하는 1989년까지 45년 동안 단 한 번도 실시된 적이 없었다. 민주 선거를 실시할 것인가 하는 사안은 전후 초기 2년간 폴란드 정치의 중심 이슈였다. 민주 선거가 치러진다는 가정 하에 대다수 폴란드 국민들은 자유스럽고 진정한 주권을 가지는 국가를 건설할 수 있다고 믿었다. 그리고 이런 국민들 중에는 런던 망명 정부의 수장이자 농민당 당수이던 스타니스와프 미코와이칙도 포함됐다. 그러나 실상에 있어 국민들의 열망이나 의사 또는 이해관계 따위에는 아무런 관심이 없는 공산주의자들에게 있어 선거는 단지 자신들을 선전 선동하는 요식 행위에 지나지 않았다.

8) Skrzydło, W. (1979) 8.

1944년 7월에 들어와 공산주의자들이 전적으로 주도하는 국가국민위원회가 폴란드 최상의 공식적인 국가 권력 기관으로 자리를 잡았다. 국가국민위원회는 선거를 통해 구성된 것이 아니었다. 이 위원회는 폴란드노동자당의 동의하에 제 정당과 사회, 정치, 직장 기구의 대표자들로 구성됐다. 위원회 산하의 최고 간부회의가 국가국민위원회에서 핵심 역할을 맡았다. 폴란드 법률 체계에서 최고 간부회의와 같은 집단 체제는 처음 보는 전혀 새로운 것이었다. 최고 간부회의는 입법부의 최고 중심 기관이자 매우 효율적인 입법부 기관으로 드러났다. 바로 이 최고 간부회의가 국가국민위원회의 구성과 활동 영역을 결정했다. 1944년 9월 11일에 국가국민위원회가 국가위원회의 조직과 활동 영역 그리고 위원장의 권한에 관한 법률을 제정했다. 장차 폴란드인민공화국의 초대 서기장이 되는 볼레스와프 비에루트가 위원장에 임명되며 예외적으로 막대한 권한이 주어졌다. 비에루트 위원장이 내린 결정은 논의 대상이 되지 않는 최종 결정으로 백퍼센트 수용됐다. 최고 간부회의는 실질적인 권력 즉 폴란드노동자당 중앙위원회 정치국과, 국가위원회와 폴란드국민해방위원회로 대변되는 국민들 사이에서 중재 역할을 담당하는 효율적이고 합법적인 기구로 자리매김했다.[9] 1944년의 폴란드노동자당 중앙위원회 정치국의 회의록을 보면 정치적 결정이 실제로 어떻게 내려지는가를 단적으로 보여주고 있다. 그 절차를 보면 우선 정치국 회의에서 논의를 거쳐 결정이 내려지면 국가국민위원회(의회 역할)와 폴란드국민해방위원회(정부 역할)가 이를 실행에 옮겼다. 이런 시스템은 이후 폴란드의 모든 공산 정권에서 똑같이 반복됐다.

폴란드노동자당이 일개 권력의 중심으로 권력을 장악하는 과정에서 다른 권력이나 영향력을 가진 세력들이 탄생하지는 않았는가, 아

---

9) Kochanowski, J. (1995) 6-11.

니면 단지 하나의 권력만이 있었는가? 이 과정에서 외부 세력 즉 소련과 폴란드 내 소련의 하부 조직들(군대, 정보기관, 자문단, 니콜라이 불가닌을 수장으로 하는 공식대표단)이 결정적 권력을 행사한 점에는 의문의 여지가 없다. 폴란드 내부적으로 초기 단계에서는 아직 다양한 중앙 관료 조직이나 경제 또는 금융 권력의 중심이 존재하지 않았다. 지역 엘리트들이 이제 막 탄생하기 시작한 반면 초기부터 군대 지휘관이나 공공 안보 조직의 수장들은 권력을 행사하고 있었다. 한편 폴란드노동자당 지도부에서 통치 전략을 둘러싸고 의견이 갈리기 시작하고 결국에 가서 1948년 중반에 고물카가 노동자당 지도부에서 축출되고 말았다. 새로이 생성된 공산 체제에서는 전통적인 세력 균등의 원칙이 지켜지지 않았다. 이는 노동자당 정치국이 주도권을 쥐고 권력의 중심에 서서 절대 권력을 행사했기 때문이다. 노동자당은 특별한 역할을 맡았다. 노동자당은 세력 균등을 보장한다는 고유의 중재자 역할을 맡았다. 이와 동시에 노동자당은 군대와 정보 조직의 통제권을 산하에 두고 있었다. 공식적이고 법적인 관점에서 당은 아무런 권한을 가지지 못했으나 폴란드노동자당은 절대 실세로서 정치와 경제에 미치는 영향력에 있어 최상위 결정 기관이었다.

폴란드노동자당은 1944년 7월부터 권력 조직에서 주도권을 행사하고 군대나 정보기관과 같은 특정 조직에서 헤게모니를 장악하기 시작했다. 노동자당의 기본 목표는 테러를 지속하며 국민들을 통제하는데 있었다.[10] 당이 최고 직에 노멘클라투라를 임명하는 원칙은 1944년부터 이미 적용되기 시작했다.[11] 소련의 후원아래 폴란드국민해방위원회에 의해 탄생된 권력 체제에서의 절대 우위권에 대해 노동자당 지도부는 너무도 잘 알고 있었다. 이런 점에 대해 공산주

10) Paczkowski, A. (1999) 33-75.

11) Garlicki, A. (1993) 108; Paczkowski, A. (2000).

의 지도부 회의석상에서 마리안 스피할스키가 1944년 10월 29일에 다음과 같이 말한 적이 있었다. "우리들은 결정권을 가진 당이며 우리에게 모든 책임이 떨어진다. 우리들 없이는 아무 것도 할 수 없다. 연합을 맺고는 있지만 폴란드국민해방위원회는 노동자당에 맞서서 단 한 시간도 버틸 수 없을 것이다." 그전 10월 9일에 고물카도 이와 비슷한 말을 한 적이 있다. "실질적인 힘은 다른 누구도 아닌 바로 우리 당인 것이다."[12] 노동자당 고위직이 모인 자리에서는 폴란드국민해방위원회를 무시하는 언사도 나왔다. 힐라리 민츠는 심지어 폴란드국민해방위원회는 "꼬리를 잡아당겨야 겨우 움직이는 말라비틀어진 병든 말"과 같다고 조소하며 "겨우 몇 주간만 존속할 이런 멍청한 정부에 권력이 부여됐다"고 비하했다.[13]

폴란드국민해방위원회의 7월 선언문은 농민들의 기대에 부응하는 농지 개혁을 약속했다. 이외에도 선언문은 광범위한 민중의 생활 개선, 임금 인상, 사회 복지 혜택의 확장, 빈곤 주택의 청산, 모든 사회 계층의 무상 교육 등을 보장했다.[14] 노동자당의 이데올로기적인 약속과는 별도로 새로운 정권은 확장된 사회 평등과 정의를 가져올 것이며 구체제의 불평등은 새로운 평등으로 대체될 것이라고 홍보됐다. 하지만 집단적 차원에서의 정치적 불평등은 결사의 권리를 위반하는 형태로 구현될 뿐이었다. 전반적인 사회 차원에서의 정치적 불평등은 두 가지 방식으로 표현됐다. 즉 첫째 국가 기관이 단일 정당에 종속되고, 둘째 권력 구조에서 야당을 제거한 결과 중앙 권력에서부터 지방 권력에 이르는 모든 권력 단계에서 법적이고 사회적인 민주 통제가 사라져버렸다.

불평등의 다른 형태는 사회 분야에서도 나왔다. 1944년 7월 22일

12) Kochanowski, J. (1995) 20-47.
13) Kochanowski, J. (1995) 29.
14) Skrzydło, W. (1979).

이후 사회 이동성이 증가하며 특히나 노동자와 농민 계층이 신분 상승을 경험했다. 그러나 이와 동시에 다른 불평등이 새로운 체제에서 심각할 정도로 강도를 더해갔다. 예를 들자면 비공산주의 계열의 정치 체제들이나 상류 계급 출신들인 지주, 부농, 부르주아 등에 대한 불평등이 커져갔다. 대지주나 대(大)부르주아 등과 같은 특정 계층은 이미 1944년에 전반적으로 정리됐다. 이 같은 불평등 체제를 근거로 하는 새로운 권력 시스템의 영향으로 전반적인 사회 평등화라는 결과를 가져왔다. 하지만 이것은 심각한 자유 제한이라는 대가를 요구하는 것이었다.

또 다른 불평등 형태는 경제 분야에서 생활수준을 조절하는 주요 요인인 개인 소득의 평가 절하로 나타났다. 무엇보다 화폐가 부족한 상품과 서비스에로의 접근을 허락하는 다양한 수단 중의 하나로 전락하고 말았다. 폴란드 공산당의 사회 정책은 기회의 균등보다는 조건의 균등을 획득하는데 더 많은 중점을 두었다. 빈곤의 적자 경제는 경제 평등화라는 기치 하에 전반적인 수준 하락으로 이어졌다.

공산주의자들은 갈등과 모순의 갈등을 법률과 법정을 통해 해결한다는 국민들의 의식에 깊이 뿌리내린 인식 그리고 민주주의 체제에서는 당연하고 일상적인 정치 관행들을 제거해나갔다. 7월 선언문이 선전 홍보한 사회 정의는 공산주의자들이 외치던 혁명 구호에 불과했다. 이 같은 구호는 농민당이나 독립사회당과 같은 정치 계열의 정강에도 들어있었다. 공산당의 방해가 없었다면 이 정당들은 전후 새로운 국가가 재건되는 순간부터 모든 열정을 바쳐 자신들의 목표를 이루기 위해 모든 수단을 동원했을 것이다. 그리고 이런 국가는 자신의 이름을 인민 폴란드라고 불렀다. 이 정당들의 문서에는 사회주의는 물론이고 공산주의에 관한 단어조차 없었다. 하지만 체제 건설을 가리키는 표현으로서 공산주의라는 단어는 시민들에 의해 자주 거론됐다. 공산주의라는 용어는 소련이 강요한 것으로서,

폴란드 민족정신 그리고 유럽 전통과 문화와는 근원적으로 다른 것으로서, 이전에 보지 못한 사회와 정치 체제를 세우려는 심도 깊은 시도로서 폴란드인들에 의해 받아들여졌다.[15]

제3장 새로운 민주주의 원칙 - 계급 민주주의와 집산주의

폴란드 공산 정권이 내세운 공식 목표는 공산주의 건설이 아니라 소위 인민 민주주의 체제를 발전시키는데 있었다. 인민 민주주의는 대중들로 하여금 지역 차원의 권력 조직이나 기구에의 동참 또는 의회 선거 참여를 통해 국가 통치에로의 참여를 보장하는데 있었다. 폴란드 공산주의 정권은 직접 민주주의를 광범위하게 선전 홍보했다. 이런 직접 민주주의는 여당인 폴란드 공산당이 국가에서 지도적 역할을 주도하며 수행하는 것으로 이해됐다. 공산주의 독트린에서 이것은 객관적인 질서이자 불변의 체제 원칙이었다. 폴란드국민해방위원회의 선언서는 "모든 민주주의와 자유의 원상 복귀"를 보장했다. 하지만 이런 자유는 "민주주의를 반대하는 적들에게 제공"되어서는 안 된다는 단서를 덧붙였다. 폴란드노동자당에 의해 건설된 체제는 처음부터 자유 전통에서 유래하는 민주주의 범주 안에 들어있지 않았다. 공식적으로 노동자당은 이것을 소위 형식적인 민주주의와 결별하고 사회 계급 성격을 부여한 새로운 민주주의라고 불렀다.[16]

적어도 폴란드 공산 정권은 소련을 모델로 하는 농촌 집단화나 국유화를 공식적으로 요구한 적이 없었다. 오히려 정반대로 공식 발표에 따르면 폴란드 공산당이 이런 형태를 제안했다고 하는 주장은 반

15) Skrzypek, A. (2002).
16) Gomułka, W. (1947) 196-197.

동 선전으로 간주되며 이런 반동 선전을 펼치는 행위는 사형이나 장기형에 처해진다고 경고됐다. 폴란드국민해방위원회 선언서가 선포한대로 국민 재산 즉 대단위 개인 재산들인 대규모 산업체 기업, 무역 회사, 은행, 운송 회사 그리고 삼림은 국유화되어 소위 국가임시경영단의 소유로 귀속되기로 정해졌다.[17] 이런 결정을 내린 내막에는 외국 재산을 제외하고 아무런 보상 없이 실시된 1946년 1월 3일의 폴란드 경제 분야에 대한 국유화 계획이 숨겨져 있었다.[18] 이와 동시에 소유권 사안은 시장 관계를 넘어서며 경제뿐만 아니라 비경제적인 분야로 확대돼갔다. 공산 정권에 의해 내려진 소유권 변환 결정은 모든 법률 조항의 근간됐다. 제2차 세계대전 이후 폴란드 민법 범주에서 특히나 재산권법 범주에서 실행된 법적 교리는 마르크스 경제학에 근원을 두었다. 생산과 소비 수단의 소유권이 구분되고 생산 수단의 국유화가 강요됐다.

그리고 이 모든 것은 폴란드노동자당의 경제-사회 독트린과 완전히 일치하는 것이었다. 폴란드노동자당의 독트린은 경제 분야에서 사유권을, 사회 분야에서 지주와 부르주아를 제거하는데 중점을 두었다. 그래서 1944년 9월에 폴란드노동자당이 50헥타르 이상(폴란드 서부에서는 100헥타르)의 토지에 대한 배분을 포함하는 급진적인 농지 개혁 정책을 도입한 것이다. 공식적으로 이 정책의 목적은 기존의 소작농들을 해방시켜 자유농민으로 만들어주는데 있다고 홍보했다. 농지 개혁 법령은 1944년 12월 12일에 발표된 삼림 일부를 국유화한다는 법령으로 보완됐다. 이 두 개의 법령으로 인해 9,300여명의 지주가 몰락하며 310만헥타르(1백만헥타르의 삼림 포함)의 농지가 국유화됐다. 공산당의 농지 개혁은 당연히 폴란드 국민들로

---

17) Skrzydło, W. (1979).
18) Rzepliński, A. (1998).

부터 인정받았다. 하지만 이런 농지 개혁은 전전에 이미 농민당이 주장한 것이기도 하다. 게다가 나치 독일의 점령 기간에 런던 망명 정부를 따르는 우파 지하 조직의 정책에도 농지 개혁은 포함돼있었다. 공산주의자들의 예상과는 달리 농지 개혁 선전은 폴란드 농촌에서 열풍을 불러일으키지도 않았으며 대대적인 지지도 이끌어내지 못했다.

또 다른 개인 소유권의 폐지 정책은 1947년 봄에 단행됐다. 이해 4월에 열린 폴란드노동자당 중앙위원회 회의에서 개인 기업가들에 대한 공격이 시작됐다. 산업무역부 장관이던 힐라리 민츠가 이때 소위 무역 전쟁을 선포했다. 산업무역부 장관은 "시장을 장악하고 시장 경제에 활동 지침을 하달할 것"이며 특히나 협동 운동을 국가의 엄격한 통제아래 둘 것이라고 밝혔다. 이때부터 개인 기업 활동이 허락되긴 하나 조건이 하나 있었다. 무역상들이 사업에서 얻는 이득을 국가 재건에 받치는 즉 공산 권력에 넘기는 경우에 한해서만 기업 활동이 허락됐다.

민츠 장관의 계획은 전혀 새로운 것이 아니었다. 비록 비밀에 붙여지긴 했지만 이미 1945년에 공산당 정치국이 이와 유사한 플랜을 세운 적이 있었다. 하지만 1947년 1월에 실시되는 총선 전까지 공산주의자들은 자신들이 원하는 진짜 목표를 감추었으며 국영, 협동조합, 개인 부문에서의 동등한 평등이라는 구호만을 외쳤을 뿐이다. 1948년부터 폴란드노동자당이 공식적으로 협동조합과 개인 소유권에 대해 국영 소유권이 상위에 있다는 원칙을 선전 홍보하는 동시에 화폐-시장 메커니즘을 제거해나가기 시작했다. 이에 대해 폴란드노동자당 중앙위원회 사무총장이던 고물카가 1947년 4월 13-14일에 개최된 중앙위원회 총회에서 다음과 같이 말했다. "마르크스주의는 언제나 생산 수단의 사회화를 국가 소유권으로 넘어가는 과도기로서 간주해왔다. 다른 방식으로의 해결은 역행적이고 반동적이라 할 수 있다. 생산 수단의 사회화는 오직 전국적인 차원으로만이 가능하다. 생산 수단을 특정한 협동조합으로 세분화하는 것은 자본주의 경제로 가는 특정한 협동조합의 회귀에 불과할 것이다. 생산 수단을 효과적으로 사회화하는 최상의 이와 동시에 유일한 형태는 국유화하는 것뿐이다. ... 종합하자면 1) 우리 폴란드의 산업은 명백하게 사회주의 요소를 가지는 산업이다. 2) 폴란드 산업은 오직 인민 국가에 의한 시장 장악 그리고 자본주의 요소에 의한 부가적 생산의 차단에 종지부를 찍음으로서 연속적으로 유지되는 사회주의 산업이 될 것이다. ... 6) 인민 민주주의 경제 체제의 건설 완성과 시장 경제에 대한 통제권 장악 사안에 있어 우리 폴란드 산업을 완전한 사회주의 산업으로 전환시키는 투쟁은 거칠고 매우 힘든 계급투쟁이 될 것이다."[19]

개인 소유권의 폐지를 시작하는 새로운 사회 질서로 인해 폴란드에서 소비자들의 자율권과 독립성이 사라져갔다. 경제에 관한 모든 것이 경제부 장관의 임의적인 결정과 중앙 계획에 종속돼버렸다. 경제 권력과 함께 국민들의 정치권력도 사라져버렸다. 개인 소유권이 집단 소유권 특히나 국가 소유권으로 대체되면서 폴란드 국민의 자유가 사회 계층을 종속화하고 대상화되는 과정으로 대체됐다. 국유화된 생산 수단에 대한 모든 권력은 국영 경제 부서로 집중됐다. 그 결과 공산 정권은 사회 전반에 절대적 영향력을 행사하며 생산 부문에서 새로운 직업들과 경제 부문에서 새로운 계층을 그리하여 새로운 정치, 사회, 문화 계급들을 만들어냈다.[20] 초기에는 선전적으로 감춰진 집산주의가 국가에서 가장 중요한 범주가 됐다. 이런 집산주의는 국민과 사회의 미래를 중앙 계획으로 결정하는 것이었다. 경제와 사회 활동에서의 개인적인 목표는 국가 목표로 대체됐다.

---

19) Gomułka, W. (1947) 231-232; Korzeniewska, B. (1998) 81-87; Pindelski, B. (1998) 90-92.

20) Morawski, M. (1994).

제4장 정치 다원주의를 준수하는 새로운 방식

1944년 7월 22일 모스크바에서 35살의 에드바르드 오숩-모라프스키를 의장으로 하는 폴란드국민해방위원회 창설에 관한 국가국민위원회 법령이 선포됐다. 오숩-모라프스키는 폴란드국민해방위원회의 외교부 장관직도 겸했다. 오숩-모라프스키는 사회주의 계열의 분파인 소규모 정당을 대표했다. 오숩-모라프스키는 전전까지만 해도 일개 협동조합 운동원에 불과한 무명의 인물이었다. 폴란드국민해방위원회는 두 명의 부의장 - 안드쥐이 비토스와 반다 바실레프스카를 두었다. 폴란드 농민당의 전설적인 지도자인 빈첸티 비토스의 동생으로 전전 농민당 당원이자 하원 의원이던 66살의 안드쥐이 비토스는 부의장 외에도 농업-농지개혁부 장관과 폴란드애국자동맹 이사회 부회장을 겸임했다. 두 번째 부의장인 39살의 반다 바실레프스카는 작가로서 폴란드애국자동맹 이사회 의장이자 소련공산당 당원이었다. 하지만 바실레프스카는 무소속 신분으로 폴란드국민해방위원회에 참여했다.

공식적으로는 비토스가 농민당을 대표했다. 하지만 실상에 있어 소련에 머무는 동안 비토스는 농민당과 아무런 접촉도 가지지 않았다. 폴란드국민해방위원회 창설 며칠 뒤인 7월 27일에 런던 망명 정부의 명령을 따르던 국내군 지하 조직이 발간하는 정보지에 다음과 같은 내용이 실리며 비토스의 폴란드국민해방위원회 참여 내막을 정확히 지적했다. “이것은 소련 정치가 보여주는 전형적인 포섭 방식이다. 저명한 폴란드 정치인들의 이름을 도용하며 순진무구한 사람들을 기만하는 전형적인 포섭 방식이다.”[21]

폴란드국민해방위원회에 참여한 나머지 농민당 인사들은 폴란드

---

21) Żenczykowski, T. (1987) 265.

노동자당이 조직한 또 다른 소규모 농민당으로 대표됐다. 이외에도 폴란드국민해방위원회에 참여한 인사들의 면면을 보면 폴란드노동자당은 단지 3개부서 – 공공 안보, 교육, 정보-선전부만 맡았다. 그러나 실상에 있어서 폴란드노동자당은 처음부터 폴란드국민해방위원회의 인적 구성에서 소수의 의견을 억누를 목적으로 절대 다수를 차지하고 있었다.[22] 공산주의자들 외에 공식적으로 위원회에 참여한 인사들을 정당별로 보자면 농민당 4명, 사회당 3명, 민주당 1명, 무소속 2명으로 구성됐다. 공산주의자들을 정당별로 구분하자면 소련 공산당 출신 2명, 국가국민위원회 5명, 폴란드애국자동맹 10명으로 구성됐다.

스탈린으로부터 권력을 넘겨받은 폴란드국민해방위원회는 그 어느 다른 세력에게 권력을 넘겨줄 맘도 없었고 넘겨줄 수도 없었다. 소련에게 매우 유리하도록 예외적으로 국경선을 설정하고 폴란드 국내 상황에 간섭이 용이하도록 작성되어 조인된 1994년 7월의 폴란드-소련 협정을 준수할 세력은 단 하나, 폴란드 공산주의자들뿐이었기 때문이다.[23] 폴란드 공산주의자들은 야권을 독립적으로 존재

22) Wrona, J. (1997) 100-104.

23) 이 협정의 7항에 따르면 폴란드 영토 내에서 민간인이 소련군에 대해 저지른 범죄 행위는 소련 군사 법정의 판결을 받도록 돼있었다. 이 조항에 의거하여 1944년 7월부터 시작된 소련 정보기관의 활동이 합법화되면서 런던 망명 정부의 명령을 따르는 폴란드 지하 조직 군인들이 대거 체포되어 소련으로 압송돼갔다. 한편 이 협정의 6항에 따라 민간인에 관련된 권한은 장차 폴란드국민해방위원회에 위임되도록 규정됐다. 이런 규정에 따라 소련군 사령관에게 전선에서의 최상위 권한이 주어졌으며 소련 당국은 소련군이 점령한 폴란드 지역 전체를 전선으로 간주했다. 소련군 지휘부가 폴란드 임시 행정 구역을 설정하고 전투 사령관의 숫자도 정했다. 모든 야전 본부에는 전투 명령을 수행하는 부서가 신설됐다. 이 같은 전투 사령부의 임무와 의무 그리고 권한은 1944년 10월 10일에 하달된 특별 지시서에 구체적으로 명기돼있다. 소련군 참모 본부가 이 지시서를 작성했다. 특별 지시서는 공식적으로 전투 사령부의 권한과 의무를 확대하며 시, 군, 면 등의 통제 하에 있던 지역 전체에 대해 전권을 행사하는 유일한 기관으로 규정지었다. 이 특별 지시서 3장은 폴란드 행정부와 정치 세력의 권력 행사 사

할만한 가치가 있는 존재로 인정하지 않았다. 그 이유는 단 하나, 자신들에게 위협을 가할 수 있기 때문이었다. 이런 점을 상징적으로 보여주는 것이 바로 폴란드노동자당 사무총장이던 고물카가 한 다음과 같은 말이다. 1945년 6월 모스크바를 협상 차 방문 중이던 런던 망명 정부의 수상이자 농민당 당수인 미코와이칙에게 고물카가 말했다. "한번 손에 들어온 권력은 절대 내주는 법이 없다."

이 같은 언사는 정치 다원주의 원칙을 지키지 않겠다고 선언한 것에 다름없었다. 1944년 7월부터 폴란드노동자당은 정치계의 라이선스 작업 즉 제 정당들을 선별하여 합법화시키는 작업에 돌입했다.[24] 그 결과 문제를 해결할 수 있으며 유권자를 대표하고 동원시킬 수 있다고 판단되는 정당들은 권력 체제에서 배제됐다. 권력을 장악한 초기 단계부터 폴란드 공산주의자들은 정치계에서의 자유 경쟁 원칙을 파괴해나갔다. 즉 정당 창당의 자유, 정당의 조직과 정강의 자율권, 선거전 경쟁의 자유와 같은 원칙을 제거했다. 그리고 그 자리를 대신하여 국가와 사회에서 공산당의 헤게모니 역할이라는 개념을 도입했다.

1944년 8월부터 9월까지 4개 정당 – 폴란드노동자당, 폴란드사회당, 민주당, 농민당에게 공식적인 활동의 자유가 허락됐다. 1944년부터 이들 정당들은 공산주의자들의 통제 밑으로 들어가게 되고 그 결과 위성 정당으로 전락하며 소위 라이선스 정당이라 불리게 됐다. 이것은 전후 폴란드 정치계를 재건하는 과정에서 소위 끄나풀 또는 앞잡이 전략을 사용한 덕분에 가능할 수 있었다. 즉 다시 말해 폴란

안을 구체적으로 명기하고 있다. 즉 다시 말해 전투 사령부로 하여금 단지 폴란드국민해방위원회 조직만을 인정하고 원조하는 반면 런던 망명 정부와 연관된 기구와 조직은 "권력을 사칭하는 자들"로 취급하도록 명령했다[Dokumenty i materiały do stosunków polsko-radzieckich (1974) 155-156].

24) Wrona, J. (1997) 196-223.

드노동자당의 당원이나 아니면 노동자당과 연관된 자들을 위성 정당에 대표자로 파견하는 방식을 말한다. 민주당이나 농민당 그리고 사회당 지도부 조직에 심어진 노동자당 당원들은 당적을 두 개씩 가지는 경우가 많았다. 물론 이들은 모당인 노동자당에 절대 충성하는 자들이었다.

1945년 2월 4일부터 11일까지 얄타에서 소련, 미국, 영국 대표들 사이에서 맺은 회담의 결과로 폴란드 정국에 일대 상황 변화가 왔다. 얄타 회담의 6항은 국민통합임시정부이란 이름아래 3대 강국 모두로부터 지지를 받는 새로운 폴란드 정부 탄생을 규정지었다. 이 임시 정부의 주 임무는 "최단 시일 내에 일반, 비밀 투표의 원칙에 따라 자유스럽고 규제받지 않는 선거를 실시"하는데 있었다.[25]

"자유스럽고 규제받지 않는 선거"를 둘러싸고 소련과 서구 사이에서 견해 차이가 벌어진 것은 당연했다. 영국 수상과 미국 대통령은 스탈린이 소련 자국에서 치르는 선거를 "규제가 없는 자유스런 선거"라고 강조하는 점을 잘 알고 있었다. 게다가 "민주적이고 반나치적인" 정당들의 선거 참여를 허용한다는 회담 서문의 구절도 애매모호했다. 이런 범주를 모두 충족하는 정당의 숫자도 정해지지 않았으며 게다가 이런 사안에 대한 결정을 어느 기관에서 내릴지도 규정되지 않았다. 결국 이 사안에 대한 결정권은 폴란드노동자당이 주도하던 국가국민위원회의 상임 간부회에 일임됐다. 상임 간부회에는 재생하던 민족당이나 기독민주당 그리고 독립적인 사회당 모두의 참여를 불허했다.[26] 1945년 10월 30일자 법령으로 6개 정당 – 폴란드노동자당, 폴란드사회당, 농민당, 민주당, 노동당, 폴란드농민당에게 폴란드 정치계에서 활동할 수 있는 자격을 부여했다.

---

25) Gelberg, L. (1960) 117.
26) Wrona, J. (1997) 196-223.

비록 런던 망명 정부의 수상이던 미코와이칙이 국가국민위원회에서 부총리직을 맡기는 했지만 그렇다고 미코와이칙이 주도해서 1945년 8월에 창당한 폴란드농민당이 여당이 아닌 야당이라는 점에는 아무런 변함이 없었다. 폴란드가 약속한 국제 의무에 따라 폴란드농민당은 조건부로 합법적인 활동을 펼칠 수 있었다. 폴란드농민당이 야당이라는 점은 다름 아닌 국가와 민주주의에 대한 폴란드노동자당의 관점과 180도 다른 사실에서 나온 것이었다. 다른 비 공산계열 정당들에게 합법적인 활동이 허용되지 않은 관계로 폴란드농민당이 자연스레 폴란드노동자당이 주도하는 무력으로 강요하는 정치권력에 반대하여 야권 활동을 펼치고자 결정한 모든 폴란드인들을 끌어당기는 유일한 정당으로 자리매김했다.[27]

의회 민주주의 체제에서는 당연한 원칙들이 1944년 7월 22일 이후 형성된 폴란드 정치 구조에서는 아무런 의미가 없었다. 독자적이고 자율적인 정강, 조직, 독트린을 추구하던 정당들은 폴란드노동자당에게 있어 단지 체제를 파괴하는 요소에 불과했다. 이들의 숫자는 새로운 공산 체제에서는 아무런 쓸모없는 무용지물에 불과한 존재일 뿐이었다.[28] 폴란드국민해방위원회 시기에 도입된 정치와 정당 체제의 구조는 폴란드노동자당이 권력을 장악하고자 사전에 작성한 시나리오에 따라 계획된 것으로 추정된다. 이런 방식은 이미 그전 볼셰비키 혁명과 코민테른의 활동 전략으로도 사용되며 널리 알려진 것이었다. 이런 구조는 폴란드노동자당에 의해 형성된 권력 체제에 맞서는 야당과 반대자들과의 싸움에서 효율적인 도구로 작용했다.[29]

제헌 의회에 대한 총선 조작이 있은 지 3개월이 채 못 지난 1947년 4월에 열린 노동자당 전체회의에서 공산 체제 건설을 위한 다음 목

---

27) Wrona, J. (1997) 66-68; Turkowski, R. (1992); Drewnowski, J. (1979) 15-24.
28) Kochanowski, J. (1995) 279.
29) Ożóg, M. (2001) 231-250.

표가 구체적으로 정해졌다. 폴란드사회당을 없애고 단 하나만의 노동자당이 창당되어 정치, 경제, 사회, 문화 그리고 가톨릭교회와의 투쟁을 포함하는 말 그대로 폴란드 전 분야에 대해 완전한 통제권을 가진다고 선포됐다. 그런 후 농민당이 분열되며 더 이상 공산 정권에 위협이 되지 않게 됐다. 그러자 그 즉시 노동자당이 다음 사회 그룹을 "계급적으로 이질적인 자들, 반동의 기반, 폴란드 국가와 민족의 적"으로 몰아붙이며 따라서 이들이 탄압받는 것은 당연하다는 선전 활동을 펼쳤다.

이외에도 공산주의자들은 일반 국민들의 생활로부터 가톨릭교회를 분리시키는데 전략적 목표를 두었다. 교회의 통일성과 단합을 분쇄할 목적으로 공산당의 통제를 받는 별도의 가톨릭 기구를 만들어 목표를 달성하는데 이용했다. 이 같은 적대적인 분위기에도 불구하고 폴란드 가톨릭은 자치권을 유지할 수 있었다. 폴란드 교회는 기본적인 종교 임무 외에도 다른 중요한 사회 기능을 많이 수행했다. 폴란드 교회는 무엇보다도 국가에 의해 통제되는 다른 모든 사회 계층 간의 연결을 대체할 수 있는 단 하나의 기관이었고 따라서 국민들을 원자화하는 과정에서 반대 세력으로서 작용했다. 가톨릭교회는 폴란드 민족의 연속성과 정체성의 보장책이었던 것이다.[30]

제5장 사회 커뮤니케이션의 통제

폴란드국민해방위원회가 국민들을 통제하는 중요한 수단으로서 사회 커뮤니케이션 수단을 장악하고 대규모 홍보 장치를 창설했다. 여기에서도 정보기관 창설 때와 마찬가지로 소련을 모델로 삼고 전

30) Dudek, A. (2003); Żaryn, J. (1997). ; Wnuk-Lipiński, E. (1996) 88, 123.

전 폴란드공산당의 경험을 주로 참조했다. 폴란드국민해방위원회가 활동하던 시기에 비공산 계열 세력이 뉴스와 정보를 만들고 전달하는 것을 원천 봉쇄하고자 모든 언론 관련 기관을 국유화시키는 법률을 제정하고 관련 기구를 만드는 작업이 시작됐다. 민주적인 기구를 폐쇄하고 폴란드노동자당이 사회생활의 전 분야를 장악하면서 새로운 언론 체제가 만들어지는 조건이 형성됐다. 이 같은 새로운 언론 시스템의 근본 원칙은 언론과 관련된 모든 활동이 폴란드노동자당의 통제와 무소불위의 검열에 전적으로 복종하는데 있었다. 이 두 가지 원칙은 폴란드에서 공산주의 체제가 존속하는 동안 철저히 지켜졌다.[31] 법적으로 폴란드 검열 기관의 존재는 1946년 7월에 가서야 비로소 합법화되며 공개됐다.[32] 언론 기관을 국유화하면서 정보 전달과 기자단에 대한 완벽한 통제가 가능해졌다. 공산당이 신문과 방송국의 편집국장이나 직원들을 임명하거나 지명했다. 특히나 전후 초반 십여 년에 걸쳐 편집부 직원들은 공공 여론을 조성하고 형성하는 책임을 맡는 공산당 파견단으로서 취급됐다. 일부 잡지가 당으로부터 관용적인 처분을 받아 소소하나마 자유를 누리는 경우도 있었다. 하지만 언론 자유의 경계는 체제의 원칙이나 당 지도부의 정치 라인에 따라 좌우되고 결정됐다. 그러나 역설적이게도 이로 인해 체제나 정권에게 부정적인 반대의 결과를 가져오는 경우도 생겼다. 이는 특정 사안을 결정하는데 있어 근본 요소라 할 수 있는 뉴스와 정보가 왜곡된 관계로 폴란드 국민들이 공산 정권에 대해 불신했기 때문이다.

사회 커뮤니케이션을 완전 통제하면서 폴란드노동자당은 새로운

---

31) 소련의 직접적인 자극으로 폴란드 공산당 정부의 공공 안보부 장관이 1945년 1월 19일에 검열 기관으로서 중앙언론통제국을 창설했다. 이 기관의 존재는 비밀에 붙여졌다. T. Mielczarek (1998) 14.

32) Mielczarek, T. (1998) 15.

공산 정권에 반대하는 사회 일부 세력들이 단결 요소로 사용할 수도 있을 민족 상징물을 파괴하고 평가 절하하기 위한 목적으로 중앙에서 통제하는 대규모 선전 홍보전을 펼쳤다. 또한 무장 저항을 펼치는 단체를 격리시키고 폴란드 국민에게 미치는 이들의 영향력을 중성화시켰다. 폴란드 공산 정권의 목표 중 하나는 새로운 현실을 인정하는 문화계와 학문계 인사들을 포섭하는데 있었다. 이들은 "인간 정신의 엔지니어"가 돼야만했다. 새로운 체제에서 이들의 역할은 현실 세계를 왜곡하고 포장하는 소설 창작자이자 언어의 파수꾼이어야 했다. 이들은 자신들만의 고유한 방식으로 공산 정권이 조성한 거짓과 기만을 신성한 것으로 포장했다. 이들은 새로운 공산 정권은 국민들이 선출한 것이며 대다수 폴란드인들의 열망과 희망을 대변한다고 선언했다. 제2차 세계대전이 끝나고 채 3년이 못가서 폴란드 문화계는 대대적인 소비에트화 내지는 스탈린화 과정을 마치게 된다. 1947년 4월과 10월에 열린 폴란드노동자당 중앙위원회 전체회의에서 새로운 문화 정책이 나아갈 방향이 제시됐다. 문화적인 면에서 공산주의자들의 주된 임무는 폴란드인들의 전통적인 일체감을 변화시키고 서구와의 연결 고리를 단절시키며 소비에트 문화 모델을 받아들이는데 있었다.[33]

제6장 새로운 사회모델 형성과 그 배경

폴란드노동자당의 깃발아래 탄생한 새로운 체제는 초기에 별다른 사회적 기반을 가지지 못했다. 이런 사회적 기반은 나중에 가서 전후 경제를 재건하는 와중에 가서야 비로소 형성됐다. 체제 초기

---

33) Archiwum ruchu robotniczego (1982); Archiwum ruchu robotniczego (1988) 273-337.

에 폴란드국민해방위원회와 폴란드노동자당 지도부는 활동을 펼치는데 있어 국민들의 관심이나 이해 따위는 전혀 고려하지 않으며 아무런 제한도 두지 않았다. 왜냐하면 이들은 선거를 통해 폴란드 국민들로부터 선출된 정권이 아니기 때문이었다.[34] 새롭게 탄생하는 폴란드 공산 정권에게 있어 초기에만 해도 가장 중요한 존재 기반과 배경은 다름 아닌 폴란드에 주둔 중이던 소련 군대였다. 스탈린은 폴란드 공산주의자들 앞에서 이런 점을 숨기려들지 않았으며 심지어 1944년 9월 28일부터 10월 3일까지 모스크바에 머물던 국가국민위원회와 폴란드국민해방위원회 대표단에게 노골적으로 다음과 말하기조차 했다. "그렇다면 만약 소련군과 우리가 만들어준 폴란드 군대가 계속해서 서쪽으로 진군한다면 어떻게 될 것 같은가? 그런 경우 너희들은 누구와 함께 할 것인가? [...] 만약 너희들이 2 곱하기 2가 16이라고 말해도 너희의 적들은 그렇다고 인정할 수밖에 없는 그런 권력을 지금 너희들이 가지고 있는 것이다. [...] 하지만 늘 그렇게 되지는 않을 것이다. 그런 때가 오면 적들은 너희들을 내쫓고는 마치 꿩 사냥을 하듯 총을 쏘아댈 것이다."[35]

전후 모든 종류의 자유를 점차적으로 말살해가는 유사한 시나리오가 폴란드와 다른 동유럽 국가들 모두에서 실현됐다. 이런 시나리오에는 종교의 자유와 모든 종류의 시민 사회 구조의 파괴 그리고 모든 종류의 공공 생활의 국유화 정책이 포함됐다. 제2차 세계대전이 가져온 결과로 인해 이런 시나리오를 실현하는데 있어 유리한 여건이 조성됐다. 전후 국경선 변경과 이로 인한 대대적인 인구 이동으로 폴란드 공산주의자들의 계획을 실현하는데 있어 유리한 토양을 제공하는 새로운 사회 공간이 생겨났다. 정치, 경제, 사회, 문화

34) Wnuk-Lipiński, E. (1996) 89-80.
35) Kochanowski, J. (1995) 22-24.

등 모든 분야가 마르크스-레닌주의에 복종해야만했다. 이런 의도들은 오랜 기간 감추어져 있다가 폴란드노동자당 중앙위원회 역사상 가장 장기간에 걸친 1948년 8월 31일부터 9월 3일까지 개최된 회의 끝에 법령으로 제정됐다. 그리고 이 당시 폴란드통합노동자당으로 변환하려는 준비의 일환으로서 폴란드노동자당은 소련을 모델로 하는 사회주의 건설 프로그램을 공식적으로 도입했다.[36]

공산 정권이 도입한 새로운 체제의 근본적인 가치들은 폴란드 사회에 쉽사리 뿌리내릴 수 없었다. 이는 공산주의가 추구한 가치들이 폴란드의 유구한 역사와 전통과는 전혀 다른 것들이기 때문이었다. 공산주의 체제는 경제와 사회 측면에서 능력주의보다는 평등주의를, 모험보다는 안전을, 혁신보다는 적응을, 자신을 신뢰하는 것보다는 보호와 권리 요구를, 성공보다는 작은 안정을 더 강조하고 홍보했다. 계속해서 정치 측면에서는 시민 참여보다는 수동적이고 무관심을, 율법주의보다는 법에 대한 존중 부족 등을 강조하고 홍보했다. 폴란드 국민들의 사생활에 대한 정치화를 통해 공산주의 체제는 국민들의 개인 프라이버시를 제한하려들었다. 하지만 역설적이게도 이런 정책에 대해 폴란드 국민들은 정권에 대한 충성심을 배양하는 대신 국가에 대해 거리감을 두며 개인 프라이버시로 도피하기 시작했다. 문화 측면에서 공산 체제는 개인주의보다는 위에 거론한 집산주의를, 비평보다는 기회주의와 순응주의를, 개방과 관용보다는 외국인 혐오증을 선전 홍보했다.[37]

---

36) Kochański, A. (1998).

37) Sztompka, P. (www.exportetr.pl).

제7장 정치 엘리트의 교체

19세기부터 폴란드의 정치 엘리트를 형성하는 원천은 다름 아닌 지식인 계층이었다. 그런데 그 이전에 보지 못하던 새로운 사회 구조가 1944년 7월부터 폴란드에서 탄생하기 시작했다. 이런 사회 구조는 전전 폴란드 사회 계층 질서와는 정반대의 형태를 취했다. 폴란드 사회를 이끄는 엘리트 계층으로 노동자들이 나서게 되고 가난한 농부들이 이들의 협력자로 자리를 잡게 된 것이다. 이에 반해 지식인 계층은 폴란드 사회 구조에서 새로운 역할을 맡게 됐다. 정치 권력에 종속된 지식인 계층은 이제 권력이 지정한 사회 이념을 실현하는 임무를 맡게 된 것이다. 폴란드 공산당 지도부에 따르면 노동자와 농민 계층에서 나오는 새로운 인텔리겐치아만이 이런 역할을 해낼 수 있었다. 이 같은 인텔리겐치아 계층은 마르크스-레닌주의에 근거를 두는 자신들만의 고유한 이념을 창조할 것으로 기대됐다.[38] 공산당은 미래의 정치 엘리트를 충원시킬 원천을 새로운 인텔리겐치아 계층에서 발견했다. 국유화 그리고 농지 개혁과 밀접하게 연관되던 공산당이 내건 신분 계층 상승이라는 슬로건은 지금까지의 폴란드 사회 구조를 완전히 뒤흔드는 것이었다.[39]

새로운 인텔리겐치아가 공산당이 정한 이데올로그 규범을 자기 것으로 삼아 실현할 것이라는 점이 기본 원칙으로 받아들여졌다. 문화에 근거를 두는 가치와 이념이 세대 간 전승되는 정도가 다른 계층들보다 노동자와 농민들 사이에서 훨씬 더 약하다는 점도 커다란 역할을 했다. 제2차 세계대전 당시 독일과 소련의 점령 결과로 폴란드 지식인들과 엘리트 계층이 절멸된 사실도 공산당에게 유리하게

---

38) Lewandowski, J. (1991) 10-11; Szczepański, J. (1965) 29-31.
39) Palska, H. (1994).

작용됐다.

폴란드국민해방위원회가 탄생한 이후 공산주의에 뿌리를 둔 정치인들이 폴란드 엘리트를 주도했다. 폴란드 정치 엘리트의 일부 특히 나 군대나 정보기관에서는 소련인들이 다수 포진하고 있었다. 1944년 7월 22일에 폴란드에서 권력을 장악한 이후 폴란드국민해방위원회는 민주주의와 독립주의에 뿌리를 두고 있던 정치 경쟁자이자 전통적인 엘리트를 제거하는데 있어 정당한 수단을 쓰든 정당치 못한 수단을 쓰든 소련의 도움을 받았다. 새로운 엘리트의 개방성은 공산당이 신입 당원에게 제시하던 까다로운 사회 이데올로그 요구 조건들로 인해 매우 제한적일 수밖에 없었다. 폴란드 정치 엘리트의 사회 계급 출신에 대한 기준을 변경한다는 점에서 1994년은 일대 전환점이었다. 제2차 세계대전 이후 이제 더 이상 귀족이 아닌 평민 출신들이 엘리트 계층을 주도해나갔다. 이때부터 더 이상 고등 교육을 받은 점이 정치 엘리트로 진입하는데 필수 불가결의 사항이 되지 못했다. 이외에도 폴란드 엘리트만의 고유한 특징이 하나 있었다. 전전 폴란드 체제에서 정치 경력이 없는 경우 더 좋은 대접을 받았다는 점이다. 이런 결과로 전후 공산주의 체제에서는 통치 효율성이 떨어지며 경제적, 사회적 통치 비용이 더 많이 들어갈 수밖에 없었다. 새로운 엘리트의 충원은 오직 공산당을 통해서만 공급됐다. 1944-1956년 사이 새로운 정치 엘리트의 전형적인 예가 바로 공산주의 베테랑들이다. 여기에서 공산주의 베테랑이란 전전 그리고 전쟁 와중에 급진적인 노동 운동이나 공산주의 운동 아니면 민중 운동을 펼친 사람들을 가리킨다.

제8장 개인 생활의 제한

폴란드 공산당이 정치, 사회, 경제 분야에 깊숙이 개입했다는 것은 풍습이나 종교를 포함하는 광범위한 의미에서의 문화와 국민 개개인의 모든 사적인 부분까지도 국가가 통제하고 개입한다는 것을 의미한다.[40] 전체주의 체제에서 국가는 시민들로 하여금 자신들이 공식 이데올로그의 지지자라고 밝히도록 강요하거나 아니면 적어도 소위 이데올로그 성숙의 시기에 반대자가 아니라는 것을 인정하도록 강요한다. 폴란드 공산 정권은 학교와 직장 그리고 가정에서 국민들의 사적인 영역을 최대한 제한하려 애썼다.[41] 사생활에 대한 전반적인 정치화 작업이 시작되며 폴란드 국민들의 모든 행동이 정치적 항목을 기준으로 평가됐다. 바로 이런 이유로 당시 일반 개인에 대한 다음과 같은 전형적인 표현들 즉 소시민(라이프 스타일), 성직지상주의자(성당에 다니는 사람), 정치적 회색주의자(계급의 적들과 접촉하는 자) 등과 같은 표현이 자주 사용된 것이다. 소련에서 스탈린이 죽고 흐루쇼프가 권력을 잡고 난 이후 소위 해빙기가 도래하는 1956년부터 폴란드에서 프라이버시 영역에 대한 자율이 허락됐다. 하지만 국민 개개인의 자유에 대한 경계선은 공산당 독재 정권과 정보기관에 의해 엄격히 통제됐다. 폴란드인들이 겪어야했던 이런 경험들의 결과로 공산 체제의 선전 홍보 기관이 연출하고 정권이 열망하던 의례적인 행동 양식들이 폴란드 일반 국민들의 의식과 몸에 남아있게 됐다. 다시 말해 개인과 국가의 운명을 결정짓는데 있어 국민들의 자발적이고 주체적인 참여 의식이 사라져버린 것이다. 그리고 이런 주인 의식이 다시 돌아오기까지는 45여년이라는 세월

---

40) Strzembosz, T. (2000) 137-138.

41) Chumiński, J. (1998) 557-575.

을 기다려야만했다.

제9장 맺는 말

폴란드국민해방위원회가 권력을 장악한 것은 폴란드에 새로운 지배 구조 메커니즘이 도입되고 새로운 사회 모델이 형성되며 사전에 계획된 사회 원자화 작업과 사회관계를 국영화시킬 목적으로 소위 사회 공학(social engineering)이 적용되는 것 등을 의미했다. 농업을 포함한 경제 분야에서 개인 소유권이 폐지됐다. 정치 엘리트가 변환되고 민주적인 선거가 무시되면서 정당의 역할이 바뀌어져갔다. 대중 매체 수단이 공산당의 통제 하로 들어가고 학문과 교육은 공산주의 이데올로그를 의무화했다. 지방 자치제와 경제 자치제도 폐지됐다. 노동조합 운동은 국가 권력의 일부분으로 종속됐다. 국민 개인 생활의 정치화와 정치계의 "연극 무대화"가 단행됐다.

현재 관점으로 볼 때 1944년 후반기가 폴란드에서 전제주의 국가가 탄생하는 과정이 시작하는 전환점이고 그 절정이 1948-1956년이라는 주장은 타당한 것으로 보인다. 1944-1948년의 정치 체제에서는 민주주의와 권위주의 원칙 또는 민주적이고 독재적인 통치 방식과 같은 수많은 반대 요인들이 서로 뒤섞이며 합쳐졌다. 그리고 이런 체제는 하이브리드 시스템이라 부를 만하다. 참조로 하이브리드 시스템이라는 명칭은 헝가리 사회학자인 엘레메르 한키스가 처음으로 사용했다. 카다르 통치 당시 헝가리의 상황을 분석하던 한키스는 공동체 형성에서의 장애 구조를 연구하면서 이 용어를 고안해냈다.[42] 이 당시 폴란드 정치 체제는 그 내부에 거의 모든 요소들 – 형

42) Hankiss, E. (1986).

식적인 민주주의와 함께하는 열린 독재적 요소, 국가 통치에서 공산당의 헤게모니 역할, 시민 민주주의 기구들의 발전 금지 등을 내포하는 독특한 하이브리드 시스템이라 부를 만했다.

그 자신의 모든 내부적 모순에도 불구하고 폴란드의 하이브리드 시스템은 매우 안정적이었다. 그 이유는 소련이라는 외부로부터의 절대적인 지지가 있었기 때문이다. 소련의 지지 덕분에 폴란드 공산당은 다른 모든 반대 세력을 제거할 수 있었다. 폴란드 공산주의자들은 자신들의 활동 프로그램을 선동과 포퓰리즘으로 포장했고 따라서 공산당이 내세운 활동 프로그램은 명확하고 매력적인 것으로 비춰졌다. 이런 프로그램은 폴란드의 국가 이익을 새롭게 이해하고 정의내리며 국가 이익을 실현시키는 새로운 메커니즘을 탄생시키는 것을 의미했다. 폴란드국민해방위원회의 등장과 함께 상충하는 이념과 조직들이 상호 공존하는 것을 근간으로 하는 정치 체제가 발전하기 시작했다. 정치 체제의 절충적인 특징과 모순적인 경향에도 불구하고 폴란드 공산 정권은 전제주의 방향으로 일관되게 발전해갔다.

폴란드 공산 정권 시스템은 본질적으로 몇몇 전체주의 원칙에 의거했다. 정치, 경제, 이데올로그 권력을 하나로 합친 마르크스주의 삼위일체가 공산 정권의 근간이었다. 이 삼위일체에서 전체주의 시스템의 고유한 특징이 되는 다음과 같은 공산 정권의 5가지 기본 원칙이 나왔다. 1) 마르크스-레닌주의 정당의 정치적 독점 체제 구축, 2) 후에 노멘클라투라 시스템으로 알려지는 메커니즘 차원에서 정치, 경제, 문화, 대중매체 수단, 다양한 협회 등의 모든 전략적 직위를 당이 차지하는 원칙 도입, 3) 경제 국유화 그리고 중앙 계획과 중앙 분배 메커니즘을 통한 모든 자원과 수단의 중앙 집중화, 4) 정치 반대 세력에 대한 테러와 경찰 기구가 주도하는 탄압 적용, 5) 국민들의 이성과 감정을 통제할 목적으로 세뇌 작업과 함께 중앙에서 제어하는 대대적인 선전 홍보 활동.

폴란드 공산당의 지도적 역할은 다음과 같은 세 가지 속성으로 요약할 수 있다. 첫째로 당의 우월적 위상에서 나오는 속성으로서 특정 기관이나 전체 권력 시스템에 관한 목표 설정에 있어 폴란드노동자당이 명령을 내릴 수 있는 권한이다. 이런 폴란드 공산당의 속성은 1944년에 권력을 장악하는 바로 그 순간부터 존재해왔다. 또한 활동 목표로서 사회 조직과 국가 기관에 당 지도급 인사들을 배치하고 충원하는 기능 그리고 당에 의해 작성된 프로그램과 당에 의해 하달된 지침의 수행 통제 기능이 여기에 속한다. 두 번째 속성은 당의 지도적 역할이 국가 권력의 도처에 존재한다는 점이다. 그리하여 계획된 모든 정치 목표가 실현될 수 있었다. 세 번째 속성은 당은 모든 것을 초월하는 존재로서 법에 의해 제한받지 않는다는 점이다. 법은 당 권력의 영역을 규정짓지도 않았을 뿐만 아니라 오히려 정반대로 당에 종속됐다.

1944년 7월 22일부터 폴란드에 세워지기 시작한 공산 권력 시스템은 소련이라는 외부로부터 강요되는 동시에 무법적으로 정권을 강탈하는 것으로 특징지을 수 있다. 때문에 이런 시스템은 폴란드의 유구한 정치 문화 전통과 폴란드노동자당 엘리트로 대표되는 새로운 가치 체계 사이에서 충돌할 수밖에 없었다. 그리고 무엇보다 폴란드의 공산 정권은 자유선거를 거쳐 세워진 것이 아닌 허위 선거를 통한 비합법성을 가질 뿐이었다. 정당 체제에서 벌어지는 경쟁 없이 그리고 민주적인 기구와 이에 수반되는 과정을 배제시킨 결과 폴란드 공산 체제는 시민 참여를 통한 권력의 정당성을 가질 수가 없었다. 여기에다 권력 행사의 원칙에 대한 사회적 동의가 부재하고 선포된 원칙과 일치하는 실제적인 권력 행사의 부재도 뒤따랐다. 공산 폴란드에서 권력 행사가 작동하는 메커니즘은 원칙적으로 단지 단 하나 – 폴란드노동자당 당원들에게만 정치적 참여 가능성이 허락됐다는 점이다. 1945년부터 농민당이 시도한 시민 사회 형성 시도는 수개월 뒤에 치러진 국민투표와 이후 연이은 선거들이 조작되는 가운데 극적인 종말을 고할 수밖에 없었다. 바로 이런 연유로 1944년부터 오직 노동자당만이 폴란드 국가적인 차원에서의 임무와 목표를 제시할 수 있었고 이의 실현을 통제 관리할 수 있었다. 폴란드 시민들이 국가 통치에 능동적이고 주체적으로 참여할 가능성은 없었다. 바로 시기에 통치하는 자와 통치 받는 자라는 태도와 행동 양식이 폴란드에 형성되기 시작했으며 이런 양상은 오늘날까지도 많은 폴란드인들의 의식 속에 남아있다. 전후 폴란드에서 시민 사회는 존재하지 않았으며 1944-1945년 사이 활동한 정당들은 대표성을 갖지 못했다. 전후 폴란드 정치 체제 형성에 있어 가장 중요한 점은 단 하나의 정치 세력이 모든 권력을 독점했다는 사실이다. 그리고 이 당시 형성된 정치 시스템은 매우 강한 연속성과 함께 근본적인 변화에 맞서는 강력한 저항력을 가진 것으로 드러났다. 그리고 이것이 붕괴되는 데에는 50여년 가까운 세월이 요구됐다.

2. 폴란드 체제 전환: 노동자들이 주도한 민주화 운동과 원탁회의를 통한 타협을 중심으로

제1장 들어가는 말

1989년에 폴란드에서 사회주의 체제가 붕괴됐다. 늘 그렇듯이 폴란드의 사회주의 체제도 외부로부터의 충격이 오기 전에 이미 내부적으로 그 몰락이 시작됐다. 폴란드 제2공화국과 마찬가지로 제3공화국의 탄생에도 외적 요인이 결정적 영향을 미쳤다. 폴란드 역사에서 가장 암울한 시기를 소위 삼국분할 시대라 부른다. 16세기에 러시아를 호령하며 최전성기를 자랑하던 폴란드는 17세기부터 서서히 패망의 길로 들어서더니 결국 1795년에 주변의 3대 강대국인 서쪽의 프로이센(독일), 남쪽의 오스트리아, 동쪽의 러시아에 의해 3번에 걸쳐 국토가 분할되며 지도에서 사라지고 말았다. 이후 1918년에 재생하기까지 123년에 걸친 식민 시대를 바로 삼국분할 시기라 부르고 있다. 우리가 폴란드하면 떠올리는 쇼팽이나 퀴리 부인 등은 바로 이 시기에 활동하던 인물들이다. 폴란드 분할을 둘러싸고 의기가 투합하던 3국은 제1차 세계대전 당시 한편으로는 독일과 오스트리아가 동맹국으로 다른 한편으로는 러시아가 연합국으로 나뉘어 전쟁을 치렀다. 그리고 주지하다시피 군주제의 해체와 함께 독일과 오스트리아는 패전국이 되고 러시아는 1917년의 공산주의 혁명으로 내분에 휩싸이게 됐다. 바로 이처럼 분할 삼국이 모두 최악의 상황으로 전락하게 되는 최적의 상황에서 폴란드는 오매불망하던 독립을 되찾게 된다. 그리고 123년 만에 탄생하는 폴란드는 제2공화국이라 불리게 된다. 하지만 1918년에 세워진 제2공화국 체제는 1939년에 히틀러의 나치 독일이 폴란드를 침공하면서 일으킨 제2차 세

그다인스크 조선소 파업당시 노동자들에게 연설하는 레흐 바웬사, 1980년

계대전으로 다시 지도에서 사라지게 되는 비운을 겪게 된다. 당시 폴란드가 겪은 고통은 아우슈비츠 강제수용소로 대변된다. 1945년에 전쟁이 끝나고 폴란드를 기다리는 것은 자유가 아닌 소련이 주도하는 강요된 공산주의 체제였다. 전쟁이 끝나자 히틀러의 독재가 스탈린의 독재로 바뀌었을 뿐이다. 이후 폴란드인들은 1956년, 1970년, 1976년, 1980년 등에 걸쳐 끝없는 민주화 투쟁에 나선다. 그리고는 1980년대 말에 전설적인 노조 위원장인 레흐 바웬사가 주도하는 저 유명한 솔리다르노시치 자유노조 운동으로 마침내 진정한 자유와 민주를 쟁취하게 된다. 공산주의 체제의 폴란드인민공화국이 이제 '인민'이라는 문구를 빼버리며 폴란드 제3공화국으로 탄생했다. 하지만 이와 같은 내적인 민주화 운동만으로는 성공을 거두기 어려웠을 것이다. 1956년의 부다페스트 혁명이나 1968년의 프라하의 봄에서 보듯이 소련이 주도하는 소비에트 블록이라는 견고한 요새가 공산주의 제국의 와해를 허용할리는 만무하기 때문이었다. 하지만

1980년대 중반부터 소련 제국 내에서 단단해보이던 철옹성에 조금씩 틈이 보이기 시작했다. 그리고 그 시작은 1985년에 젊은 미하일 고르바초프가 공산당 서기장에 임명되면서 찾아왔다. 바로 이런 소련 내에서의 변화가 폴란드에서 공산주의 체제가 붕괴하는데 결정적 원인으로 작용한 것이다. 폴란드 제3공화국의 탄생은 바로 이런 외적 요인이 내부에서의 민주화 운동과 맞물리면서 나온 결과이다.

폴란드에서의 체제 전환 그리고 이후 점차적인 공산주의 독재 체제의 붕괴는 외부와 내부 요인의 결합으로 인한 결과였다. 체제가 전환되는 원인으로 작용한 가장 중요한 배경들로 다음과 같은 사실을 들 수 있다 - 중부유럽에 대한 소련의 정책 변경, 1980년대 중반부터 악화돼가던 폴란드의 사회 분위기, 공산주의 국가의 통제 폐지와 폴란드만의 고유한 사유화 과정, 민주 야권과 가톨릭교회의 활동. 새로운 폴란드가 탄생하는 뿌리는 공산주의 폴란드를 계속해서 침식하던 1956년, 1970년, 1976년 그리고 1980년의 위기로 대표되는 연속적인 연장선에서 찾아볼 수 있다. 이러한 중대 사건들은 소련으로부터 강요된 체제에 대한 폴란드 민족의 독립심 강화뿐만 아니라 모스크바 제국으로부터 당시 폴란드 공산 정권의 자주성 확대를 초래했다. 폴란드 공산 정권의 실질적인 몰락은 보이치에흐 야루젤스키 장군의 정부가 처음으로 자유화 조짐을 보인 1986년에서야 시작됐다. 이 당시 나타난 과정은 향후 폴란드 제3공화국의 체제가 형성되는데 그리고 제3공화국을 주도하는 정치 및 경제 세력이 형성되는데 결정적 영향을 미쳤다.

제2장 난국 타개 시도와 자유노조의 대화 시도

1986년 야루젤스키 장군과 그 동료들은 5년 전에 있은 계엄령으로 세워진 정권이 오래갈 것이라 믿었다. 바로 이해 1986년에 있은 제10차 폴란드 공산당 전당대회에서 정상화된 그사이 5년간의 정치가 업적을 인정받았다. 공산당 지도부에서 야루젤스키 장군과 경쟁할 수 있는 라이벌은 이제 아무도 없었다. 체제에 반대하는 민주 야권 세력은 그 힘이 약했으며 근시일내에 이런 상황에 변화가 없으리라 점은 확실했다. 그리고 국제무대에서 계엄령으로 실추된 위상을 폴란드 공산 정권은 점차 회복하고 있었다. 1986년 9월에 있은 사면으로 거의 모든 유명한 민주 인사들을 포함하는 225명의 정치범이 석방됐다. 그 후 곧바로 국가위원회 위원장인 야루젤스키 장군을 보좌하는 56인 고문위원회가 세워졌다. 브와디스와프 시와-노비츠키나 크쥐쉬토프 스쿠비쉐프스키 같은 민주 인사들도 일부 포함한 이 위원회의 창설 목적은 당시 공산 정권이 폴란드 국민들 사이에서 동의를 얻어내는데 있었다. 그러나 정부에 유화적이던 일부 민주 인사들이 희망한대로 사면책이나 고문위원회 창설이 개방 정책의 시작은 아니었다. 반면 이런 정책들은 단지 외국이나 국내 여론에 대한 폴란드 공산 권력의 이미지 개선을 위한 선전책에 불과했다.

당시 상황에 비추어보면 매우 과감했던 이런 자유화 시책으로도 폴란드 국내에서 예상되던 결과를 가져오지는 못했다. 반대로 1986년에서 1987년으로 넘어가는 시기에 사회 분위기는 오히려 더 악화됐다. 이런 점은 여론 조사 기관에 따른 통계 숫자를 보면 알 수 있다. 1985년 12월에 있은 여론 조사에 따르면 폴란드 경제에 대한 부정적인 대답이 46%인 반면 1986년 4월에 55%, 12월에 58.5% 그리고 1987년 4월에 69.1%로 증가했다. 정치 상황에 대한 평가도 점차 악화돼갔다. 정치 상황에 대한 긍정적인 대답이 1987년 12월에는 27.8%, 부정적이 15%이었으나 1년 반도 채 지나지 않은 시점에 이르면 각각 25%와 28.1%로 역전됐다. 반면 과반수에 해당하는 대상

자유노조를 바르샤바 법원에 등록한 후, 1980년 9월

자는 긍정적도 부정적도 아니라며 대답을 회피했다.[43] 이런 숫자는 1980년대 후반기에 공산 정권과 민주 재야 세력이 각기 영향력을 놓고 싸우던 폴란드 국민들이 어느 정도로 정치에 무관심했는지를 잘 보여주고 있다.

이런 여론 조사 결과에 공산 정권의 일부 특히나 1986년에 구성된 특별 고문단이 지대한 관심을 기울였다. 야루젤스키 보좌를 목적으로 하는 이 특별고문단은 공산당 중앙위원회 비서인 스나티스와프 치오셱, 정보부장과 내무부 차관을 겸직하던 브와디스와프 포조가 장군 그리고 정부 대변인이던 예쥐 우르반 등 3명으로 구성됐다. 훗날 유명해지는 바르샤바 근교 마그달렌카에 있는 내무부 부속 건물에서 모임을 갖던 이 고문단은 야루젤스키에게 올리는 경고성 보고서를 수차례에 걸쳐 작성했다. 이런 보고서를 특징짓는 점으로 포조가 장군은 다음과 같이 회상했다. "근시일내에 사회 충돌로 이어지

43) Społeczeństwo i władza lat osiemdzisiątych w badaniach CBOS (1994) 268.

는 위기 상황이 발생할 것이다. 그 결과 정치 변화와 함께 공산 정권의 일부 대체는 불가피할 것으로 예상됐다." 불리한 사태 발생을 예방하기 위해 고문단은 야루젤스키에게 "장군이 직접 이런 사회 불만에 맞서서 당이 입안한 안이하고 나태한 조악한 정책을 비판하도록" 건의했다. 계속해서 포조가는 말하길 "우리는 전면적인 사면 발표, 국민 투표 실시, 독점 체제 폐지 등을 제의했다." 또한 급격한 경제 계획을 선언하고 심지어 레흐 바웬사를 고문단에 참여시킬 것도 건의했다.[44]

그러나 야루젤스키 장군은 이런 프로그램이 너무 급격하다고 생각했다. 하지만 이와 동시에 변화 없이 기존의 정책을 유지하기란 불가능하다는 점도 잘 알고 있었다. 그래서 3인 고문단의 과감한 권유는 왜곡된 형태로 나타나게 된다. 즉 급격하고 과감한 경제 변화를 대신하는 경제 개혁 제2단계에 대한 공공 토론이 1987년 내내 TV와 언론을 장식했다. 제1단계가 아무런 소득을 보지 못했음에도 불구하고 제2단계라는 용어를 고안해낸 자체로 이미 그 무익함과 함께 눈가림용 시책이었다는 점은 명백했다. 정치 구조의 변화 특히 대통령제 도입을 묻기로 초안된 국민 투표 계획 또한 이와 유사하게 진행됐다. 대통령직에는 물론 야루젤스키가 후보로 나서며 일반 투표에 의한 당선을 통해 야루젤스키의 입지를 강화시키는 것이 이 계획의 주목적이었다. 그러나 이 대신에 찬성표가 나올 수밖에 없는 질문 2개 – 즉 '2-3년간의 과도기를 거쳐야하는 생활수준을 급속히 향상시키는 과감한 경제 재생 계획이 의회에 상정됐는데 이에 찬성하는가?'와 '지방자치제 강화, 시민권 확대, 국민들의 국가 통치 참여 확대를 목적으로 하는 정치 민주 모델에 찬성하는가?'를 국민 투표에 부치는 것으로 계획이 변경됐다.

44) Piecuch, H. (1992) 249, 255.

자신들이 펼친 선전 공세가 긍정적 결과를 가져올 것이고 게다가 당연한 찬성표가 나올 것으로 예상하면서 공산 정권은 안이하게도 이번 투표가 법적 효력을 가지는 통과선을 매우 높게 책정했다. 즉 일반적으로 채택되는 참가 투표자들의 과반수가 아닌 투표 보유권자들의 과반을 넘는 찬성표를 얻는 경우에만 이번 국민 투표가 유효하다고 발표했다. 투표 1주일 전인 1987년 11월 23일에 대주교인 브로니스와프 동브로프스키와 만난 자리에서 치오섹과 당 중앙위원회 정치국 국원인 카지미에쉬 바르치코프스키는 조사에 따르면 투표 참가율은 68%로 예상되며 이중 첫 번째 질문에는 51%가, 두 번째 질문에는 98%가 찬성할 것이라고 전했다. 이미 이때부터 선거 결과 경제 개혁에 관한 것은 통과되지 못하리라는 점을 알고 있었다. 그래서 이들 공산당 지도부 대표단은 "과반을 넘지 못하더라도 우리는 개혁을 실시해야만합니다"라고 대주교에게 말했다.[45] 지금에 와서 생각해봐도 도대체 왜 그 당시 패배가 확실한 국민 투표를 공산 당국이 강행했는지 의문이다. 투표 예상에 대한 조사 중 투표율에 관한 것이 가장 정확히 예측된 것으로 나타났다. 11월 29일에 실시된 국민 투표에서 보유권자 67.3%가 참가한 것으로 공식 발표됐다. 이 투표 참가율은 지금 기준으로 보면 높다고 할 수 있지만 당시 기준으로는 – 지방에서 있은 투표 조작을 차치하더라도 – 전후 폴란드 역사상 최저였으며 1985년의 의회 선거 때보다도 10%이상 낮았다. 첫 번째 질문에는 예상을 넘어 찬성표가 66.04%가 나왔으나 이는 투표 보유권자의 44.28%에 미치는 것이었다. 또한 정치 개혁에 관한 두 번째 질문에는 69.03%의 찬성표가 나오며 전체 유효표의 46.29%에 불과하며 폴란드 공산당 지도부를 경악시켰다.

국민 투표 결과는 폴란드 공산 정권 내에서도 실패로 받아들여졌

45) Raina, P. (1995) 196.

다. 후에 야루젤스키 자신이 회고하듯이 "불운하게도 국민 투표는 좋은 결과를 가져오지 못했다. 당시 이런 사실은 나에게 있어 일대 전환기가 도래했음을 뜻했다. 그렇지 않다면 적어도 정치적, 사회적, 정신적으로 매우 중대한 결정적 순간이 찾아왔음을 의미했다." 당시 외무장관이자 정치국 국원이던 마리안 오줴호프스키는 다음과 같이 투표 결과를 적절히 표현했다. "국민 투표가 끝난 후 발버둥치기, 그 자체가 시작됐다. 결국에 가서 파국으로 종결될 수밖에 없던, 어떻게든지 유지해보려는 시도들 ... 국민 투표 때부터 파업 때까지의 중요한 시간이 낭비되고 말았다."[46] 1987년 말 자체적인 앞으로의 전진 계획이 무너짐에 따라 야루젤스키 진영은 새로운 시나리오를 실행에 옮기기 시작했다. 즉 정권의 통제 하에 재야 민주 인사 중 일부 온건파를 권력에 동참시켜 앞으로 있을 인기 없는 경제 정책에 대한 책임을 이들에게 전가시키는 계획이 세워졌다. 정확히 언제 이 계획이 구체화됐는지는 알려져 있지 않다. 여하튼 나중에 보는 것처럼 이 계획은 1988년 중반에 들어오며 폴란드 공산 정권 지도부의 계획에 입안된다.

1980년대 후반기에 폴란드 재야 민주 세력이 여러 갈래로 나뉘기는 하나 최대 세력은 계속해서 자유노조의 깃발 아래 뭉쳤다. 바웬사를 선두로 자유노조 지도부 대부분은 공산주의 체제의 급격한 변화가 어렵다고 믿었고 따라서 노조의 합법화나 점차적인 체제의 자유화를 가능케 할 수 있는 공산 정권과의 대화 가능성을 모색했다. 이런 협상파의 선구자는 아담 미흐닉으로 1985년 런던에서 펴낸 저서에서 주장하길, 예를 들자면 의회에서 재야 민주 진영을 위한 30%의 의석 확보와 같은 공산 정권과의 현실적인 대화 필요성을 강조했다. 미흐닉 외에도 얀 리티인스키, 야첵 쿠로인, 브로니와프 게

---

46) Jaruzelski, W. i Orzechowski, M. (1991) 124.

레멕과 같은 재야 민주 인사들 그리고 파리에 망명 중이던 발데마르 쿠치인스키 등의 자유노조 운동가와 자유노조 고문단 중에서도 상당수가 이와 비슷한 주장을 내세웠다. 공산 정권과의 이해와 타협을 추구하던 바웬사 또한 이런 주장에 동의했다. 이런 생각에 따라 1986년 9월 26일 사면 후 곧바로 바웬사가 자유노조 임시위원회를 만들었다. 게레멕은 <주간 마조프쉐>와 가진 회견에서 이 임시위원회를 협상 가능성을 가지는 단체라고 평했다.[47] 그러나 공산 당국에 의한 사면을 대화로의 초대로 간주한 민주 인사들의 판단은 오류였으며 임시위원회에 대한 정권으로부터의 어떠한 협상 시도도 없었다. 1986년 10월 10일에 바웬사가 폴란드를 대상으로 하는 경제 제제 정책을 해제할 것을 미국에게 요청한 것이나 그 후 여러 방식으로 시도된 협상 제의 모두 폴란드 공산 정권을 대화의 장으로 이끌어내는데 실패했다. 그로부터 1년 후 바웬사는 다시 협상을 시도하며 지하 조직인 임시협동위원회와 임시위원회를 대신하며 1987년 10월 25일 단일체이자 공개적인 노조 지도부로서 자유노조 전국실행위원회를 출범시켰다.

바웬사와 주로 예전 노동자보호위원회 출신으로 구성되던 측근 고문들의 정책은 급진 반공주의 계열 민주 인사들뿐만 아니라 자유노조 자체 내로부터도 비난받았다. 1987년 3월에 탄생한 전국위원회는 1980-1981년 당시 자유노조 지도부를 이루던 인사들로 구성됐다. 이들은 자유노조 법규 준수와 유일한 합법 노조 지도부로서 1981년 구성 당시의 자유노조 전국위원회를 소집할 것을 바웬사에게 요구했다. 그러나 이들은 대표권이 없으며 전국위원회 위원 대다수가 망명했고 무엇보다 상황이 그때와 많이 바뀌었다는 점을 내세우며 바웬사는 시종일관 이런 요구를 무시했다. 하지만 실상은 자신

47) Skórzyński, J. (1995) 24.

의 뜻대로 움직이며 따르는 새로운 자유노조 지도부를 만드는 것이 바웬사에게 편했기 때문이었다.

공산 정권으로부터 아무런 협상 시도가 없음에도 불구하고 1987년 자유노조의 바웬사 측근 진영은 계속해서 대화 시도를 추구했다. 요한 바오로 2세의 고국 방문이 다가오면서 자유노조 지도부와 자유노조를 지지하는 62명의 민주 인사들이 회유책으로서 1987년 5월 31일에 일단의 성명을 발표했다. 그로부터 1년 반 후에 탄생하는 시민위원회의 시발점이 되는 이들은 바웬사의 요청에 따라 11월 7일에 또다시 모이게 된다. 이때 발표한 성명서에서 헌법에 명시된 조항에 대한 동의를 표하는 동시에 진정한 사회 대표자들과의 대화를 요구했다.[48] 결국 1988년 2월에 합법적인 월간지 <대결>과 가진 게레멕의 회견이 비로소 공산 정권 측에서 반응을 보이는 동기가 됐다.

당시까지만 해도 게레멕은 공산 정권으로부터 신랄한 공격의 대상이었다. 이런 게레멕의 발언이 공산 당국이 간행하는 출판물에 게재된 사실 자체가 이미 상징적인 의미를 띠었다. 이 회견에서 게레멕이 언급한 위기 타개를 위한 협정 제의는 이전에 재야 민주 진영이 제시한 내용 그대로이며 새로운 것이 하나도 없었다. 단지 다른 점이 하나 있다면 그것은 다음과 같은 매우 구체적인 제안이었다. 즉 복수 노조 허가(즉 자유노조의 합법화)와 다원적 사회(즉 단체 결성 자유권과 재야 민주 진영을 포함하는 양원제 의회) 도입 조건으로 일정 기간 정권 독점을 허용하는 폴란드 공산당의 지도적 역할과 함께 현존하는 법률 체제를 존중한다는 의사를 밝혔다. 그러나 무엇보다도 이와 같은 제의를 제시한 시기가 중대한 의미를 가졌다. 게레멕이 언론과 가진 회견은 1987년 12월 15일 즉 야루젤스키 지배 권력이 정치 절망에 빠지는 국민 투표가 끝나고 2주 후에 있었다. 협

48) Skórzyński, J. (1995) 45-46.

상으로 나아가는 심리적인 토양은 이미 준비돼있었고 비록 양편에 의한 상호 불신에도 불구하고 공산 정권과 바웬사를 중심으로 하는 재야 민주 진영의 일부 인사들을 협상 테이블에 앉힐 동기만이 부족할 따름이었다.

1988년 4월 25일 비드고쉬츠 시에서 교통 노동자들의 파업이 시작됐다. 이번 파업은 자유노조 참여 없이 순전히 임금 문제로 야기됐으나 그 후 계속되는 전국적인 파업의 발화점이 됐다. 다음날 크라쿠프 시의 레닌제철소에서 노동자들이 파업을 일으켰다. 이 파업에서는 임금 인상 외에도 계엄령 당시 해고된 자유노조 소속 노조원들의 복직도 요구됐다. 이어 4월 29일에 휴업을 단행한 스탈로바 볼라의 제철소 노동자들은 공장 내 자유노조 활동 합법화라는 좀 더 강경한 요구를 내세웠다. 스탈로바 볼라의 파업은 급속히 수그러드나 5월 2일 그다인스크 조선소에서 마침내 파업이 발생했다. 이 당시 공산당 지도부는 바웬사가 즈지스와프 사도프스키 부총리 앞으로 보낸 제안을 검토하고 있었다. 이전에 영국 BBC와 가진 회견에서 자유노조 위원장과 만날 의사가 있음을 밝혔던 사도프스키 부총리는 60그룹(1987년 5월 31일 성명서의 서명인으로 구성된 단체)의 모임에 초대받게 되는데 이 60그룹은 5월 8일에 경제 개혁을 주제로 토의하기로 예정돼있었다. 5월 3일 자유노조 전국집행위원회 고문인 안드쉐이 비엘로비에이스키는 공산당 중앙위원회 비서들인 유젶 치렉 그리고 치오셱과 만나게 되는데 이 자리에서 이들은 야루젤스키가 바웬사와 대화를 가질 의사가 있음을 알렸다. 만나는 조건은 파업 중지였다.[49] 이 목적으로 타데우쉬 마조비에츠키와 비엘로비에이스키가 그다인스크로, 얀 올쉐프스키와 안드쉐이 스텔마호프스키가 크라쿠프로 갔다. 그러나 노동자들이 자발적으로 파업을 중지하기 이전인 5월 4일

---

49) Tabako, T. (1992) 80-81.

밤에 무장 경찰이 레닌조선소를 진압하고 말았다.

크라쿠프의 노바 후타에서 경찰이 파업을 강경 진압하면서 당분간 대화 분위기가 동결됐다. 그런 다음 열린 그다인스크 조선소에서의 협상도 실패로 끝나고 말았다. 5월 10일 저녁 천여 명의 노동자들이 행진하며 조선소를 빠져나오면서 춘계 파업 물결이 종결됐다. 일견 자유노조가 실패한 것으로 보일 수 있었음에도 불구하고 공산당 지도부는 승리감을 느낄 수 없었다. 이는 사회 분위기가 악화되고 있다는 위험 신호를 계속해서 보내던 여론 조사에서 보듯이 5월 파업은 다가오는 폭풍의 첫 번째 전조에 불과하다는 점이 자명했기 때문이다. 반면 재야 민주 세력의 약화를 보여주는 파업의 소멸은 역설적으로 민주 진영에 구체적인 제의를 할 수 있는 적절한 상황을 자아냈다. 이후 협상 과정 전반에 걸쳐 매우 중요한 역할을 수행하는 교회가 이런 협상의 중간 다리가 됐다. 6월 3일 치오섹은 폴란드 교회 주교단의 대변인인 알로이지 오르슐릭 신부와 가진 자리에서 다음과 같이 당국이 추구하는 바를 밝혔다. "의회에 상원을 신설하는 양원제 안이 정부에 의해 고려되고 있다. 하원에서 연립 좌파 여당이 60-65% 의석을 가지는 반면 상원에서는 그 반대가 될 수도 있다. 상원은 의결권을 가지며 하원이 의결한 법안에 대해 거부권을 행사할 경우 ⅔ 이상의 득표를 얻어야만 한다." 치오섹은 정치 다원화는 필수라고 했으나 노조의 다원화에는 반대한다고 말하며 기존 노조들과 자유노조와의 결합 안을 제시했다. 현 상황은 재야 민주 세력을 포함하는 연립 정부 구성 가능성을 숙고하게 만든다고 치오섹이 밝혔다. 이와 동시에 기존 정권으로는 위기를 타개할 수 없다는 견해도 피력했다.[50] 교회를 중개로 하는 재야 민주 세력에 대한 치오섹의 제의는 그 목적이 자명했다. 즉 권력에 재야 민주 세력을

---

50) Raina, P. (1995) 240-241.

원탁회의, 1989년

동참시키는 대신 자유노조 재건을 포기시키려는 것이었다. 바로 이 자유노조 재생 문제가 계속되는 대화에서 주요 걸림돌로 작용했다.

8월 15일 7월성명 탄광에서 파업이 발생했다. 이 파업은 즉각 다른 탄광들로 번져나가며 파업이 최고 절정기에 이르렀을 때 동참하는 탄광 수가 14개에 이르렀다. 이번 파업에서는 자유노조의 합법화가 요구 리스트의 첫 항을 장식했다. 8월 17일 쉬체친 항구에서도 파업이 시작되며 인근 공장으로 번져갔다. 8월 20일 파업 물결은 그다인스크에 도달하여 맨 처음 북부 항구에서 이틀 뒤에는 레닌조선소 등으로 확대돼갔다. 바로 이날 스탈로바 볼라의 제철소도 파업에 동참하기 시작했다. 내무부 장관인 체스와프 키쉬착 장군이 TV에 나와 만약 불법 파업이 중지되지 않는 경우 통금 시간 실시와 함께 다른 특별 조치를 취하겠다고 위협했다.

그러나 이번에는 무력이 동원되지 않았다. 오히려 정반대로 스텔마호프스키와 치렉 사이에서의 신뢰적인 접촉이 강화돼갔다. 8월

24일 스텔마호프스키와 게레멕이 작성한 원탁회의에서 토론될 주제를 담은 준비 각서가 치렉에게 전해졌다. '원탁회의'란 용어 자체는 1988년 6월에 있었던 폴란드 공산당 중앙위원회 제7차 총회에서 야루젤스키 장군이 단체 조약에 관한 공개 토론의 필요성을 언급하며 처음으로 만들어진 것이다. 그로부터 2달 후 게레멕과 스텔마호프스키가 이 구상을 차용하며 대화의 주제 범위를 대폭 확장했다. 즉 대화 주제는 크게 3개로 나누어 ①노조 법규를 준수하는 기반위에서 자유노조를 합법화하는 방법에 대한 노조 다원화 ②장차 정치조직과 단체의 합법적 결성 자유권을 의미하는 정치, 사회 다원화 ③위기 타개 협약 즉 경제 개혁의 필요성 등이었다. 개혁의 이식 시기에 필요 불가결한 고통 감내 실시 방법에 대한 토의가 마지막 ③번 항목에 관한 것으로 계획됐다. 이 각서에는 또한 의회 선거와 관련하여 단일 공동 후보 출마도 제안됐다.[51] 이 제의는 후에 자유노조 지도부내에서 많은 이견을 자아내며 야권 대표부도 더 이상 이 제안을 내세우지 않게 됐다. 이런 사실은 자유노조 고문단 지도층 일부의 유화적인 태도를 대표적으로 보여주는 것이었다. 이 제의를 공산정권은 면밀히 주목하고는 후에 원탁회의 회의 당시는 말할 것도 없이 단일 공동 후보 출마 제안을 반복해서 내세우게 된다.

8월 25일 바웬사가 게레멕, 미흐닉, 스텔마호프스키, 마조비에츠키가 작성한 성명서를 발표한다. 이 성명서는 기본적으로 예전 치렉이 제시한 각서에 있는 제안을 반복하는 것이었다. 단지 단일 공동 후보 구상안이 삭제됐을 뿐이며 자유노조 합법화 문제는 단호하게 명시됐다. 다음날 키쉬착 장군이 성명서를 발표하며 가능한 최단 시일 내에 다양한 사회, 근로 단체 대표들과의 만남을 제안했다. 또한 이번 만남은 원탁회의 형태를 취할 수도 있다고 밝혔다. 이와 동시

51) Tabako, T. (1992) 242.

에 키쉬착 장관은 폴란드인민공화국의 헌법과 법질서를 위반하는 사람들의 참여 가능성을 일축했다.[52] 이 문구는 장차 누가 협상에 참가할 권리를 가질 것인가를 공산 정권이 임의적으로 결정한다는 점을 의미했다.

8월 26일과 28일에 폴란드 공산당 중앙위원회 정치국에서 바웬사의 성명서에 대한 토론이 있었다. 이 회의에서 바웬사의 성명서 내용은 예비 협상으로 나아가는 신기축이 될 수 있다는 결정이 내려지고 키쉬착 장군에게 협상에 대한 전권이 부여됐다. 협상 대표자로 키쉬착 장군을 선택한 것은 사전에 계산된 것이다. 즉 야루젤스키는 이런 방식을 취하면서 대화에 응하는 것이 정권 측에 의한 항복 선언이 아니라는 점을 동료들에게 이해시키고자 했다. 여하튼 이 당시 열린 폴란드 공산당 중앙위원회 제8차 총회에서 재야 민주 세력과의 대화 시작을 공식으로 지지한 사실은 매우 중대한 의미를 띠는 것이었다. 반면 중앙위원회 다수는 자유노조와의 협상 계획에 대해 비판적 태도를 보였다.

1988년 8월 31일 그다인스크 협약 조인이 있은 지 8년이 흐른 시점에서 바웬사와 키쉬착의 첫 번째 만남이 이뤄졌다. 치오섹과 동브로프스키 주교도 참석한 3시간에 걸친 대화는 바르샤바 자브라트 거리에 있는 내무부 별채에서 거행됐다. 대화를 시작하면서 키쉬착은 파업 중지가 원탁회의를 시작하는 조건이라는 점을 확실하게 다짐받았다. 그런 다음 대화 안건에 대해 설명하면서 계획된 의회 선거법 개정안, 상원 신설, 정치 체제에서의 건설적인 야당의 위상 등에 관해 주로 말했다. 노조 다원화에 대해서는 말 끝머리에 가서야 상기하면서 원탁회의에서는 자유노조를 배제한 자유노조 사람들이 그리고 기존 법질서를 준수하는 사람들만이 초청될 것이라고 덧붙

52) Trybuna Ludu (1988년 8월 27-28일).

였다. 이외에 단일 공장 단일 노조 원칙은 토론 대상이 될 수 없다고 못 박았다. 이에 대한 대답으로 바웬사는 계속 이어질 대화의 성공은 자유노조의 합법화 여부에 달려있다고 강조했다. 이와 함께 파업을 중지시키겠다고 약속했다.[53] 이렇게 해서 이미 첫 번째 만남에서 이후 몇 달간 원탁회의를 연기시키는 주요 논점 즉 자유노조 합법화 문제가 수면위로 급부상했다.

키쉬착과의 대화 후에 바웬사가 성명서를 내며 파업 중지를 호소하나 이 조치는 일부 노동자들로부터 반대를 불러일으켰다. 파업 중지 반대자들은 바웬사의 성명이 항복내지는 배반이라고 항의하나 이미 급속한 속도로 파업 물결은 멈추기 시작했다. 당시 바웬사의 위상이 매우 견고한 반면 공산 정권으로부터 확실한 양보를 확보하지 못한 상태에서의 파업 중지는 과오라고 주장하던 급진적인 바웬사 비판자들은 파업을 계속 유지시킬 힘이 없었다. 게다가 이런 급진파들은 당시 공산 정권에 대해 많은 양보를 강요하기에는 그 세력이 너무도 미미했다. 9월 15일과 16일에 계속된 바웬사와 키쉬착의 대화는 전환점을 가져오지는 못했다. 단지 변한 것이 있다면 9월 16일에 시작되는 회담부터 참석자 수가 25인으로 늘어났으며 이로 인해 자바르트 거리에서 바르샤바 근교의 마그달렌카로 회담 장소가 옮겨졌다는 사실뿐이다. 이제 마그달렌카에 위치하는 내무부 부속 건물에서 계속된 회의에 폴란드 공산당 외에 농민당, 민주당, 관영 전국노조협회 등이 정권 측 대표로 참석했다. 특히 로무알드 소스노프스키와 얀 야틀리인스키와 같은 전국노조협회 대표자들은 단일 공장 단일 노조 원칙을 절대적으로 강조했다. 자유노조 합법화 사안에 대해 키쉬착과 치오섹 또한 완고한 태도를 취했다. 이처럼 강경한 태도를 취한 것은 불법 노조 지도자인 바웬사와 대화를 시작한

53) Dubiński, K. (1990) 5-7.

것 그 자체에 대해 불만을 토로하던 당내 강경파를 무마시키기 위해서였다. 중앙위원회의 정치-조직분과가 격앙된 당내 분위기를 진정시키고자 9월 3일 전국의 공산당 주위원회에 보낸 공문서에서 다음과 같이 키쉬착-바웬사의 첫 만남을 적고 있다. "바웬사와의 대화에서 자유노조 등록에 대해 아무런 보장도 없었음을 강조한다. ... 대화를 진행한다고 해서 노조 운동의 원칙에 대한 우리의 태도와 자유노조에 대한 우리의 관계가 변하는 것은 아니다. 대화는 야권 내부를 다양화시키고 야권 내 자결권을 확대시키며 정부와 대화할 용의를 가지는 또 다른 야권 세력을 조성할 수도 있고 게다가 모든 책임을 야권과 공동으로 나누어가지는 점을 가속화할 수도 있다."[54]

양측 모두 처음에는 최종 공동 발표문을 내지 못할 정도로 회의는 심각한 난국에 빠지곤 했다. 키쉬착과 바웬사 또는 마조비에츠키 사이에서 직접 면담하는 자리에서야 비로소 자유노조 대표부측이 양보하는 자세를 보였다. 오르슐릭 신부의 회고에 따르면 키쉬착 내무장관은 바웬사에게 며칠 후 원탁회의를 개최하게 만들고 자유노조를 합법화시키도록 유리한 환경을 조성할 목적으로 즈비그니에프 메스네르 정부의 퇴진이 있을 것이라는 점을 알려줬다고 한다. 그리고 바웬사에게 자기를 믿고 원만한 원탁회의 개최를 위해 도와줄 것을 요청했다고 한다. 이것은 폴란드의 공산 정권이 공동 발표문을 작성하는데 대해 바웬사측이 동의한다는 점을 뜻했다.[55] 이런 직접 면담 후에 바웬사는 마조비에츠키와 함께 태도 변화를 결정하고 정부 발표문을 받아들이도록 자유노조 대표부의 일부 특히나 이런 사실에 격렬히 반대하던 브와디스와프 프라시니욱을 제외한 나머지 인사들을 설득했다. 발표문은 '자유노조' 대신에 '폴란드 노조 운

54) Perzkowski, S. (1994) 45, 47.
55) Raina, P. (1995) 280.

동의 형성'이 10월 중순에 시작될 원탁회의 토의 주제 중의 하나라고 밝혔다. 자유노조 합법화를 확실히 선포하는 것만이 공산 정부와의 공식적인 협상 시작 조건이라고 불과 며칠 전에 자유노조 전국집행위원회가 내린 결정을 바웬사가 이렇게 하여 독단적으로 저버리고 말았다. 이런 자유노조 측의 중대 양보에도 불구하고 원탁회의로 나아가는 길은 키쉬착 장군이 말한 것보다 훨씬 더 험난하다는 것이 다음 몇 주 사이에 벌어지는 사건들에서 드러나게 된다.

제3장 라코프스키 정부와 공산 정권의 재건 시도

실추된 관영 전국노조협회의 인기를 만회하고자 갈구하던 회원들과 의원들의 연이은 비판 후에 9월 19일 의회가 메스네르 정부의 퇴진을 통과시켰다. 9월 27일 미에치스와프 라코프스키를 총리로 하는 새로운 정부가 출범했다. 라코프스키 같은 참신한 당원을 총리로 선택한 것을 보아도 야루젤스키 진영이 변화하는 상황을 얼마나 통제하고자 원했는지를 그리하여 얼마나 심사숙고하여 새로운 각본을 마련했는지를 잘 보여준다. 수년전부터 애타게 권력을 장악하고자 원하던 라코프스키는 새로운 인물들로 정부를 구성했다. 이것은 개혁 실행을 실질적으로 용이하게 만들고 여론에 비치는 신정부의 이미지를 개선하고자 하는 2가지 목적에서 내려진 결정이었다. 그리하여 라코프스키 내각에서 주요 직책을 차지하게 되는 인물들은 경력이 다양한데 적어도 2가지 점에서 공통점을 갖는다. 즉 공산당원이라는 점과 "지금까지의 진정한 사회주의 경제 정책은 전설에나 나오는 부족이 아마존 강에 살고 있다고 믿는 것과 같다"는 확신에 찬

사람들이라는 점이다.[56)]

메스네르 정부를 지배하던 둔감한 당료 공무원 자리는 국가를 쇄신할 수 있다는 자신감에 차고 공산당 독재 체제에서 정책 실현의 바람막이를 찾던 역동적인 실용주의자들로 바뀌어져갔다. 이들이 추구하던 정책의 핵심은 효과적으로 배분되는 자유화였다. 이런 자유화는 한편으로는 사회주의 경제의 모순과 낭비를 최소화하며 다른 한편으로는 당시의 권력 엘리트가 미래의 자유 시장이라는 환경에 적응하도록 준비시키는 것이어야 했다. 12월 23일 의회에서 통과된 경제 활동 착수와 외국 자본이 참여하는 경제 활동에 관한 법률은 합리적인 경제 시스템의 창조로 나아가는 중요한 일보를 내딛는 것이었다. 외국 화폐의 유통을 합법화시키는 1989년 3월 15일의 신규 외환법 또한 이와 비슷한 평가를 받았다. 반면 이와 동시에 1980년대 후반기에 시작된 후에 '노멘클라투라의 해방'이라 불리는 국유 재산이 아무런 통제도 없이 개인에게로 이전되는 현상이 강화됐다. 이런 현상은 1989년 2월 24일에 제정된 국가 경제 통합의 특별 조건 법안이후 급속히 진행됐다. 이 법안은 개인이 국영-민영 공동 출자 회사를 등록하는 것이나 아니면 임대 방식을 통해 국유 재산을 이용하는 것을 허용했다. 국유 재산을 민간 기업으로 양도하는 계약은 국영 기업의 장들이 서명했다. 이런 국영 기업의 장들은 동시에 민간 기업의 주주이기도 했다. 1989년 말에 마조비에츠키 정부의 지시에 따라 중앙검찰에서 이와 같은 현상의 규모에 대해 조사한 적이 있다. 이에 따르면 민영화 정책을 수행하던 정치-경제 권력 기구에 앉아있던 자들이 자신들의 직책을 이용하여 만든 소위 노멘클라투라 회사는 그 수가 1,593개에 이르렀다.[57)] 당시 정보부장이자 내무부 차관이던 헨릭

56) Rakowski, M. F. (1991) 131.
57) Kuczyński, W. (1992) 138.

단코프스키 장군은 이런 현상을 두고 나중에 다음과 같이 회상했다. "법률이 제정되자 곧바로 수십 개 공장에서 유령 회사가 만들어지며 국가 재정을 갈취하기 시작했다. 우리는 즉시 조사 활동에 들어갔다. 이런 현상에 대해 우리가 얼마나 많은 정보를 보고했는지를 보면 그 규모를 짐작할 수 있다. 폴란드인민공화국 지도부에 의한 체제 전환 실행은 실패했다. 우리 정보부로서도 어쩔 수가 없었다."[58] 그러나 단코프스키 장군은 이런 유령 회사에 정보부 요원들 또한 상당수 포함돼있었다는 점을 언급하지는 않았다. 외국 시장에서 폴란드가 진 빚을 갚기 위해 1989년 2월에 제정된 외채 청산 기금의 대규모 공금 유용에 정보부 요원들이 막중한 역할을 했다.

1989년 1월 31일에 제정된 은행법과 그 이전인 1988년 4월 11일에 국무회의에서 통과된 폴란드 국립중앙은행을 9개의 상업은행으로 분산시키던 결정으로 당시 권좌에 앉아있던 매우 빠르게 움직이던 권력자들에게 또 다른 활동 무대가 제공됐다. 평소 같으면 합리적이었을 이런 결정들로 인해 폴란드 최대 은행이 노멘클라투라의 통제 하로 들어가게 된 것이다. 이 같은 노멘클라투라 계층의 대대적인 '해방'에 대해 공산당 지도부는 잘 알고 있었다. 1989년 6월 27일의 공산당 정치국 회의에서 권력 기구에 있는 자들이 이들 경제 기관의 활동에 영향을 끼치는 주식을 매입하는 현상과 회사 활동에 참여하는 행위는 비난받아 마땅하다고 인정됐다.[59] 라코프스키와 중앙은행 총재를 역임한 공산당 경제 전문가인 브와디스와프 바카의 책임 하에 이런 행위를 근절시키는 결정이 내려졌다. 그러나 그 결과는 뻔했다.

정부를 구성하면서 라코프스키는 4명의 무소속 인사들에게 주요

58) Golimont, A. (1992) 123.
59) Perzkowski, S. (1994) 416.

직책을 제의했다. 이런 식으로 라코프스키 총리는 재야 민주 세력에 대한 어떠한 양보 없이 신정부의 정치 기반을 확대하려 시도했다. 그러나 4명 모두 이 제안을 거절했다. 이는 당시 정치 상황에 대한 언막 위장 역할로 이용될 것을 4명 모두 잘 알고 있었으며 게다가 설사 임명된다고 하더라도 아무런 영향력을 행사하지 못하는 꼭두각시로 전락할 것이 너무도 뻔했기 때문이다. 라코프스키의 첫 번째 공식 회견에서 이런 판단이 옳았다는 것이 밝혀졌다. 1988년 10월 28일의 기자 회견에서 신임 총리는 "폴란드 국민들은 원탁(폴란드어로 stół)회의보다는 잘 차린 식탁(폴란드어로 stół)에 더 관심이 많다"고 말했다.[60] 라코프스키는 사실상 원탁회의를 반대하지는 않았다. 이런 사실은 재야 민주 진영과의 대화를 둘러싸고 수개월에 걸친 폴란드 공산당 내 토론에서 대화에 찬성한 것을 보아도 알 수 있다. 그러나 10월에서 11월로 넘어가는 시점에서 라코프스키에게는 시간을 버는 것이 중요했다. 즉 잃어버린 인기를 되찾는데 절대적으로 시간이 필요했던 것이다. 라코프스키의 견해에 따르자면 피할 수 없는 대화가 진행되는 동안에라도 기회가 된다면 공산당의 위상을 확고히 다질 수 있다고 생각했다. 그래서 공산당이 권력을 독점하고 있는 상황에 위험을 주지 않은 한도에서 국민들로부터 지지를 받을 수 있는 몇몇 결정들이 정부에 의해 신속히 내려졌다. 아주 용이해진 여권 신청, 농약 가격 하락, 연료 통제 완화, 브로츠와프와 피에카리 실롱스키에 지역에 있는 공해를 유발하는 제철소 폐쇄, 11월 11일을 국경일로 지정하자는 안 등이 이 같은 정부의 조치였다. 이런 조치로 라코프스키 정부는 이전 메스네르 정부보다 언론으로부터 훨씬 좋은 평가를 받았다. 이외에도 라코프스키 총리는 자신의 개인적 위상을 강화시킬 목적으로 서구 정치인들을 본 따 정기적으

60) Dudek, A. (2002) 26.

로 TV에 출연하기도 했다.

10월 31일에 신정부의 경제위원회가 레닌조선소 폐쇄 결정을 내렸다. 레닌조선소는 이득을 내지 않은 국영 기업을 폐쇄한다는 새로운 정책의 본보기가 돼야했다. 조선소의 경영 실적이 좋지 않은 것은 사실이었으나 이처럼 경영 악화 상태에 있던 회사는 폴란드 전국에 걸쳐 그 수가 매우 많았다. 따라서 공산 정권에 반대하고 1980년 체제 저항 승리의 상징이던 그다인스크 조선소를 폐쇄하는 조치가 재야 민주 진영에 모욕감을 안겨주기 위한 점이라는 것은 너무도 명백했다. 라코프스키의 이 조치로 인해 원탁회의를 둘러싸고 진행되던 스텔마호프스키-치렉 간의 대화가 일시적으로나마 중단됐다. 더군다나 10월 후반기에 들어서며 대화가 궁지에 빠지게 되는데 이는 파업자에 대한 정권의 탄압이 계속됐기 때문이다. 이외에도 이전에 동의한 원탁회의에서의 토론 주제에 대해 정부 측이 동요하는 태도를 보이고 야권 대표 인선에도 간섭하려들었기 때문이다. 특히 마지막 문제인 야권 측 대표자 인선 사안에서 대화는 결정적 난항에 부딪혔다. 재야 민주 진영이 제시한 원탁회의 참가자 명단에 대해 정부가 처음에는 12명에 대해 반대하는 입장을 취했다. 하지만 결국에 가서 쿠로인과 미흐닉 2명으로 줄이는데 양측이 합의했다. 이들 2명은 공산 정권 측에 의해 극단파 정치인으로 간주됐다. 그러나 원탁회의가 끝나고 야루젤스키와 키쉬착은 이런 평가가 잘못됐다고 시인했다. 결국 원탁회의에 참석하게 되는 이 2명이 가장 유화적인 태도를 보였기 때문이다. 하지만 1988년 가을에만 해도 쿠로인과 미흐닉의 참여 여부를 둘러싼 논쟁은 이 문제가 여론에 공개되는 바람에 공산 정권과 재야 민주 진영 모두에게 체면상의 문제가 돼버렸다.[61] 단 한 번도 자신의 측근 신상에 대해 특별 배려를 하지 않던 바웬사

---

61) Skórzyński, J. (1992) 123-124.

조차도 이런 상황에 처하게 되자 야권 측 대표 인선이 정부 당국에 의해 결정되는 것을 허용할 수 없게 돼버렸다.

10월 말에 벌어진 상황으로 11월 18일과 19일 빌라누프 성당에서 키쉬착과 바웬사가 연속적인 만남을 가져야했다. 그러나 대화는 난항에 처해 진전되지 못했다. 협상이 진전되지 않고 있음에도 불구하고 폴란드 전국에서는 밑에서부터 재야 민주 세력의 합법화 과정이 강화돼갔다. 수백 개 작업장에서 자유노조 위원회가 공개적으로 활동하기 시작했다. 별다른 방해 없이 언론 간행물과 출판물이 퍼져나갔으며 10월 1일에 시작되는 신학기는 대다수 학교에서의 군사 훈련 거부와 함께 시작됐다. 관영 신문들조차 변화의 불가피성을 거론하기 시작하고 심지어는 재야 민주 인사들과의 인터뷰 기사가 처음으로 등장하기도 했다. 11월 11일 대부분의 대도시에서 독립기념일 행사가 자발적으로 거행됐으며 카토비체, 그다인스크, 포즈나인에서만 시위대가 경찰로부터 공격을 받았다.

제4장 폴란드인민공화국의 전환기

자유노조와 공산 정권 사이에서 대화가 중단되는 난국은 자유노조의 최대 반대자였던 관영노조 위원장인 알프레드 미오도비츠에 의해 전혀 예상치 못하게 타개됐다. 자신의 인기도를 높이고 바웬사의 명예를 추락시킬 자신감에 차있던 미오도비츠가 11월 15일 자유노조 위원장과의 TV 토론을 제안했다. 바웬사가 TV에 출연하는 경우 국민들로부터 영향력 있는 정치 인사로 받아들여진다며 이 제안에 반대했던 공산 정권의 우려는 맞아떨어졌다. 단지 뉴스로만 짤막하게 보도되던 당시까지의 양자 대화와는 달리 수백만 시청자를 대상으로 하는 TV 토론은 그 규모가 엄청나게 달랐다. 정치국원들은 이 제안을 철회하도록 미오도비츠를 설득했다. 그러나 미오도비츠는 제안을 철회하는 것은 약세를 보이는 것으로 간주하며 계획을 계속 밀고 나갔다. 이 당시 전체 상황을 통제하고 있던 야루젤스키가 TV 토론을 무효화시킬 수도 있었다. 하지만 그러기에는 정치적 대가가 너무 크다고 간주됐다.

11월 30일 전국에 생중계로 보도된 바웬사-미오도비츠 토론은 폴란드 전 국민들의 관심을 끌기에 충분했다. 노조와 정치 자유를 제한하는 것이 국가 발전에 해가 된다고 정확히 지적하면서 바웬사는 언변이 뛰어난 매우 훌륭한 토론가임을 증명했다. 이날 운 나쁘게도 컨디션마저 좋지 못하던 미오도비츠는 단지 무정부 상태를 경고하며 단일 공장 단일 노조 원칙만을 거듭 주장할 뿐이었다. 토론 후 실시된 여론 조사에서 바웬사가 승리자로 밝혀졌다. 응답자의 63.8%는 바웬사가 승리했다고 대답한 반면 단지 1.3%만이 패배했다고 말하고 나머지는 무승부라 평했다.[62] TV 토론은 공산당 지도부에 커다란 심리적 여파를 가져왔다. 12월 5일의 폴란드 공산당 중앙위원회 비서실에서 열린 회의에서 야루젤스키는 다음과 같이 이 문제를 언급했다. "문제는 계속해서 자유노조로 집중되고 있다. ... 때문에 이 불운한 TV 토론에 대해 거론하자면 이 토론으로 자유노조 사안에 막대한 지장을 가져왔다. 자유노조를 합법화해야한다고 믿는 사람들이 급격히 증가하고 있다. ... 2가지가 주된 문제이다. 다원화된 세계가 존재하고 있고 바로 이런 다원적인 세계에서 번영이 구가되고 있는데 왜 우리 폴란드라고 안 될 바가 있는가? 라는 이유와 그리고 이제 자유노조만이 문제를 해결할 수 있기 때문에 자유노조를 겁낼 필요가 없다는 것이 첫 번째 문제이다. 두 번째 문제는 바웬사는 사리판단을 할 줄 알며 신중하고 책임을 지는 사람으로 인정받고 있다

62) Społeczeństwo i władza lat osiemdzisiątych w badaniach CBOS (1994) 384.

는 점이다. 이 2가지가 주요 문제이며 나머지 다른 것들은 중요치 않다. 바웬사의 이미지가 바뀌었으며 자유노조에 대한 국민들의 태도가 바뀌었다."[63]

TV 토론이 끼친 사회적 반향 그리고 1981년 이후 처음으로 외국에 나간 바웬사가 12월 10-11일 프랑스에서 열렬한 환영을 받은 사실로 인해 폴란드 공산당 지도부는 자유노조의 합법화 문제에 결정적으로 양보 태세를 보이게 된다. 1988년 12월 20-21일 그리고 1989년 1월 16-17일 2번에 걸쳐 소집된 폴란드 공산당 중앙위원회 제10차 총회에서 중대한 결정들이 내려졌다. 1월 회의가 아주 중요한 의미를 띠게 되며 이때 당 지도부가 재야 민주 세력과의 협상 그리고 잠재적인 자유노조 합법화 구상을 발표했다. 이에 대해 당 중간 계층 대다수가 절대 반대했다. 그러나 바웬사와의 운 없는 TV 토론 결과 이제 그 위상이 급격히 추락한 미오도비츠를 제외하면 당 지도부에서 중간 계층을 이끌 지도자는 존재하지 않았다. 더군다나 미오도비츠는 야루젤스키와 그 측근들이 신뢰할 만한 인물도 아니었다. 아마도 폴란드 공산당 역사상 최초로 긴박한 정치 위기 상황이 도래할 때 권력을 인수할만한 정권 요구자가 당내에서 나오지 않았다. 야루젤스키 진영이 수년간에 걸쳐 라이벌이 될 만한 당내 고위직 인사들을 제거해나간 야심적인 전략이 10차 총회에서 결실을 맺게 됐다. 즉 야루젤스키, 키쉬착, 라코프스키 그리고 국방장관이던 플로리안 시비츠키 장군이 사퇴하겠다고 위협을 가하자 중앙위원회 위원들에게는 다른 길이 없었다. 더군다나 이들과 비교할만한 영향력과 권위를 가진 후계자가 없는 상황에서 권력의 핵심을 이루던 이들 4인마저 퇴진한다면 이는 급격한 체제 붕괴를 의미했다. 이런 사실 때문에 중앙위원회 위원들은 모험을 할 수가 없었다. 그래서 야루젤스

63) Perzkowski, S. (1994) 196.

키 진영의 지지를 묻는 정치국 신임 투표에서 오직 이들 4명만이 기권했을 뿐이다. 정치 다원화와 노조 복수화 사안에 대한 공산당 중앙위원회의 견해를 묻는 투표에서는 전체 중앙위원회 위원 중 찬성 143, 반대 32, 기권 14표의 결과로 반대표가 조금 더 나오나 그 의미는 미미했다. 후일 다음과 같이 회고하던 포조가 장군의 견해는 과장된 것이다. "친개혁파라 불리는 당 엘리트들보다도 회의장의 분위기는 더 급진적이었다. ... 야루젤스키와 그 일단의 사퇴 에피소드는 잘 계산된 연극이었다." 회의 이틀 후 마조비에츠키와 오르슐릭 신부에게 다음과 같이 말한 치오셱 또한 진실과는 거리가 멀었다. "총회에서의 반대 세력은 사전에 조직된 것이었으며 쿠데타가 준비됐다. 이들의 연설이 이를 증명한다. 바르샤바와 일부 카토비체 당 조직 대표들이 주동 세력이었다."[64] 이런 극적인 언사는 물론 재야 민주 세력을 온순하게 만들려는 목적을 가지는 것으로 그 후 몇 개월간 재야 민주 진영은 당 강경파로부터 여러 번에 걸쳐 쿠데타 위협을 받았다. 실상에 있어 급격한 정치 변화에 대한 반대 세력은 공산당 내에서 소규모였다. 게다가 이런 반대 자체도 자유노조의 복귀가 가져오는 위협보다는 1980년대 폴란드 전국에 걸쳐 만연하던 전반적인 무기력과 침체로부터 유래하는 것이었다.

제5장 시민위원회의 탄생

공산 정권 측과의 대화에서 두드러진 진전이 없음에도 불구하고 1988년 12월 바웬사가 원탁회의 협상 시 자유노조의 지도부 인사들을 보충할 예비 조직체로 새로운 조직을 만들기로 결정했다. 그리하

---

64) Piecuch, H. (1992) 292; Raina, P. (1995) 351.

여 12월 18일 바르샤바에 있는 성당 지하에서 자유노조 위원장 바웬사를 지도자로 하는 시민위원회가 탄생했다. 자유노조 안에서 새로운 조직으로 탄생한 시민위원회의 창설 배경에는 공산 정부와의 성공적인 대화의 가능성을 높인다는 차원 외에도 자유노조 위원장의 관점과 항상 일치하지 않던 자유노조 전국집행위원회에 대해 바웬사에게 주도권을 안겨주기 위한다는 점도 작용했다. 시민위원회를 창설한다는 바웬사의 독자적인 결정에 대해 자유노조 일부 인사들이 비난하나 이전에 그랬던 것처럼 모든 것은 행동을 수반하지 않은 말로서 끝나고 말았다.

바웬사의 최측근들이 12월 모임에 초대될 135명의 명단을 작성했다. 이 명단에는 당시 결정적 역할을 하고 있던 게레멕, 쿠로인 그리고 미흐닉 등으로 구성됐다. 후에 알렉산데르 할은 당시 상황을 다음과 같이 회상한다. “이 조직에 말 그대로 실세가 있다는 느낌을 받았다. 이런 실세는 1980-1981년 당시 바웬사의 고문단이었던 노동자보호위원회 출신자와 자유노조 지하 지도부를 합친 것으로 구성됐다.”[65] 이처럼 새로운 실세를 형성하는 과정에서 다수의 재야 단체 대표들이 시민위원회 구성에 제외됐다. 이들 중 일부는 소위 ‘바웬사 팀’ 확장을 의미하는 시민위원회로의 초청을 제안 받았더라도 거부했을 것이 확실하다. 하지만 일부 인사들은 정치적 신분 상승을 보장하는 이런 기회를 놓치지 않았을 것이라는 점도 확실하다. 시민위원회 특히나 그 지도부가 재야 민주 진영을 전반적으로 아우르지 못한 점은 후에 가서 자유노조의 일부 인사들로부터 격렬한 반대를 초래하는 원인의 하나로 작용한다.

이렇게 구성된 시민위원회는 앞으로의 행동 방침을 둘러싸고 토론

---

65) Spór o Polskę. Z Aleksandrem Hallem rozmawiają Ewa Polak i Mariusz Kobzdej (1993) 12.

을 벌였으며 이 과정에서 공산 정권과의 광범위한 대화를 지지하는 사람들이 주도권을 가졌다. 마조비에츠키, 비엘로비에이스키, 게레멕, 마르친 크룰, 스테판 브라트코프스키, 미흐닉 등이 바로 이들로서 특히나 미흐닉이 이런 주류의 선도에 서서 다음과 같이 제시하며 회의를 이끌어갔다. "이번 판에서 우리는 질 수도 있다. 그렇지 않기 위해서는 공산 정권이 무력해지며 완전한 마비 상태에 빠지는 것을 기대해서는 안 될 것이다. 이렇게 기대하는 사람들을 우리는 극도로 경계해야한다. 이외에도 무력을 행사하자고 고수하는 사람들과는 관계를 끊어야한다. 에스토니아나 리투아니아에서 일어난 것과 유사하게 공산 정권과 함께 가는 잠정 협정을 이끌어내는데 총력을 기울여야한다. 만약 공산 정권 내에서 나라의 미래를 생각하는 애국심이 일어날 가능성이 단 5%로 있다면 우리는 주저 없이 이 5%에 모든 것을 걸어야한다."[66] 이 발언은 바웬사와 그 측근들이 당시 상황을 어떻게 이해했는지를 잘 보여주고 있다. 즉 폴란드의 미래는 오직 공산 정권과의 협상을 통해서만이 세워질 수 있는 반면 공산 체제가 완전히 붕괴할 가능성은 모두 정치적 모험으로 간주된 것이다.

시민위원회 산하에 원탁회의에 대해 세부적으로 준비하고 협상 자체에서 시민위원회를 대표할 15개 부속위원회와 그 위원장들이 선출됐다. 이들 중 가장 중요한 위원회는 다음과 같았다. 복수노조위원회(마조비에츠키), 정치개혁위원회(게레멕), 사법위원회(아담 스트쉘보쉬), 경제개혁정책위원회(비톨드 트쉐치암코프스키), 지방자치위원회(예쥐 레굴스키). 이런 부속위원회를 뽑은 것은 매우 중요했다. 이는 당시만 해도 아직 이렇게까지는 생각하지 못했지만 재야 민주 진영이 정권을 인수하는 방향으로 나아가는 중요한 일보를 내딛는 것을 의미했기 때문이다. 그러나 이후 진행되는 상황은 이런

---

66) Rokita, J. (1989) 52.

첫 일보가 이미 매우 늦은 처사였음을 보여주게 된다.

1989년 1월 27일 마그달렌카에서 있은 바웬사와 키쉬착의 회담에서 마침내 원탁회의 개최와 관련되는 모든 사안이 최종적으로 결정됐다. 원탁회의에는 총 56명이 참석하며 이중 재야 민주 진영에 20석, 관영노조에 6석, 여권연합정당(폴란드공산당, 농민당, 민주당, PAX당, 기독교사회당, 가톨릭사회당)에 14석, 무소속에게 14석(이중 시민위원회에 5석), 교회 대표에게 2석이 배정됐다. 회담 후 발표된 성명서에서 다음과 같은 내용이 밝혀졌다. 계약서 작성에 합의를 이룬 후 국가위원회에 노조에 관한 법률 개정을 상정하며 원탁회의에서는 자유노조 설립을 시작하는 일시를 정한다.[67] 이렇게 해서 재야 민주 진영이 절대적으로 요구하던 자유노조의 합법화 문제에 대해 공산 정부 측이 공개적으로 의사를 밝혔다. 이제 원탁회의로 가는 길이 활짝 열렸다.

제6장 원탁회의에서의 대화

원탁회의는 1989년 2월 6일 바르샤바의 총독관저(현 폴란드 대통령궁)에서 시작됐다. 이 개회식을 위해 바르샤바의 헨릭쿠프 가구 공장에서 저 유명한 원탁회의가 특별 제작되어 공수됐다. 이 둥그런 원탁회의는 단 2번 즉 개회식과 폐회식 때에만 사용됐다. 실제 회의는 관례적인 사각형 테이블을 두고 진행됐다. 원탁회의는 크게 사회정책-경제팀(정부-바카, 자유노조-트쉐치악코프스키), 정치개혁팀(정부-야누쉬 레이코프스키, 자유노조-게레멕), 노조다원화팀(정부-알렉산데르 크바시니에프스키, 자유노조-마조비에츠키, 관영노조-

67) Dubiński, K. (1990) 42.

소스노프스키) 등 3개 모임으로 구성됐다. 노조다원화팀에 3명의 의장을 둔 것은 사태 추이에 심각한 우려를 표명하던 관영노조가 원탁회의에서 독자적으로 활동하겠다고 주장한 때문이었다. 이 3개 팀 외에도 농업, 광업, 사법 개혁, 조직 단체, 지방 자치, 청소년, 대중 매체, 학문, 교육 기술 발전, 위생 생태 분과 같은 부속 팀들도 있었다. 이처럼 부속 팀들의 숫자만 보더라도 협상 주제가 얼마나 광범위했는지를 보여준다. 더군다나 이 분과들은 다시 세부적인 산하 팀으로 다시 나뉘곤 했다. 협상 마라톤에는 총 452명이 참여했다. 하지만 가장 중요한 논쟁은 이런 모임들이 아닌 주로 마그달렌카에서 있은 대표 인사들 간의 비공개 회의에서 결정됐다. 이런 비공개 회의에는 총 42명이 참여했다. 그중에서도 다음과 같은 몇몇 인사들만이 실권을 쥐고 있었다. 즉 정부 측에서는 치오섹, 안드줴이 그둘라, 키쉬착, 크바시니에프스키, 레이코프스키 등을 들 수 있다. 야루젤스키 또한 이 명단에 포함시켜야하는데 이는 비록 야루젤스키 자신이 마그달렌카에는 단 한 번도 참석한 적이 없었지만 전화 통화를 통해 여러 번에 걸쳐 정부 대표단을 원격 조정했기 때문이다. 반면 자유노조 측에서는 바웬사를 제외하고 즈비그니에프 부약, 프라시니욱, 게레멕, 쿠로인, 마조비에츠키, 미흐닉 등을 들 수 있다. 마그달렌카 회의에는 이외에도 타데우쉬 고츠워프스키 주교와 오르슐릭 신부로 대표되는 교회 또한 참석했다.

그 후 진행된 상황으로 볼 때 원탁회의에서 가장 중요한 사안은 정치 개혁이었다. 공산 정부는 소위 '비충돌적인' 의회 선거에 재야 민주 세력을 참여시키고자 했다. 이와 같은 선거를 통해 체제 근본 즉 폴란드 국가에서의 공산당의 지도적 역할을 계속 고수하는 동시에 새로운 공산 국가 재건에 재야 민주 진영을 동참시키고자 했다. 가장 치열했던 난점은 다음 3가지 - 선거법, 대통령 권한 그리고 하원과 상원의 관계 설정이었다. 자유노조 측은 부분적인 민주 선거에 동의하긴 했으나 이와 동시에 원탁회의에서 만들어질 선거법이 오직 차기 의회에만 적용할 것을 주장했다. 그래서 4년 임기가 끝나는 차기 의회 이후부터는 완전한 자유선거를 실시할 것을 주장했다. 때문에 자유노조 진영은 사전에 의회 의석을 분배하는 원칙 자체에 대해서는 이견을 보이지 않았으며 단지 이런 배분에 있어 재야 민주 인사들이 최대한 의석을 차지하는 것에 총력을 기울였다. 이에 반해 공산 정권 측으로서는 의석 배분 문제뿐만 아니라 누가 의회에서 재야 민주 세력을 대표할 것인지에 대해 영향력을 확보하는 사안도 중요했다. 이 목적을 달성하기 위해 공산 정권 측은 '헌법 원칙을 준수하는' 사람들로만 후보자 명단을 작성하는 선거법을 제정할 것을 여러 차례에 걸쳐 제의했다.[68] 이외에도 여야 양측의 지도부로 이뤄지는 공동 후보 명단으로 '비충돌적인' 총선을 치르고자 했다.[69] 그러나 자유노조 측이 절대 반대하면서 이 계획은 끝내 실현되지 않았다. 자신의 계획에 집착한 공산 정권 측은 결국에 가서 여권 연합 인사들만으로 후보 명단을 작성한다는 조항을 선거법에 명기한다는 결정을 내렸다. 하지만 이 결정은 후에 보듯이 치명적 과오로 드러나게 된다.

3월 2일의 마그달렌카 모임에서 크바시니에프스키가 제시한 다음과 같은 제안은 공산당과 그 연합 세력에게 더욱 중대한 결과를 가져다주었다. 의석 배분 문제와 여권 연합이 원하던 광범위한 영역에 걸치는 대통령의 권력 사안을 둘러싸고 벌어진 난국을 타개하기 위해 크바시니에프스키가 상원 선거를 완전 자유선거로 치르자고 제안한 것이다. 야루젤스키나 다른 공산당 지도부와 아무런 사전 동의 없이 제시된 이 제안을 재야 민주 진영이 즉각 받아들였다. 상원의

---

68) Gebert, K. (1990) 37.

69) Dudek, A. (2002) 34.

권한이 극히 제한적이라는 점과는 상관없이 완전한 대표권을 가지는 국가 기관을 창설할 수도 있다는 가능성을 재야 민주 진영이 발견했기 때문이다. 잠시간의 망설임 후에 여권 연합도 크바시니에프스키의 제안을 고수하기로 결정했다. 친여 후보들이 상원 의석의 과반수를 차지하는데 아무런 문제가 없을 것이라고 확신한 치오셱과 우르반 등의 의견이 이런 결정을 내리는데 결정적으로 작용했다.[70] 이들에 따르면 자유노조는 단지 대도시에서만 지지를 얻을 것이며 나머지 지역에서는 여권 후보들이 우세할 것이라고 확신했다. 더군다나 여권 연합이 유리하도록 불균형하게 선거구가 짜여졌다. 주민 수와는 상관없이 각 주마다 2명씩 상원을 뽑도록 정했다. 이렇게 해서 소도시와 농촌 지역에서 여권 측 후보가 승리를 거두리라 예상됐다. 여러 차례에 걸친 시도에도 불구하고 주민 수에 따라 상원 의석 수를 배정하자는 자유노조의 주장은 받아들여지지 않았다. 공산 정권 측에서 보인 양보는 단지 바르샤바와 카토비체 주에서만 3명씩 상원을 배정한 것이었다. 여하튼 이렇게 해서 장차 탄생할 상원의 숫자는 100명으로 정해졌다.

상원 선거를 자유선거로 치르기로 정권 측이 동의하면서 하원에서의 의석 사전 분배 안을 야권 대표들이 수용하도록 강요됐다. 자유노조 측이 제시한 60:40 안 대신 결국에 가서 65:35 안에 양측이 동의했다. 이것은 하원의 65% 의석(299석)이 공산당, 농민당, 민주당 그리고 나머지 3개의 친여 가톨릭 정당에게 사전에 확보되고 나머지 35% 의석(161석)은 무소속 후보들의 경선에 의해 채워지는 것을 의미했다. 낙관적인 상원 선거 결과에도 불구하고 여권 측으로서는 상원이 거부권을 행사하는 경우 상원의 결정을 번복시킬 수 있도록 하원의

---

70) Dubiński, K. (1990) 81; Urban, J. (출판연도 미상) 165. ; Rok (1989) ; Geremek odpowiada, Żakowski pyta (1990) 96.

다수결을 보장하는 것이 중요했다. 이런 상원의 결정을 번복시키는 하원 다수결을 놓고 여권은 65% 의석이면 충분한 3/5이상 다수결을, 야권은 2/3이상 다수결을 고집했다. 이 사안을 두고 벌어진 토론에서 중간 안으로 13/20 또는 27/40 이상 다수결이라는 괴상한 안까지 도출됐다. 결국에 가서 4월 3일 야권 측 주장이 관통되나 이는 자유노조가 대통령 권한에 대해 양보하면서 얻어낸 것이었다.

야루젤스키 장군이 유일한 대통령 후보라는 점을 잘 알고 있던 자유노조가 여권 측에게 대통령제 신설에 대해 재고할 것을 제안했다. 이에 대한 대안으로 집정 내각제나 일종의 섭정위원회 같은 형태를 내세운 미흐닉의 제안은 일언지하에 거절당했다. 공산당 고위 인사들이 공공연하게 말한 바와 같이 광범위한 권한을 가지는 대통령제는 폴란드 공산당이 계속해서 권력을 유지하는데 있어 절대적으로 필요했다. 이와 같은 여권 측의 확고부동한 태도로 인해 야권 측으로서는 대통령제 사안을 단지 다른 논쟁에서의 타협용으로 이용하는 것에 만족해야했다. 그래서 보통 투표로 대통령을 선출하자는 안이 나오게 됐다. 물론 정권 측이 이런 제안을 받아들일 리는 없었으나 이 문제를 거론함으로서 자유노조 측은 협상에서 유리한 위치를 차지할 수 있었다. 최종적으로 대통령은 상하원 합동의 국민회의에서 6년 임기로 선출하기로 정했다. 대통령의 권한은 다음과 같았다. 법률 거부권(하원은 2/3 다수결로 재가결 가능), 하원이 3개월 내에 내각을 구성하지 못하는 경우와 예산 동의를 이루지 못하는 경우 그리고 헌법상의 대통령 의무 사항을 방해하는 결의안을 가결하거나 법률안을 통과시키는 경우 의회 해산권, 국군 통수권, 국방위원회 의장으로서 동 위원회의 회의를 주재하는 권한, 국립중앙은행 총재의 임면 제청권, 전쟁과 비상사태 선포권 등. 마지막 조항의 전쟁과 비상상태는 3개월 이내로 선포할 수 있으며 그 이상의 기간 연장은 의회의 동의를 구해야한다. 위에 거론한 체제 변화는 법률상 요구되는 의회에서의 토론 없이 매우 서둘러 1989년 4월 7일 폴란드인민 공화국 하원에 의해 입법화됐다.[71] 이날 자유스런 단체결성권도 통과됐다. 또한 대통령의 국가위원회 통수권과 같은 사전에 협의된 일부 수정안도 통과됐다. 예전과 다른 하원에서의 이 같은 진행 과정이 중대한 의미를 띤 것은 아니나 법과 절차를 무시한 실행 방식으로 정권의 신뢰에는 금이 갈 수밖에 없었다.

자유노조의 합법화 사안은 원탁회의에서 비교적 쉽사리 동의가 이루어져 1989년 4월 17일 바르샤바 주법정 판결로 종결됐다. 1982년의 노조 법령과 상반되는 조항 즉 파업권 보류 등을 포함하는 일부 조항이 부칙으로 자유노조 정관에 부가됐다. 바로 이점으로 인해 나중에 가서 급진적 노조원들이 거세게 항의하게 된다. 이들 자유노조 급진파들은 계엄령 당시의 법규 특히나 파업권 제한 조항에 절대 반대했으며 결국 1990년 2월에 80'자유노조를 만들며 분리해나갔다. 자유노조가 등록을 마친 3일 후인 4월 20일에 또 다른 자유노조 분파인 개인농자유노조가 합법적으로 등록한다.

법률과 사법부 개혁, 경제 분야에서의 노멘클라투라 제한 정책, 실질적인 지방자치제 등을 둘러싸고 벌어진 토론도 매우 치열했으며 따라서 진행 속도가 매우 지지부진했다. 이 모든 사안에 대해 정권 측 대표자들이 요리조리 발뺌하며 심지어는 야권 측의 제안 자체를 거부하는 경우마저 생겼다. 대중 매체에 대한 공산당 독점을 깨트리는 사안에서도 자유노조 측은 미미한 성과만을 거두었다. 힘든 줄다리기 끝에 야권은 1주일에 한번씩 30분간에 걸쳐 TV에 출연하는 권한과 1시간짜리 라디오 방송 프로그램을 얻는데 성공했을 뿐이다. 그리고 기존의 <주간 자유노조>와 <주간 개인농 자유노조>와 함

71) Ustawa o zmianie Konstytuscji PRL z 7 kwietnia 1989. Dziennik Ustaw 1989, nr 19, poz. 101.

께 시민위원회가 발행하는 <선거일보> 형태로서 폴란드 전국에 걸치는 일간지 발행권도 얻어냈다.[72] 이외에도 계엄령 당시와 그 이후에 탄압받은 재야 민주 인사들에 대한 복권 문제를 둘러싸고 치열한 논쟁이 벌어졌다. 이 사안에 대해서는 여야가 한목소리를 내는데 실패했다. 이는 전면적인 복권은 계엄령을 부정하는 것이 된다고 정권 측이 난색을 표했기 때문이다. 결국 탄압 인사들에 대한 문제는 특별 재심 등과 같은 방식을 통해 개인적으로 복권이 고려될 수도 있다는 여권 측 선언으로 마무리됐다.[73] 이는 야권 인사들 중에 누가 복권되고 안 되는가를 결정하는 권한을 정권 측이 가진다는 것을 의미했다.

위기 타개를 내건 원탁회의 개최에도 불구하고 악화되던 경제 상황은 개선되지 않았다. 이것은 협상 주역들이 경제 개념을 모르던 정치인들이었다는 점과 전반적인 경제 개혁 프로그램을 여야 모두 가지고 있지 않던 것에서 기인했다. 경제-사회정책 분야에서의 주요 토론 의제는 물가연동제(indexing)였다. 바로 이 사안에서 관영노조는 야권보다 더 높은 수치를 내세우며 자신들의 존재를 부각시키려 애썼다. 기나긴 토론 끝에 정권 측과 자유노조 측 모두 물가연동제는 인플레이션에 따라 결정되며 생계 유지비 증가의 80%를 차지할 것이라고 정했다. 4월 3일 관영노조 실행위원회가 이 결정은 빈곤층 확대를 초래하는 것이라고 반대하며 퍼센트가 아닌 액수에 따르는 물가연동제 도입을 주장했다. 이 사안에서 관영노조 지도부는 야루젤스키의 압력에도 저항했다. 결국에 가서 정권 대표단이 원탁회의를 종결짓는 경제-사회정책과 체제 개혁에 대한 입장에 서명하나 물가연동제 사안에 대한 9개 조항은 누락되고 말았다. 향후 폴란드 경

---

72) Porozumienia okrągłego stołu (1989) 72, 78.

73) Porozumienia okrągłego stołu (1989) 66.

제가 이 사안으로 별다른 영향을 입지는 않았다. 다만 폴란드 공산당으로부터 관영노조가 이탈해가는 과정을 급속화시키고 미오도비츠의 독자적인 정치 행보가 더욱 빨라져갔을 뿐이다.

4월 5일에 있은 원탁회의 폐회식에서 미오도비츠가 3번째 연설자로 나서겠다고 우기기 시작했다. 폐회식 연설은 키쉬촉과 바웬사의 차례대로 하기로 사전에 양측이 합의된 사항이었다. 자신의 요구 사항이 관철되지 않으면 회의장을 떠나겠다고 위협하던 미오도비츠의 돌발적인 행동은 누구도 전혀 예상하지 못했다. 이것이 과연 미오도비츠의 개인 위상에 관한 문제인지(폐회식은 TV로 생중계됐다), 아니면 게레멕의 주장대로 협상을 깨트리려는 또 다른 공산 정권 측의 음모였는지는 확실치 않다. 미오도비츠와 함께 공산당 대표단에서 다른 2명과 일부 인사가 회의장을 떠나자 키쉬촉이 이런 상황에서는 협상문서에 서명할 수 없다고 발표했다.[74] 이 사태로 인해 폐회식 행사가 2시간 넘게 중단되고 말았다. 긴박한 협상 끝에 미오도비츠의 주장을 받아들이기로 타협이 이뤄졌다. 결국 미오도비츠는 농민당과 민주당을 대표하는 3번째 연설자로 나섰다. 하지만 미오도비츠의 연설문은 별다른 내용 없이 평범했으며 결국 이 모든 사태는 어처구니없게도 관영노조 위원장의 허황된 정치 공명심에서 비롯된 것으로 밝혀졌다.

원탁회의에 대한 폴란드 국민들의 관심은 그리 대단하지 않았으며 그나마도 시간이 가면서 그 정도도 점차 약화돼갔다. 원탁회의에 관해 이야기를 나누는가를 놓고 벌인 여론 조사를 보면 2월에는 35.5%가 그렇다고 대답하나 2달이 지난 4월에는 17.5%로 하락했다. 사실상 폴란드 국민들이 원탁회의에 관심을 둔 부분은 급여 봉급 액수와 물가 인상이었다. 원탁회의에서 이뤄진 타협이 폴란드가

---

74) Rok 1989. Geremek odpowiada, Żakowski pyta (1990) 133-134.

처한 문제들을 해결할 것이라고 묻는 여론 조사에서 그렇다고 대답한 응답자는 겨우 33.8%에 머물 정도로 폴란드 국민 다수는 비관적이었다. 반면 이 여론 조사에 따르면 폴란드 국민들은 원탁회의에서 야권에 절대적 지지를 보냈다. 즉 원탁회의 결과를 놓고 어느 쪽을 지지할 것인가를 묻는 질문에 응답자의 58.7%는 자유노조 측에, 단지 2.5%만이 정권 측에 그렇다고 답했다. 설문자의 18%는 양측 모두 잘했다고 평가했으며 나머지 20.8%는 잘 모른다고 대답했다.[75]

새로운 변화를 기대하며 수동적으로 바라보던 대다수 폴란드 국민들과 달리 일부에서는 과격한 반응과 움직임도 계속됐다. 특히 1988년 파업 물결에서 중요한 역할을 수행하던 대학생들이 이런 경향을 대표했다. 폴란드 대학생들은 국내 정치 상황에서 획기적인 변화가 일어나지 않는 것에 점점 더 실망하기 시작했다. 2월 17일 크라쿠프 중앙광장에서 전국대학동맹이 결성8주년기념행사를 조직했다. 마침 크라쿠프에 와있던 교육부 장관 야첵 피시악에게 호소문을 전달하려던 행사 주관자들이 전투 경찰로부터 진압을 받으며 시위가 시작됐다. 이 과정에서 교육부 장관이 고등학교 건물에 갇히는 일도 벌어졌다. 이후 대학생들의 시위가 계속 이어졌다. 2월 21일 크라쿠프에서는 체코 민주 인사 바츨라프 하벨의 석방을 촉구하는 학생들의 시위가 벌어졌다. 바로 이날 수도인 바르샤바에서도 일부 우파 조직의 주도로 자유 총선을 주장하는 시위가 조직됐다. 2월 24일 크라쿠프에서 몇 년 만에 다시 보는 대규모 시위가 일어났다. 시청으로 향하는 대학생들을 전투 경찰이 강력하게 진압하며 다수의 부상자들이 발생했다. 경찰 74명이 부상을 입었고 학생들의 부상자 숫자는 셀 수가 없을 정도였다. 그다인스크에 있는 성브리지다 성당에서는 일요일 미사가 끝난 후에 정기적으로 시위가 조직됐다. 4월 16

75) Społeczeństwo i władza lat osiemdzisiątych w badaniach CBOS (1994) 408, 417.

일에는 그다인스크 공산당 청사를 호위하던 전투 경찰과 수백 명의 시위대가 격렬히 충돌했다. 포즈나인에서는 클렘피츠 부근에 건설 중이던 원자력발전소를 반대하는 시위가 조직됐다. 3월 21일의 첫 번째 시위는 평화적이었으나 4월 2일의 두 번째 시위는 전투 경찰의 과격한 진압에 맞닥트렸다. 이때 수백 명이 구타당하며 많은 사람들이 병원으로 실려 갔다.[76]

원탁회의 진행 중에 공산 정권과의 협상에 반대하는 세력들을 하나로 통합하자는 시도가 있었다. 3월 4일 야스트줸비에에서 우파 조직과 단체들 그리고 자유노조 내 바웬사 반대파들이 모여 체제 반대 야권 총회를 열었다. 정보기관에 의해 120명 이상의 집회 참석자들이 억류됨에도 불구하고 다음과 같은 성명서가 발표됐다. 총회 참석자들은 자신들의 목적이 "독점적인 공산 정권의 붕괴와 정치-경제의 완전한 민주화 그리고 자유선거 도입이다"라고 밝혔다.[77] 이런 주장은 극단적이며 현실성도 없는 것이라고 정권 산하 대중 매체뿐만 아니라 원탁회의를 지지하던 인사들의 통제 하에 있던 재야 신문들로부터 공격받았다. 급진적인 재야 세력이 폴란드 국민들로부터 지지를 얻기에는 그 세력이 너무 미미했다. 더군다나 이들 사이에서도 지속적인 상호 교류와 협력이 없었다. 원탁회의 참가자들은 폴란드를 체제 전환하는데 있어 원탁회의가 최상의 선택이었을 뿐만 아니라 유일한 방식이었다고 홍보했고 그 결과 이런 인식이 폴란드 국민들의 뇌리에 깊숙이 자리를 잡게 됐다.

원탁회의 지지자들은 원탁회의 덕분에 평화적이고 발전적인 폴란드 민주화가 시작될 수 있었다고 확신한다. 이들은 이런 근거로 1989년 12월 루마니아의 유혈 사태를 자주 거론한다. 하지만 야루젤

76) Dudek, A., Marszałkowski, T. (1992) 241-243.
77) KOS (1989년 3월 12일).

스키와 차우셰스쿠 정권은 근본적으로 다르다는 주장에는 아예 반응조차 하지 않는다. 루마니아와 같은 대규모 유혈 사태가 아니라 체코에서와 같은 벨벳혁명 형태로 수개월에 걸쳐 이뤄지는 공산 정권의 붕괴가 진정한 원탁회의의 대안이었다고 많은 사람들이 말하고 있다. 물론 이런 방식을 선택했더라면 공산 체제가 좀 더 오래 유지될 수도 있을지도 모른다. 하지만 설사 그렇더라도 결국에 가서 공산 체제는 완전 몰락했을 것이고 그런 경우 원탁회의로 인한 애매모호하고 불투명한 체제 청산과 같은 일은 벌어지지도 않았을 것이다. 또 다른 이들은 폴란드 공산당 지도부와 바웬사 주변에 결집돼 있던 재야 민주 진영 내 좌파들과의 마키아벨리적인 음모론을 주장한다. 즉 이들이 서로 야합하여 국민들을 기만하고 자기들 사이에서 권력을 나누어 가졌다는 것이다. 그러나 이런 주장이 가지는 맹점은 원탁회의에서 중요한 역할을 맡았던 폴란드 가톨릭을 간과하는데 있다. 폴란드 교회의 고위 성직자들 특히나 주교들이 이런 음모에 속아 넘어갈 정도로 정치적으로 순진무구하거나 아니면 폴란드 공산 체제를 재생시킬지도 모를 협상을 의식적으로 도왔다고는 믿기 힘들다. 반면 협상이 진전되는 과정에서 양측 대표부의 관계가 우호적이고 심지어 아주 친밀할 정도로 발전해간 점에는 의심의 여지가 없다. 1991년 키쉬착 장군이 공개한 사진이나 1999년 TV에 방영된 비디오테이프를 보면 마그달렌카에서 벌어진 당시 술 파티가 어느 정도로 흥청망청했는지를 잘 알 수 있다.[78] 바로 이런 상황 속에서 원탁회의 이념과 정신이 탄생했으며 불행하게도 이런 이념과 정신은 당시 맺은 타협보다 훨씬 더 오래 유지됐다.

78) CF). Bereś, W. (1991).

제7장 맺는 말

원탁회의에서 합의된 대로 부분적인 총선이 실시되며 폴란드의 민주화 과정이 다음 단계로 돌입했다. 자유노조 후보자들은 솔리다르노시치 로고를 배경으로 바웬사와 같이 찍은 포스터를 내세우며 선거 유세에 나섰다. 6월 선거는 여론 조사를 완전히 되짚는 놀라운 결과를 가져왔다. 자유선거로 뽑는 하원 161의석 전체와 상원 100석 중 99의석에 자유노조 후보자들이 당선된 것이다. 집권 공산 여당이 이처럼 처참하게 패배하리라고는 누구도 예상치 못했다. 제2차 세계대전 이후 폴란드를 좌지우지하던 폴란드통일노동자당 즉 폴란드 공산당이 이제 한낱 야당으로 전락하고 만 것이다. 8월 24일 의회가 바웬사의 최측근인 마조비에츠키를 총리로 선출하며 1945년 공산화이후 동유럽권에서 최초로 민주 총리가 탄생했다. 12월 29일 의회에서 수정안이 통과되며 헌법 전문에서 당의 지도적 역할 문구가 삭제되고 폴란드인민공화국에서 '인민'이란 단어가 빠져 폴란드공화국으로 국명도 개칭됐다. 폴란드 국가 문장인 독수리 머리위에 예전의 왕관이 복귀하며 마침내 폴란드 제3공화국이 탄생했다. 마조비에츠키의 말처럼 "이제 공산주의가 자신의 정권과 함께 커다란 마침표를 찍으며 역사의 뒤안길로 사라져버렸다."

3. 청산되지 못한 폴란드의 과거사청산

제1장 들어가는 말

1989년 공산주의 체제가 붕괴된 후 폴란드와 다른 동유럽 국가들은 과거를 청산해야하는 임무에 부딪혔다. 이런 과거사청산은 국가기관이나 조직뿐만 아니라 공산 정권으로부터 탄압을 당하고 희생을 입은 피해자들에 대한 보상, 탄압과 범죄를 저지른 자들에 대한 심판, 예전 공산 정권의 정보부 요원들과 협력자들이 체제 전환 이후 공직에 영향을 미치는 것을 방지하는 규정 제정, 피해자들에게 과거 이들을 대상으로 작성된 문서를 학문-교육적 차원에서 열람할 수 있도록 하는 문제 등을 포함한다. 과거사청산은 수없이 많은 체제 피해자들에게 정의를 구현시키는 것뿐만 아니라 공산 정권을 창출하고 협력한 자들의 권리를 박탈하고 진정한 주권 국가를 형성하는데 있어 이념적 유산을 제거하는 시도이기도 하다.

폴란드에서 진행된 과거사청산 과정에서 최소한의 저항에 부딪힌 것은 공산주의 시대에 정치적 이유로 탄압을 받은 사람들을 복원시키는 사안이었다. 1991년 2월에 별다른 반대 없이 폴란드 하원이 공산주의 시대에 반체제 활동으로 탄압받은 사람들에게 내려진 모든 판결을 무효화시키며 이로 인해 받은 피해를 보상하는 법안을 가결시켰다.[79] 1991년부터 스탈린 시대 저지른 범죄에 대한 추적이 폴란드에서 시작됐다. 이것은 1945년부터 나치 전범에 대한 추적 활동을 시작한 폴란드 내 히틀러 범죄 조사위원회를 폴란드 민족에게 반

79) Ustawa z dnia 23 lutego 1991 r. o uznaniu za nieważne orzeczeń wydanych wobec represjonowanych za działalność na rzecz niepodległego bytu Państwa Polskiego (Dz. U. 1991, nr 34, poz. 149)

하는 범죄 조사위원회로 개조한 덕분에 가능했다. 이 위원회는 폴란드인 개인이나 집단을 대상으로 1956년 12월 31일까지 폴란드 공산정권이 저지른 스탈린 범죄를 추적하는 활동으로 연구 대상을 확대했다.[80] 체제 전환 이후 1991년부터 1999년 1월 18일까지 이 위원회는 1,145건에 달하는 조사를 시작하여 이중 794건을 완결했다.[81]

공산주의 시대의 과거사청산 특히나 이와 관련된 아카이브 공개 사안은 매우 복잡하고 미묘한 사안으로 드러났다. 무엇보다도 공산정권 산하 정보기관의 아카이브가 소장한 자료를 둘러싸고 1989년 이후 폴란드에서 일대 논쟁이 벌어졌다. 이것은 다음과 같은 점에서 기인했다. 아카이브를 관장하는 사람은 자연스레 과거에 대한 정보에 접근할 수 있었고 따라서 정치 싸움에 이런 정보를 이용할 수 있기 때문이었다. 1989년 가을부터 수개월에 걸쳐 폴란드 정보부와 군정보사의 본부뿐만 아니라 모든 산하 조직에서 소장 문서들이 대거 소각되거나 파기되기 시작했다.[82] 이 같은 소식을 접한 당시 교육부 장관이던 바르샤바대학교 역사학자 헨릭 삼소노비츠 교수가 1990년 3월 20일에 내무부 아카이브 조사를 위한 특별위원회를 설립했다. 하지만 이 위원회는 아카이브 문서 처리에 관한 보고서를 채택하는데 실패했다. 1992년 6월 폴란드 하원에서 내무부 장관 안토니 마치에레비츠에 의해 시작된 최초의 과거사청산 법안 도입 시도도 성공하지 못했다. 이 시도는 아래에서 보듯이 얀 올쉐프스키 내각의 붕괴로 이어질 뿐이었다. 이후 과거사청산 법안 도입은 폴란드 정치계에서 관심 밖으로 밀려났다. 당시 폴란드 지도급 정치인들 사이에서의 지배적인 분위기가 어떠했는가는 다음과 같은 사실, 즉 1995

80) Ustawa z dnia 4 kwietnia 1991 r. o zmianie ustawy o Głównej Komisji Badania Zbrodni Hitlerowskich-Instytucie Pamięci Narodowej (Dz.U. 1991, nr 35, poz. 195)

81) Wassermann, Z. (2001) 154, 156.

82) Biuletyn Instytutu Pamięci Narodowej (2005) 26-27.

년 대선에서 알렉산데르 크바시니에프스키 후보가 내건 홍보 슬로건인 "(과거는 잊고 - 김용덕) 미래를 선택합시다"으로 대변된다. 이 같은 문구 뒤에는 과거사청산 작업이 시작될지도 모른다는 두려움 외에 다음과 같은 의도도 포함돼있었다. 폴란드를 위해 가장 중요한 것은 신속한 사회-경제 현대화를 목적으로 모든 힘을 동원할 때이며 이미 지나간 과거는 언제나 그렇듯이 국민들을 분열시킬 뿐이라는 주장이다.

제2장 폴란드의 과거사청산 시도

폴란드에서 과거사청산은 1992년과 1997-2007년 두 번에 걸쳐 시도됐다. 폴란드의 과거사청산은 국가 공공 직무를 수행하는 사람을 대상으로 하고 있다. 다시 말해 국가 공무원직을 수행하고 있거나 이런 직무에 임명될 후보자들을 대상으로 1944-1990년 사이에 정보부 조직에서 근무하거나 이들 기관과 협력한 사실을 밝히는 과정을 가리킨다.

2.1. 1992년의 과거사청산과 올쉐프스키 내각 해임

1991년 12월 10일에 폴란드독립연합 정당이 체제 전환 이후 최초로 소집된 의회에서 과거사로 인한 보상에 관한 법률 초안을 제안하면서 폴란드에서 처음으로 과거사청산이 시도됐다. 이 법률 초안의 5항 6조는 정보 조직이나 군대를 포함하는 공공 기관에 소속된 사람이나 아니면 실질적으로 이런 기능을 수행하는 사람 또는 이들 기관과 협력하거나 감독하는 사람들이 특별 확인 절차를 거치는 것을 의무화했다. 이런 절차 과정에서 범죄 의혹이 밝혀지는 경우 대상자 사안을 법원으로 이송하도록 했다. 이외에도 구체적인 세부 사항은 별도의 법률로 규정지었다. 하지만 1992년 1월 31일에 있은 첫 번째 의회 낭독에서 이미 이 법안은 거부되고 말았다.

1992년 5월 28일 현실정치연합 정당의 당수인 야누쉬 코르빈-미케가 제안한 법안을 하원이 가결하면서 마침내 폴란드에서 최초로 과거사청산이 도입됐다. 이 법안의 목적은 "특정 공공 직무를 수행하는 사람들을 대상으로 이들이 1945-1990년 사이에 정보부와 협력했는지 여부에 관한 정보를 내무부 장관이 의무적으로 발표하는데" 있었다.[83] 다시 말해 이 법안의 골자는 내무부 장관이 1945-1990년 사이 정보부 기관과 협력한 상하원 의원, 장관, 주지사, 판사, 검사들의 이름을 공개하라고 명령을 내리는데 있었다. 이 법안에서 군 정보부 협력자들은 제외됐다. 이 법안은 정보부와 협력한 사람들을 가려내는데 있으며 또한 이들이 아무런 처벌도 받지 않는다고 밝혔다. 그로부터 며칠 뒤에 소위 "파일의 밤"이라 불리는 사건이 터지며 올쉐프스키 정부가 해임됐다. 올쉐프스키 정부 해임을 둘러싸고 올쉐프스키 지지자와 레흐 바웬사를 선두로 하는 반대파들 사이에 격렬한 논쟁이 벌어졌다. 반대파들은 소수 연립 정부를 지키려고 과거사청산 법안을 이용했다며 올쉐프스키와 마치에레비츠를 비난했다. 반면 지지자들은 과거사청산을 실행에 옮기려했기 때문이라며 즉 바웬사와 반대자들이 공산 정보기관과 협력한 추악한 과거가 드러날 것이 두려워 올쉐프스키 정부를 해임했다고 격렬히 비난했다.

이제 이 법안을 둘러싸고 벌어진 진행 과정과 배경을 자세히 살펴보면 다음과 같다. 우선 공산 정권 시절 인권 변호사 출신으로 유명한 올쉐프스키를 총리로 하는 정부는 탄생할 때부터 소수 연립 정부였다. 1991년 12월 23일 올쉐프스키 정부는 의회에서 과반수인 231

83) Uchwała Sejmu Rzeczypospolitej Polskiej z dnia 28 maja 1992 r. (M.P. 1992, nr 16, poz. 116)

표를 간신히 넘는 235표로 구성될 수 있었다. 이는 당시 좌파 계열의 농민당이 연립 정부에 참여할 것이라는 기대 덕분에 찬성표를 던진 덕분이었다. 하지만 농민당은 결국 올쉐프스키 연립 정부에 들어가지 않았다.[84] 연립 정부를 확대하는 사안을 두고 수개월에 걸쳐 올쉐프스키와 우파 계열의 민주연합 사이에서 진행된 대화가 1992년 5월 초순에 중단됐다. 이와 동시에 5월 하순에 바웬사 대통령-올쉐프스키 총리 라인에서 정치적 충돌이 격화돼갔다.[85] 결국 5월 24일 민주연합이 올쉐프스키 정부 해임을 제안하고 27일에 해임안을 의회에 상정하기로 결정했다.[86]

그러는 와중에 5월 28일 예상치 못하게 코르빈-미케 의원이 의회에 과거사청산 법안을 상정하고 같은 날 이 법안이 가결된 것이다. 이 법안은 찬성 186(대다수 정당들), 반대 15, 기권 32(민주좌파동맹)으로 통과됐다. 민주연합은 가결에 필요한 정족수인 과반수 230석이 채워지지 않도록 노력하나 실패로 돌아갔다. 그로부터 다음날인 5월 29일에 얀 로키타가 민주연합과 자유민주연맹 정당의 65명 의원들의 이름으로 올쉐프스키 정부 해임안을 하원에 제출했다. 해임 명분은 경제 정책 실패라고 밝혔다. 정부 해임안에 대한 의회 투표는 6월 5일로 계획됐다.[87] 6월 1일에 민주연합 당수인 타데우쉬 마조비에츠키와 농민당 당수인 발데마르 파블락이 만났다. 이 자리에서 "농민당은 정부 해임안에 찬성표를 던질 것을 약속하고 그 대가로 민주연합은 대통령이 지명하는 경우에 파블락이 신정부를 구성하는데 찬성하며 연립 정부에도 참여할 것을 약속했다."[88]

---

84) Stenogram z posiedzenia Sejmu z 23 grudnia 1991.
85) Stenogram z posiedzenia Sejmu z 23 maja 1991.
86) Kuczyński, W. (2008년 6월 26일) Fałszywy mit nocnej zmiany. Rzeczpospolita.
87) Cenckiewicz, S., Gontarczyk, P. (2008).
88) Kuczyński, W. (2008년 6월 26일) Fałszywy mit nocnej zmiany. Rzeczpospolita.

6월 4일 아침 마치에레비츠 내무부 장관이 정보부 아카이브에 비밀 협력자들로 등록된 사람들의 이름을 적은 소위 '마치에레비츠 리스트'를 하원에 제출했다. 마치에레비츠 장관은 리스트에 오른 사람들은 공산 정권에 협력한 자들이 아니고 단지 정보부 아카이브에 협력자들로 등록된 사람들뿐이라고 강조했다. 과거사청산 법안에 반해 이 리스트는 주지사, 판사, 검사들의 이름이 누락됐다. 이 리스트에는 당시 폴란드 대통령이던 바웬사와 하원 의장을 포함해 거의 모든 정당 출신의 상하원 의원들과 총리 자문단 그리고 2명의 장관과 6명의 차관들의 이름이 올라갔다. 바로 이날 6월 4일 저녁에 하원이 올쉐프스키 정부 해임을 가결했다.[89]

2.2. 1997-2007년의 과거사청산

1992년 사태이후 과거사청산과 관련된 법률 초안이 5번에 걸쳐 의회 의장에게 제출됐다. 그중 1994년의 첫 번째 초안은 정부 관직 임용 조건에 관한 것이었다. 1996년의 두 번째 초안에 이어 1996년에 공공신뢰위원회에 관한 세 번째 초안이 제출했다. 같은 해에 1944-1989년 사이 정보기관 직원과 비밀 협력자에 대한 정보의 분류와 보관 그리고 제공에 관한 네 번째 초안을 의회가 제안했다. 마지막으로 1996년에 의회가 1944-1990년 사이 정보기관의 업무와 이 시기에 근무한 공무원을 대상으로 정보기관과 협력한 사실의 공개에 관한 초안을 제출했다. 1996년 8월 23일 법령에 따라 과거사청산 법률 초안을 심의할 특별위원회가 설립됐다. 1997년 4월 11일 과거사청산 법률이 의회에서 찬성, 214, 반대 162, 기권 16으로 가결됐다. 상원도 아무런 수정 없이 의결했다.

이 법률에 따르면 폴란드의 과거사청산은 다음과 같은 국가 공공

---

89) Stenogram z posiedzenia Sejmu z 4 czerwca 1992.

기능을 수행하는 자들을 심사 대상자로 한다. 대통령; 상하원 의원; 유럽의회 의원; 과거사청산 법률이 지정하는 대상 외에 대통령, 상하원, 상하원 의장, 총리가 임명하거나 선출 또는 지명하는 공공 기관의 수장; 각종 행정 기관의 수장; 행정부와 중앙 정부 부서 또는 주정부의 총무처장; 판사, 검사, 변호사; 대학교 총장, 부총장, 국립-사립 대학교 단과대 학장, 고등교육위원회 임원; 국립인증위원회 임원, 학위수여중앙위원회 임원; 폴란드 국영 텔레비전-라디오방송국 감독이사회, 임원, 이사 및 피디; 폴란드 중앙언론사 사무총장, 국장, 편집장, 지역사무소 소장; 폴란드 통신사 회장, 부회장, 이사 및 국장, 편집장. 1944년 7월 22일부터 1990년 5월 10일까지 정보기관에서 근무했거나 봉사한 경력 또는 이들 기관과 협력한 사실 여부를 증명하는 소위 과거사청산 서류는 공공 기능직에 임명되거나 아니면 후보자로 지명되는 것과 동시에 제출하도록 의무화됐다. 1972년 8월 1일 이후에 출생한 사람은 이런 증명서를 제출하는 의무에서 제외됐다. 상기 법률이 발효되기 이전에 공공 기능을 수행한 사람과 정보기관에서 근무하거나 동 기관과 협력한 사실이 공공연히 거론된 사람도 과거사청산 법정에 증명 서류를 제출할 수 있었다. 1997년에 제정된 법률에 의거해 과거사청산 법정이 설립됐다. 정보기관에서 근무한 경력과 이들 기관과 협력한 사실에 관한 진실 여부는 바르샤바의 항소법원에 의해 가려졌다. 법무부 장관의 조례로 바르샤바 항소법원 산하에 소위 과거사청산 법정이라 불리는 제5과가 신설되며 관련 사안의 진실 여부에 대한 판결이 내려졌다. 속기사의 참여하에 3명의 판사가 첫 단계로 사안을 심사했다. 바르샤바 항소법원의 법원장은 산하 지방법원에서 파견된 3명의 판사들로 심사단을 구성할 수 있었다. 제1 심사 단계에서 판결을 내린 판사들을 제외한 3명으로 구성된 판사단이 항소를 심의했다. 이 경우 위원장을 포함한 최소한 2명의 판사가 항소법원 소속 판사이어야만 했다. 제2

심사 단계에서 내려진 판결은 대법원에서 파기할 수 있었다.

현재 폴란드의 과거사청산은 1944-1990년 사이 정보기관 문서와 그 내용에 관한 정보를 공개하라는 2006년 10월 18일자 법령에 따라 진행되고 있다. 이 법령 전문에 다음과 같은 내용이 포함됐다. 공산주의 국가 체제의 정보기관에서의 근무하거나 또는 인적 정보 출처를 통해 이들 기관에 도움을 주는 특히나 민주 야권, 노동조합, 협회, 교회, 종교 단체에 반대하여 표현과 집회의 자유 권리와 생명과 자유 그리고 시민 안전의 권리를 위반하는 행위는 공산주의의 전제적인 체제를 위해 인권과 시민의 권리를 영구적으로 위반하는 것이었다. 법령은 국가기억원의 아카이브가 소장하고 있는 정보기관의 서류와 이 서류들의 정보를 공개하는 원칙과 방식을 규정짓고 있다. 이외에도 2006년 법령은 정보기관, 정보기관의 문서, 공공 기능을 수행하는 사람을 법적으로 규정지었다. 이 법령은 국가기억원의 아카이브에 보관중인 정보기관 문서 중에 본인에 관한 파일의 유무 여부를 확인서로 발급하도록 요구할 권리를 누구나 가지고 있으며 공공 행정직 후보자들이 이와 같은 확인서를 제출할 것을 의무화했다. 이런 확인서의 내용이 공공 행정직 임명에 요구되는 도덕적 자격을 평가하는데 반영하도록 했다. 이 같은 확인서는 공식 인증서 형태로 발급하도록 했다. 기밀 정보 보호와 기타 법적으로 보호되는 비밀 준수에 관한 규정에 해당되는 내용들과 해당자의 건강 상태와 성생활에 관한 정보는 인증서에 포함되지 않도록 의무화했다. 해당자에 관련된 제3자가 정보기관의 직원이나 요원이 아닌 경우 인증서는 제3자의 개인 신상에 관한 정보를 밝히지 못하도록 규정했다. 만약 해당자가 위와 같은 인증서를 문서로 제출하는데 동의한다면 정당이나 노동조합 또는 협회도 공식 인증서 제출을 신청할 권리를 가진다. 이와 마찬가지로 해외 동포 기관도 해당국에 주재하는 폴란드 대사관의 추천서를 첨부하여 인증서 제출을 신청할 수 있다. 공식

인증서의 발행 기관은 국가기억원 부서장이다. 별다른 사유가 없는 한 신청서를 접수한 날로부터 12개월 안에 인증 절차를 마쳐야한다. 국가기억원 원장은 인증 절차를 거부할 권리를 가진다. 인증서 제출 사안의 절차를 종료시키는 항소 결정에 대해 해당자는 주 행정법원에 고발장을 제출할 수 있다. 국가기억원 원장은 제출하는 인증서들의 목록을 작성해야하며 모든 인증서는 복사본 형태로, 다시 이 복사본은 디지털 형식으로 사본을 보관해야한다. 누구라도 인증서 목록에 담긴 정보에 접근할 수 있으며 인터넷을 통해서도 열람을 보장하고 있다. 해당자의 주소와 사회보장번호를 제외하고 목록에 담긴 나머지 정보는 개인 신상 보호에 해당되지 않는다.

제3장 국가기억원의 탄생과 창설

폴란드 정보부 아카이브에 소장된 문서들을 어떻게 처리할 것인가 하는 사안은 국가기억원에 관한 법령이 제정되며 해결점을 찾게 됐다.[90] 이 법령이 제정되면서 폴란드 국민들은 공산 시절 정보기관이 수집한 문서와 정보들을 열람할 수 있게 됐다. 자유노조선거운동과 자유연합 정당들이 준비한 이 법령에 대해 크바시니에프스키 대통령이 거부권을 행사했다. 이와 동시에 크바시니에프스키 대통령은 일부 선택된 학자들에게만 개방하는 소위 시민아카이브를 창설하는 대안을 제시했다. 하지만 대통령의 거부권 행사에 대해 하원이 재가결로 원안을 통과시켰다. 1년간에 걸친 노력으로 2000년에 들어와서야 비로소 레온 키에레스 교수를 국가기억원 초대 원장으로

90) Ustawa z dnia 18 grudnia 1998 r. o Instytucie Pamięci Narodowej–Komisji Ścigania Zbrodni przeciwko Narodowi Polskiemu (Dz.U. 1998, nr 155, poz. 1016, zm. Dz.U. 1999, nr 38, poz 360)

폴란드 국가기억원 아카이브에서 보관 중인 파일들

선출하는데 성공하며 국가기억원이 창설되는 과정이 시작됐다. 그리고 국가기억원은 탄생하는 순간부터 폴란드의 과거사청산을 주관하는 중심 기관으로 눈부신 활동을 펼치게 된다.

최근에 들어와 현안을 둘러싸고 벌어지는 정치 투쟁에서 법과정의당을 중심으로 하는 정치인들이 국가기억원을 이용하며 정치 도구화하고 있다는 비난이 거듭되고 있다. 하지만 이런 비난은 사실과 거리가 멀다. 그 이유는 국가기억원을 창설하는 과정에 법과정의당 계열의 정치인들이 참여하지 않았기 때문이다. 국가기억원은 폴란드 자유노조 출신 정치인들만의 발의로 탄생한 것이다. 바로 이 자유노조 출신 정치인들 사이에서 1990년대 초부터 독일의 과거사청산을 성공적으로 주도한 가욱 연방관청과 유사한 기관을 폴란드에도 만들어야한다는 논의가 진행됐다. 1999년에 국가기억원이 탄생하는 데에는 무엇보다 다음과 같은 3명이 있기에 가능했다. 첫 번째 인물은 야누쉬 파우비츠키 장관으로 비톨드 쿨레샤 교수, 안드줴이 줴피인스키 교수, 안드줴이 파츠코프스키 교수 등과 같은 전문가들과 함께 국가기억원 설립에 관한 법령 안을 작성했다. 두 번째 인물은 자유노조 위원장 마리안 크샤클레프스키로 파우비츠키 장관이 만든 국가기억원 설립 법안이 하원에서 통과할 수 있도록 정치적으로 지지했다. 마지막 세 번째 인물은 국가기억원 법령이 실현되도록 재정 지원을 아끼지 않던 예쥐 부젝 총리이다.[91]

당연한 점이지만 국가기억원은 처음부터 공산주의 후신들에게 눈엣가시였다. 2001년에 있은 총선에서 공산당의 후신인 민주좌파동맹의 당수인 레셱 밀레르가 국가기억원 폐지를 공약으로 내세웠다. 그리고 민주좌파동맹이 총선에서 승리를 거두면서 하원에서 국가기억원 폐지안을 실현시킬 수 있는 절대 다수를 획득했다. 하지만 때마침 폴란드 예드바브 지역의 유대인 학살을 다룬 얀 토마쉬 그로쉬의 저서 <이웃들>이 출간되며 커다란 논란을 불러일으켰다. 제2차 세계대전 당시 폴란드인들이 예드바브에서 유대인을 대량 학살했다고 주장하는 그로쉬의 저서로 인해 폴란드 국내뿐만 아니라 국제적으로도 일대 센세이션이 일어났다. 이 사건의 진실 여부를 가리기 위해 국가기억원의 관련 부서가 추적 활동에 들어갔다. 그래서 이런 저런 이유로 당시 크바시니에프스키 대통령이 국가기억원을 폐지할 상황에 놓이지 못했다. 결국 크바시니에프스키 대통령은 국가기억원 폐지를 포기하는 대신에 예산 삭감으로 방향을 선회했다. 이로 인해 국가기억원이 창설하는 초기 단계에서 절대적인 예산을 확보하는데 심각한 제동에 걸리게 됐다. 하지만 이 모든 난관을 극복하고 국가기억원은 폴란드 과거사청산 작업의 근간으로 자리매김하는데 성공하여 오늘에 이르고 있다.

---

91) Grajewski, A. (2011) 58-70.

3.1. 국가기억원의 조직과 임무

국가기억원의 정식 명칭은 '국가기억원–폴란드 민족에 반하는 범죄 추적 위원회'로 조사권을 가지는 국립 연구 기관이다. 국가기억원은 1998년 12월 18일의 국가기억원–폴란드 민족에 반하는 범죄 추적 위원회에 관한 법안에 의거해 1999년 1월 19일에 창설됐다.[92] 국가기억원 본부는 바르샤바에 있으며 항소법원이 위치하는 11개 도시에 지부를 가지고 있다. 이외에도 7개 도시에 대표부를 파견하고 있다.

국가기억원의 주요 활동 방향과 임무는 다음과 같은 3가지이다. 1944년 7월 22일부터 1989년 12월 31일까지 정보기관의 문서를 모으고 정리하는 일; 나치와 공산주의가 저지른 범죄를 추적하는 일; 교육 활동 펼치기. 국가기억원의 연구 대상은 다음과 같은 3가지이다. 제2차 세계대전 당시 독일이 점령한 폴란드 지역에서 나치의 민간 및 군사 기관이 저지른 범죄, 강제수용소로의 이송; 폴란드 망명정부의 명령을 따르던 국내군과 기타 지하 저항 단체 소속 군인들의 강제 이송과 소련이 점령한 폴란드 지역에 거주하던 주민들을 소련 영토 깊숙한 곳으로 강제 이송한 사실; 1944-1947년 사이 비스와 강과 부그 강 사이 지역에서 소련의 비밀경찰이 펼친 진압 작전.

국가기억원은 폴란드 민족에 반하는 범죄 추적 위원회, 보관 문서의 아카이브 작업 및 열람부, 공공 교육부, 과거사청산부 등의 4개 조직으로 구성돼있다. 국가기억원의 첫 번째 기구인 폴란드 민족에 반하는 범죄 추적 위원회는 1945년에 창설된 '폴란드에서 독일이 저지른 범죄 조사 위원회'의 후신이다. 1949년에 이 위원회는 다시 '폴란드에서 자행된 히틀러 범죄 조사 위원회'로 개칭하며 1984년까지 활동했다. 그런 후 다시 '폴란드에서 자행된 히틀러 범죄 조사 위원

---

92) Ustawa z dnia 18 grudnia 1998 r. o Instytucic Pamięci Narodowej-Komisji Ścigania Zbrodni przeciwko Narodowi Polskiemu. (Dz.U. 1998, nr 155, poz. 1016).

회-국가기억원'으로 바뀌었다. 1991년에 위원회의 조사 범위가 확대되며 '폴란드 민족에 반하는 범죄 조사 위원회-국가기억원'으로 개칭됐다. 이후 위에 거론된 1998년 법안으로 '국가기억원-폴란드 민족에 반하는 범죄 추적 위원회'로 바뀌어 현재에 이르고 있다. 두 번째 주요 기구인 보관 문서의 아카이브 작업 및 열람부는 1944년 7월 22일부터 1990년 7월 31일까지 정보기관이 작성하고 수집한 문서들을 수집하여 기록 보관하고 열람시키며 출간하는 업무를 담당한다. 1939년 9월 1일부터 1990년 7월 31일까지 나치 독일과 소련 정보기관이 폴란드 민족을 대상으로 자행한 범죄에 관한 문서들도 업무 대상에 포함된다. 세 번째 공공 교육부는 1939-1989년 사이 폴란드 역사에 대한 연구를 수행하며 그 업적을 출간하고 대중화시키는 목적으로 전시회, 교사 교육, 학술 대회, 공개 강의 등을 조직한다. 공공 교육부 산하에는 교육을 전담하는 11개 부서를 두고 있다. 현재 공공 교육부는 다음과 같은 프로젝트를 실행하고 있다. 공산주의 폴란드 정보기관의 활동 방식과 구조, 정보기관과 우파 저항 조직과의 투쟁 및 1944-1956년 사이 자행한 범죄, 교회 및 종교 자유와 정보기관의 투쟁, 사회 위기 및 민주 야권 대 공산주의 정권, 해외 망명과 재외 동포 대 정보기관, 소수 민족 대 정보기관, 창작자들과 학자들 대 정보기관, 1944-1956년 지하 활동 인사 및 국민 저항 사전 편찬, 1939-1945년 전쟁과 점령에 대한 연구, 독일과 소련 점령에 관한 사전 편찬, 유대인과 폴란드인 등. 공공 교육부가 펼치는 활동으로는 다음과 같은 것들을 들 수 있다. 역사 전시회 조직, 시민 교육센터 및 바르샤바 봉기 박물관과 공동으로 교육 프로젝트 수행, 폴란드 현대사 강의 프로젝트 수행, 역사 경연 대회 조직, 학술 대회 조직, 해외 동포 프로그램-2006년부터 해외에서 폴란드 교육을 펼치는 교육자들을 양성하는 프로그램을 운용하고 있다. 국가기억원은 이 같은 프로그램 범주에서 교육자 양성, 학생 강의 개발, 역사 전시회 조직 활동을 펼치고 있다. 매년 활동을 종합하는 의미에서 해외 동포들과 폴란드 현대사가 만나는 자리를 마련해 새로운 강의 방식을 논하고 있다. 마지막 네 번째 기구인 과거사청산부는 1944-1990년 사이 정보기관의 문서 및 그 내용에 관한 정보를 공개하는 2006년 10월 18일 법안에 따라[93] 설립됐다. 과거사청산부의 주된 업무는 공공 업무를 수행하는 사람이 제출하는 과거사청산 진술에 대한 진위 여부를 확인하고 과거사청산 작업을 준비하고 다음과 같은 사람들 - 국가 정보기관의 직원과 요원 및 군인, 정보기관이 첩보 활동 대상으로 삼은 사람들, 공산당과 국가 기관 수장들, 현재 공공 기능을 수행하고 있는 사람들에 대한 명단을 준비하고 발간하는데 있다. 과거사청산부와 산하 11개 지역 지부에서의 과거사청산 진위 여부를 확인하는 작업에는 검사가 참여한다.

국가기억원 원장은 자체 이사회에서 선출된 후 상원과 하원에서 승인을 받아 5년 임기를 시작한다. 원장으로 선출되기 위해서는 하원에서 3/5 찬성을 받아 다시 상원에서 과반수 찬성을 얻어야한다. 폴란드 고위 공직 선출에서 과반수 절대다수를 넘는 것은 국가기억원 원장이 유일했다. 2010년 4월 29일의 법안 개정으로 현재 국가기억원 원장 선출은 3/5 찬성이 아닌 과반수 절대다수 찬성으로 변경됐다. 국가기억원 원장은 면책 특권을 가진다.[94] 현재까지 원장을 역임한 사람은 초대 원장인 키에레스(2000년 6월 30일-2005년 6월 30일)과 카틴 비행기 추락 사건으로 사망한 야누쉬 쿠르티카(2005년 7월 1일-2010년 4월 10일)와 프란치쉑 그리치욱(2010년 4월 10

93) Ustawa z dnia 18 października (2006 r). o ujawnianiu informacji o dokumentach organów bezpieczeństwa państwa z lat 1944-1990 oraz treści tych dokumentów. (Dz. U. 2006, nr 218, poz. 1592).

94) stawa z dnia 18 grudnia (1998 r). o Instytucie Pamięci Narodowej-Komisji Ścigania Zbrodni przeciwko Narodowi Polskiemu. (Dz.U. 1998, nr 155, poz. 1016).

폴란드 국가기억원 아카이브: 정보부 문서 기록 작업

일-2011년 6월 28일) 대행을 거쳐 현재 우카쉬 카미인스키(2011년 6월 28일-현재)에 이르고 있다.

국가기억원 이사회는 1999년에 만들어져 2011년까지 존속하며 원장 선출 등의 사안을 담당했다. 11명으로 구성되는 이사회 임원은 상하원 선출과 대통령 지명으로 선출됐다. 2010년 법안으로 이사회를 대신하여 자문회가 설립되어 2011년부터 활동을 시작했다. 현재 국가기억원 자문회는 하원 5명, 상원 2명, 대통령 2명의 추천으로 구성되는 9명으로 구성된다.[95] 국가기억원 예산은 2012년 현재 기준으로 780억 정도를 소요했다.[96] 2012년 기준으로 국가기억원의 정규직은 2,105명으로 평균 임금은 188만원 정도이며 같은 해에 133

95) Sejm wybrał pięciu członków Rady IPN, RMF24, 2011년 3월 18일.

96) Sprawozdanie z wykonania budżetu państwa za okres od 1 stycznia do 31 grudnia 2012 r. (Druk nr 1414). Tom I, 31 maja 2013.

명의 검사를 채용하고 평균 460만원 정도의 임금을 지불했다.[97]

국가기억원 소속의 역사가들은 정보기관 자료에 대한 조사와 과거사청산을 반대하는 사람들뿐만 아니라 찬성하는 사람들로부터도 비난의 대상이 돼왔다. 이런 비난은 주로 정보기관 자료를 무비판적으로 조사의 근원으로서 삼고 있으며 정치적 목적으로 활용하거나 아니면 본인의 이름을 알리며 출세의 기회로 이용한다는 점에 집중됐다. 일부에서는 국가기억원이 소장하고 있는 자료 전체를 인터넷에 공개하지 않고 있다고 비난하고 있다. 특히나 국가기억원 2대 원장 선출을 놓고 폴란드에서 커다란 논란이 벌어진 적이 있었다. 2005년 7월 5일 폴란드 일간지 보도에 따르면 국가기억원 크라쿠프 지부에서 원장 후보에 오른 안드줴이 프쉐부즈니악이 정보부의 비밀 요원이라는 문서가 발견됐다. 이런 기사에 접하고 나서 국가기억원 이사회 의장은 프쉐부즈니악이 원장 후보 자격이 없다고 발표했다.[98] 결국 원장 선거에서 프쉐부즈니악이 탈락하고 말았다.[99] 그런 후 2005년 9월 21일에 이사회가 쿠르트카를 하원에 후보로 건의했다. 그로부터 얼마 뒤에 프쉐부즈니악이 정보부 요원이었다는 문서를 공개한 사람이 즈비그니에프 피약이라는 사실이 밝혀졌다.[100] 그리고 프쉐부즈니악이 국가기억원 원장 후보로 선출된 1달 뒤인 2005년에 크라쿠프 지부장인 쿠르트카가 피약이 관련 문서를 열람하는데 동의했다는 점이 알려졌다. 하지만 쿠르트카에 따르면 이런 동의는 원장 선출 이전인 2004년 12월에 있었고 피약은 오래전에 얻은 문서 열람 동의권을 2005년 6월에 와서야 비로소 사용했다고

97) Wykonanie budżetu państwa w 2012 r. część 13-Instytut Pamięci Narodowej. Informacja o wynikach kontroli. [in] Najwyższa Izba Kontroli [on-line], 24 lipca 2013, p. 22.

98) IPN, Przegląd mediów 5–6 lipca 2005 r.

99) Informacja o działalności IPN w 2006 r. dla Senatu RP.

100) Burnetko, K. (2005년 10월 1일) Kolega z Krakowa. Polityka.

주장했다. 2005년 11월 29일 과거사청산 법정은 프쉐부즈니악이 공산 정부 정보부와 협력했다는 혐의를 무혐의 처분했다.[101] 국가기억원 원장 임명을 두고 많은 논란이 벌어지나 결국 쿠르트카가 3대 원장으로 선출됐다.[102]

3.2. 국가기억원의 활동 방향

2000-2006년 사이 국가기억원의 활동은 3부서를 중심으로 상호 보완하는 가운데 학문적, 법률적, 도덕적 관점에서 과거를 청산하는 방향으로 집중됐다.[103] 2006년에 창설된 네 번째 부서인 과거사청산부는 공공 기능을 수행하는 사람들의 과거사청산 진술을 기록하고 공산 체제 정보기관의 직원과 요원들의 인적 사항과 이들 정보기관의 활동 대상이 된 사람들 그리고 공산당과 공산 정권의 지도급 인사들과 현재 공공 기능직을 수행하는 사람들에 관한 명부를 작성하는데 중점을 두었다. 구조적인 관점에서 폴란드의 국가기억원은 독일, 체코, 슬로바키아, 헝가리, 루마니아, 불가리아 또는 발트 해 국가들에서 활동 중인 유사 기관들과 완전히 다르다. 폴란드의 국가기억원과 같이 일개 기관에 이처럼 다양한 업무를 위임하는 것에 대해서 처음부터 논란이 벌어지며 그 목적이 의심을 받았다. 국가기억원 산하 과거사청산부가 당장 기록해야할 진술의 양만해도 14만 명이상의 사람들이 대기 중에 있다.

국가기억원이 활동 중인 모든 업무는 아카이브를 근간으로 하고 있다. 국가기억원 아카이브는 독일 게슈타포와 소련 KGB에 관한 자

---

101) Pożegnanie: Andrzej Przewoźnik (1963–2010), Culture.pl, 2010년 4월 10일.

102) Marcinkiewicz o doniesieniach w sprawie Kurtyki, Gazeta.pl, 2010년 12월 14일.

103) 국가기억원은 창립 10주년을 맞아 그간의 활동을 다음 저서로 종합했다[D. Koczwańska-Kalita (2010)]; 이외에도 안토니 두덱 교수가 다음 저서에서 국가기억원의 활동을 개관적으로 평가했다[A. Dudek (2012)].

폴란드 국가기억원 아카이브: 정보부 문서 분류 작업

료도 포함하고 있지만 대다수는 폴란드 정보기관이 작성한 문서들이다. 이들 중에는 제2차 세계대전 당시 폴란드인에게 저지른 범죄에 관한 길이로 치면 90㎞ 이상에 달하는 자료도 소장돼있다. 일반 정보 파일만해도 3백만 개에 달하며 공산 정권 당시 정보기관이 폴란드 국민들을 대상으로 펼친 활동이 얼마나 광범위했는가를 잘 보여주고 있다.[104] 2000-2008년 사이 국가기억원 산하 교육부는 아카이브 자료를 이용해 600권이 넘는 서적(앨범, 모노그래프, 사전, 회고록 등)을 출판하여 폴란드 현대사에 귀중한 정보와 자료를 제공했다.[105] 이외에도 기존까지 다루지 않고 있던 폴란드 현대사에서 중요한 주제들에 관한 교육 패키지를 아카이브 자료를 사용하여 만들어 전국 학교에 보내는 교육 활동도 펼쳤다. 이 같은 학문적이고 교육적인 활동 덕분에 지금까지 잊히고 무시됐거나 아니면 거짓으로 가

104) Biuletyn Instytutu Pamięci Narodowej (2002) 4-21.
105) Katalog publikacji IPN 2000-2008 (2009) 15.

르쳐온 폴란드 현대사를 바로 잡을 수 있었다. 특히나 국가기억원은 폴란드 민족 보존을 수호하기 위해 애쓴 공로자를 기리는 민족기억학예사 상을 제정하여 매년 수여하고 있다. 국가기억원 아카이브가 소장한 자료들은 반공 민주 인사에게 수여하는 자유-연대십자훈장을 수여할 후보자들을 선정하는데 근거로 사용되고 있다. 이외에도 2009년에 제정된 소위 탈정보부 법령의 심의 과정에서 예전 정보기관 요원들의 연금 액수를 하향 조정하는 데에 기본 자료도 활용되고 있다. 탈정보부 법령이란 공산 정권의 정보기관 요원들과 1981년 계엄령 당시 창설된 구국군사위원회 임원들(또는 이들의 미망인)이 받고 있던 특별 연금 권리를 박탈하는 것으로 이 규정에 따라 41,000여 명의 연금 액수가 하향 조정됐다. 아카이브 자료는 이외에도 폴란드 민족에 반하는 범죄 추적 위원회와 과거사청산부가 활동하는데 있어 필수 요인이다. 국가기억원 산하 아카이브의 자료는 앞으로도 계속 분류 작업이 진행되며 디지털화할 계획이다.[106]

국가기억원의 활동으로 인해 폴란드 공산주의 역사를 주제로 하는 탁월한 저서를 수없이 배출하고 있는 역사적 연구 외에도 자료연구와 방법론적 연구가 발전하면서 정보기관을 대상으로 하는 별도의 현대사 학문 분야가 탄생하는 원인으로 작용했다.[107] 국가기억원이 발간한 저서들 중 일부는 학문 토론의 주제가 됐을 뿐만 아니라 격렬한 정치 토론을 불러일으킨 원인으로도 작용했다. 판매 부수가 50,000여권에 이르는 베스트셀러가 된 레흐 바웬사 대통령의 과거에 관한 저서가 그 대표적인 예이다.[108] 국가기억원의 학문 결과와 업적은 여러 번에 걸쳐 비판의 대상이 됐다. 하지만 이런 비난과 비

106) Informacja o działalności Instytutu Pamięci Narodowej–Komisja Ścigania Zbrodni przeciwko Narodowi Polskiemu w okresie 1 stycznia 2011-31 grudnia 2011 (2012) 13.
107) 다음과 같은 저서가 이런 경우의 전형적인 예이다[Musiał, F. (2007)].
108) Cenckiewicz, S., Gontarczyk, P. (2008).

판은 국가기억원의 작업에 대한 것도 있지만 정치적 현안이나 상황에 따라 제기된 것도 상당수에 이른다. 이런 점은 2010년 12월에 국가기억원이 조직한 '역사의 기억. 폴란드와 인접국들의 경험'이란 학술대회에서 잘 드러났다. 이 학술대회에서 벌어진 토론을 두고 대회 주최자들은 '역사 서술의 심판장'이라고 부르기도 했다.[109]

국가기억원에서 폴란드 민족에 반한 범죄 추적 위원회는 매우 중요한 부서로서 나치와 공산 체제에서 저지른 범죄자들을 추적하는 임무를 수행한다. 이보다 더 중요한 것은 국가기억원 법령으로 인해 공산 정권이 저지른 범죄를 법리학적으로 정의를 내릴 수 있게 됐다는 점이다. 이런 규정으로 인해 아직 생존해있는 공산 정권의 정보기관과 사법 기관의 요원이나 직원들에게 책임을 묻고 추적하는 것이 마침내 가능해졌다. 2000년부터 2009년 말까지 국가기억원의 범죄 추적 위원회가 9,218건의 사건을 조사하고 이중 6,457건을 공산 범죄로 규정했다. 이외에도 나치 범죄로 2,404건을, 인류 평화에 반하는 범죄로 357건을 분류했다. 2009년 현재 국가기억원 소속 검사들이 391명을 법정에 고발하여 239명에게 판결이 내려지고 128명에게 최종 선고가 내려졌다.[110] 수사 도중에 80,000여명에 가까운 사람들이 증인으로 채택됐다. 이들의 증언은 수사 절차를 진행하는데 있어 참고 내용을 넘어서는 것들이었다. 역사학자들은 사건을 목격하거나 직접 참여한 사람들로부터 정보를 수집할 수 있다. 하지만 법적 효력을 가지는 선서 후에 말하는 증언과 아무런 제재나 구속 장치 없이 본인이 원하는 대로 말하는 것과는 엄청난 차이가 있다. 때문에 국가기억원 소속 검사 앞에서 말하는 진술들은 폴란드 현대사의 신뢰할만한 또 다른 근거 자료로서 계속 축적되고 있는 중이다.

---

109) Czyźewski, A., Nowinkowski, S. M., Stobiecki, R. Żelazko, J. (2012).
110) Kura, A. (2012) 9.

제4장 맺는 말

공산주의 체제가 붕괴된 지 25여년이 흐른 지금에 와서 보면 동유럽권 전체에서 진행된 과거사청산 업무를 전담하는 기구를 창설하고 조직하는 작업은 새로운 민주주의 체제를 세우고 공고화하며 사회 정의를 바로 세우는 중차대한 일이었다.[111] 이런 기구를 창설하는 것은 공산주의에서 민주주의로 넘어가는 과정에서 일종의 정치적인 통과 의례라 할 수 있다. 수백만에 달하는 희생자를 낳았음에도 불구하고 공산주의 체제가 심판받은 적은 단 한 번도 없었다. 그렇기 때문에 이런 통과 의례가 정치인들과 학자들 사이에서 격렬한 논쟁을 일으킨 것은 당연했다. 제2차 세계대전이 끝나고 아우슈비츠로 상징되는 나치 전범을 심판하기 위해 뉘른베르크 법정이 열렸다. 하지만 공산주의 체제가 붕괴된 이후 '모스크바 법정'은 열리지 않았고 그 어떤 동유럽 국가의 수도에서도 과거를 심판하는 재판이 진행된 적이 없었다. 바로 이런 이유로 비록 상징적인 제스처에 불과할지라도 과거사청산이나 공산 정권을 연구하고 심판하는 일은 그것이 아무리 소소한 작업이라도 중대한 의미를 띠고 있는 것이다. 공산주의를 버리고 민주주의를 선택한 동유럽 각국들은 모두 여러 단계로 구성되는 유사한 진행 과정을 겪었다. 즉 정보기관의 아카이브를 연구하고 공개하는 책임 기구 설립, 근거 자료의 출판, 과거사청산 내지는 정화 활동 착수, 학문-교육 활동이라는 과정을 거쳤다. 이런 과정들이 진행되는 모든 단계마다 대중 매체를 통한 광범위한 공개 토론이 수반됐다. 이런 토론은 대부분 과거사청산 법의 원칙이나 정보기관의 아카이브를 공개하는 방식 또는 범위를 둘러싸고 심각한 정치

111) Raport Ośrodka Studiów Wschodnich. Lustracja w krajach Europy Środkowej i Państwach Bałtyckich (2009).

적 논란으로 비화되곤 했다.

추적 기능을 가진 폴란드의 국가기억원을 제외하면 과거사청산과 관련된 동유럽 각국의 기구들은 모두 유사한 기능을 가졌으며 매우 중대한 역할을 수행했다. 25년 세월이 흐른 지금에 와서 보면 이런 기구들은 기억을 지키는 파수꾼이었을 뿐만 아니라 민주주의 체제를 유지하게 만든 원동력이기도 했다. 반면 동유럽 전체에서 공산정권의 범죄자들을 추적하고 심판하는 시도는 실패로 끝났다고 할 수 있다. 많은 세월이 흐른 다음 정의를 실현하는데 있어 법률은 실질적이거나 효과적이지 못하다는 것이 드러났다. 심지어 과거사청산 작업에 대한 법적 시스템을 가장 갖추었다는 독일에서도 이런 점은 마찬가지였다. 과거 공산 정권 시절에 자행된 특정 사건에서 인권을 유린하고 무력을 사용한 사람들을 가려내는 데에는 성공했다. 하지만 이들에게 명령을 내린 상급 책임자들을 심판하는 데에는 실패했다. 심지어 공산 정권의 고위 지도자들을 법정에 세우는데 성공했더라도 결국에 가서 이들 모두는 형벌을 면했다. 게다가 간과하기 쉬운 점은 정보기구로 대표되는 무력 기관에 대한 과거사청산에 관심을 집중한 것으로 인해 공산당 당원들에게 책임을 묻는 일이 소홀해지고 말았다. 실상에 있어 정보기관의 활동보다 대규모 당원을 가지는 공산당 덕분에 공산주의 체제가 그토록 오랫동안 유지될 수 있었다. 게다가 공산주의 체제에서 정보기관은 단 한 번도 자치권을 누려본 적이 없었다. 무엇보다 공산주의 독트린에서 선포한바와 같이 정보기관은 단지 당의 일개 기구에 지나지 않았다.

헝가리

1. 헝가리의 공산화 체제 극복 및 민주화 과정 고찰

제1장 들어가는 말

> 사회주의는 몽상과 같다. 곧 당신은 몽상에서 깨어나 현실로 돌아올 것이다 (윈스톤 처칠).[1]

냉전종식 후 이른바 소련의 공산주의 진영에서 동유럽이라고 불리던 국가들의 민주 체제전환이 발생한지 어느 덧 사반세기가 되었다. 그동안 대부분의 중·동부 유럽 국가들은 정치적으로는 서방 선진 자본주의 국가의 정치·경제·안보 체제의 골자인 북대서양조약기

1) "The famous quote on Communism" in, http://www.famous-quotes.com/topic.php?page=1&total=53&tid=210, (접속일: 2014년 3월 14일).

구(The North Atlantic Treaty Organisation)와 유럽연합(The European Union)에 차례로 가입함으로써 민주적 공고화와 시장 자본경제 체제라는 역사적 과제를 달성하였다. 이러한 성과는 비교적 짧은 시기에 달성한 결과로서 80년대 중반까지만 해도 상상조차 할 수 없었던 현상이었다. 예컨대 1987년 소련진영에 속한 구 동유럽 공산주의 국가이외에도, 전 세계 대륙에 산재해 있던 공산국가는 총 24개국에 해당하였을 만큼,[2] 공산주의는 당시 냉전 체제를 대표하는 하나의 사조이자 이념이었다. 그렇다면 냉전시기 자본주의 진영과 함께 양대 축을 구성하였던 공산주의가 갑자기 붕괴된 원인은 무엇이었을까? 본 질문에 대하여 정치·역사학자가 공통적으로 지적한 요소는 소련체제 자체 내에서 발생하였던 경제위기와 개혁과 개방의 기치로 서구와의 협력 관계를 모색하였던 미하일 고르바초프(Mikhail Gorbachev)의 등장을 손꼽는다. 실제로 소련체제 내에서의 변화는 소련진영에 귀속하였던 구 동유럽 국가들의 공산주의 붕괴에 결정적인 역할을 하였다.

그러나 이러한 외생적인 변수 이외에 구 동유럽 국가들의 공산주의 특색과 민주 체제전환의 과정을 함께 살펴보면, 이들 간에는 유사성보다는 서로 상이한 탈 사회화 과정을 밟아왔음을 알 수 있다. 예컨대 헝가리의 민주 체제전환은 폴란드와 유사한 정치 엘리트 주도의 원탁협상에서 비롯되었다. 그러나 폴란드와는 달리 헝가리의 원탁협상은 당시 집권당이었던 헝가리 공산당과의 권력 공유를 주요 목적으로 설정하지는 않았다. 당시 헝가리의 원탁협상은 1990년 4월 첫 자유경쟁 총선을 위한 제도적 기반 구성에 초점이 맞추어져 있었고, 이러한 배경에는 야권연대와 집권공산당간 구상하였던 치밀한 정치적 계산이 내포되어 있었다. 이러한 사실을 바탕으로 본

---

2) Kornai (1992) 8.

서에서는 구 공산권 동유럽 국가 체제의 유사성과 함께 차이점을 주목하여 함께 살펴볼 것이다. 특히 본 장에서 저자는 1948년 이후 공고화된 헝가리 공산화 과정의 특색과 함께 본 체제의 붕괴를 초래한 요인들, 그리고 민주 체제전환 과정 자체를 구체적으로 고찰해 볼 것이다. 결어적으로 구 공산권 동유럽 국가의 경험이 향후 통일 한반도에서 우리에게 어떠한 시사점을 제시해 줄 수 있는지 사전적 교훈을 도출하고자 한다.

제2장 헝가리의 공산화

헝가리 공산화 과정을 시기별로 살펴보면 크게 대조적인 두 형태의 정권으로 구분할 수 있다. 하나는 1948-56년 시기 헝가리 정치, 경제, 사회를 전체주의 체제로 탈바꿈시켰던 마챠시 라코쉬(Mátyás Rákosi) 레짐이고, 다른 하나는 1956년 헝가리 혁명 진압 후 1988년 5월 그가 축출될 때까지 유화된 형태의 공산주의를 추구하였던 카다르 야노쉬(Kádár János) 정권이다. 라코쉬 체제는 근대 헝가리 역사에서 암흑기이자 헝가리인들에게는 혐오의 대상의 중 하나인 반면, 카다르 체제는 그가 보장하였던 경제·사회적 체제의 안정으로 말미암아 오늘날의 헝가리인들에게 조차 카다르 방식의 공산주의 향수를 불러일으키는 '유순한 독재자'(benign dictator)로 기억되고 있다.[3] 이러한 배경을 바탕으로 본장에서는 이 두 독재자의 체제와 주요 특성을 중점적으로 살펴보고자 한다.

---

3) Gough (2006)

2.1. 한시적 민주주의와 헝가리의 공산화

라코쉬 체제를 다루기에 앞서 우선적으로 살펴봐야 하는 사항은 주변 국가와 비교하여 헝가리의 공산화 과정은 어떻게 성립되었는가의 물음에 대한 해소이다. 헝가리의 공산화는 점진적 방식(gradual approach)의 과정으로 성립하였다. 여기서 '점진'이라함은 제2차 세계대전 후 다른 주변 국가에서 발생하였던 공산화 과정과는 달리, 헝가리는 즉각적 공산화가 아닌 한시적이지만 민주주의 기간 (1945-1948)이 존재하였음을 의미한다. 이러한 임시 민주주의가 헝가리에서 싹틀 수 있었던 계기는 얄타 회담 후 폴란드와 불가리아와는 달리 스탈린은 헝가리를 소련의 영역으로 귀속시킬 것인지에 대하여 아직 결정을 내리지 않았기 때문이었다. 그 결과 전후 헝가리는 소련 군대의 감독 하에 민주 자유선거가 허용되었고, 실제로 1945년 11월 4일 첫 자유총선이 치러졌다. 선거결과 당시 반공산주의 보수 세력의 집합체이자 포괄정당(catch-all-party) 성격의 독립소지주당(the Independent Smallholders' Party)이 57%를 득표하여 승리하였다. 그러나 당시 독립소지주당은 당이 획득한 득표의 결과에 상응하게 득표를 의회 내 의석수로 전환시킬 수 없었다. 오히려 당시 헝가리에 주둔하고 있었던 소련군 장군 클라이멘트 보로쉬로프(Kliment Voroshilov)의 압력으로, 독립소지주당은 당시 야당을 구성하고 있었던 좌파 정당들 예컨대 사회민주당, 헝가리공산당, 그리고 농민당과 함께 연립정부를 구성하였다.[4]

4) Crampton, (1997) 222.

〈표 1〉 1945년 자유총선 결과

정당	투표(비율)	의석 수
독립소지주당	57.03	245
사회민주당	17.41	70
헝가리공산당	16.95	69
농민당	6.87	23
시민민주당	1.62	2
헝가리급진당	0.12	-

자료: [Bihari (2005) 74.]

또한 독립소지주당은 내무부 장관과 같은 주요 직책을 공산당에 강제적으로 할양함을 강요받음으로써, 차후 공산당은 군대와 경찰력과 같은 보안 기구를 활용하여 독립소지주당 지도부에 대한 협박과 체포를 감행하였다. 실제로 소련군의 지원 하에 헝가리 공산당은 이른바 '민주 공화국에 대한 공모(Conspiracy Against the Republic)' 사건을 구실로 독립소지주당 지도부를 하나하나 체포하였다. '살라미 전술'[5](Szalámi Taktika, Conquer and Divide tactic in English)로 잘 알려진 이러한 체포와 구금 방식은 이후 독립소지주당 및 다른 야권세력 정당의 해산으로 이어졌는데, 당시 헝가리 공산당을 이끌었던 라코시는 해당 정당 지도부 모두가 '헝가리 동우회'(a Magyar Közösség, 영어로는 the Hungarian Brotherly Community)라는 반 공화국 기구 성립에 직·간접적으로 관여하였다고 주장하였다. 본래 헝가리 동우회는 1920년대 루마니아 트랜실바니아 지역에서 칼빙교를 신봉하였던 헝가리 민족주의자 집단이었는데, 이들은 양차세계

5) 헝가리인들이 주로 잘먹는 살라미처럼 야권에 존재하였던 정당 하나하나를 차례대로 제거했다는 의미에서 붙여진 명칭이다.

대전 당시에는 외세의 영향, 특히 나치 독일의 팽창을 경계하였다. 제2차 세계대전이 종결된 후에는 공산당의 참여 없이 민주 연립정부를 구성함을 그들의 궁극적인 목표로 설정하였는데, 이 조직은 비밀 군사조직을 갖추고 있었다.[6] 본 군사조직은 러시아 군대에 견주어 볼 때 그 수나 장비에 있어서 비교가 안 될 정도로 열악하였지만, 당시 공산당에게 있어서 이 조직의 발각은 민주 야권세력이 헝가리 공산당을 대상으로 공모를 준비하고 있다는 구실을 제공하였다. 그 결과 독립소지주당 출신 수상이었던 너지 페렌츠(Nagy Ferenc)를 비롯한 당의장 코바치 벨러(Kovács Béla), 그리고 다수의 지도부가 민주공화국에 대한 공모죄로 줄줄이 엮이게 되었다.

결국 보안 기구의 날조된 증거와 고문으로 공모의 배후에는 독립소지주당 지도부가 존재하였음으로 결론이 지어졌고, 이러한 과정에서 지도부를 상실한 정당은 해산하게 되었다.[7] 이러한 살라미 전술은 세력이 미약한 공산주의자들이 자기편의 세력을 결집시키고 반대로 상대편의 세력을 약화 혹은 고립시키기 위한 '통일전선전술' 전략과 유사한 양태를 나타낸 것이었다. 즉 헝가리 공산주의자들에게 있어서 최고 강령은 공산당 일당 체제를 구성하는 것이었지만, 본 목표를 즉각적으로 달성하기에는 그 세력이 아직 미약하였기에 헝가리 공산당은 다른 강령인 공화국에 대한 음모론을 공모한 것이었다. 본 방식으로 정적을 하나하나 제거하는 점진적 과정은 1948년까지 지속되었고, 이듬해 헝가리 최초 성문법인 헝가리 공산법 제정과 아울러 헝가리인민민주주의공화국(the People's Republic of Hungary)이 선포됨으로써 라코시 일당 공산주의 체제가 성립하였다.

---

6) Kenez (2006) 221.

7) Schöpflin (1977) 100.

2.2. 라코시 체제와 1956년 헝가리 혁명

유태인 출신이자 본인 자신을 '스탈린 최고의 제자'(Stalin's best pupil)라고 칭하였던 마챠시 라코시는 헝가리 정치, 경제, 사회 체제를 스탈린 방식의 공산주의로 탈바꿈 시켰던 인물이다. 1953년 스탈린 사망 후 한시적이지만 체제내 개혁의 움직임이 모스크바에서 발생하였을 때 라코시는 잠시 실각하였으나, 1948년부터 1956년 가을 헝가리 혁명이 발발할 때까지 헝가리 일당 공산주의 독재자로서 군림하였다. 라코시는 "우리와 함께 있지 않는 자는 모두 우리의 적이다"(aki ninch velünk az ellenünk)라는 기치 하에 절대적인 공산당 일당 체제를 추구하였다.[8] 정치적으로는 '민주집중제'(Democratic Centralism)라는 구실 하에 공산당 일당제를 정당화하였고, 경제적으로는 강제적 국유화가 집행된 '통제경제' (Command Economy) 체제를 추구하였다. 사회체제 또한 시민의 자유가 극히 제한된 감시체제의 구성과 아울러 언론 검열 및 여행, 결사, 집회 그리고 종교의 자유가 제한된 체제가 성립하였다. 당시 헝가리 로마 카톨릭 교회의

〈그림 1: 마챠시 라코쉬〉

〈그림 2: 민센티 요제프〉

---

8) Romsics (1999) 267-92.

수장인 민센티 요제프 추기경(Mindszenty József)의 투옥은 라코시 체제 하의 시민의 자유가 어떠하였는지를 단적으로 보여주는 전형이라 하겠다.

결국 이 모든 조치는 헝가리가 소련식 공산주의의 전형을 따르는 '전체주의' 체제로 탈바꿈되는데 일조하였으며, 본 체제는 사실상 1956년 가을 부다페스트에서 헝가리 혁명이 발발하기까지 지속되었다.

1956년 10월 23일 발발하였던 헝가리 혁명은 급작스럽게 발생한 헝가리만의 사건은 아니었다. 오히려 그 시작의 기원은 1953년 3월, 스탈린의 사망 후로 볼 수 있으며, 냉전 당시 열강들의 이해관계가 복잡하게 얽히고 설인 국제적 사건이었다. 혁명의 전개 또한 급박하면서도 시기별로 상이한 양상을 나타내었다. 주지하듯이 스탈린의 사망은 소련은 물론 다른 모든 동유럽 위성 국가에 이른바 '비스탈린화 과정' (de-Stalinisation process)의 여파가 전달되도록 하였다. 특히 이러한 비 스탈린화 과정의 신호탄은 권력 투쟁에서 승리한 니키타 후르시초프(Nikita Khrushchev)의 '비밀연설'(Secret Speech) 에서 시작되었다.[9] 1956년 2월 제 20차 소련 공산당 전당대회에서 후르시초프는 기존의 스탈린이 추구하였던 우상숭배 및 체제를 비판하였고, 마치 그는 기존의 전임자는 다른 개혁적인 정책을 시도할 것처럼 연설하였다. 본 연설은 본래 그의 의도와는 달리 소련을 비롯한 다른 동유럽 위성국가에 내용이 전달되었고, 이를 접촉한 동유럽 국가 지도자들은 소련 주도 방식의 공산주의가 아닌 그들 국가에 부합한 공산주의를 추구할 수도 있다고 해석하였다. 그 결과 기존 소련 방식의 공산주의를 추구하였던 강경파 공산당 권력층이 동요하

9) 본래는 전당대회에 참여한 당 회원들만을 대상으로 비밀연설을 하기로 되어 있었으나, 관련 내용은 미국의 소리(Voice of America) 및 자유유럽 방송 (Radio Free Europe) 라디오를 통하여 동유럽을 비롯한 서구에 널리 전파되었다.

기 시작하였고, 이는 반대로 개혁파 공산주의자가 추후 집권을 하는 계기가 되었다. 실제로 폴란드에서는 1956년 6월 발발하였던 포즈난 봉기(the Poznan Riot) 이후 같은 해 10월 그동안 투옥되어 있던 민족 개혁파 공산주의자인 고물카(Gomulka)가 집권하였다. 고물카는 폴란드 방식의 사회주의를 주창하면서 기존의 탄압적인 정책에서 벗어난 완화된 형태의 개혁을 폴란드 정치, 경제, 그리고 사회 전반에 걸쳐서 시도하였고, 이러한 소식은 이웃 국가인 헝가리에도 전파되었다.[10] 라코시와 그의 동료 에르뇌 괴뢰(Ernő Gerő)의 정권에 큰 불만을 품은 헝가리 개혁 공산주의자와 지성인들은 폴란드를 모델로 헝가리도 헝가리 방식의 사회주의가 필요하다고 주장하였다. 이러한 전환적 사고는 당시 지성인 사회의 핵심 집단이었던 '페퇴피 서클'(the Petőfi Circle)을 통하여 대중에게 전파되었고,[11] 특히 부다페스트 공과 대학 학생들은 구체적으로 어떠한 개혁이 필요한지 16개 조항을 작성하였다.

16개 조항은 당시 권력을 쥐고 있었던 강경파 공산당이 수락하기에는 너무 과격한 내용으로 구성되어 있었는데, 그 중 대학생들이 가장 우선적으로 성취하고자 설정하였던 목표는 소련군의 즉각 철수이었다.[12] 16개 조항을 바탕으로 전국에 거주하고 있는 헝가리 시민에게 그들의 목표를 알리고자 공대 대학생 및 시민들은 거리 시가행진을 벌이며, 부다페스트 라디오 방송국으로 향하였다. 당시 라디오 방송국을 지키고 있었던 경비병은 진입을 저지하였고, 와중 시민을 상대로 총격을 가함으로써 이 시점부터 평화적인 대중시위는 무장봉기로 전환되었다. 당시 시위를 진압할 수 없었던 괴뢰는 10월 23일 밤 소련군의 개입을 요청하였고, 이후 봉기는 헝가리 시민군과

10) Kramer (1998)

11) Hegedűs (1997) 115-24.

12) Békés, Byrne and Rainer (2002)

소련군의 대치 양상으로 전개되었다. 화력이나 병력의 우월성으로 쉽게 진압이 될 것이라고 예상했던 소련 지도부는 도시에서 게릴라전을 펼치며 강하게 저항하는 헝가리 시민군을 진압하지 못하였고, 무장 봉기는 지구전의 양상으로 전개되는 듯하였다. 이를 인식한 소련 지도부는 헝가리 시민이 요구한 사항 중 헝가리 개혁 공산주의자 너지 임레(Nagy Imre)의 복귀를 승인하였으며, 10월 28일 너지는 봉기를 '국가 민주혁명'으로 인정하였다.[13]

이후 30일까지는 양자 간의 정전이 선언되었고, 너지를 주축으로 한 개혁안이 임시적 실효를 거두는 등 국내 상황이 안정화 국면으로 진행되는 듯하였다. 그러나 31일 중동에서 발생하였던 이집트의 '수에즈 위기'(the Suez Crisis)를 계기로,[14] 소련 지도부 내의 분위기

〈그림 3: 1956년 헝가리 혁명〉

〈그림 4: 너지 임레〉

---

13) Litván (1996)

14) 수에즈 위기가 소련 지도층이 헝가리 사건을 강경책으로 전환시키는데 결정적인 역할을 하였다는 증거는 없다. 그러나 분명한 점은 수에즈 위기는 세계의 관심을 헝가리에서 중동으로 분산시키는데 전환점이 되었다. 서구 국가가운데 수에즈 사건과 관련하여 직접적 당사자인 영국과 프랑스는 이집트를 상대로 전쟁 중에 있었고, 당시 미국 아이젠 하우어 대통령 또한 헝가리 사건에 직접적인 개입 의사가 없음을 표명하였다. 이는 소련지도부내의 강경파 세력의 목소리를 강화시켰으며, 그 결과 너지의 개혁안을 일부 허용했던 소련지도부내의 관대한 정책은 강경노선으로 선회하였다.

도 다시 강경 노선으로 선회하였다. 무력으로 개혁의 움직임과 봉기를 진압하기로 결정한 소련 지도부는 11월 4일 제 2차 소련군 개입을 지시하였다. 1차 개입기보다는 훨씬 더 큰 병력을 투입하였던 소련군은 산발적 저항을 하였던 헝가리 시민군을 진압하였고, 그 결과 혁명은 이주 만에 종결을 고하였다.

2.3. 카다르 체제

집권공산당 체제에 저항하며 헝가리만의 개혁 공산주의를 추구하였던 56년 헝가리 혁명은 소련군 개입으로 실패한 미완의 혁명이었다. 헝가리 공산당의 관점에서 바라볼 때 56년 혁명은 그들이 집행해 왔던 강압 정치의 한계성을 들어내는 체제 붕괴 사건이었다. 이와는 대조로 오랜 억압을 참고 버텨왔던 헝가리 시민들에게 있어서 56년 혁명은 그들이 지금껏 진정으로 무엇을 갈망하였는지를 대외적으로 표출하였던 민족 단결의 순간이었다. 혁명의 기치가 명확히 제시하듯 헝가리 시민들은 '자유롭고 민주적이며 사회적으로 차별받지 않은 정의사회'를 실현하고자 하였다.[15] 비록 혁명은 실패로 종결되었으나, 지배 계층에게 있어서 혁명은 비 지배 계층의 인내가 한계점에 도달하였을 때 어떠한 결과가 발생할 수 있는지 교훈을 제시하였다. 이는 추후에도 유사시 민중봉기라는 사건이 발생할 수도 있다는 개연성을 의미하였고, 이러한 두려움은 혁명진압 이후에도 공산당 지도부로 하여금 기존의 정치노선을 수정하도록 하였다. 실제로 혁명진압 후 30년 이상 독재자로 군림하였던 야노쉬 카다르는 기존 라코시 체제와는 사뭇 다른 유화된 형태의 공산주의를 추구하였는데,[16]

---

15) Litván (1996)

16) 카다르가 혁명의 정신을 인정하고 바로 유화된 형태의 공산주의를 추구하지는 않았다. 오히려 혁명에 직·간접적으로 참여했던 사람들을 대상으로 대규모 숙청을 감행하였고, 이러한 숙청 후 카다르는 사회와 타협을 모색하는 목적으로 유화된 형태의 공

이는 이른바 '구야시 공산주의'(Goluash Communism) 이었다.[17]

구야시 공산주의라 함은 보통 통제경제에서 발생하는 소비재의 부족경제 현상과는 달리, 헝가리는 주변 동유럽 국가와 비교하여 상대적으로 풍요로운 소비재 경제를 누릴 수 있었던 하나의 체제를 의미한다.[18] 동시에 이러한 체제는 그러한 사회·경제적 혜택에 상응하는 대가를 헝가리 시민으로부터 요구하였는데, 이는 카다르가 집행하였던 정치에 대한 침묵을 의미하였다. 이러한 암묵적인 사회 계약은 카다르와 헝가리 시민 간에 체결되었는데,[19] 1961년 헝가리 공산당 전당 대회에서 카다르가 역설한 "우리에게 저항하지 않는 자는 모두 우리 편이다"(aki ninch az ellenük velünk)라는 연설에서 시작되었다. 실제로 이러한 체제는 양자 간에 넘어서는 안 될 경계선을 암묵적으로 인정하게 하였고, 이는 이른바 '비정치화'(de-politicised)·'원자화된'(atomised) 사회를 초래하였다. 그 결과 소수 엘리트 공산

〈그림 5: 야노쉬 카다르〉

〈그림 6: 부족경제 현상〉

산주의를 추구하였다. 카다르에게 있어서 56년 혁명은 늘 "반 혁명이었다".

17) 구야시 공산주의는 후르시초프가 처음 부른 명칭으로, 헝가리 공산주의 체재가 다른 동유럽 국가에 비교하여 풍부한 소비재를 누릴 수 있었다는 함축적 의미이다.

18) Izsák (2001)

19) Hankiss (1990) 35

당 이외에 정치적 문제를 토론할 수 있었던 사회적 장은 가족 단위에 머물러 있었고, 일반 시민들은 그날그날 생계를 꾸려가며 좀 더 나은 경제적 삶을 추구하는데 집중하였다. 이러한 경제적 기반을 조성하기 위하여 카다르는 1968년 이후 이른바 '신 경제 미카니즘'(a New Economic Mechanism)을 주 경제 개혁 청사진으로 제시하였다.

신 경제 미카니즘에 따르면 생산과 관련하여 기존에 중앙 부서에서 하나하나 통제하였던 지시 체제를 지양하고, 대신 공장이나 집단 농장 관리자 수준에서 효과적인 목표 달성을 위한 자율성이 주어졌다. 기존의 관행대로 당의 관료는 생산에 필요한 재원과 물자를 공급해주고 목표를 지시하지만, 관리자 차원에서 좀 더 수요가 높은 제품을 먼저 생산하고 조달하여 비교적 자유롭게 재원을 재분배할 수 있었다는 의미이다.[20] 또한 주어진 미카니즘에 따르면 소규모 자영업 사업 예컨대 식당 및 가게 설립은 허가를 받고 영리를 추구할 수 있도록 허용되었다. 그 결과 헝가리는 70-80년대 초를 거쳐 중·소규모의 가게 및 사업이 우후죽순으로 늘어나게 되었고, 이는 기존의 통제경제 체제에 시장경제 요소를 가미하였다. 이른바 '제2 경제사회'(the Second Economy)가 창출되었음을 의미하는데, 여기서 제2 경제라 함은 비공식적인 준 시장경제(a quasi market economy)를 의미한다.[21] 예컨대 생필품 옷, 버터, 고기 생산과 아울러 자신의 집 건설과 같은 사업은 국가 통제경제 체제 하에서 이루어진 것보다, 제2 경제영역에서 창출된 비중이 훨씬 더 높았다.[22] 그 결과 헝가리 시민

20) Swain (1992)

21) Hankiss (1990)

22) 야노쉬 러다니(János Ladányi)에 따르면, 70년대 헝가리 건설 산업의 70%는 제2 경제 영역에서 발생하였으며, 80년대는 80% 이상이 그러하였다. 체제전환이 다가오는 시점인 80년대 말에는 그 수치가 90%에 육박하였다. 좀 더 자세한 사항은 "Market, state, and informal networks in the growth of private housing in Hungary", in http://www.raumplanung.tu-dortmund.de/.../ladanyi.pdf, (접속일: 2014년 3월 20일).

들은 공식적인 통제경제 체제 하에서 수행해야 했던 일상적인 공동 업무 수행이외에, 제2경제 영역에서 그들이 필요한 직종에 종사하였고, 이는 이중적 경제 가치 체제를 창출하였다.[23]

이와 유사하게 사회적으로도 완전한 통제 형식이 아닌 관용성이 일부 허용되었는데, 언론 및 출판과 관련된 체제가 그러하다. 라코쉬 체제에서 시민들은 특정한 잘못이 없어도 그들 스스로 자기 비판을 하도록 강요받았던 반면, 카다르 체제에서는 집권 세력에 노골적인 도전만 하지 않는다면 표현의 자유가 일부 허용되었다. 이러한 방식이 가능했던 이유는 어칠 괴르기(Aczél György)가 고안한 'Three Ts' 체제가 사회통제 수단으로 기능하였기 때문인데, 여기서 'Three Ts'는 지원(Támogatás), 허용(Tűrés), 금지(Tiltás)를 의미한다.[24] 첫 번째 범주에 해당하는 것은 비정치적이거나 친 정부적인 내용을 담은 작품의 지원을 의미하는 반면, 세 번째 범주에 속하는 것은 체제 비판 및 저항의 목소리가 담긴 작품의 표현 금지를 의미한다. 두 번째 범주는 애매모호한 '자기 검열'(self-censorship)을 지칭하는데, 여기서 자기 검열은 본인 스스로 판단하여 집권 세력에 노골적인 도전만 하지 않았다면 일부 표현이 허용되었음을 의미한다. 예컨대 소설가가 일반 독자를 대상으로 그들만의 암호화된 메시지로 체제를 간접적으로 비판했다면 본 작품의 출판은 허용되었다.

이외에 카다르 체제에서는 80년대 초를 기점으로 여행의 자유가 시민에게 널리 부여되었다. 그 결과 과거 정치범을 비롯한 시민들은 서유럽 및 북미 지역에 여행갈 수 있었고, 이는 추후 이들이 서구 국가와 비교하여 낙후된 헝가리 경제의 생활수준을 시민들이 직접적으로 깨닫는 계기가 되었다. 본 헝가리만의 독특한 현상에 대하여 동유

23) Kornai (1992) 504.

24) Kontler (2002) 445. ; Romsics (1999) 389.

럽 비교역사 학자 나이젤 스웨인(Nigel Swain)은 다음과 강조하였다:

> 1988년까지 모든 헝가리 시민들은 세계 전 지역에 여행갈 수 있는 보통여권을 부여받았다. 헝가리 시민들은 본 여권을 타국으로 도망치기 위하여 사용한 것이 아니라 여행의 목적으로 활용하였다. 예컨대 이들은 이웃국가 오스트리아 비엔나 중심 쇼핑 거리인 마리아 힐퍼 거리(Maria Hilfer Strasse)에서 쇼핑하였다. 헝가리 시민들은 조론지 브랜드(Gorenje) 냉장고를 구입하여 그들의 자동차에 싣고 오스트리아·헝가리 국경을 거쳐 집으로 돌아왔다.[25]

요컨대 이렇게 상대적으로 관용적인 카다르 체제의 특성은 '외부사조' 유입 현상을 초래하였고, 이는 추후 헝가리 정치·경제·사회의 참조점이 더 이상 소련연방 내 국가들에 머문 것이 아니라 자본진영 서구 국가와의 직접 비교로 전환되도록 하였다. 그 결과 경제발전의 현격한 차이를 피부로 느끼게 된 헝가리 시민들은 카다르 체제 성과에 대한 불만과 불신을 표출하였으며, 이는 80년대 중반 이후 체제 내 경제위기의 발생으로 표면화되었다.

제3장 카다르 체제의 붕괴

카다르 공산주의 체제의 붕괴를 초래한 요인은 다른 동유럽 국가와 마찬가지로 경제 위기, 민주 야권 세력의 등장, 그리고 소련 내 개혁공산주의자인 고르바초프의 등장을 들 수 있다. 이러한 공통적인

---

25) E-mail interview with Nigel Swain, 14 March 2014.

요소 이외에 한 가지 헝가리만의 특성이 있었다면, 헝가리는 평화적 정권교체를 위한 준비과정이 바로 공산당지도부내에서 비롯되었다는 것이었다. 이는 당내 개혁파 중심세력이 강경파 세력과 대치함으로써 비롯되었는데, 이들의 세력 관계에 영향을 미친 사건은 다름이 아닌 바로 56년 혁명과 관련된 평가이었다. 본장에서는 이 네 가지 요소를 상세히 다룬다.

3.1. 카다르 공산주의 체제 붕괴 요인 및 과정

1) 경제적 요인

소련연방공화국과 비교하여 상대적으로 풍요로운 소비재 경제를 누렸던 카다르 방식의 공산주의는 1970년대 말을 기점으로 그 체제가 서서히 한계점을 들어내었다. 당시 일·이차 세계 석유파동으로 인한 원유가 상승이 그동안 비교적 저렴하게 원유를 공급하여 주었던 소련에게 조차 타격을 주게 되었고, 이는 자연스럽게 헝가리를 비롯한 위성 국가에도 생필품 가격 동반 상승을 초래하였다. 완전한 시장경제 원리가 부재한 상태에서 카다르 지도부는 부족한 생필품과 재원을 자체적으로 충원할 수 없었고, 하락하는 경제 수준을 끌어올리기 위하여 차관을 들여오기 시작하였다. 이러한 과정은 1974년 국제통화기금(International Monetary Fund)으로부터 지원 받은 융자가 시발점이 되었고,[26] 80년대 초 카다르 지도부는 해당 기관으로부터 다시 한 번 융자를 요청함으로써 카다르 경제는 외자 빚이 눈덩이처럼 쌓이기 시작하였다.

---

26) _y interview with Kulin Ferenc, 8 February 2014.

〈표 2번〉 헝가리 외자 부채 지표

년도	부채(미화 십억 달러)	개인당 부채
1975	3.9	369
1980	9.1	850
1985	14.0	1,326
1990	21.3	2,057

자료 : [Kornai (1996) 956.]

80년대 중반 카다르 경제는 더 이상 융자를 요청할 수 없는 국가 부도 상황에 도달하였다. 이러한 상황에서 카다르는 경제위기 설을 부인하며 기존에 헝가리 시민들이 누렸던 안정적 경제체제에 대한 향수에 체제 유지의 정당성을 호소하였다. 그러나 이러한 호소에도 불구하고 80년대 중반부터 헝가리 시민들은 카다르 체제의 경제 성장이 한계점에 도달하였음을 피부로 느끼게 되었다. 이러한 사실은 당시 1981-88년에 헝가리 여론조사 기관(the Hungarian Public Opinion Research Institute)이 수행한 조사 결과를 보면 알 수 있는데, 당시 카다르 지도부에 대한 헝가리 시민의 지지도와 신뢰는 80년대 중반을 기점으로 급격히 하락하였다.

〈표 3번: 카다르 체제에 대한 여론 조사〉

질문: 서구와 비교하여 헝가리가 더 나은 점이 무엇입니까? (% 응답자)

	1981	1986	1988	1988 정당 회원	1988 인텔리겐시아
아이들을 만족스럽게 기를 수 있는 기회	98	87	42	46	27
일할 수 있는 권리	96	93	80	88	80
건강 유지 수준	90	66	47	45	23
사회 도덕성 수준	88	81	50	59	38

	1981	1986	1988	1988 정당 회원	1988 인텔리겐시아
균형 잡힌 가정 삶	86	73	36	40	24
물질적 풍요	46	29	10	9	1
동등한 기회	78	69	38	49	29
의견을 표현할 수 있는 자유	74	67	43	50	29
금전의 유지 가치	66	41	6	6	2
내집 마련 기회	63	39	16	19	5
자유 시간 정도	58	46	27	26	17

자료: [Swain (1992) 14]

위의 표가 제시하듯 헝가리 시민들은 86년을 기점으로 모든 지표 영역에서 그동안 카다르 체제가 제공해 주었던 경제·사회적 성과에 대하여 지대한 불만을 표출하였다. 예컨대 공산주의 체제의 가장 큰 장점이라고 할 수 있었던 동등한 기회의 제공 측면에서도 헝가리 시민 대다수는 헝가리가 서구보다 열등하다고 평가하였다. 또한 구야시 공산주의 체제의 정당성이 기반을 두고 있던 물질적 풍요 제공 지표에서조차도 응답자 10%도 채 안 되는 지지율을 감안한다면, 카다르 지도부의 문제 해결 방식과 능력에 대한 헝가리 시민 대다수의 신뢰는 매우 저조함을 알 수 있다. 이러한 경향은 인텔리겐시아의 평가를 비교해보면 더욱 분명히 들어나는데, 당시 이들은 모든 지표 영역에서 카다르 지도부의 무능력성을 직시하였으며, 주어진 체제에 대한 강한 불신을 표출하였다. 결과적으로 상대적인 물질 풍요 제공에 체제의 정당성을 두고 있었던 카다르 지도부는 자본진영 서구 국가들과의 경쟁에서 우위성을 확보할 수 없었다. 그 결과 헝가리 시민들은 카다르 방식의 구야시 공산주의는 허울이며, 그 체제의 지속 또한 종국의 시점에 가까워지고 있음을 점차로 느낄 수 있었다. 이러한 체제의 역기능은 결국 당시 침묵하고 있었던 야권 세력의 비판을 점점 강화시켰으며, 이들은 점차로 공산당만의 독점 리그이었던 정치게임에 등장하기 시작하였다.

2) 야권 세력의 등장

전술하였듯이 전반적으로 카다르 체제는 정치적으로는 비 정치화된 사회이었다. 정치적 문제를 공공영역에서 논의할 수 있었던 장은 거의 없었으며, 관련문제는 가족 단위에서나 암암리에 논의되었다. 그러나 이러한 일반적 형태에도 불구하고 1970년대 말을 기점으로 헝가리에서도 야권 세력이 서서히 등장하기 시작하였는데, 이는 크게 농촌 지역에서 성장한 작가 중심의 '민족주의자'(Népi-Nemzeti) 집단과 주로 대도시 지역에 성장한 사회·경제학자 그리고 철학자 중심의 '도시 성향의 지성인'(Urbánius) 집단이 대표적이다.

민족주의자 지성인 집단은 1930년대 양차 세계대전 사이 등장한 이른바 민족주의 작가운동(népi írok mozgalom)에 그 뿌리를 두고 있었다. 당시에 그들의 목표는 귀족과 성직자 중심의 준 봉건 사회를 근대화시키는데 있었고, 이를 위하여 토지 개혁 및 국민교육을 실현하고자 하였다.[27] 공산주의 시대에는 민족주의가 지양됨에 따라 민족주의 작가들은 주로 문학작품에서 그들이 추구하는 이상을 간접적으로 독자에게 전달하였는데, 70-80년대 당시 이들의 주요 관심사는 헝가리 소수민족의 권리 향상이었다. 제1차 세계대전 패전 후 체결된 트리아농 조약에 따라(The Treaty of Trianon), 한때 오·헝 제국(the Austro-Hungarian Empire)내에 거주하고 있던 헝가리 민족은 하루아침에 소수민족으로 전락하였고, 이러한 상황은 이후로도 변하지 않았다. 소수민족 문제 개선에 대하여 당시 카다르는 '사회주의자 동우애'(socialist brotherhood)를 강조하며 동족 민족 문제를 경시

27) Mudde (2001) 33-53. ; Romsics (1999) 170-175.

하였다. 이에 도덕적 분노를 느낀 민족주의 성향의 작가들은 1987년 가을 부다페스트 외곽 러키텔렉(Lakitelek)에 모여 카다르 체제의 부 도덕성과 비합법성을 논의하였다.[28] 이들은 당시 개혁공산주의자인 포즈거이 임레(Pozsgay Imre)의 참석 하에 헝가리 민주포럼(the Hungarian Democratic Forum)을 창설하였는데, 당시 대표적인 인사로는 초오리 산도르(Csoóri Sándor), 추르카 이슈트반(Csurka István), 비로 졸탄(Bíró Zoltán) 등을 들 수 있다. 이들은 카다르 몰락 이후 개혁 공산주의자와 함께 임시 국민의회를 구성하여 자유총선 후 민주 정부를 창출함을 그들의 궁극적인 목표로 설정하였다.

〈그림 7: 초오리 산도르〉

〈그림 8: 추르카 이슈트반〉

도시성향의 지성인 집단은 1970년대 체코의 '77헌장' 선언 후 이에 동조한 헝가리 인권 운동가에 그 기원을 두고 있다. 이들 인권 운동가 지도부의 대부분은 헝가리 막시스트의 거장 죄르기 루카치(György Lukács) 학파의 제자들로 구성되었는데, 공산당의 폭력과 인권 탄압을 규탄하며 언론의 자유와 보편적 인권 보장을 주장하였다.[29] 이들은 '연설자'(Beszélő)라는 당시 지하 정기 간행물 출간으로 이들의 요구를 시민에게 알리고자 하였고, 개인의 집에서 일반 학생과 시민을 대상으로 비밀리에 강의(flying university)를 개설하였다. 민족주의자 지성인 집단과는 달리 개혁공

28) Falk (2003) 138-39. ; Tőkés (1997) 197-99.
29) Falk (2003) 125-35. ; Tőkés (1996) 186-200.

〈그림 9: 키쉬 야노쉬〉

〈그림 10: 콘라드 괴르기〉

산주의자의 협력을 모색하지 않았으며, 좀 더 급진적이고 과감한 정치·경제 개혁을 요구하였다. 이러한 경향은 1987년 6월 키쉬 야노쉬(Kis János)가 작성한 이른바 '사회계약설'(Társadalmi Szerződés)에서 잘 들어나는데, 키쉬는 헝가리가 근본적인 정치·경제·사회 변화를 추구하고자 한다면 "카다르는 물러나야 한다"(Kádárnak mennie kell)고 주장하였다.[30] 이외에 도시 성향의 인권운동가들은 공산당의 일당 독점 권력 체제에서 벗어나 의회와 사법부의 권한 강화로 권력을 분산해야 한다고 주장하는 등 과감한 개혁을 요구하였다. 이들은 1988년 5월 1일 '자유구상네트워크'(the Network for Free Initiative)를 창설하였고,[31] 이후 1988년 11월 13일 네트워크를 자유민주연합(the Alliance of Free Democrats)으로 개칭하였다. 대표적인 인사는 키쉬 야노쉬, 허러스티 미클로쉬(Haraszti Miklós), 콘라드 괴르기(Konrád György)를 들 수 있다.

이 두 주류의 야권 집단 이외 이후 헝가리공산당청년연맹의 대안인 청년민주연합(The Alliance of Young Democrats), 그리고 양차 세계대전 당시 존재했던 역사적 정당인 독립소지주당, 기독교민주시민당, 사회민주당이 재 창당되는 등 80년대 후반기 헝가리는 향후 다당제 성립을 위한 야권세력이 정치에 재등장하였다. 이들 모두는 공산당의 권력 독점에 반대하며 민주개혁을 요구하였다.[32]

---

30) Kiss and Vida (2005) 47-48.

31) Bozóki and Karácsony (2002) 87.

32) Kéri (2010) 6-19.

3) 개혁 공산주의자의 득세

경제위기와 야권세력의 등장과 함께 카다르 체제의 몰락을 초래하였던 요인 중 하나는 바로 공산당 내 권력투쟁에 있었다. 생활수준 향상이 한계에 도달한 상황에서 카다르 체제의 정당성은 시민으로부터 뿐만 아니라 그동안 그를 지지하였던 공산당 지도부 내에서도 그 기반을 잃기 시작하였고, 이는 결국 1988년 5월 당 전당대회에서 카다르 축출로 결정되었다. 카다르는 당 명예 의장직을 부여받았지만 사실상 권력의 정점에서 멀어지게 되었고, 그를 이어 그로스 카로이(Grósz Károly)가 당 서기장 직을 맡게 되었다. 경제적인 관점에서 그로스는 카다르 체제보다도 좀 더 광범위한 범위 내에서 시장의 원리를 도입하는 등 과감한 개혁을 추진하는 경향을 나타내었으나,[33] 정치적으로는 '막시즘-레닌니즘'(the Marxism-Leninism) 이념을 고수하였던 강경파 공산당 리더이었다. 당시 그로스는 야권이 주장하였던 권력의 분산 및 공유의 가능성을 부정하였고, 당의 이념 쇄신만으로 헝가리 공산당이 정권을 계속해서 유지할 수 있을 것이라고 간주하였다.

〈그림 11: 그로스 카로이〉

〈그림 12: 포즈거이 임레〉

이와는 대조로 당의 이념 쇄신만으로는 헝가리 공산당이 지금껏 누려왔던 권력의 독점을 유지할 수 없을 것이라고 믿었던 당내 개혁파 공산주

33) 서구로부터 외국인 직접투자 유치를 정책적으로 장려하였고, 실제로 80년대 말 구소련 동유럽 국가 중 헝가리는 외국인 직접투자가 가장 많이 선호되는 국가이었다.

의자들은 카다르와 그로스 체제는 본질적으로 크게 다르다고 보지 않았다. 포즈거이 임레를 주축으로 한 당내 개혁파들은 '개혁동아리'(the Reform Circle)와 '민주헝가리를위한운동'(the Movement for Democratic Hungary)을 조직하여 당내 개혁을 지지하는 세력을 규합하였고 강경파 세력과 경쟁하였다.[34] 1988년 말까지는 강경파 세력의 입지가 개혁파 세력에 비하여 좀 더 견고하였으나, 1989년 1월 말부터 이러한 관계는 개혁파 세력에 유리하게 전환되었다. 당시 개혁파 세력을 이끌었던 포즈거이는 168시간(168 Óra)이라는 라디오 방송 프로그램에 인터뷰를 하였는데, 여기는 그는 56년 사건을 "반혁명이 아닌 민중봉기"(nem az ellenforradalom, hanem a népfelkelés volt)로 재평가하였다.[35] 지금껏 카다르와 그의 후임자 그로스 체제의 근간을 이루는 정치이념에 따르면 56년 사건은 사회주의를 부정하고 자본주의를 성립시키고자 시도했던 반혁명 사건이었다. 포즈거이는 이러한 당의 이념을 부정함으로써 56년 사건의 역사적 재평가를 내린 것인데, 이는 당시로서는 매우 과감하고 놀라운 정치적 발언이었다.[36] 당시 분위기를 헝가리 정치학회 회장인 꾀리시니 언드라시(Körösényi András)는 다음과 같이 회상하였다:

> "그로스 카로이가 스위스 알프스 산맥에서 휴가를 보내고 있을 때, 포즈거이는 라디오 인터뷰에서 1956년 발생한 사건은 - 지금껏 공산당의 공식 역사관이었던 - 반혁명이 아니라

34) O'Neil (1998) 579-603.

35) Bayer (2005) 134.

36) 고르바초프조차도 포즈거이 발언은 "너무 과격하다"고 평가하였다. 좀 더 자세한 사항은 'Record of conversation between president M. S. Gorbachev and Mikós Németh, Member of the HSWP CC Politburo, Chairman of the Council of Ministers of People's Republic of Hungary', Moscow, 3 March 1989, in Cold War International History Project Bulletin, Issue 12/13, p. 77.

민중봉기라고 선언하였다. 효과는 매우 극적이었다. 그로스는 이주 내 헝가리공산당중앙위원회 비상위원회 소집을 지시하였다. 이주동안 수많은 사회 구성원과 정치 조직은 포즈거이에 동의하였거나 최소한 그의 선언에 감사하였다."[37]

결과적으로 56년 사건의 재평가는 공산당 내 강경파와 개혁파의 분열을 초래하였고, 이후 대중의 지지를 얻은 포즈거이는 1989년 2월 다당제 도입까지 성사시켰다. 그 결과 헝가리는 소련연방공화국 내 다른 국가와는 달리 정치적 체제전환이 발생하기 훨씬 이전 다당제를 갖추게 되었고, 이는 차후 민주주의의 핵심인 다원주의 형성에 기여하였다. 이후 포즈거이를 주축으로 한 개혁파는 폴란드 원탁협상을 모델로 당시 야권 세력과 평화적인 정권교체를 위한 협상을 벌이기 시작하였는데, 이는 2.2에서 상세히 논의하고자 한다.

4) 외부 영향: 고르바초프의 등장

소비경제 생활수준의 하락, 야권세력의 등장, 그리고 헝가리만의 독특성이었던 개혁 공산주의자의 다당제 성립기여 이외에, 카다르 체제의 몰락을 가져온 결정적 요인은 바로 소련내 지도부의 변화에 있었다. 1968년 '프라하의 봄'(the Prague Spring)이후 소련 위성국가를 통제하였던 정치적 원칙은 바로 '브레즈네프 닥트린'(the Brezhnev Doctrine)이었다. 한 국가에서 발생한 개혁의 움직임이 다른 사회주의 국가의 이해관계에 상충될 때 해당 국가의 주권은 제한될 수 있다는 내용을 골자로 한 브레즈네프 닥트린은 1985년 미하일 고르바초프(Mikhail Gorbachev)의 등장으로 그 실효성을 상실하였다. 개혁(Perestroika)과 개방(Glasnost)을 기치로 서구와의 화해를 촉

37) Körösényi (1992) 7.

구한 고르바초프의 정치노선과 이른바 '시나트라 독트린'(the Sinatra Doctrine)선언은 소련의 위성국가에서 발생하는 개혁과 개방의 움직임에 대하여 소련은 더 이상 군사적인 개입을 하지 않겠다고 표방함으로써, 이들 국가 스스로 그들 각자의 노선을 추구할 수 있도록 허용해 주었다. 당시 고르바초프의 등장이 소련의 위성국가에 어떠한 영향력과 의미가 있었는지 옥스퍼드대 사학과 교수 화이트헤드(Whitehead)는 다음과 같이 강조하였다:

> "국제 정세에서 가장 중요한 변화는 동유럽에서 발생하는 고유의 정치 변화에 대하여 모스크바는 더 이상 군사적 거부권을 행사하지 않겠다는 선언이었다. 전체 지역체제를 지탱해왔던 버팀목이 제거되었다."[38]

실제로 1989년 6월 당시 외무부 장관이었던 호른 줄러(Horn Gyula)는 헝가리와 맞닿은 오스트리아와의 국경 개방 전 소련 외무상에게 의사를 물어보았고, 소련 외무부 장관은 "해당 문제는 소련과 관련이 없다"고 응답하였다.[39]

〈그림 13: 브레즈 네프〉

〈그림 14: 고르바 초프〉

1989년 4월 25일 소련군은 헝가리로부터 부분 철수하기 시작하였고, 헝가리는 포즈거이를 주축으로 한 개혁공산주의자와 야권 간 평화적 체제전환을 위한 예비교섭이 시작

38) Whitehead (1994) 41, 47.
39) Brown (2000) 194-195.

되었다. 이러한 과정은 같은 해 6월 13일 양자 간 원탁협상이 시작됨으로써 평화적인 정권교체 과정으로 나아가게 되었다.

제4장 민주화, 체제전환 그리고 자유총선

4.1. 헝가리 · 오스트리아의 국경 개방과 의미

루마니아 차우셰스쿠의 몰락, 체코슬로바키아의 대중시위, 폴란드 솔리다리티 노조 연대운동, 그리고 동독 베를린 장벽의 붕괴처럼 공산주의 종말을 극적으로 나타내었던 장면은 헝가리에서는 없었다. 단 지난 40년 이상 지탱해왔던 공산주의 종식을 상징적으로나마 표현하였던 역사적 사건이 헝가리에서도 발생하였는데, 이는 헝가리와 마주하고 있는 오스트리아와의 공동 국경 개방이었다. 1989년 6월 27일 오스트리아 외무장관 알리오스 먹(Alois Mock)과 헝가리 외무장관 호른 줄러는 국경지대 철조망을 함께 제거함으로서 두 국가 간 냉전의 상징이 제거되었다.[40] 전술하였듯이 본 결정은 호른 줄러가 사전에 소련 외무부에 헝가리 지도부 결정에 대한 의사를 문의한 후 취해진 행동이었는데, 이는 추후 독일의 통일에 기여하는 촉매제가 되었다.

당시 동독시민은 같은 사회주의 진영 국가 중 국경과 인접하고 상대적으로 저렴한 물가의 혜택을 누릴 수 있는 헝가리에서 여름휴가를 종종 즐겼는데, 본 국경의 개방은 동독시민이 휴가를 마친 후 동독이 아닌 서독으로 망명할 수 있는 기로를 열어주게 된 것이었다. 실제로 1989년 8월 19일 헝가리·오스트리아 국경 인접 지역인 소프론(Sopron)에서 여름휴가를 즐기고 있었던 동독시민들은 오스트리아를

40) Kéri (2010) 16.

〈그림 15: 헝가리·오스트리아의 공동 국경 개방〉

거쳐 서독으로 대거 망명하였다.[41] 또한 다음 달 헝가리에 거주하고 있던 대다수의 동독인들이 헝가리·오스트리아 국경 지대를 통과하여 서독에 망명하였다. 당시 포즈거이 임레의 사무관으로서 국경 지대를 책임지고 있었던 버쉬 라슬로(Vass László)는 당시의 상황이 얼마나 당혹스러웠는지 본인과의 인터뷰에서 다음과 같이 회상하였다:

> "수천의 동독 시민들이 국경을 넘어서 오스트리아로 향했을 때 나는 어떻게 할 줄 몰랐다. 해당 관청에 전화하였으나 그들도 뭐라고 특별하게 결정을 내리지 못하였다. 수많은 사람들을 총구로 저지할 수도 없었다. 나는 그대로 상황이 전개되도록 내버려 두었고 그냥 사태를 지켜보았다. 집에 돌아와서 아내에게 낮에 일어난 사건을 이야기하니 아내는 내가 아주 큰 실수를 하였다고 질책하였다. 아내는 당국이 나에게 책임을 묻는 구실로 감옥에 보낼 것이라고 하였다."[42]

---

41) E-mail interview with Nigel Swain, 14 March 2014
42) My interview with Vass, 12 November 2010

그러나 버쉬가 우려했던 상황은 발생하지 않았고 오히려 본 사건은 같은 해 12월 냉전의 상징이었던 베를린 장벽이 무너지는 장면을 연출한 하나의 역사적인 서막이 되었다. 헝가리의 국경 개방이 없었다면 통일 독일이 없었다고 단정할 수 없다. 그럼에도 불구하고 당시 동독의 호네커(Honecker)는 고르바초프의 개혁과 개방 조치에 강하게 저항하며 체제를 끝까지 지탱하려했고,[43] 이러한 시도의 균열은 동독 내에서가 아닌 바로 이웃 국가인 헝가리에서 발생하였다는 관점에서, 통일 독일에 대한 헝가리의 역할은 과소평가되어서는 안 될 것이다.

4.2. 너지 임레 재매장식과 카다르의 장례식

오스트리아·헝가리 국경 개방이 대외적으로 냉전의 종식을 표출하였던 사건이었던 반면, 1989년 6월 16일 치러졌던 너지 임레의 재매장식은 헝가리 공산주의 체제의 붕괴를 상징적으로 나타낸 사건이었다(Rainer, 2002). 전술하였듯이 너지는 56년 혁명 당시 시민의 지지를 바탕으로 정권에 복귀한 개혁 공산주의자이었다. 너지는 56년 사건을 '민주혁명'이라고 평가하였으며, 혁명전개 당시에는 제2차 세계대전 후 한시적으로 나마 등장했던 다당제를 재도입하는 등 체제내 개혁을 추구했던 인물이었다. 그러나 그가 추구했던 정치적 이상은 결국 혁명의 실패로 좌절되었고, 너지와 그를 따르는 인사들은 소련 당국에 체포되어 루마니아 스나고브(Snagov)에 구금되었다.[44] 이후 너지는 국가 모반죄로 1958년 6월 16일 헝가리 규이뙤(Gyűjtő) 감옥에서 비밀리에 처형당하였는데, 카다르 체제 당시에는

43) Verdery (1999) 74.

44) 혁명진압 후 너지와 그의 동료들은 유고슬라비아 대사관에 임시적으로 망명을 하였다. 사면을 보장하겠다는 증언을 믿고 대사관에 나온 너지와 동료들은 소련 당국에 의하여 즉각 체포되었고 이후 스나고브로 보내졌다.

그의 주검이 어디에 매장되어 있었는지 알려지지 않았다.

1988년 5월 카다르가 당 서기장에서 축출되고 개혁과 개방의 물결이 솟구치자, 혁명의 생존자와 유가족이 중심이 되어 너지를 비롯한 56년 사건 자체에 대한 진상규명 요구의 목소리를 드높이기 시작하였다. 1988년 6월 5일 그들은 역사진상규명위원회(The Committee for Historical Justice)를 구성하고, 너지를 비롯한 희생자들의 무덤의 발굴과 재 매장, 그리고 혁명에 대한 진상규명을 요구하였다.[45] 바샤르 헤이 미클로쉬(Vásárhelyi Miklós), 헤게듀쉬 비 이슈트반(Hegedűs B. István), 괸츠 아르파트(Göncz Árpád)를 주축으로 한 위원회 대표단과 당국 대표는 교섭을 갖기 시작하였다. 또한 이러한 교섭은 89년 1월말 포즈거이가 56년 사건을 재평가함에 따라 위원회의 요구사항은 빠르게 관철되기 시작하였다. 같은 해 봄·초여름을 걸쳐 너지를 비롯한 희생자들의 무덤이 발굴되었고, 너지 서거 31 주년을 기념하여 89년 6월 16일 부다페스트 영웅 광장에서 재 매장을 위한 추도식이 거행되었다. 수십만의 군중이 참여한 재매장식에 초대받지 않은 자는 카다르를 비롯한 공산당 지도부 강경파 인사들이었다. 이들의 배제는 그들의 입장에서는 모욕이었으며, 그들이 지금껏 추구해왔던 이상과 체제가 실패로 돌아간 상징적인 날이었다.

반면 희생자들에게 있어서 너지의 재매장식은 주어진 체제에 대한 거부를 대외적으로 표명한 정치적 시위이었으며, 동시에 카다르 체제를 비 합법화시키는 역사적인 날이었다. 이날 군중들은 너지를 비롯한 희생자만 묻은 것이 아니라 카다르 체제 자체를 함께 묻어버린 것이었다. 저명한 티모시 가튼 애쉬(Timothy Garton Ash)가 지적하였듯이, 이날 "카다르는 맥베스이었던 반면, 반코의 유령 즉 너

45) Litván (2008)

지는 영웅 과정에 누워있었다"고 비유할 수 있다.[46]

〈그림 16: 너지 임레 재매장식〉

요컨대 너지의 재매장식은 너지를 비롯한 혁명 당시 자유를 위하여 투쟁했던 무명의 숨진 시민들에게 있어서는 그들의 좌절된 이상과 혁명이 부활된 상징적인 날이었다. 한가지 흥미로운 점은 너지의 재매장 후인 7월 6일 헝가리대법원이 기존의 평결을 기각하며, 너지의 법적 복귀를 결정하였던 찰나에, 그를 배반하며 지난 30년간 독재자로서 군림했던 카다르가 숨졌다는 사실이다. 너지의 재매장 당시 카다르는 그의 자택에서 발생하고 있던 사건을 지켜보고 있었다. 로저 거프(Roger Gough)에 따르면 당시 카다르는 그의 옛 동료와 통화를 하고 있었는데, 카다르는 "흐느끼고 있었다"고 하였다.[47] 아마도 너지를 비롯한 수많은 무고한 시민들을 교수대로 보냈다는 죄책감이 카다르를 심리적으로 힘들게 하였을 것이다. 또한 카다르는 아마도 본 역사적 전환점을 계기로 그의 종말 또한 가까워졌음을 느꼈을지도 모른다. 흥미로운 사실은 너지의 재매장 후 한달이 채 안되어 카다르는 숨졌고, 이 소식을 접한 헝가리 시민들은 카다르에 대한 원망과 질책대신 그의 장례식에 참여하여 애도와 연민을 표현했다는 것이다. 7월 14일 카다르의 장례식은 국장으로 치러졌고, 수십만의 헝가리 시민들은 길거리에 나와 그의 마지막 순간을 함께 지켜보았다.[48] 이는 아마도 카다르가 제공한 유화된 형태의 공산주의 체제에 대하여 헝가리 시민 대다수가 어느 정도는 동조하였으며, 이들에게 있어서 카다르는 악역

46) Ash (1990) 48-53.
47) Gough (2006) 249.
48) Kéri (2010) 16.

〈그림 17: 카다르 장례식〉

〈그림 18: 카다르 묘지〉

을 맡아야 했던 '유순한 독재자'로서 기억되고 있었기 때문일 것이다. 카다르의 무덤 앞 비석에 새겨진 명판이 제시하듯이 - "나는 내가 있어야 할 곳에 있었고, 내가 해야 했던 일을 했을 뿐이다" - 헝가리 시민 대다수는 카다르를 당시 역사가 필요로 했던 인물로서 평가하고 있었다.[49]

4.3. 원탁협상과 민주 체제전환

헝가리 공산주의 붕괴가 너지의 재매장으로 상징적으로 표출되었던 과정에서, 동시에 진행되고 있었던 중요한 사건은 집권 공산당 대표와 야권대표 간에 성사된 이른바 '원탁협상'이었다.[50] 폴란드의 집권공산당과 솔리다리티 대표 간에 성사된 원탁협상을 모델로 헝가리는 1989년 6월 13일 포즈거이를 중심으로 한 개혁공산당 대표와 야권 대표 간에 평화적인 정권교체를 위한 협상에 들어가기 시작하였다. 당시 야권을 구성하고 있었던 대표들은 그들 자신 스스로 집권공산당과 각자협상하기에는 그 지지 기반이 매우 빈약하였고, 이를 극복하고자 이들은 임시적으로 야권연대원탁협상(the Opposition Roundtable)을 구성하였다. 야권연대원탁협상은 당시 존재하였던 여덟개 민주 계열 정당의 한시적 집합체이었는데, 헝가리민주포럼, 자유민주연합, 청년민주연합, 기독교민주시민당, 독립소지주당, 사회민주당, 헝가리시민당, 언드레버이취질린스키 우

49) Gough (2006) 258

50) Bruszt (1990) ; Bruszt and Stark (1991) ; Bozóki (2002) ; Tőkés (1996)

〈그림 19: 원탁협상〉

정사회(the Endre Bajcsy-Zsilinszky Friendship Society), 독립노동조합 민주연맹(the Democratic League of Independent Trade Unions)으로 구성되었다. 당시 시민사회를 대표한다고 주장하였던 노동조합과 일부 이익집단 대표들도 원탁협상에 참여할 수 있는 자격은 부여되었으나, 이들은 관측자 입지를 부여받았고 따라서 결정권이 부재하였다.

양자 간의 협상은 삼개월에 걸쳐서 매일 같이 텔레비전으로 생중계되었는데, 이들의 주 안건은 경제적 문제가 아닌 정치적 성격의 문제이었다. 총 일곱 개의 안건이 협상의 주제로 상정되었다:

〈표 3번: 원탁협상 안건〉

I) 새 선거법을 위한 법안
II) 형법과 절차 개정안을 위한 법안
III) 신 미디어 법과 홍보를 위한 법안
IV) 개헌을 위한 법안
V) 헌법재판소와 대통령 직 창설을 위한 법안
VI) 정당과 정당재원에 관한 법안
VII) 평화적 체제전환을 위한 보장 (공산당의 준 군사기구 및 민병대 해체)

자료: [Bozóki (2003) 95]

협상결과는 엇갈렸다. 집권 공산당과 야권연대 원탁협상 모두 첫 다섯 가지 안건에 대해서는 최소한 원칙적으로 동의하였으나, 나머지 문제에 대해서는 불일치하였다. 특히 대통령직 문제가 가장 논란이 되었는데, 양자 모두는 대통령직 창설에는 원칙적으로 동의하였지만, 대통령 선출방식과 대선시기를 두고서 이견을 좁히지 못하였다.[51] 집권공산당은 국민이 대통령을 선출하는 대통령 직선제를 주장하며, 1990년 4월 첫 자유총선 이전에 대선이 먼저 치러져야 한다고 주장하였다. 반면 야권연대는 자유총선 이후에 선출된 첫 민주의회에서 대통령을 간선으로 선출해야 한다고 주장하였다. 시간이 지남에 따라 양자 간 타협의 여지가 희박해져가는 상황에서 집권공산당 대표가 협상 자체를 철회할 수도 있다는 두려움이 일부 야권 연대 회원들로부터 나타나기 시작하였다. 이윽고 이에 조바심을 참지 못한 보수 정당들 예컨대 헝가리민주포럼, 기독교민주시민당, 헝가리시민당은 공산당 대표의 입장을 수긍하기 시작하였다.[52]

특히 헝가리민주포럼을 이끌고 있었던 언털 요제프(Antall József)는 1989년 8월 17일 타협을 촉구하는 협상안을 제시하였는데, 이 협상안에 따르면 대통령은 한차례에 한하여 직선제 방식으로 5년제 임기에 선출되기로 예정되어 있었다. 다른 모든 정당은 언털이 제시한 타협안에 수긍의 여지를 보여주었으나, 당시 급진적 성향을 띠었던 자유민주연합과 청년민주연합은 총선 이후 의회에서 대통령을 선출하는 방식인 간선제를 강하게 주장하였다. 그 결과 지금껏

〈그림 20: 언털 요제프〉

51) Elster (1993) 96.

52) O'Neil (1997) 204.

집권공산당을 상대로 통합 노선을 구축했던 야권연대 원탁협상은 대통령직 제도화 문제를 두고서 내부에서 균열을 보이기 시작하였다. 이러한 균열은 1989년 9월 18일 양자 간 최종 협상안에 서명식이 이루어졌을 때 조차도 재차 표면화되었다. 당시 자유민주연합과 청년민주연합은 집권공산당 대표와 야권연대 대표 간에 성사된 협상결과 자체에 대해서는 거부권을 행사하지 않았으나, 합의된 내용에 관해서는 서명하지 않았다. 대신 이들은 대통령직 문제와 아울러 양자 간 합의에 실패한 사항을 차후 국민투표에 부칠 것이라고 선언하였다.

실제로 1989년 11월 26일 헝가리 시민들은 다음 네 가지 사항에 대하여 결정해야 했다:

〈표 4번: 첫 국민투표의 네 가지 안건〉

1. 작업장에서 공산당의 정당 활동은 금지되어야 합니까?
2. 공산당의 준 군사기구 사병조직은 해체되어야 합니까?
3. 공산당이 소유한 재산은 청산되어야 합니까?
4. 대선은 총선이후에 치러져야 합니까?

자료: [Bozóki (2003) 104.]

집권공산당은 앞 세 가지 사항에 대해서는 긍정(Yes), 그리고 마지막 사항에 대해서는 부정(No)을 호소하였고, 청년민주연합과 자유민주연합은 모든 사항에 대하여 긍정을 요구하였다. 국민투표 결과 0.2% 차이로 두 연합의 입장이 관철되었고, 그 결과 대선은 첫 자유총선 후 치러지는 것으로 매듭 되었다.

그러나 본 국민투표는 단순히 대선의 시기를 국민으로부터 물어본 것이 아니라, 당시 공산당과 야권연대가 구상하였던 치밀한 정치적 계산이 숨겨진 사건이었다. 전술하였듯이 집권공산당은 56년 사건 재평가 후 대중에게 잘 알려진 포즈거이 임레라는 유명인사가 있었다. 원탁협상에 참여한 인물 중 포즈거이는 대중에게 가장 잘 알려졌을 뿐만 아니라, 그 지지율 또한 매우 높았다. 이는 집권공산당 입장에서 바라볼 때 매우 고무적인 현상이었는데, 당시 대중 분위기는 반공산주의가(anti-Communism) 지배적이었고, 이러한 상황에서 집권공산당은 첫 자유총선에서 승리할 수 있을 것이라는 보장이 없었다. 그러나 대선을 총선보다 먼저 치룰 경우 집권 공산당은 포즈거이라는 대중의 신뢰를 받고 있는 유명인사를 확실히 당선시킬 수 있었고, 이는 설령 그들이 총선에서 패배하더라도 포즈거이라는 대통령을 통하여 그들의 권력을 재 공고화할 수 있을 것이라고 구상하였다.

반면 포즈거이에 견줄만한 대항마를 보유하고 있지 못했던 야권연대는 이러한 공산당의 정치적 계산을 사전에 감지하였고, 본 이유에서 총선을 대선보다 먼저 치러져야 한다고 주장하였다. 따라서 야권연대의 입장에서 바라볼 때 위의 국민투표는 사실상 그들이 포즈거이를 첫 민주 대통령으로 수긍할 수 있는가의 문제이었고, 보수정당은 이에 대하여 타협의 여지를 보여주었던 반면, 자유민주연합과 청년민주연합은 끝까지 저항한 것이었다. 결국 국민투표로 양자간의 이견 문제는 해결되었고, 그 결과 헝가리공산당은 추후에도 포즈거이를 비롯한 다른 인사들을 대통령 후보자로서 천거할 수 없었다. 헝가리는 이제 이듬해 다가오는 첫 자유총선을 위한 준비로 나아가고 있었다.

요컨대 집권공산당과 야권연대 간의 원탁협상은 평화적인 정권교체를 위한 엘리트 주도의 발의안이라고 할 수 있다. 이들이 합의한 신 정당법, 미디어법, 형법, 헌법재판소 창설, 그리고 개헌 자체 모두는 1990년 4월 헝가리가 첫 자유총선을 성공적으로 치루기 위한 필수적인 법안들이었다. 또한 앞서 국민투표에 상정된 공산당의 준 군사기구 해체 발의안도 평화적인 정권교체를 위한 사전적 조치라고 해석할 수 있다. 그러나 원탁협상에서 배제된 시민사회의 존재는 추후 헝가리의 체제전환은 엘리트 성격이 강한 '위로부터의 개혁'(transformation from above)이라는 결과를 초래하였다. 또한 이는 추후에도 헝가리 시민사회가 정치적인 문제에 있어서는 수동적이고 미온적인 태도를 취하는 경향으로 나아가게 함으로써, 엘리트 주도의 체제전환 방식은 그 자체 내에 한계성이 내재해 있었다.

4.4. 첫 자유총선과 탈 사회주의 언털행정부

1990년 4월 8일 첫 자유총선이 헝가리에서 치러졌다. 총선결과 중도우파 보수 노선을 추구한 헝가리민주포럼이 42.75%를 득표하며 승리하였다. 본 득표로는 단독 행정부를 구성할 수 없었고, 이에 당시 민주포럼의 당수인 언털 요제프는 이념적으로 가장 가까운 보수세력인 독립소지주당과 기독교민주시민당을 연립정부 파트너로서 받아들였다. 그 결과 총 386 의석 중 229석을 차지하며, 의회 내 비교적 탄탄한 정치적 기반을 구성할 수 있었고, 민주포럼 당수인 언털은 5월 23일 첫 탈 사회주의 민주정부 수상으로 선출되었다.

〈표 5번: 첫 자유총선 결과〉

정당	1990
헝가리민주포럼	164 (42.75%)
자유민주연합	92 (23.83%)
독립소지주당	44 (11.14%)
헝가리사회당	33 (8.55%)
청년민주연합	21 (5.44%)
기독교민주시민당	21 (5.44%)

자료: [Körösényi (1999) 299.]

첫 민주정부를 구성한 언털행정부는 정치, 경제, 사회, 그리고 외교정책에 있어서 다수의 현안을 동시에 해결해야 했던 상황에 놓여 있었다.[53] 무엇보다도 정치·경제적으로 의원내각제 체제 공고화와 함께 시장자본주의를 전환해야 하는 과제를 이행해야 했는데, 이는 필연적으로 체제전환 과도기에서 발생할 수 있는 무수한 사회적 문제를 야기하였다. 기존 카다르 정부는 모든 문제를 국가가 개입하여 해결해 주는 가부장적 방식의 통제경제를 추구하였다. 이에 지식이나 기술력이 부족한 기업과 노동자도 정부의 지원에 의존하여 최소한의 안정된 삶을 꾸려나갈 수 있었다. 예컨대 기업의 파산을 방지해 주는 연성안(soft-budget constraint) 제도가 그러하다.[54] 그러나 카다르 체제가 제공하였던 안정적 삶은 그 체제 하의 통제경제 자체가 효과적으로 기능하여 발생한 결과가 아니었다. 통제경제의 부분적 자율화로 인한 일시적 효과와 함께 그러한 경제체제를 지탱해 주었던 외자의 지원 덕분이었다. 그 결과 80년대 후반기에 들어서 헝가리 경제는 국가 부채가 눈덩이처럼 증가하였고, 이러한 상황은 민주 체제전환 후에도 근본적으로 변화하지 않았다. 언털행정부는 바로 이러한 빚더미 정부를 처음 물려받은 민주 행정부로서 기존에 국가가 제공해 주었던 사회·복지 정책을 더 이상 추구할 수 없었고, 이는 특히 무 기술자 및 노동자에게 큰 타격을 입히게 되었다. 시장자본주의 기제가 작용하는 경제 하에서 이러한 현상은 당연한 원리이지만, 체제전환기 과도기에 놓여 있었던 언털행정부로서는 당면 문제를 해결하기 위한 참조 사례가 부재하였다.

정치적 체제전환 또한 이와 유사한 상황에 놓여 있었는데, 민주적 행정부의 구성 특히 의원내각제가 헝가리 정치에서는 무엇을 의미하는지 참조할 선례가 거의 없었다. 전술하였듯이 제2차 세계대전 후 한시적으로 존재하였던 민주주의는 단명하였고 이후 라코시 공

53) Debreczeni (2003)

54) Kornai (1992) 140-142.

산주의 체제가 성립하였다. 그 결과 이른바 '정치기관 형성과정'(the political institution building process)이라는 틀 내에서 각 주요 정치행위자는 주어진 헌법 틀 내에서 그들의 역할과 과제를 스스로 모색해야 했다.[55] 이러한 과정에서 서로 다른 역할과 책임의식을 지닌 정치행위자들은 국정 현안을 처리함에 있어서 서로 충돌하였고, 본 과정에서 관할권 논쟁은 수상과 대통령, 대통령과 장관, 그리고 기타 정치엘리트 간 발생하였다.[56]

외교정책 관점에서도 언털행정부는 기존 전임자와는 근본적으로 다른 정책 노선을 추구해야 했다. 1991년 소련이 붕괴됨에 따라 헝가리를 비롯한 기존의 위성국가들은 기존에 그들이 추구하였던 바르샤바조약기구(the Warsaw Pact)와 상호경제원조협의회(The Council for Mutual Economic Assistance) 체제에 더 이상 의존할 수 없었다. 대신 그들 스스로 새로운 외교 노선을 구축해야 했는데, 애초에 헝가리는 냉전 당시 존재하였던 오스트리아를 모델로 중립국 노선을 추구하였다. 그러나 곧 언털 행정부는 중립국 노선은 당시로서는 현실적인 방안이 될 수 없을 것이라고 판단하였고, 이에 서방 자본주의 진영의 핵심 체제이었던 북대서양조약기구와 유럽연합 가입을 기조 외교정책 노선으로 설정하였다. 아울러 트리아농조약 체결 이후 그동안 경시되었던 문제인 헝가리 소수민족 권리의 향상과 함께 주변 국가와의 관계 개선을 주요 외교정책 노선으로 추진하였다.[57]

이 세 가지 주요 현안 이외에 과도기 언털행정부가 당면했던 문제는 과거 공산주의 시절 발생했던 범죄자에 대한 처벌과 피해자에 대한 배상문제이었다. 이는 비단 헝가리뿐만 아니라 다른 모든 동유럽 국가 과도기 민주 행정부가 직시해야 했던 문제이었는데, 이른바 과

55) Elster, Offe and Preuss (1998)
56) Kukorelli (1995) ; Kovács (2006) ; Raadt (2009) ; Szoboszlai (1996)
57) 김대순 (2012) 102-118.

거사 정리 혹은 '과도기 정의실현의 딜레마'(dilemmas of transitional justice)로 요약할 수 있다.[58] 각 국가마다 체제전환 방식이 상이하였고 이에 따라서 국가 간 과거사 정리를 추진하는 방식과 결과 또한 상이하였다. 헝가리의 경우 체세전환은 평화적인 정권 교체이었고, 이러한 결과에는 당시 개혁 공산주의자의 역할이 지대했다는 점을 고려할 때, 헝가리의 과거사 대면 방식은 과격하지 않은 온건한 형태를 취했을 것이라고 유추할 수 있다. 결과적으로는 이러한 가정이 타당한 것으로 입증되었지만, 체제전환 방식과는 상관없이 헝가리에서도 과거 범죄자를 처벌하려는 목적으로 '반공산법'(anti-Communist legislation)이 추진되었다. 또한 언털행정부는 피해자를 대상으로 물질적 배상을 제공해 주는 보상법을 추진하였다. 이러한 결과는 체제전환 방식과는 상관없이 공산주의 과거사 정리 없이는 사회내 잔재해 있는 이견과 분열요소를 제거할 수 없을 것이라는 언털행정부의 판단에서 비롯된 것이었는데, 이는 이른바 과거와의 대면 혹은 과거와의 화해라는 과제로 요약할 수 있다. 해당 문제는 본서가 중점적으로 다루고자 한 주제이므로 이 문제는 다음 장에서 심층적으로 다루고자 한다.

제5장 공산주의 잔재 정화의 시도: 법적제도 장치 마련

> "과거를 기억하지 못하고 과거를 다루지 않은 자들은 그 역사를 반복하게 될 것이다" (조지 산타야나).

과거사 정리는 비단 구 사회주의 진영국가에서 뿐만 아니라, 과거

58) Enriquez (1998) ; Halmai and Scheppele (1997) ; Welsh (1996)

권위주의 체제 혹은 식민지를 경험했던 남유럽, 남미, 아프리카 대륙 등지 국가에서 널리 시행했던 공통의 과제이었다.[59] 구체제의 특성에 따라 과거사 정리를 추구하는 방식은 각기 상이하였으나, 과도기 민주 정부가 공통으로 인지한 사실은 과거사 정리 없이는 신생 민주주의 정부가 기반을 두고 있는 사회적 평화는 창출될 수 없을 것이라는 결론이었다. 이러한 목적에서 신생 민주 정부는 과거사 정리를 위한 다양한 접근 방법을 모색하였는데, 그러한 방법 중 공통된 유형은 크게 다섯 가지로 분류할 수 있다: 물질적 배상, 정치·법률상의 복귀, 가해자 명단 공개, 형사재판 공소, 진실과 화해를 위한 위원회 구성.

첫 두 범주는 과거 구체제의 독단적 조치로 인하여 피해를 입은 사람들을 보상하기 위한 방편이었던 반면, 나머지는 가해자를 대상으로 정의실현을 모색하기 위한 방안이었다. 헝가리의 경우 언털행정부는 당시 '비공산화 과정'(de-Communisation process)이라는 기치 하에 이러한 방안 모두를 시도하였는데, 결과적으로는 과거사 정리 실패이었다. 본장에서는 방어적 민주주의 개념으로서 법제화된 헝가리 방식의 과거사 정리 결과와 함께 당시 과거사 정리의 실패를 초래한 원인이 무엇인지 규명하고자 한다.

5.1. 보상법

과거사 정리 시도의 일환으로 언털행정부가 우선적으로 추구했던 법안은 이른바 보상법(kárpótlás törvény)이었다. 본 보상법에 따르면 1949년 6월 8일 당시 국가가 강제적으로 집행하였던 농업의 집산화와 산업화 과정으로 인하여 재산을 상실한 피해자는 국가로부터 부

59) Grodsky (2009); Olson, Payne and Reiter (2010)

분적인 물질적 배상을 받기로 되어있었다.[60] 언털행정부가 이러한 배상 법안을 채택한 이유는 국가는 피해자에 대한 보상의 도덕적 책무가 있다는 판단 하에 비롯된 것이었는데,[61] 당시 의회내 정당은 피해자의 대상과 배상의 정도에 대하여 각기 상이한 입장을 나타내었다. 특히 이는 보수 언털 연립행정부와 야권과의 대립, 그리고 언털행정부 내에서의 이견으로 표출되었다. 예컨대 당시 야당인 자유민주연합은 언털행정부가 설정한 배상 날짜의 기준을 변경해야 한다고 주장하였는데, 이들은 1949년 6월 8일 이후가 아닌 제2차 세계대전 종결 이후의 시점으로 피해자의 보상 범위를 확대해야 한다고 주장하였다. 또한 자유민주연합은 모든 피해자를 대상으로 미화 백달러에 해당하는 금액을 국고에서 동등하게 지원해야 한다고 주장하였다.[62] 청년민주연합은 물질적 배상 자체를 거부하였는데, 이들은 구세대에서 발생한 문제를 해결하기 위하여 신세대에게 재정적 부담을 지우는 행위는 시대착오적인 발상이라고 주장하였다.

언털행정부 내에서는 독립소지주당이 가장 큰 이견을 표명하였는데 이들은 행정부가 제시한 부분배상이 아닌 전면적인 배상, 즉 '재사유화'(re-privatisation)를 주장하였다.[63] 이들이 구상했던 재사유화에 따르면 1947년의 토지소유 구조 재현을 그들의 궁극적인 목표로 설정하였는데, 이는 1945년 토지개혁 실시 이후의 상황을 기점으로 48년 헝가리 공산화 이전의 상황을 반영한 것이다. 이에 언털은 독립소지주당의 요구는 제2차 세계대전 이후 변화된 헝가리의 사회현실을 반영하지 못한 것이라고 판단하였다. 그러나 독립소지주당은 본 요구조건을 연립행정부에 가입하기 위한 사전적 조건으로 요구

60) Fahidi (1994) ; Fleming (1995) ; Okolicsanyi (1991)
61) Paczolay (1992)
62) My interview with Hack Péter, 3 February 2014.
63) Comisso (1995) ; Kozminski (1997) ; Swain (1999)

하였고, 당시 독립소지주당 없이 행정부를 구성할 수 없었던 언털은 일단 이들의 요구를 수락하였다. 행정부가 구성된 이후 언털은 독립소지주당이 요구한 재사유화는 사실상 실현 불가능하다는 입장을 피력하였고, 대신 헝가리민주포럼의 입장인 부분배상에 대한 지지를 호소하였다. 이러한 결정은 독립소지주당 내 지도부의 균열을 초래하였고, 그 결과 언털을 따르는 33명의 의원과 강경파 토르잔 요제프(Torgyán József)를 따르는 11명의 의원으로 당이 분리되었다. 결국 1992년 2월 토르잔 주축의 파벌은 언털의 연립정부 서약 파기를 구실로 탈당하였다.[64]

보상법에 대한 원내정당의 이견과 독립소지주당의 연립정부 탈당에도 불구하고 언털행정부가 제출한 입법안은 결국 의회에서 통과되었고, 이는 추후 여러 차례 개정안을 걸쳐 시행되었다.[65] 본 보상법에 따르면 구 전제 정치의 피해자는 그들이 과거 상실했던 토지와 재산의 일부를 되찾을 수 있었는데, 이는 언털행정부가 발행한 채권(kötvény)의 활용으로 가능하였다. 본 채권은 국가가 보증한 일종의 유가증권으로서 매매거래에 사용할 수 있었던 것으로, 당시 언털행정부는 부족한 국가의 예산안을 고려하여 현금 대신 본 채권을 배상의 도구로서 활용하였다.[66] 단 국가가 발행하는 채권의 제공 또한 재정적인 한계가 있었고, 이러한 상황을 고려하여 언털행정부는 피해 규모에 대한 배상

〈그림 21: 보상법에서 활용된 채권〉

64) Debreczeni (2003)

65) 이는 보상의 범위를 1939년 5월 1일부터 1949년 6월 8일까지 확장하는 제 2차 보상 개정안과 과거 민주주의를 위하여 투쟁하다 숨진 희생자와 유가족을 보상하는 제 3차 개정 입법안으로 확정되었다.

66) My interview with Bód Péter Ákos, 4 February 2014.

제공 원칙을 차별화할 수 있는 척도를 고안하였다.

본 척도에 따르면 피해의 규모가 작으면 작을수록 완전한 배상을 받을 수 있도록 설정되어있던 반면, 피해의 규모가 크면 클수록 그 일부만을 배상으로 받을 수 있었다. 예컨대 당시 미화 천달러 이하에 해당하는 피해는 완전배상이 제공되었던 반면, 미화 이천 오백달러 이상의 피해는 본래 가치의 10%만이 배상되었다.

〈표 6번: 배상의 척도〉

$ 2500 이상	10% 배상
$ 1500-2500	45% 배상
$ 1000-1500	50% 배상
$ 1000 이하	100% 배상

자료: [Fleming (1995) 72-73.]

결과적으로 당시 재정적 부담을 지니고 있었던 언털행정부는 피해자를 대상으로 상징적 차원에서의 부분 배상을 제공한 것이었는데, 당시 보상법은 여러 관점에서 법적인 문제점을 지니고 있었다. 우선 배상의 척도를 살펴보면 그 기준이 자의적이라는 것을 알 수 있는데, 이는 특히 지난 40년간 변동된 물가상승률이 전혀 고려되지 않은 채 배상의 기준이 정해졌다는 사실이다. 그 결과 상실된 자산의 가치는 인플레이션을 감안하지 않은 고정된 가치로 평가받았고, 피해자는 적절한 배상을 받을 수 없었다.

보상법과 관련된 두 번째 문제점은 증권시장에서의 투기 문제이었다. 당시 언털 행정부가 발행한 보상 관련 채권은 유가증권으로서 증권시장에서도 상장되었는데, 물가상승률을 고려하지 않은 채권의 가치는 당연히 평가절하되었다. 그 결과 본 채권을 보유한 투자가는 가치의 극대화를 추구하기 위하여 저렴한 가격으로 타인의 채권을 대량 구입하였고, 이후 그 채권을 활용하여 물가상승 추이에 따라 투기를 하였다. 중부유럽대학(the Central European University) 경제학과 교수인 미하이 미테르(Mihály Péter)에 따르면 이러한 방식으로 진행된 당시 채권 가치의 상승률은 "최고 174% 까지 육박하였다"고 하였다.[67]

마지막으로 보상법과 관련되어 가장 논란이 되었던 사항은 바로 중복 소유권의 문제이었다. 제2차 세계대전과 공산화를 거쳐 본래의 소유자가 지니고 있었던 토지와 건물 그리고 각종 동산 등은 시대를 걸쳐 각기 다른 소유자가 다른 용도로 활용하고 있었다. 본 상황에서 민주 체제전환은 체제전환 이전 최종 소유자 이외에 기존의 소유자에게도 본래의 동산과 부동산을 되찾을 수 있는 기회를 제공하였고, 이는 필연적으로 중복 소유권 문제를 야기하였다. 과거사 정리 전문가이자 사학자인 버르거 라슬로(Varga László)는 다음과 같이 지적하였다:

> 보상법과 관련된 가장 큰 문제는 소유권 문제이었다. 예컨대 한 토지가 유태인 소유라고 하자. 해당 유태인은 본 토지를 제2차 세계대전 당시 강탈당하였는데, 이는 헝가리가 반 유태인 법을 시행했기 때문이었다. 그 결과 본 토지는 타인에게 이양되었다. 전쟁 종식 후 1945년 헝가리는 토지 개혁을 실시하였고, 이에 대한 조치로 그간 귀족과 성직자가 지닌 토지를 농민에게 분배해 주었다. 이는 다시 다른 소유권 문제를 초래하였다. 이러한 상황에서 1948-49년 헝가리의 공산화로 인한 집산화는 다시 국가의 토지 국유화를 가져왔고, 이후 그 토지는 본래의 용도와는 다른 목적으로 사용되었다. 이러한 경우 정

67) my interview with Mihály Péter, 11 February 2014.

부는 해당 소유자에 대한 소유권 문제를 우선적으로 밝혀야 했고, 이에 따라 모든 배상을 해야 했다. 그러나 이는 사실상 불가능했고 실제로 거의 발생하지도 않았다.[68]

더욱이 당시 소유권 문제를 증명할 수 있는 문서의 진위 또한 논란이 되는 상황에서, 중복 소유권 문제는 더욱 해결이 힘들었다. 실제로 현시점에서 조차도 토지를 비롯한 동산들 예컨대 헝가리국립미술관에 소장된 많은 미술 작품들의 본 소유자는 국가를 상대로 배상에 대한 소송 중에 있다.[69]

요컨대 언털행정부 당시 채택된 보상법은 당시 국가가 처한 한계적인 재정상황에서 구체제의 피해자를 대상으로 상징적 차원의 물질적 배상을 시도하였던 과거사 정리라고 할 수 있다. 결과적으로 볼 때 본 입법안은 자체적으로 많은 내부적인 문제를 지니고 있었고, 당시 행정부는 이를 예측하고 해결하는데 실패하였다.

5.2. 정의법(Igazságtétel törvény)

민주 체제전환이 시작되기 이전 역사진상규명위원회의 성립으로 과거 숨겨진 사실의 발굴과 진실을 추구했던 헝가리는 정의법의 입법안으로 구체제에서 발생했던 범죄와 범죄자에 대한 정의실현이 가능해지는 듯하였다. 그러나 본장에서 곧 살펴볼 듯이 해당 법안은 헌법재판소가 위헌으로 판결하였고, 그 결과 법안은 기각되었다. 법안의 기각 후 언털행정부는 다른 형태로 입법안을 재차 시도하였는데 이 역시 위헌으로 판명되었다. 당시 해당 법안을 두고서 무엇이 가장 큰 논란의 핵심이었는지 상세히 살펴보고자 한다.

---

68) My interview with Varga László, 14 February 2014.

69) My interview with Varga László, 14 February 2014.

언털행정부 당시 정의실현의 일환으로 채택을 시도하였던 입법안은 이른바 '제테니 터카취'(the Zétényi-Takács) 법안이었다. 헝가리 민주포럼 국회의원인 제테니 졸트(Zétényi-Zsolt)와 터카취 피테르(Takács Péter)의 이름을 따서 입법화된 본 법안에 따르면 반역, 모살, 그리고 살인을 자행하고서도 정치적인 이유로 처벌을 면죄 받았던 가해자는 이제 법의 심판을 받게 되었다.[70] 이는 당시 형법에 따라 공소시효가 이미 만료된 범죄에 대하여 1990년 5월 2일을 기점으로 그 시효일을 재가동시킴으로써 처벌이 가능하게 되었다. 본 입법안을 제출하였던 제테니와 터카취는 해당범죄는 공소시효가 지났어도 구체제의 특성상 정의 실현을 공정하게 집행할 수 없는 특별한 상황에 놓여있었으므로 법의 소급 적용은 가능하다고 주장하였다. 본 입법안에 대하여 당시 언털 연립행정부는 지지 의사를 표명하였는데, 국가는 과거에 발생하였던 부 정의를 올바르게 시정할 도덕적 책무가 있다고 강조하였다.

이와는 반대로 당시 야당이었던 자유민주연합과 청년민주연합은 입법안을 반대하였는데, 이들은 본 법안은 사회내 불안감, 두려움 그리고 증오의 감정을 증폭시킴으로서 사회구성원 간 일종의 마녀사냥과 같은 부정적 효과를 초래할 것이라고 주장하였다. 논란과 이견이 계속 진행되는 가운데 1991년 11월 4일 언털 연립행정부는 제테니·터카취 법안을 통과시켰고, 이후 법안의 실효만이 남은 듯하였다. 그러나 11월 18일 대통령 괸츠 아르파트(Göncz Árpád)는 본 법안의 합법성에 대하여 우려를 표명하였고, 이에 해당 법안의 위헌 여부를 판가름하기 위하여 법안을 헌법재판소로 송부하였다. 이듬해 3월 3일 헌법재판소는 여덟까지 이유를 근거로 법안은 위헌이라고 판결하였는데, 본 평결에 따르면 제테니·터카취 법안은 '법적 안

70) Appel (2005) ; Huyse (1995) ; Oltay (1993)

정성의 원칙'(the principle of legal security)을 침해하였다고 하였다.[71] 법적 안정성의 원칙이란 모든 시민은 법 앞에 평등하며 법의 테두리 안에서 보호 받을 권리가 있다는 원리로, 제테니·터카취 법안은 본 근본적 원칙을 침해하였다고 헌법재판소는 판단하였다. 이는 공소시효가 만료된 상황에서 범죄자의 처벌은 그 범죄가 중대하더라도 소급효과를 적용하여 범죄자를 처벌할 수 없다는 평결로서 헌법재판소는 사실상 범죄자에게 법적 면책권을 제공한 것이었다.

위헌결정 후 1993년 2월 언털행정부는 공소시효 수정이 아닌 1973년 형법 자체를 개정하여 해당 범죄에 대한 법적 처벌 집행을 재차 가하려고 시도하였다. 그러나 이 법안 역시 대통령 괸츠에 의하여 헌법재판소로 회부되었고 역시 위헌으로 판명되었다. 헌법재판소는 같은 이유를 근거로 공소시효든 형법 자체의 개정이든 어느 특정 범죄자를 처벌하기 위하여 국가가 임의적으로 법의 소급효과를 적용하는 행위는 헌법이 제시한 법적 안정성의 원칙을 위반하는 것이라고 판결하였다.[72]

이에 실망한 언털행정부는 해당 법안을 폐기하였고 이후 새로운 법안을 도입하였다. 본 법안은 1956년 혁명과 관련된 특별법으로 혁명 당시와 진압 후 발생하였던 대량 학살 범죄자에 대한 처벌을 주 목적으로 하였다. 법안을 제출한 입법안자는 56년 혁명전개 당시 헝가리는 전쟁 중이었고, 국제법에 따르면 전쟁 범죄는 공소시효의 적용을 받지 않는다고 주장하며 본 법안집행의 합법성을 강조하였다. 그러나 대통령 괸츠는 본 법안도 헌법재판소에 송부하였고 이후 헌법재판소는 이 역시 위헌으로 판결하였다.[73] 당시 평결에 따르면, 헝가리 헌법재판소는 56년 혁명 전개 당시 발생하였던 범죄는 국제법

71) Sólyom and Holló (1992)
72) Sólyom and Holló (1993)
73) Sólyom and Holló (1993)

기준에 비추어 볼 때 전쟁 범죄에 해당하지 않는다고 판단하였다. 단 헌법재판소는 혁명전개 당시 발생하였던 범죄는 1949년 헝가리가 서명하였던 '제니바 협약'(the Geneva Convention)과 1968년 '뉴욕 의정서'(the New York Convention) 기준으로 볼 때 '반 인류범죄'(crimes against humanity)에 해당한다고 평결하였다. 본 평결에 따라 56년 혁명전개 당시 그리고 진압 이후 발생하였던 범죄자에 대한 공소가 가능하게 되었고, 실제로 이와 관련된 재판이 시행되었다.

그러나 기대와는 달리 본 재판도 큰 실효를 거두지 못한 채 단지 몇몇 범죄자만이 법의 심판을 받게 되었다. 이는 무엇보다도 범죄를 입증할 수 있는 물리적 증거의 부족이 가장 큰 걸림돌이었다. 다른 구 사회주의 국가와 마찬가지로 민주 체제전환 당시 헝가리공산당은 구 공산당 활동과 관련된 기밀서류와 문서들을 대량으로 파기하였다. 또한 범죄자의 대다수는 고령의 나이로 인한 지병이 있었고, 이러한 병의 증세는 범죄자가 복역 도중 치료를 구실로 가석방되는 빌미를 제공하였다. 그 결과 56년 특별법은 본래의 목적 달성을 이루지 못하였고, 결국 언털행정부가 다각도의 방면에서 시도하였던 정의법은 실패하였다.

언털행정부가 제출하였던 정의법을 여러 차례 헌법재판소에 송부함으로써 위헌여부를 판명하고자 했던 대통령 괸츠는 그 스스로 과거사 정리를 위한 방안을 모색하였다. 남아공 모델을 기준으로 삼아 대통령 산하 역사진상규명위원회(the Commission for Historical Investigation to Research) 구성을 제안한 괸츠는 본 위원회를 통하여 지금껏 숨겨져 왔던 기밀 서류의 공개와 함께 진실 추구가 가능하다고 보았다.[74] 이는 위원회가 제공한 자료를 기준으로 헝가리 시민 스스로 그들 자신의 과거를 돌아보고 평결을 내릴 수 있다는 결론에 근

74) Göncz (1993)

거한 것으로, 괸츠는 진실의 추구와 가해자 처벌은 별개의 문제라고 판단하였다. 56년 혁명에 참여한 대가로 종신형을 선고 받아 복역하였던 괸츠는 '피는 피로써 갚을 수 없다'는 신념을 지니고 있었다.[75] 이러한 관점에서 특정 범죄자를 처벌할 목적으로 이미 공소시효가 만료된 법을 임의적으로 변경하는 행위는 복수의 욕구가 작용한 것으로 괸츠는 판단하였다. 대신 괸츠는 불투명한 과거사 때문에 사회 내 불안정한 요소가 잔재해 있다면, 이러한 요소는 헝가리 시민 스스로 돌아보고 판단할 수 있는 기회를 제공함으로써 사회적 화해를 이룰 수 있다고 판단하였다. 이러한 노력의 일환으로 괸츠는 역사진상규명위원회 구성의 정당성을 주장하였으나, 의회의 지지를 얻지 못하였고 그 결과 대통령이 제안한 과거사 정리 방안도 실패하였다.

종합하자면 언털행정부가 시도한 과거사 정리방안과 대통령 괸츠가 제안한 과거와의 대면 방식 모두 실패로 귀결되었다. 피해자를 대상으로 한 보상법은 중복 소유 문제를 비롯하여 여러 가지 법적결함이 내재해 있었고, 가해자를 처벌하기 위한 제테니 터카취 법안은 법적 안정성의 원칙을 침해하였다. 후자의 경우는 아무리 지난 범죄가 중대하더라도 민주 국가가 그 근본적 기반을 두고 있는 법 앞에서의 평등 원칙은 침해받을 수 없다는 가치가 강조된 것이다. 물론 이러한 가치를 강조함은 그동안 가해자에 대한 정의의 심판을 기다렸던 피해자에게는 도덕적으로 분개할 수밖에 없는 상황을 의미하였다. 그럼에도 불구하고 헝가리 헌법재판소가 판단한 결과는 도덕적 책무보다도 더 중요한 가치는 민주국가의 정통성이 그 기반을 두고 있는 '법치주의'(the rule of law)라는 원칙이었다. 법적인 관점에서 법치주의 원칙이 좀 더 강조되었기에 도덕적 책무의 실현은 괸츠가 제안한 위원회 구성이 성공하였더라면, 아마도 이 두 가치의 양립은

75) My interview with Göncz, 10 January 2008.

실현될 수 있었을 것이다.

결국 헝가리 과거사 정리는 결국 실패하였고 그 결과 매 선거철마다 정치인의 불투명한 과거사는 거듭해서 문제로 제기되고 있다. 특히 집권당의 정권을 찬탈하기 위한 정치적 수단으로써 과거사 문제가 이용되고 있다는 사실과 함께,[76] 경제성과가 좋지 않은 시기에 시민들의 불만을 과거사라는 주제로 환기시키고 있는 점은 헝가리 과거사 정리라는 과제가 어느 현황에 놓여있는지 우리에게 많은 시사점을 제시해 주고 있다. 본 실패의 경험에서 교훈을 도출하여 향후 통일 한반도에서 우리는 북한의 공산주의 과거사 정리를 어떻게 모색해야 할지 각 분야 전문가의 중지를 모아야할 것이다.

제6장 맺는 말 - 향후 통일 한국에 주는 시사점

공산주의 붕괴 후 중·동부 유럽 국가의 민주 체제전환이 발생한 지 25주년이 되었다. 그 간 대부분의 중·동부 유럽 국가들은 정치·군사적으로는 북대서양조약기구, 경제적으로는 유럽연합에 가입함으로써 민주주의의 공고화와 기능적 시장경제체제의 완성을 달성하였다. 그러나 이는 외형적으로만 그렇게 비추어질 듯 그 내면을 살펴보면 해당 지역의 체제전환은 현재 진행형임을 알 수 있다. 특히 체제전환으로 발생한 막대한 사회적 비용의 처리와 함께 저조한 시민 삶의 만족도 향상 문제는 현 헝가리 행정부가 해결해야 하는 미완의 과제이다. 이러한 원인에는 저조한 경제 성장, 긴축재정의 집행, 외국인 투자 저해의 환경, 행정부의 공영 미디어 통제 시도, 그리고 유럽연합 통합 자체에 대한 회의론(the Euro-scepticism) 등의 요소가

76) Kiss (2006)

복합적으로 작용하였다.[77] 또한 이보다 더 중요한 원인은 체제전환기 공산주의 과거청산 실패의 문제를 들 수 있는데, 이는 정치엘리트뿐만 아니라 서로 다른 의견을 지니고 있는 사회구성원 간에도 잠재적 갈등의 요소이었다. 본 점을 착안하여 아래에서는 향후 통일 한반도에서 우리가 북한의 공산주의 과거청산 문제를 어떻게 접근하고 해결하는 것이 가능할 것인지 헝가리 과거청산 실패의 사례에 비추어 그 시사점을 도출하고자 한다.

전술하였듯이 헝가리 공산주의 과거청산은 피해자를 대상으로 한 보상법과 가해자를 대상으로 한 사법처리 입법안 제정으로 이루어졌다. 전자는 피해자를 대상으로 한 상징적 차원에서의 부분배상 제공이 목적이었고, 후자의 경우는 공소시효가 만료된 범죄 행위에 대한 소급법의 적용으로 가해자 사법처리를 시도하였다. 부분 배상 지급 결정은 당시 전액 배상을 할 수 없었던 언털행정부의 예산안 제약을 반영한 결과이었지만, 이 보다 더 큰 원인은 바로 변화된 헝가리 경제·사회 구조 내에 있었다. 1948년 이후 40년 이상 지속된 공산화 과정은 지금껏 국가 생산의 주 기반이었던 농업 위주의 산업을 중공업 위주의 산업 구조로 변모시켰다. 이러한 과정은 농업의 강제적 집산화와 도시화가 집행된 결과이었다. 물론 기존의 라코시 전체주의 체제와 비교하여 카다르 방식의 유화된 공산주의체제 하에서는 상대적으로 자율성이 부여된 경제정책이 집행되었다. 예컨대 앞서 언급한 카다르의 신 경제 미카니즘은 일부 시장경제 요소가 허용된 제2 경제 영역의 활성화를 가져왔다.

그러나 카다르가 주창한 신경제 미카니즘은 통제경제 구조 자체를 시장경제로 전환시킨 것이 아니라는 사실에 주목해야한다. 국가사업의 중점 사항은 여전히 군수와 관련된 중공업과 제조업에 있었

77) My interview with Lengyel László, 6 February 2014.

고, 이는 경제 5개년 혹은 10개년 계획이라는 기치 하에 강제적 근대화 과정이 집행되었다. 그 결과 라코시 전체주의 체제에서 시작하였던 급속한 산업화와 도시화 과정은 카다르 체제 말까지 지속되었고, 이는 기존 농업 생산 위주의 헝가리 경제·사회 구조를 근본적으로 변화시켰다. 이러한 상황에서 첫 민주 정부인 언털행정부는 당시 연립행정부 파트너 독립소지주당이 주장하였던 농업구조의 재 사유화는 불가능하다고 판단하였다. 대신 언털행정부는 이들을 달래고 추후 행정부의 재집권을 위한 인기정책의 차원에서 부분배상을 결정하였다.[78] 즉 언털행정부가 채택한 보상법은 진정한 의미에서 피해자를 배상하기 위한 결정이 아니라, 당시 신정치 엘리트가 위치한 상황에서 타개책을 추구했던 일종의 타협안이었다. 그 결과 보상법에 대한 사전적 여론조사와 함께 사회적 담론은 본 입법안이 채택되기 전 결여하였고, 이는 법 집행 이후로도 피해자로부터 많은 불만을 야기하였다. 예컨대 미하이 피테르에 따르면 보상을 받지 못한 자는 제외된 사실 자체에 대한 불만을 제기하였으며, 보상을 받은 피해자의 경우는 더 많은 보상을 원하였다고 하였다:

1995년 즈음이었다. 당시 헝가리민주포럼 출신 전 수상이었던 보로쉬 피테르는 자유민주연합이 초청한 대중 연설 프로그램에 기조연설가로 참여하였다. 총선을 인식한 보로쉬는 1991년 경 헝가리민주포럼이 실시한 보상법을 언급하였는데, 해당 마을 주민들은 과거 보상법의 혜택을 받은 사람들이 대부분이었다. 보로쉬는 다가오는 총선에 보상법을 실시하였던 헝가리민주포럼을 다시금 지지해달라고 요청하였다. 그런데 연설 도중 한 아주머니가 일어서며 소리쳤다.

"당신 정치인들 모두는 도둑이다". "보상법 시행 후 우리는

78) My interview with Salamon László, 29 January 2014.

아무 것도 받은 것이 없다". "부끄러운 줄 알라 정치인들아". 이에 당황한 마을 지도자는 다음과 같이 말했다.

> "마리 아주머니 그렇게 소리치지 마세요." "보상법 시행 후 아주머니는 잃어버린 땅을 되찾아잖아요". 이에 마리가 대꾸하였다. "나에게는 아주 예쁜 말들이 있었는데 이는 전혀 돌려받지 못하였다".[79]

이러한 실패 경험을 비추어 볼 때, 향후 통일 한반도에서 혹 배상법이 집행된다면 어떠한 방식으로 피해자에게 실질적 보상을 제공할 것인지에 대한 사회적 담론의 장을 사전에 구성해야 할 필요가 있다. 특히 현 젊은세대는 통일의 필요성 자체를 회의적으로 바라보는 시각이 지배적인 라는 점을 감안한다면,[80] 이들에게 있어서 왜 그들에게 실리적인 이득이 없는 통일 및 피해자의 배상이 필요한지 사회적 공감대 구성 방안이 사전에 모색되어야 할 것이다.

가해자 사법처리 집행 실패의 헝가리 사례로 볼 때는 다음의 사항이 고려되어야 한다.

첫째, 체제전환의 정치적 정통성이 어디에 있는지 규명해야 한다. 전술하였듯이 헝가리의 민주 체제전환은 80년대 후반 공산당 지도부 내 지지 기반이 강해진 개혁 공산주의자의 역할이 지대하였다. 특히 포즈거이를 주축으로 한 개혁공산주의자들은 카다르 체제가 그 정치적 정통성을 두고 있었던 56년 혁명을 재평가하였다. 또한 당시 야권 대표와 원탁협상이라는 장을 구성하여 평화적인 정권교체를 이루는데 기여하였다. 이러한 역할은 헝가리 체제전환이 시

---

79) My interview with Mihály Péter, 11 February 2014.

80) "2030세대 그들은 누구인가?",『주간 경향』, 2014년 3월 11일자.

작되었어도 신생 민주정부가 과거 집권공산당을 상대로 과격한 숙청이나 반공산법을 집행하는데 어렵게 하였다. 더욱이 체제전환 이전 30년 이상 독재자로 군림하였던 카다르에 대하여 헝가리인 들의 긍정적 평가와 함께 그 시절 공산주의에 대한 향수가 지금도 잔재해있다는 점을 감안하면,[81] 헝가리의 민주 체제전환은 백지상태에서 출발한 것이라고 볼 수 없다. 나이젤 스웨인이 지목하였듯이, 카다르체제 내 헝가리 시민들 대다수는 주어진 체제에 만족하였고, 그들 나름대로 체제와 타협하였던 공동의 죄의식이 존재하였던 것이다.[82] 이러한 관점에서 볼 때 구 권력층 공산당을 처벌하기 위한 제테니 터카취 법안과 56년 혁명과 관련된 특별법은 제정된 당시부터 사실상 소기의 목적을 달성하기 어려운 한계가 있었다. 요컨대 헝가리 체제전환의 정통성은 기존 공산주의 체제와의 연속성이 존재한다고 볼 수 있으며, 이러한 관점에서 시민의 참여가 배제된 협상 혁명은 그 정통성이 취약하였다.

현재 한반도의 상황을 고려할 때 예상되는 북한의 체제전환은 헝가리 사례와 유사한 궤도를 밟을 것이라고 유추하는 데는 무리가 있다. 장성택 처형은 김정은 체제 내 이견과 균열이 있을 수 있다는 가설에 무게를 실어주고 있지만, 당과 군 내에서 체제에 도전하거나 최소한 개혁을 강조하는 개혁 공산주의자는 현재 보이지 않는다. 또한 탈북자의 증언과 국제사회에 비추어지는 북한 주민들의 궁핍한 일상 삶은 과거 카다르가 제공해 주었던 구야시 공산주의와는 본질적으로 상이하다. 오히려 라코시 시대 전체주의 체제가 현 북한의 실상에 더 가깝다고 할 수 있지만, 해당 시기조차도 오늘날의 북한처럼 세습을 계승하는 전제 정치의 모습을 나타내지는 않았다.[83] 이러한 현 상황

81) My interview with Lengyel László, 6 February 2014.
82) E-mail interview with Nigel Swain, 14 March 2014.
83) E-mail interview with Nigel Swain, 14 March 2014.

을 고려할 때 향후 한반도의 통일이 헝가리 혹은 폴란드와 같은 원탁 협상을 통한 체제전환 방식으로 진행될 것으로는 보이지 않는다. 한 가지 분명한 사실은 북한의 정권이 구 체코슬로바키아처럼 갑작스러운 붕괴가 발생하거나, 루마니아처럼 시민혁명으로 몰락한다면, 체제전환 후 구체제 권력층에 대한 정화의 요구는 더욱 더 거셀 것이라는 점이다. 이는 구체제 독재의 혹독성과 그 체제에 대한 시민의 기억 정도에 따라 다를 수 있으며, 체제전환의 방식과 이와 관련된 정치적 정통성의 연계 문제도 고려의 대상이라 할 수 있다.

둘째, 헝가리 가해자 사법처리의 사례로 볼 때 유의할 점은 구체제에서 산출된 공식·비공식 문헌과 자료들을 보존 및 연구할 수 있는 제도적인 장치를 사전에 마련해야 한다는 것이다. 민주 체제전환이 시작되기 이전과 직후 헝가리를 비롯한 대다수의 동유럽 국가들에서는 구 공산당 내부 문서와 같은 공식 기밀문서가 대규모로 파기되었다. 이러한 결과가 발생한 원인은 체제전환 후 구 공산당 권력계층에 대한 책임규명이 발생할 것이라는 당 내 지도부 예측에서 비롯되었다. 어떠한 형태로 체제전환이 발생하든 물리적 증거 없이는 구체제 엘리트에 대한 사법처리와 기소는 불가능하였기에, 공산당 간부에 의하여 비밀문서가 대량으로 파기되었다. 예컨대 헝가리 56년 혁명과 관련된 특별법의 제정도 물리적 증거의 부족으로 기소자를 사법처리하는데 실패하였음은 당시 문제가 어디에 있었는지 단적으로 보여주는 대표적인 사례라 할 수 있다. 본 사실을 감안할 때 통일을 준비하는 과정에서 우리는 북한에 소장되어 있는 당내 기밀문서가 의도적으로 파기되지 않도록 사전에 다각적 방안을 강구할 필요가 있다. 물론 현재 북한은 대한민국의 치외법권 지역이기에 이러한 요구를 할 수 있는 제도적 장치가 부재하다. 하지만 구체제 엘리트에 대한 보복 조치의 목적이 아닌 진실 추구의 일환으로서 문서를 활용할 것이라는 사회적 합의가 성사될 수 있다면, 문서 보존을 위한 제도적 장치는 사전에 마련될 수 있을 것이다. 실제로 현재 헝가리에 남아있는 기밀문서는 헝가리 국가보안청역사문헌보관소(Historical Archives of the Hungarian State Security)에 소장되어있는데, 이는 진실 추구의 목적으로서만 엄격히 허가된 자에 한하여 연구를 할 수 있도록 규정되어 있다.[84]

셋째, 헝가리 과거사 정화 실패의 사례로 비추어볼 때 우리가 고려해야 할 점은 진상규명 위원회 구성의 필요성과 활용도이다. 전술하였듯이 헝가리는 남아공 모델을 기준으로 대통령 괸츠 직속 하 과거사 진상 규명 위원회 성립을 시도하였다. 본 시도는 의회의 반대로 실패하였으나, 대통령의 과거사 정리 방식과 의지가 어디에 있었는지 분명히 나타내는 사례이었다. 당시 괸츠는 헝가리 체제전환의 정통성이 신·구 엘리트 간 협상으로 이루어진 평화적 협상혁명이었다는 점을 인식하였다. 본 방식을 고려할 때 괸츠는 구체제 엘리트를 상대로 과도한 보복조치와 같은 과거사 정리 방안은 헝가리에 적합하지 않다고 간주하였다. 대신 괸츠는 불투명한 과거사가 사회적 통합을 방해할 수 있는 불화의 요소로서 작용할 수 있다고 판단하였고, 이에 진실추구에 도움이 될 수 있는 특별 위원회 구성의 필요성을 주장하였다. 본 위원회는 그동안 숨겨져 왔던 기밀문서를 연구하여 진실을 추구하는데 일차적인 목적이 있었다. 또한 필요한 경우 피해자에게 관련 기본 정보를 제공하여 그들 스스로 문서를 열람할 수 있도록 도와주는 조력자 역할을 맡기로 되어 있었다. 이는 과거사 정리와 같은 주요 현안은 어느 누구도 국민의 이름으로 집행할 수 없다는 괸츠의 판단 하에 이루어진 결정이었는데, 당시 괸츠의 결정에 고문의 역할을 역임하였던 켄데 피테르(Kende Péter)는 다음과 같이 상기하였다:

---

84) My interview with Varga László, 14 February 2014.

괸츠는 공산주의 과거사 정리 없이는 헝가리 사회가 스스로 화해할 수 없을 것이라고 판단하였다. 괸츠에 따르면 최소한 과거는 상징적인 차원에서나마 정리가 되어야 했다. 이는 도덕적 권위를 가진 기관 성립의 필요성을 강조하였는데, 본 기관은 대중에게 다음과 같이 말할 수 있었다.

> "친애하는 헝가리 시민 그리고 동포 여러분! 우리는 민주 체제전환이 이루어진 새로운 시대에 살고 있습니다. 이 사회는 법적 연속성이 그 기반을 두고 있으며 이에 따르면 소급법을 적용할 수 없습니다. 그러나 우리는 공산주의 시대에 발생하였던 일부 중요한 문제에 대하여 우리 스스로 평결을 내릴 수 있습니다."

> "도덕적 차원에서 이러한 목적 실현을 위한 기관이 필요했을 때 괸츠는 역사진상규명위원회 성립 발의안을 제안하였다. 그러나 그는 그의 발의안에 어느 파트너도 찾을 수 없었다."[85]

향후 통일 한반도의 체제전환이 헝가리 방식의 엘리트 타협안이 아니라면 괸츠가 구상하였던 역사진상규명위원회 성립은 필요하지 않을 수도 있다. 오히려 체코와 동독에서 집행하였던 책임자의 사법처리와 명단 공개와 같은 확실한 방법이 한반도의 과거사 정화 방식에는 좀 더 적합할 수 있다. 물론 이는 대한민국을 비롯한 북한의 정치문화와 국민성에 대한 연구가 사전적으로 시행되었을 때 좀 더 정확히 판단할 수 있는 문제이다. 그럼에도 불구하고 괸츠가 제안한 입법안은 "피는 피로서 갚을 수 없다"는 문제인식에서 비롯된 것이

---

85) Kim (2013) 129-30.

며, 본 원칙을 기준으로 진실의 추구는 별개의 문제로 설정하여 과거사 정리를 시도하였다는 점에서 그 본래의 가치는 크다고 볼 수 있다. 특히 본 위원회 구성의 궁극적 목적이 헝가리 시민 스스로 그들 자신의 과거를 판단하고 평결할 수 있는 기회의 제공이라는 점에서, 본 위원회는 불투명한 과거로 인하여 발생할 수 있는 사회 불화 요소의 제거에 기여했었을 수 있었을 것이다. 향후 통일 한반도 정부가 추구하는 과거사 정리 방향의 지향점이 괸츠와 동일하다면, 이와 관련된 위원회 구성은 사전적으로 검토할 필요가 있다.

마지막으로 헝가리 사례에 비추어 볼 때 우리가 고려해야 할 점은 북한 정권에 개혁과 개방을 유도할 수 있는 유인책 고안의 필요성이다. 다른 구 동유럽 국가와 마찬가지로 헝가리는 자유유럽(Radio Free Europe) 라디오 방송과 미국의 소리(Voice of America)라는 라디오 방영 프로그램을 통하여 주변 국가 및 자본 진영 국가에서 발생하는 소식을 접할 수 있었다. 이러한 접촉은 당시 공산정권이 추구하였던 정책이 허위선전이었음을 헝가리 시민이 간접적으로 깨닫는 계기가 되었다. 미디어 접촉이외에도 카다르가 제공하였던 관용적이고 개방적인 정책은 외부 사조 유입을 초래하였다. 전술하였듯이 헝가리 시민들은 80년대 중반을 기점으로 소련연방 국가만이 아닌 다른 자본진영 서구 국가로도 자유 여행을 할 수 있었다. 이러한 조치는 결국 카다르 체제가 정당성을 두고 있었던 상대적인 물질 풍요 제공에서 조차 헝가리와 같은 공산국가는 서구 자본진영 국가를 앞설 수 없다는 결론에 도달하도록 하였다. 그들 스스로 도달하도록 하였다. 그 결과 80년대 중·후반 헝가리 시민들의 참조점은 이미 서구 자본진영 국가 특히 오스트리아 비엔나가 되었으며,[86] 이들은 이들의 문화를 동경하기 시작하였다.

---

86) Linz and Stepan (1996) 303.

본 사례가 북한에 시사하는 바는 북한 역시 이렇게 서구와의 접촉을 할 수 있는 직·간접적인 기회가 부여된다면, 현 폐쇄적인 체제내의 균열 혹은 추후 체제 붕괴 자체로도 나아갈 수 있는 하나의 촉매제가 될 수 있다는 점이다. 물론 현 시점에서 북한 주민 대다수는 자유 여행은 커녕 외부에서 발생하고 있는 소식도 접할 수 없는 상황에 놓여있다. 그럼에도 불구하고 최근 북한 내에서도 개인 휴대폰 사용자가 증가하며, 중국을 통해 밀수입된 대한민국의 텔레비전 드라마 시청이 북한 주민 가운데에서도 증가하고 있다는 사실을 감안하면,[87] 현 폐쇄된 북한체제 내에서도 제한적으로나마 변화가 발생하고 있음을 알 수 있다. 본 추세에 좀 더 빈번한 외부 접촉과 소식을 전파할 수 있는 경로를 조성하기 위해서는 무엇보다도 서방 자본진영 국가의 대북 투자와 함께 국제기구의 공조가 절실히 필요하다. 현 시점에서는 북한의 계속되는 핵실험과 이에 대한 국제사회의 제재 조치로 인하여 실질적 서구 자본의 유입과 대북 투자는 저해되고 있다. 따라서 국제사회는 본 상황을 타개하기 위하여 북한의 핵보유 야망을 포기하도록 각 방향으로 중지를 모아야 할 것이며, 이와 아울러 동유럽 사례처럼 북한 정권 내 개혁과 개방을 유도할 수 있는 유인책 제공을 부단히 강구해야 할 것이다.

87) "북 주민들, 중국산 노트텔로 한국드라마 시청",『자유 북한 방송』, 2013년 10월 23일자.

체코슬로바키아

1. 체코의 체제전환과 공산체제의 유산 극복 과정

제1장 들어가는 말

지난 1989년 벨벳혁명(Velvet revolution)을 통해 민주화를 시작한 체코는 동유럽 탈공산주의 국가 중에서 민주주의 정착과 시장경제 구축에 가장 성공한 모델로 평가된다. 이 과정에서 부패, 범죄, 빈부격차 등의 문제가 나타나고 있기는 하지만 그럼에도 불구하고 민주주의 수준과 시장경제 수준이 다른 탈공산주의 국가들을 압도하고 있다. 체코는 지난 1995년 OECD 가입을 시작으로 1999년에는 NATO에 그리고 2004년에는 EU에 가입하는 등 민주국가이면서 경제, 문화면에서도 유럽의 새로운 중소국으로 떠오르고 있다.

그러나 체코의 민주화 과정이 순탄했던 것만은 아니었다. 무엇보다도 1993년 슬로바키아와 국가가 분리되었고 옛 체제의 유산을 간직한 공산당이 계속해서 선거를 통해 일정부분 승리를 거두면서, 혹자들은 체코인들이 과거에 대한 향수를 지나치게 강하게 느끼고 있는 것은 아닌가라는 의구심을 품기도 한다. 공산당은 1990년 선거를 시작으로 현재까지 10-15% 내외의 안정적 지지를 받고 있다. 빈부격차의 심화와 기존 주도정당들의 부패문제 등으로 최근 공산당이 젊은 층에게서 많은 지지를 받고 있다는[1] 점은 체코의 민주주의가 과연 성공적으로 정착되었는지 의문을 갖게 할 수 있는 부분이다. 물론 이미 체코 공산당은 혁명적인 방법을 통한 공산주의 이데올로기의 실현을 포기하고 민주적 규칙을 받아들였다. 그러나 체코 공산당이 1989년 민주화 이전의 비민주적인 구조를 유지하고 있고 인적인 청산을 하지 않았다는 점에서 체코의 민주주의 제도화에 어떤 문제가 있는 것은 아닌가라는 의문을 낳고 있다.

이런 배경에서 이 글에서는 우선 체코가 어떻게 공산국가가 되었으며 또 어떠한 과정을 거쳐 공산국가에서 민주주의 국가로 전환되었는지를 살펴본다. 또한 민주주의의 제도화에서 과거 비민주 체제와 유산을 어떻게 극복해 가고 있는지를 구체적인 사례를 들어 살펴볼 것이다.

1) 가장 최근에 치러진 2013년 10월 하원 선거에서 공산당은 200석 중 33석을 차지해 2010년 의석과 비교해 7석이나 증가했다. 공산당의 지지율은 15%였다[Czech Statistical Office (2013) "Election to the Chamber of Deputies of the Parliament of the Czech Republic. 10. 2013"].

제2장 체코슬로바키아의 공산화 과정

체코의 공산화 과정은 동유럽의 다른 국가들의 공산화 과정과는 상당한 차이가 있다. 1948년 소위 공산당의 쿠데타에 의해서 권력 독점이 시작되었지만, 1945년 해방에서 1948년 2월까지 이미 공산당은 다른 정당을 압도하는 소위 '우위정당'의 위치에 있었고 그러한 유리한 지위를 이용해 공산화에 성공할 수 있었다. 이 과정에서 공산당은 소련의 압력을 받았던 것도 사실이지만, 그렇다고 공산당의 권력 독점이 공산주의 혁명에 의한 것도 아니었고 외부, 즉 소련의 강압적 공산체제 이식에 의한 것도 아니었다. 체코의 공산화는 의회주의에 기반한 공산당의 '한시적' 전략이 성공한 것이었다.[2] 2차 대전 이후 공산당이 의회주의 방식을 고수했던 것은 전후 이미 공산당이 최대 세력으로 떠올랐고, 전쟁이 끝나기 이전에 이미 해외 망명정부와의 타협을 통해 주요 요직을 차지하고 있었기 때문이었다. 당시 대통령 베네쉬(E. Beneš)는 공산당 제1서기 고트발드(K. Gottwald)와의 협상을 통해 전후 주요 산업의 국유화, 토지개혁을 통한 농업의 집단화, 우익정당 활동 금지를 결정했다. 고트발드는 점진적인 공산화를 모색하면서 스탈린과의 회담에서 '사회주의에 이르는 체코슬로바키아의 노선'이 있음을 주장함으로써 소련 및 주변 동유럽 국가들과는 다른 공산화 노선을 따랐다.

---

2) 일반적으로 체코슬로바키아 공산화는 소련에 의한 공산화로 분류되지만, 소련의 간접 영향과 자력에 의한 공산화 혹은 공산당의 정치참여를 통한 공산화로 파악하는 것이 타당하다[Seton-Watson (1956) 79-190; Brzezinski (1971) 18-21].

〈표 1〉 1946년 선거와 의석

정 당	체코슬로바키아 전체	체 코	슬로바키아	의 석
체코슬로바키아 공산당	38.12	40.17	-	93
민족사회당	18.37	23.66	-	55
인민당	15.76	20.24	-	46
사회민주당	12.1	15.58	-	37
슬로바키아 민주당	14.14	-	62.0	39
슬로바키아 공산당	-	-	30.37	21
슬로바키아 자유당	0.85	-	3.73	2
슬로바키아 노동당	0.71	-	3.11	-
무효표 / 전체의석	0.45	0.35	0.79	293

공산당이 전후 최대정당으로 등장할 수 있었던 원인은 다음과 같다. 첫째, 공산당만이 유일하게 독일 점령기에 국내 저항운동에 참여했기 때문에 전후 대중들로부터 지지를 받고 있었고 정당성을 확보하고 있었다. 둘째, 1943년 대통령 베네쉬와 공산당의 고트발드가 모스크바 회담을 통해 공산당이 정보, 내무, 노동, 농무부 등의 요직을 차지했고 공산당은 이러한 지위를 이용해 대중적 지지기반을 넓혀 나갔다. 셋째, 지속적이고 포괄적인 당원 충원과 함께 핵심 당원을 양성함으로써 선거에서 승리할 수 있었다. 공산당은 기존의 소수의 혁명정당 전략을 포기하고 대중정당, 포괄정당을 지향함으로써 지지기반을 확대해 나갔다. 넷째, 체코의 산업구조가 2차 산업 위주였기 때문에 좌파 지지 성향이 강한 노동자가 전체 인구의 40% 이상을 차지하고 있었다는 점도 공산당에게 유리한 환경이었다. 다섯째, 많은 체코인들이 독일 점령 시기에 적어도 간접적으로나마 나치에 순응했다는 사실도 공산당의 지지 확대에 중요한 요인이었다. 일반 시민들은 나치에 강력히 저항했던 공산당을 지지하는 것이 자신들의 깨끗하지 못한 과거를 숨길 수 있는 방안이라고 여겼다. 마지막으로 해방군이라는 긍정적인 이미지를 갖고 있는 소련이 공산당을 지지해주었

다는 점도 공산당의 정치적 성공에 유리하게 작용했다.[3]

이러한 배경에서 치러진 1946년 전후 최초의 선거는 모든 면에서 공산당에게 유리하게 진행되었다. 우익 정당이 존재하지 않았기 때문에 좌익 정당들 사이의 뚜렷한 차별성이 없었던 데다가 공산당이 해방을 주도했다는 측면이 부각되었기 때문에 당연히 공산당의 승리가 예상되었다. 그러나 슬로바키아에서는 예상치 못했던 결과가 나왔다. 슬로바키아에서도 공산당의 승리가 예상됐었지만, 실제 결과는 민주당이 공산당을 압도했다. 2차 대전 중 슬로바키아는 독일의 위성국인 명목상의 독립 국가였다. 슬로바키아인들의 입장에서는 체코에서 독립한 슬로바키아를 다시 체코와 결합시킨 주동자가 공산당이라는 인상이 강했다. 물론 슬로바키아인들 중에서도 슬로바키아의 독립을 원치 않았던 사람도 있었지만, 결과적으로 슬로바키아인들의 독립에 대한 열망을 확인할 수 있는 부분이었다. 이런 사실에서 향후 공산국가에서 슬로바키아의 자치는 보다 더 확대되었고, 결국 1969년 헌법을 통해 체코슬로바키아는 연방국가로 재편되었다.

1946년 선거 이후 공산당이 주도하는 거국내각이 구성돼 1947년까지 유지되었다. 당시까지는 원내 토론이나 비판도 자유롭게 진행되었고, 헌법을 준수하는 가운데 제한된 형태이긴 하지만 의회민주주의 체제가 유지되었다. 이러한 상황에서 동-서 갈등의 심화로 의회민주주의를 통해 공산화를 지향했던 공산당의 전술이 변화되었다. 1947년 7월 소련은 전후 경제 재건을 위한 체코슬로바키아의 마샬플랜(Marshall Plan) 참가를 철회시켰으며, 이를 계기로 체코슬로바키아내 민주주의자의 입지가 약화되었고 대신 공산주의자들의 입지가 강화되었다.[4] 동구권 국가 중 유일하게 마샬플랜 참가를 신청

3) Korbel (1977) 222-231; Lenner (1989) 5-17.

4) 이정희 (1989) 437.

했던 체코슬로바키아는 소련의 반대로 이를 철회하면서 체코슬로바키아의 마샬플랜 참가가 소련 및 다른 슬라브 국가들과의 우호관계에서 어긋나는 행위였다는 반성문을 발표하기도 했다.[5]

한편 1947년 9월 코민포름(Cominform) 창설로 공산당의 의회주의 전술은 혁명적인 레닌주의 원칙과 계급투쟁 그리고 국제공산주의 연대를 강조하는 방향으로 전환되었다. 그동안 소련 공산당은 기존 체코슬로바키아 공산당의 독자적인 사회주의 노선을 강하게 비판해 왔는데, 결국 체코슬로바키아 공산당도 의회주의 노선을 포기했다.

체코슬로바키아의 국내사정 악화로 공산당의 대중적 지지가 하락된 것도 공산당의 전술변화에 영향을 주었다. 식량생산은 전전 수준에도 미치지 못했고, 빈민층은 더욱 심각한 고통을 견디어야 했으며 이러한 결과는 공산당의 경제정책 전반에 대한 반대여론으로 이어졌다.

그동안 공산당은 차기 총선에서의 승리 가능성을 염두에 두고[6] 여러 방법을 통해 지지확대를 모색했으나, 공산당이 추진했던 각종 법안이 원내표결에서 부결되는 등 민족전선에 참여하고 있던 좌익정당들 간의 단결이 깨지면서 공산당은 점차 수세에 몰리게 되었다. 특히 1947년 말 공산당에 협조적이었던 사회민주당 내부의 권력투쟁으로 친공산계인 피에르링게르(J. Fierlinger)가 물러나고 반공산계 라우쉬만(A. Laušmann)이 당권을 장악하게 되면서 사회민주당과 공산당의 공조는 파기되었고, 슬로바키아 민주당 역시 공산당이 주도하는 슬로바키아 자치정부를 강하게 비판함으로써 공산당과 적대적

5) 알브레히트-까리에 (1989) 572-574.

6) 당시 공산당은 세 가지 가능성을 염두에 두고 있었다. 첫째, 1948년으로 예정된 선거에서의 승리를 통해 단독정권을 수립하는 방법, 둘째, 다른 정당 내 좌파를 포섭하여 비공산계 정당들을 분열시키는 방법, 셋째, 조직적인 대중운동을 통해 반대세력을 제압하는 방법이 그것이었다[권재일 (1995) 294].

인 관계에 놓이게 되었다.[7]

이런 상황에서 공산당은 좀 더 강압적인 방법을 사용했고, 토론과 원내 협상보다는 가두시위와 민병대를 동원하는 각종 집회를 통해 정부위기와 경제위기의 원인이 민주계 정당에 있다고 주장하면서 이들에 대한 공격을 시작했다. 공산당의 첫 번째 공격 대상은 슬로바키아 민주당이었다. 공산당은 1947년 10월 슬로바키아에서의 내란음모 사건을 계기로 민주당 인사들을 대거 구속했으며, 이를 문제 삼아 민주당 소속 각료의 사퇴를 종용했다. 한편 공산당은 차기 선거에 대비하여 경찰에 대한 통제권 강화를 목적으로 대대적인 경찰 인사를 단행했는데 이것이 계기가 되어 공산당과 민주계 정당들 사이의 전면 충돌이 발생했다.

1948년 2월 12일 공산당을 제외한 정당은 인사이동의 취소와 원상회복을 촉구했지만, 공산당 소속의 내무장관 노섹(V. Nosek)은 이를 거부했고, 민족사회당, 인민당, 민주당은 이에 항의하여 연정을 파기했다. 이들은 내각에서 탈퇴함으로써 조기총선을 실시하고 그 결과에 따라 새로운 내각구성을 희망했지만, 공산당은 이들의 요구를 묵살하고 공산계가 주도하는 새로운 내각구성을 제시했다.

대통령 베네쉬 역시 조기총선을 통해 공산당을 견제하려 했다. 그러나 공산당은 각종 시위와 소련의 지지를 기반으로 공산계가 주도하는 새로운 내각의 승인을 종용했고, 결국 베네쉬는 여기에 굴복했다. 새로운 내각에는 기존의 공산당 각료에 사회민주당, 민족사회당, 인민당, 민주당 그리고 자유당 인사들이 참여했지만, 실질적으로는 모두 기존 정당에서 이탈한 친공산계 인사들로 구성되어 있어 공산당이 내각 전체를 통제할 수 있게 되었다.[8]

---

7) Szulc (1971) 35.
8) 박창희 (1983) 90-113.

공산당은 1948년 5월 헌법을 개정하여 완전 공산화에 앞서 과도적인 성격의 공산국가로의 이행을 추진했다. 이를 통해 공산당은 단독정부를 구성하지 않고 기타 정당들과의 연립정부를 구성함으로써 체코슬로바키아에서 민주주의가 유지되고 있음을 보이고자 했다. 그러나 이러한 표면적 모습과는 달리 체코슬로바키아는 전체주의 국가로 변모해갔다.[9)]

정권을 장악한 공산당은 곧 사회 각 분야의 숙청과 정계개편을 통해 전면적인 공산화에 착수했다. 우선 1948년 7월 사회민주당을 공산당에 합병시켰고, 의회를 해산했으며 경쟁이 배제된 선거를 실시하여 300석 중 249석을 차지했고 기타 나머지 정당에 61석을 할당했다.[10)]

1960년 헌법 개정을 통해 국호에 사회주의를 포함시켜 체코슬로바키아 사회주의공화국(Československá Socialistická republika)이 되었고, 헌법 제4조에 공산당의 주도적 역할(leading role)을 명기함으로써 "노동계급의 전위대이자 노동자, 농민, 인텔리의 가장 적극적이고 자발적인 투쟁연대인 공산당이 사회와 국가에서 주도적 역할을 한다"고 강조했다. 공산당은 이를 통해 국내외에 공산당의 독재가 실현되었음을 과시했다.[11)] 한편 1968년 '프라하의 봄(Pražské Jaro)'으로 일컬어지는 일시적인 개혁, 개방의 시기가 있었으나 소련을 비롯한 바르샤바조약기구 5개 국가의 무력개입으로 무산된 이후에는 1989년까지 계속해서 공산당의 권력독점이 유지되었다.

---

9) 프리드리히와 브레진스키는 전체주의 체제를 발전된 공식 이데올로기의 존재, 단일 지도자가 통제하는 단일한 대중정당의 존재, 테러의 편재, 매스컴의 지배적 독점, 군 통제권의 독점, 중앙통제경제 등의 6가지 속성을 지니는 체제로 규정했다[Friedrich and Brzezinski (1965) 27].

10) Wallace (1976) 278.

11) Skilling (1976) 294.

제3장 체코슬로바키아의 탈공산화 과정: 벨벳혁명

1989년 공산체제가 붕괴되면서 시작된 탈공산주의 민주이행(democratic transition)은 민주주의의 구축과 확대, 심화를 목표로 진행되었다. 일반적으로 탈공산주의 국가에서의 민주이행은 자유화 과정과 민주화 과정[12] 그리고 민주주의의 공고화 과정으로 구별하기도 하는데, 앞선 두 과정은 기존 체제가 붕괴되고 새로운 정권이 들어서며 새로운 헌법과 제도가 구축되는 과정으로 그리고 공고화 과정은 자유화와 민주화 과정보다 더 포괄적이며, 점진적인 변화가 진행되는 과정, 새로운 제도와 규칙이 제도화되고 불확실성이 점진적으로 제거되는 과정으로 파악된다.[13]

벨벳혁명 기념비 - 1989년 11월 17일 발생한 벨벳혁명을 기념한 기념비

그러나 자유화와 민주화를 포함하는 민주이행과 민주주의 공고화를 구분하려는 시도에도 불구하고[14] 두 과정은 상호 중복되어 진행된다. 공고화를 민주주의에 부여된 공식적이고 절차적인 제약을 제

12) Korbonski (1992) 169-197.

13) Pridham and Vanhanen (1994) 2.

14) 예를 들어 코르본스키는 탈스탈린화를 자유화로, 민주적 정치체계로의 전환과정을 민주화로 그리고 민주주의의 심화와 확대를 공고화 과정으로 구분했으며, 러스토우는 민주이행의 단계를 각각 배경 국면과 예비 국면, 결정 국면, 토착화 국면(habituation phase)으로 구분했다. 한편 웰쉬는 자유화를 갈등해결 양식에서 강제와 명령의 사용이 줄어드는 단계로, 민주화를 협상과 합의가 정책결정 과정에서 중요한 특징으로 등장하는 단계로 그리고 공고화를 경쟁과 협력이 증가하는 단계로 분류했다[Korbonski (1992) 168; Welsh (1994) 381-382].

거하는 과정, 폭력이나 기타 비민주적 수단을 통해 민주적 과정을 파괴하는 행위자들을 제거, 최소화시키는 과정, 민주적 절차를 관습화시키는 과정, 제도 구축과 그러한 제도를 '내재화'시키는 과정이라 정의할 때,[15] 민주이행과 공고화는 민주주의의 절차상의 최소기준에 부합되는 것을 목적으로 하여 그것을 태도적, 행위적으로 안정시키려는 과정, 즉 어떤 체제가 민주주의의 최소요건을 충족시키는 '지속적인 과정'으로 정의할 수 있다.

공산주의 국가들 중에서 전체주의적 성격이 가장 강했고 공산정권의 강압적인 통치가 마지막 순간까지도 지속되었던 체코슬로바키아에서는 인접한 탈공산주의 국가들보다 뒤늦게 민주화 과정이 시작되었다. 공산당 내부의 개혁파가 상대적으로 약했고, 반체제운동의 성장도 뒤늦었으며 일반대중과 반체제운동간의 연계가 부족했었다는 측면이 민주화가 뒤늦게 시작되었던 요인이었다.

공산당 내부 개혁파의 부재와 시민사회의 취약성은 무엇보다도 1968년 '프라하의 봄'으로 일컬어지는 자유화 운동이 바르샤바조약기구의 침공으로 무산된 이후 후삭(G. Husak) 정권이 추진했던 '정상화' 정책에 기인한다. 정상화는 한마디로 공산당에서뿐만 아니라 국가 전체에서 개혁주의 성향의 인사를 숙청하려는 전략이었다. 두브체크(A. Dubček)의 개혁정책을 지지하는 개혁파들이 '사회주의를 마비시키려는 불순한 의도를 가진 사람들'이자 '서방의 지원을 받은 기회주의자, 수정주의자'로 매도되었고, 약 33만 명의 공산당원이 당에서 제명되었으며, 노동조합에서 20%, 국영기업에서 40% 이상이 해고되었고 500만 명에 이르는 일반대중들이 국가의 조사를 받았다.[16] '인간의 얼굴을 한 사회주의(socialismus s lidskou tváří)'를 표

15) Plasser, Ulram and Waldrauch (1998) 47-48.
16) Kusin (1982) 29-30.

방했던 두브체크의 개혁정책은 폐기되었으며 1968년 이전의 '정상적'인 전체주의 질서로 회귀했다.

이러한 상황에서 1977년에 설립된 '77헌장'은 그동안 조직적인 형태의 반체제 활동이 미약했던 체코슬로바키아에서 공산정권에 반대하는 독자적인 시민사회가 구축될 수 있는 가능성과 일반대중들의 민주적 요구를 표출할 수 있는 통로를 제시하는 등 사회 전체적으로 민주화의 필요성을 제기했다.[17] 그러나 현실적으로 77헌장의 활동이 인권과 시민권 등 비정치 영역에 한정되어 있었고 소수의 반체제 지식인 중심의 활동에 불과했기 때문에 본격적인 민주이행의 기반이 되지는 못했다. 77헌장의 선언문에 따르면 이들은 정권에 반대하는 단체가 아니라 순수한 인권단체였다.[18] 따라서 1968년 바르샤바 조약기구 군대의 침공으로 무산된 개혁정책 이후 20여년 동안 체코슬로바키아에는 어떤 형태의 본격적인 개혁도 나타나지 않았고 그러한 개혁을 요구할 수 있는 세력도 존재하지 않았다.

대중시위와 노동자들의 파업으로 시작된 1989년 11월의 벨벳혁명이 체코슬로바키아에서 민주이행이 시작될 수 있었던 전환점이었다. 이미 경제악화 등을 이유로 1987년 공산당 제1서기이자 대통령이었던 후삭이 당에서 물러나고 야케쉬(M. Jakeš)가 후임으로 등장했지만, 야케쉬 역시 후삭의 정상화 정책을 고수하면서 전면적인 개혁을 유보했다.[19]

---

17) Otahál (1994) 31-48.

18) 77헌장의 설립문에 따르면, "...77헌장은 다양한 신념, 종교, 직업을 가진 사람들의 자유롭고 평화로운 비공식 사회그룹이다... 77헌장은 정치적 반대를 위해 대중들을 동원하지 않으며... 정치적, 사회적 개혁을 위한 강령이나 급진적 변화를 계획하지 않는다. 대신 시민권과 인권침해 사안에 주목하면서, 정치 권위체 및 국가와 건설적인 대화를 추진한다. 77헌장은 권리침해를 감독하고 그 해결책을 제시하며, 동시에 시민들의 권리가 존중될 수 있도록 노력한다"고 선언함으로써 반정부 정치조직임을 거부했다[Prečan (1990) 9-13].

19) 체코슬로바키아의 경제는 이미 1970년대부터 만성적인 스테그네이션에 빠져있었다. 특

이러한 상황에서 1989년 1월 소련군의 침공에 항의해 분신자살했던 팔라흐(J. Palach) 사망 25주년을 기념한 추도식이 반정부 시위로 돌변했고 이 시위를 주도한 77헌장 대변인 하벨(V. Havel) 등이 수감되었다. 이 사건이 민주이행으로 직접 연결되지는 못했지만, 이 사건을 계기로 그동안 분산되어 있던 여러 반체제 세력이 행동을 통일함으로써 일반대중들과의 연대 가능성을 제시해 주었다.[20]

반체제운동과 시민들의 연대가 본격적으로 나타난 계기는 1989년 6월 77헌장이 '몇 문단(Několik Vět)'이라는 제하의 청원서를 발표하면서부터였다. 여기에서 77헌장은 그동안의 비정치적 입장에서 벗어나 민주주의와 다원주의의 필요성을 공개적으로 주장함으로써 기존의 모든 반체제 세력들을 결집시킬 수 있는 대의를 제시했다. 특히 이 청원서를 통해 반체제운동과 시민들의 연대가 이루어졌다는 점은 그동안 이들 사이의 상호불신이 팽배했었던 체코슬로바키아에서는 대단히 중요한 사건이었다. 특히 77헌장은 여기에서 정치적 자유, 정치범 석방, 검열폐지, 결사와 집회의 자유를 요구하는 등 당시까지의 공개적인 문서와 어떤 사미즈다트(samizdat) 보다도 더 직설적인 정치적 요구사항을 제기했다.

지식인 중심의 반체제운동과 일반대중들의 연대가 이루어졌음에

히 소비재생산에서의 문제는 더욱 심각했다. 후삭의 정상화 정책이 소비주의를 조장함으로서 대중들의 정치적 관심을 돌리려는 것이었는데, 이런 전술은 1980년대에 들어서 소비재의 공급 감소와 생필품 가격인상 그리고 노동자들의 생활수준하락 등으로 인해 실패했다. 따라서 정권에 대해 소극적 침묵으로 일관해 오던 대중들과 노동자들의 대정부태도가 변하기 시작했다[Kusin (1982) 25-31].

20) 이 시위에는 77헌장을 비롯해 체코청년단, 레논 평화클럽, 미국연맹, 평화주의 독립연맹 등의 반체제 단체가 참여했다. 이 시위에 대한 비밀경찰의 과잉진압은 대중들의 반발은 물론이거니와 공산당의 위성정당으로 명맥을 유지하고 있던 기존 정당들의 반발을 불러일으켰다. 당시까지 공산당에 종속되어 있었던 인민당과 사회당은 집회의 자유를 인정하는 법안을 의회에 상정함으로써 공산당의 영향권에서 벗어나는 계기를 마련하였다[Luers (1990) 93].

도 불구하고, 공산정권은 이들의 주장을 묵살했고 개혁요구를 받아들이지 않았다. 8월말까지 계속해서 대규모 시위가 발생했지만,[21] 공산정권은 원탁협상을 요구하는 반대파가 대표성이 없다는 이유를 들어 이들의 요구를 받아들이지 않았다.[22]

이러한 배경으로 시작된 벨벳혁명의 과정은 크게 세 단계로 구분된다. 첫 번째 단계는 11월 17일 시위에서부터 11월 27일 총파업이 시작된 시점까지이다. 11월 17일 오플레탈(J. Opletal) 사망 60주기 추모행사가 시발점이 되었다. 추도식을 치르던 5만명의 시민들은 곧 반정부 시위대로 돌변했고, 비밀경찰은 시위대를 향해 발포했다. 학생들과 노동자들은 경찰의 과잉진압에 대한 항의로 1주일간의 총파업을 결정했고 이를 계기로 시위는 더욱 확대되었으며, 전국적인 규모의 시위가 연이어 발생했다.

이틀 뒤 전면적인 개혁과 공산당 지도부의 퇴진을 요구하는 시위가 다시 발생했다. 이런 상황에서 77헌장 주도의 포괄적 반정부 단체인 시민포럼(Občanské Forum)이 결성되었고, 슬로바키아에서는 시민포럼에 동조하는 반폭력대중(Veřejnost Protí Nasíli)이 결성되었다.[23] 이들 두 단체는 각각 체코와 슬로바키아에 기반을 두는 반정부

---

21) 이미 1988년 초부터 시위가 계속해서 이어졌고, 1989년 8월 이후 시위 발생 빈도와 시위 참여자의 수가 점차 증가했다. 이는 그동안 소극적 침묵으로 일관하던 대중들과 노동자들이 반체제 지식인들과 학생들에 이어 정권에 대해 공개적인 반대의사를 표출한 것으로 볼 수 있다. 시위에는 특히 육체노동자들(39.6%)과 일반 노동자들(24%)이 가장 많은 비율을 차지했고, 연령별로 볼 때 25세까지의 젊은 층이 전체 시위자의 45% 이상을 차지했다[Otahál (1990) 61-62].

22) 공산당은 "현재 우리에게 원탁협상을 요구하는 측은 어떠한 사회적 대표권도 없다. 그들은 다만 자신들의 개인적 이익이나 외세의 이익만을 대변할 뿐이다. 매국적이며, 반동적, 보수적 이해를 대표하기 때문에 그들이 요구하는 바는 인민의 이해와는 괴리되어 있다"는 공식입장을 밝혔다[Rudé Pravo (Řijen 10 1989); Bankowicz (1991) 151].

23) 시민포럼에는 77헌장, 민주이니셔티브, 체코슬로바키아 헬싱키위원회, 시민자유운동, 사회주의재생클럽(Obrada), 불공정하게 처벌된 이들을 위한 위원회(VONS), 독립평화위원회, 독립지식인서클, 독립학생단, 아트포럼(ARTFORUM), 열린 대화

바츨라프 광장 - 벨벳혁명이 발생한 프라하 최대의 광장

단체로 향후의 시위를 주도하고, 사회대표의 자격으로 정부와의 원탁협상에 참가했다.

계속되는 시위 속에서 결국 공산당 지도부는 스스로의 정통성 상실을 인식했고 반정부 단체에서 요구하는 당내 강경론자의 사임과 반대파와의 원탁협상을 받아들였다. 그러나 야케쉬를 이은 우르바넥(K. Urbaněk)이 반정부 단체와의 협상을 수용했음에도 불구하고, 11월 25-27일 80만명 이상이 참여한 시위에서는 정부의 '사회주의 혁신' 발표에 반대하여 공산당 일당독재 폐지와 자유선거를 요구했다.

이를 계기로 벨벳혁명의 두 번째 과정이 시작되었으며 이 단계에서 시민포럼 주도의 반정부 단체와 정부의 공개적인 원탁협상이 시작되었다. 27일 전국적인 총파업이 시작되었고, 수십만 명의 노동자

(Otevřený Dialog), 체코슬로바키아 펜클럽중앙회를 비롯한 반체제 독립단체들과 사회당과 인민당의 의원들, 기타 여러 연맹 출신인사, 옛 공산당원 그리고 민주적 사상을 지니고 있는 일반시민들이 참여했다[Otáhal a Sládek (1990) 47-48].

들은 정치적 자유를 요구했다. 결국 우르바넥도 사임하고 뒤를 이은 개혁성향의 아다메츠(L. Adamec)는 '공산당의 주도적 역할'을 포기하고 비공산계 인사 5명이 참여하는 새로운 내각명단을 발표했다. 그러나 시민포럼은 공산계 주도의 내각구성과 전면적인 개혁을 유보하는 공산당의 조치에 반대했으며, 전면적인 개혁을 추진하지 않을 경우 또다시 대중들을 동원하겠다는 압력을 가했다.

결국 공산당은 공산당에서 총리를 맡는다는 조건하에 비공산계가 내각의 다수를 차지하는 정부구성에 동의할 수밖에 없었다. 12월 10일 후삭은 대통령직마저 사임하면서 공산당의 찰파(M. Čalfa)를 총리로 하고 비공산계가 다수를 차지하는 임시내각의 구성을 승인했다. 임시내각 21명의 각료 중 공산계 인사가 10명을 차지했고, 시민포럼과 반폭력대중에서 7명 그리고 나머지 4명은 사회당과 인민당이 차지했다.

1989년 12월 10일 비공산계 주도의 임시내각이 구성되고 12월 28일 '프라하의 봄'의 주역이었던 두브체크가 연방의회 의장으로 그리고 77헌장을 주도했던 반체제 인사 하벨이 대통령으로 선출되면서 공산정권에서 이탈하는 탈공산화 과정이 마무리되고 새로운 민주체제로의 이행이 시작되었다. 이 시점에서 임시내각을 이끌었던 찰파와 코마렉(A. Komarek), 들로우히(J. Dlouhý) 등 공산계 주요 인사들은 공산당을 탈당했다. 이미 공산당은 완전히 통치력을 상실했으며, 권력의 중심은 대통령과 시민포럼으로 이관되었다. 그러나 실질적으로 1990년 선거가 실시되기 이전까지, 의회를 구성하고 있던 공산당과 기존의 공산당 위성정당 그리고 시민포럼과 반폭력대중 모두는 합법적인 자유, 경쟁선거를 통해 선출되지 않았기 때문에 정통성을 주장할 수 없었고 시민들의 개별적 이해나 사회적 균열을 대표하

벨벳혁명
출처: http://havel.columbia.edu/pics/velvet_revolution_as_mass_movement/#TL001223

지도 못했다.[24]

일단 사태가 진정되면서 대중동원은 누그러졌고 시민포럼과 반폭력대중이 민주이행을 주도했다. 이미 권력의 중심부는 공산당에서 반공산당 결집세력으로 이전되었다. 이렇게 권력의 중심부가 바뀜에 따라 공산당의 영향력은 줄어들었고, 의회에서도 소수정당으로 전락했다. 연방의회 상원과 하원에서 모두 절대다수를 차지하고 있던 공산당 인사들 다수가 사임하면서 시민포럼과 반폭력대중이 그 자리를 차지했다.

1990년 개헌을 통해 헌법에서 공산당의 '주도적 역할' 조항이 삭제되고 권력의 중심이 바뀜에 따라 '벨벳혁명'으로 상징되는 탈공산화 과정이 마무리되었다. 이 사건을 고전적 의미의 혁명으로 분류하건

24) Dvořáková and Kunc (1996) 160.

아니건 상관없이, 1948년 2월 공산당이 권력을 독점한 이래 40여 년 동안의 견고했던 전체주의 정권의 몰락과정은 여러 면에서 인접한 중·동유럽 국가의 경우와는 상이했다.[25] 그러나 인접한 탈공산주의 국가보다 훨씬 빠른 속도로 탈공산화를 이룰 수 있었던 것은 무엇보다도 정권자체의 취약성 때문이었다. 이런 상황에서 뒤늦게 구성된 시민포럼과 반폭력대중은 이후의 반정부 시위를 조정하고 대중들을 동원함으로써 정권과의 협상을 유리하게 끌고 나갈 수 있었다. 이들이 전폭적인 대중 지지를 바탕으로 등장한 것은 아니었지만, 1969년 이후의 '정상화된' 상황에서 다른 독자적인 대안세력이 부재한 가운데 탈공산화 과정에서 중요한 역할을 담당할 수 있었던 유일한 대표기구였다.

따라서 체코슬로바키아 민주이행의 유형은 '아래로부터의 민주화'와 '타협을 통한 민주화'가 혼재되어 나타났다고 볼 수 있는데,[26] 원탁협상을 통해 공산당이 물러나고 새로운 민주정부가 들어섰다는 점에서는 타협을 통한 민주화로의 분류가 타당해 보인다. 그러나 동시에 원탁협상이 정부와 반정부단체 사이의 협상과 타협의 장이 아니라 공산정권의 퇴장을 일방적으로 결정한 장이었기 때문에 원탁협상의 개최를 '타협을 통한 민주화'의 지표로 판단하기는 어렵다. 탈공산화 이후 최초의 자유선거 실시가 공산정권이 퇴장한지 7개월

25) 헝가리에서는 이미 1980년대 중반 이후 공산당에서 추진한 개혁정책을 통해 반대파 엘리트와의 원탁협상을 거쳐 당내 개혁파 주도로 민주화가 시작되었으며, 폴란드는 1980년 자유노조로 대표되는 반정부운동과 1,000만명에 이르는 노동자들의 연대를 통해 직·간접적으로 정권에 민주화 압력을 가했고, 결국 원탁협상을 통해 민주화가 시작되었다[Brown (1990) 71-124].

26) 헌팅턴과 린츠, 마인워링과 쉐어 등은 각각 민주이행을 '위로부터의 민주화' '아래로부터의 민주화', '타협을 통한 민주화'로 세분하고 체코슬로바키아의 탈공산주의 민주이행을 타협을 통한 민주화로 분류했으며, 반면 문크와 레프는 민주화를 위로부터의 민주화, 거래를 통한 민주화 그리고 이탈을 통한 민주화, 단절을 통한 민주화로 세분하고, 체코슬로바키아를 단절을 통한 민주화로 분류했다[Huntington (1992) 227].

존 레논 벽: 공산체제에 반대하는 의미로 프라하 뒷골목에 만들어진 레논 벽

만에 치러진 것은 원탁협상을 통한 정권과 반정부세력의 협상과 타협의 산물이었다기보다는 일방적인 반정부단체의 결정이었다. 탈공산화 이후 최초의 선거에서는 폴란드의 경우처럼 공산정권과의 협상을 통해 하원의 의석 65%가 미리 공산당에 할당된 것도 아니었고, 헝가리처럼 공산당과의 타협으로 선거방식과 의회구성방식이 결정된 것도 아니었다. 이와 더불어 공산정권에서 원탁협상을 받아들인 시점이 대중들의 시위가 최고조에 이르렀던 시점이었기 때문에 아래로부터의 압력을 민주화 발생의 직접적인 원인으로도 볼 수 있다.

한편 정부의 개혁파와 반정부내 온건파의 협상이 전개되지 않았고 정부 개혁파가 보수 강경파를 통제하지도 못했으며, 반정부 세력의 온건파 역시 강경파를 통제하지 못했다. 더군다나 반정부 세력들은 대중들의 동원을 통제할 수조차 없었다.[27] 따라서 벨벳혁명을 보

27) 실제로 벨벳혁명의 과정은 행위자들의 일정한 정치적 전략이 없이 전개되었는데, 평화

다 구체적으로 분석하기 위해서는 다른 탈공산주의 국가에 적용되는 행위자 상호작용과 각 행위자들의 전략적 선택을 강조하는 접근방법[28]보다는 민주화가 시작될 수 있었던 전제조건에 대한 논의가 더 적절할 것이다.

〈표 2〉 중부유럽 국가의 민주화 발생 조건

조건 국가/시기	CZ		HUN		POL	
	88. 9	89. 11	88. 9	89. 11	88. 9	89. 11
1. 경제침체	3	3	3	3	5	5
2. 새로운 그룹의 체제내 동원	2	2	4	5	5	5
3. 지식인들의 이반	4	4	3	5	4	4
4. 정부의 비효율성과 부패만연	3	3	3	3	5	5
5. 정부에 대한 신뢰상실	3	3	2	5	5	5
6. 당-국가의 파벌화 및 통치자신감 상실	3	3.5	3	5	4	5
7. 부적절한 무력의 사용	0	0	0	0	1	3
8. 변화에 대한 기대	2	4	3	5	5	5
민주화 발생조건	2.5	2.8	2.6	3.9	4.3	4.6

(수치: 5=조건충족, 0=자료없음; CS=체코슬로바키아, HUN=헝가리, POL=폴란드)

출처 : Ramet, 1991, 3-34 재구성.

중부유럽 3개국 민주화의 조건을 살펴볼 때, 체코슬로바키아 민주이행의 조건은 상대적으로 다른 두 국가에 비해 취약했다. 다만 경

적인 시위에 대한 경찰의 과잉진압이 오히려 역효과를 가져왔고, 당시까지 대중들과 연계되어 있지 않았었던 지식인 중심의 시민포럼이 이를 이용해 공산정권을 퇴장시킬 수 있었다[East (1992) 38-62].

28) 쉐보르스키에 따르면 옛정권의 퇴장은 오직 정부 내의 개혁파와 반정부 세력 내 온건파의 상호이해로부터 나온다고 했다. 특히 그는 옛정권의 퇴장이 가능하려면 개혁파와 온건파간의 향후 제도에 관한 합의가 이루어져야 하고, 개혁파는 강경파의 동의를 이끌어 내거나 혹은 중립화시켜야 하며, 온건파는 급진파를 통제해야 한다고 파악했다[Przeworski (1991) 96].

제침체와 지식인들의 이반 그리고 변화에 대한 기대가 상대적으로 충족되었으며, 전체적으로는 '외부의 시위효과'가 민주화의 전제조건으로 작용했다. 이를 좀 더 부연하면 첫째, 외부의 영향을 민주이행 발생의 요인으로 들 수 있다. 1985년 고르바초프(M. Gorbachev)의 등장이 여타 동유럽 국가의 민주이행에 직접적인 영향을 끼쳤던 반면 체코슬로바키아의 경우에는 고르바초프의 영향이 직접적으로 민주이행으로 연결되지는 않았다. 오히려 체코슬로바키아의 경우는 다른 탈공산주의 국가의 민주화 과정에 더 많은 영향을 받았다고 볼 수 있다. 1989년 폴란드에서 비공산계가 참여하는 정부가 구성되고 선거에서 자유노조가 압승을 거두게 되었을 때 소련은 군사개입을 하지 않았으며, 9월 동독에서 냉전의 상징인 베를린 장벽이 무너지고 호네커(E. Honeker)가 물러났음에도 불구하고 소련은 여기에 아무런 대응도 하지 않았다. 이에 따라 체코슬로바키아 공산당 내부의 강경파는 자신들의 정통성 유지기반이 되어왔던 소련에 의존할 수 없음을 인식했고 시민들 역시 외부의 군사개입이 없을 것임을 확신하게 되었다.[29] 이러한 인식으로 인해 대중들의 시위는 확대되었고, 정권의 통치신념은 더욱 약화되었다.

둘째, 지식인들의 이반은 크게 두 가지 형태로 나타났다. 정부와 반체제 단체 사이에서 완충역할을 해왔던 친정부 지식인들의 이반과 기존에 소극적 저항에 머물러 있었던 반체제 지식인들의 적극적인 저항이 동시에 나타났다. 1989년 11월 이전까지 77헌장이나 비당원시민클럽(KAN), 구(舊)정치범클럽(K-231) 등 비정치 영역에서 정부의 정책에 반대했었던 지식인들이 존재했었으나, 이들은 일반대중들과 연계되지 못했었다. 따라서 지식인들의 이반이 민주이행에 실질적인 영향력을 행사하기 위해서는 일반대중들 그리고 노동

29) Steiner (1998) 204.

자들과의 연대가 이루어져야 했고 체코슬로바키아에서 이런 상황이 충족된 것은 1989년 11월 19일 시민포럼이 등장하면서부터였다.

셋째, 1980년대 말에 체코슬로바키아의 경제위기가 심화되었지만, 만일 정권에서 노동자들의 생활수준을 유지시킬 수 있었다면 그리 큰 문제가 되지 않았을 것이다. 다시 말해, 경제침체가 시위로 이어지게 된 것은 경제침체 자체 때문이 아니라 그에 부수되는 식량이나 생필품 수급문제와 생활수준 하락 등의 문제 때문이었다. 라멧(S. P. Ramet)에 따르면 경제적 불만이 직접적인 반 정권 태도로 전환되기 위해서는 경제상황 비교능력과 경제침체 원인의 책임소재 판단력 그리고 개개인 스스로가 현재의 상태를 변화시킬 수 있다는 인식이 필요한데,[30] 1989년 11월에 이러한 조건이 충족되었다.

이러한 상태에서 정부와 반체제운동은 두 가지 선택이 가능했다. 먼저 반대파 지식인과 노동자 그리고 학생들의 입장에서는 시위에 참여할 것인가의 여부 그리고 정권에서는 시위가 발생한다면 이를 무력으로 진압할 것인지의 여부가 그것이었다. 결국 반체제 단체와 학생들로부터 반정부 시위가 시작되자 정권은 무력진압을 결정했고 이 과정에서 노동자와 일반시민들이 무력진압에 대한 반발로 시위에 가세하게 되었다.[31]

요컨대, 체코슬로바키아 민주이행의 시발점이 된 벨벳혁명은 반체제운동과 함께 시위참여를 결정한 학생과 노동자에 의한 단순시위가 정권의 무력진압으로 일반대중들까지 포함하는 전면적인 반정부 시위로 발전했던 혁명이었다. 이 과정에서 기존의 분산된 반체제 단체들을 결집시키고 일반대중들과의 연계에 성공한 시민포럼이 대안적인 세력으로 등장해 공산정권을 퇴장시킬 수 있었다.

---

30) Ramet (1991) 13-14.

31) Karklins and Petersen (1993) 588-614.

민주적 정치체제의 특징을 요약하면 다음과 같다. 첫째, 중앙정치제도로 진입하는 경쟁이 존재하며, 그 선행조건으로 정치사회와 시민사회에서 다원주의가 상존하고, 둘째, 경쟁하는 개인이나 정당들이 규칙적이며, 공정한 게임규칙에 의해 중앙제도로의 진입이 보장되며, 셋째, 국가나 중앙정부가 사회적 다원주의를 제약하지 않고, 넷째, 정부제도내 정책결정은 법에 의한 권력분립과 균형의 틀 내에서 진행된다. 이러한 측면에서 볼 때, 민주화란 기존 체제에서 벗어나 새로운 체제로의 이행과정에서 제도 구축에서부터 제도의 내재화에 이르기까지의 장기적이고 지속적인 과정이라고 정의할 수 있다.

어느 시점에서 정치적 민주주의가 실현된 것인지에 대한 객관적인 지표가 없는 상황에서, 몇 번에 걸친 민주적 경쟁선거와 그 선거를 통한 정권교체가 민주이행의 완료 시점이자 정치적 민주주의의 실현단계로 파악되기도 한다.[32] 또 헌팅턴(S. P. Huntington)은 구체적인 지표로 연이은 두 번의 정권교체를 민주화 완료의 기준으로 삼았고,[33] 베르메오(N. Bermeo)는 자유, 경쟁선거를 통해 이행의 주역인 정권 이외의 대안정권이 승리할 경우를 기준점으로 제시했다.[34]

---

32) 코르본스키는 이 시점을 규칙적인 자유, 경쟁선거가 실시되는 단계로 파악했으며, 슈미터와 칼은 다원주의가 용인되는 가운데 독자적인 민주정당이 존재하고 대중들의 참여와 표현의 자유가 보장되는 단계로 정의했다[Korbonski (1992) 167-169; Schmitter and Karl (1991) 75-87].

33) Huntington (1991) 250.

34) 베르메오에 따르면 옛정권이 붕괴된 이후 최초의 집권당은 정치적 갈등해결을 위해 국가의 경제적 자원을 사용한다. 이로 인해 사회 전체적인 불안이 가중되어 집권당은 대중들의 지지를 받는 새로운 정당에게 정권을 내어준다. 이때 여당의 패배를 통한 평화적 정권이양은 행위자들뿐만 아니라 대중들의 인식에 중대한 변화가 나타났음을 의미하며, 이는 결국 민주주의의 공고화를 촉발시키는 요소가 된다[Bermeo (1994) 601-627].

이렇듯 정당의 존재와 경쟁선거 그리고 정권교체를 정치적 민주주의의 실현과 민주주의 공고화 진입의 지표로 삼는 것은 정기적인 선거와 주기적 정권교체 자체의 중요성뿐만 아니라 한 체제에서 활동하는 주요 행위자들이 민주적 경쟁을 유일한 경쟁방법으로 인식하고 민주적 경쟁을 통한 결정을 받아들인다는 것을 의미하기 때문이다. 따라서 정치적 민주주의 여부를 판단하는 데에는 린츠(Juan J. Linz)의 표현대로, 모든 행위자들이 민주주의를 유일한 게임규칙으로 인정할 때, 즉 주요 행위자, 정당, 이익단체 등이 민주적 절차 이외의 방법으로는 권력을 획득할 다른 대안이 없다고 생각하며, 동시에 민주적으로 선출된 정책결정자의 결정을 거부할 수 없다고 판단할 때이다.[35]

이렇듯 민주주의 최소기준을 충족시키는 여러 요소 중에서 특히 자유, 경쟁선거에서 민주적 세력들 사이의 경쟁이 가장 중요한 요소의 하나로 평가된다. 그것은 비단 민주이행과 공고화에서 행위자 중심의 접근방법을[36] 따르지 않더라도, 정당을 포함한 민주적 행위자들이 참가하는 선거체제와 정당체계가 민주주의에 있어 핵심적인 요소라는 인식 때문이다.[37]

---

35) Linz (1990) 158-159.

36) 민주화의 조건을 강조하는 접근방법에는 경제적 측면과 사회발전, 정치의식 성장 그리고 국제적 측면을 강조하는 유형과 민주화의 배경으로 내·외적 상황분석을 강조하는 접근방법이 있으며, 반면 민주이행의 행위자 접근방법에서는 행위자들의 상황적 선택(contingent choice)을 강조하여 민주화의 조건은 다만 부차적인 역할만을 수행할 뿐이라고 판단한다[Zhang (1994) 109-111; Crawford and Lijphart (1995) 171-199; Sørensen (1996) 63-66; Ekiert (1991) 313; Batt (1994) 168-187; Di Palma (1990) 184-198; Kümmel (1998) 243-267; Przeworski (1991) 96; Przeworski (1992) 99-100].

37) 한편 슈미터는 민주주의를 다섯 개의 '부분 레짐'의 총합으로 파악했는데, 이런 부분 레짐에는 ① 정당을 통해 유권자와 입법부를 연결시키는 '선거 레짐', ② 정당, 특히 원내정당과 기타 조직된 이해를 연결시키는 '대의 레짐(representation regime)', ③ 사회 그룹을 입법부와 연결시키는 '압력 레짐', ④ 조직된 이해세력과 대중들을 국가 및 준국가제도에 연결시키는 '조정 레짐(concertation regime)', ⑤ 정당을 통해 특정한 지역

특히 민주주의의 절차적 최소요건인 선거에 참여하는 정당 그리고 선거에 의해 결과되는 정당체계에 대한 논의는 민주화 연구에서 핵심적 의제라고 할 수 있다. 여기에서 정당은 이행의 불확실성을 제거, 국가와의 올바른 관계형성, 정치과정에서의 매개역할, 정치사회화에 대한 기여 그리고 민주주의의 정통성 강화 등의 역할을 수행하기 때문에 지속적인 민주화에서 가장 중요한 행위자이다.[38]

4.1. 1990년 정당법과 선거법

공산정권을 몰아내는 탈공산화 과정이 끝나가면서, 새로운 헌법이 필요하다는 목소리가 높아졌다. 따라서 공산주의시기에 제정된 헌법을 개정하고 새로운 헌법을 제정하기 위한 제헌의회를 구성해야만 했다. 이를 위해 먼저 새로운 선거를 실시하기 위한 정당법이 만들어졌다. 임시의회는 1990년 1월 23일 정당법, 2월 27일 비례대표제를 기반으로 하는 선거법을 개정했다. 정당법에 따라 기존의 공산당과 사회당, 인민당, 자유당 그리고 시민포럼과 반폭력대중이 정당으로 인정되었고, 여타의 신생정당들은 정당등록을 위해 최소 1,000명 이상의 당원을 보유해야 했으며, 이들이 선거에 후보자명부를 제출하기 위해서는 최소 10,000명 이상의 지지 서명을 받아야 했다. 또한 정당들이 원내에 진출하기 위해서는 연방의회 선거에서 5% 이상을 득표해야 한다는 규정이 도입되었다. 이런 봉쇄조항(threshold)은 개별 공화국 의회에도 적용되었는데, 체코 의회에서는 5%를 슬로바키아 의회에서는 3%로 설정되었다.[39]

기존의 4개 정당과 시민포럼, 반폭력대중이 참여하는 임시정부에

조직을 국가제도와 연결시키는 '의뢰적 레짐(clientalist regime)' 등이 있다[Schmitter (1988) 57].

38) Pridham (1994) 19-20; Cotta (1996) 70-73; Clark (1995) 60.

39) Gronský (2001) 80-109.

서 명부식 비례대표제의 도입을 결정한 것은 무엇보다도 제1공화국 시기에 경험했던 의회민주주의 모델이 체코슬로바키아의 탈공산주의 상황에 적합하다는 판단 때문이었는데,[40] 다수제(winner-take-all)를 도입할 경우 나타나게 될 시민포럼과 공산당의 극단적 양극 구도를 피하고자 하는 의도에서였다. 동시에 비례대표제는 다양한 이해를 대변하고 체코슬로바키아의 전통적인 균열구조인 민족적 측면을 반영하는 등 슬로바키아에 대한 배려차원에서 이행 직후 체코슬로바키아의 상황에 가장 적합한 것으로 인식되었다. 반면 대통령 하벨을 비롯한 이들은 비례대표제를 도입할 경우 제1공화국 시기에 나타났던 심각한 원내정당의 파편화 현상이 재현될 것이고 정치적 불안정이 초래되어 당시처럼 외세의 도전에 취약해질 것이라며 비례대표제 도입에 부정적이었다. 결국 조정위원회에서는 정당법 강화와 5% 봉쇄조항을 통해 비례대표제에서의 정당난립 현상이 완화되리라 기대했다.[41]

---

40) 명부식 비례대표제의 도입은 벨벳혁명 이후의 체코슬로바키아가 제1공화국의 의회민주주의 전통을 계승한다는 의미를 지니고 있었다. 체코슬로바키아는 1938년 뮌헨협정과 히틀러의 원조를 받은 슬로바키아의 분리 독립 이전까지 중·동유럽에서 유일했던 안정된 의회민주주의 국가였기 때문에 비례대표제에 기반을 둔 선거체제의 도입은 제1공화국의 의회민주주의를 계승한다는 의미가 있었다[이정희 (1989) 317-412 참조].

41) 여타 탈공산주의 국가의 공산당과 공산당을 계승한 정당들은 상대적으로 강력한 조직력을 갖추고 있어 유권자들을 동원하는데 유리하리라는 판단에서 다수제를 선호했던 반면, 체코슬로바키아 공산당은 스스로가 수세에 있다고 생각했기 때문에 민주계 정당들이 요구하는 비례대표제를 받아들였다. 모순적이게도 공산당은 선거직전까지도 75만 명 이상의 당원을 보유한 최대정당이었다[Orenstein (1998) 485].

〈표3〉 1990년 연방의회 선거결과와 의석

체 코	연방 하원		연방 상원		슬로바키아	연방 하원		연방 상원	
	득표율	의석	득표율	의석		득표율	의석	득표율	의석
시민포럼	53.1	68	50.0	50	반폭력대중	32.5	19	37.3	33
공산당	13.5	15	13.8	12	기독민주운동	19.0	11	16.7	14
기독민주연맹	8.7	9	8.7	6	공산당	13.8	8	13.4	12
자치민주운동	7.9	9	9.1	7	민족당	11.0	6	11.4	9
					공존당	8.6	5	8.5	7
전 체		101		75	전 체		49		75

12개 행정구역에 따라 체코에 8개 슬로바키아에 4개의 선거구가 정해졌다. 개별정당들이 연방의회에 진출하기 위해서는 양 공화국 중 적어도 한 곳에서 5% 이상을 득표하면 되었기 때문에, 전국정당의 등장이 위축되었고 개별공화국에 한정되는 정당이 등장했으며, 민족주의나 지역주의 정당이 나타나게 되는 원인이 되었다. 정당의 난립현상에도 불구하고 이들 사이의 차별성이나 이데올로기 간극 그리고 지지기반에서의 차이는 두드러지지 않았다.[42] 무엇보다도 옛 공산정권에 대한 심판의 의미를 지니는 선거를 앞두고, 다른 경쟁의 축이 등장할 여지가 없었기 때문이었으며, 대부분 급조된 정당들로 짧은 기간 다른 정당과 차별화된 정책을 제시하거나 안정된 지지기반을 확보할 수 없었기 때문이었다. 결국 선거정당의 수가 과도하게 많았음에도 불구하고 엄격한 정당법과 선거법으로 인해 이들

---

42) 정당의 난립현상과 난립하는 정당들의 객체성이 부족했던 가장 큰 원인은 1989년 탈공산화와 그 이후의 이행과정에서 등장한 대부분의 정치조직이 대중적 기반을 갖추지 못하고 인물위주로 조직되었기 때문이었다. 여기에는 도덕에 기반을 둔 옛 반체제 세력, 역사적인 배경을 강조하는 공산화 이전의 인물 혹은 이들을 계승한 인물들과 혼란스런 상황을 이용하려한 기회주의적 행위자들이 포함된다[Agh (1996) 46-50].

의 원내진출은 어려웠으며, 일부는 원내 진입을 위해 시민포럼과 반폭력대중 등의 포럼정당에 속해 선거에 참여했다. 1990년 3월 내무부에 공식 등록한 정당은 모두 66개에 이르렀으나, 6월 선거에는 22개 정당만이 참여했고, 선거를 거치면서 원내에 진입한 정당의 수는 10개(11개)에 불과했다.[43]

〈표4〉 1990년 개별 공화국 선거결과와 의석

체코 의회	득표율(%)	의석(석)	슬로바키아의회	득표율	의석
시민포럼	49.5	127	반폭력대중	29.3	48
공산당	13.3	32	기독민주운동	19.2	31
자치민주운동*)	10.0	22	민족당	13.9	22
기독민주연맹	8.4	19	공산당	13.3	22
			공존당	8.7	14
			민주당	4.4	7
			녹색당	3.5	6
전 체		200	전 체		150

출처: *Statistická Ročenka ČSFR 1991* (Praha: SVET, 1991), s. 628-630.

당시 공산당은 1990년 3월 31일 체코슬로바키아 공산당에서 체코 공산당으로 명칭을 바꾸었다. 이것은 비단 당명의 변경만이 아니라 전국수준의 정당에서 체코수준의 정당으로의 전환을 의미하는데, 곧 전국정당으로서의 위상을 버리고 체제전환 이후의 새로운 정치 상황에 대처하기 위함이었다. 그러나 1990년 선거에서는 전국규모의 정당으로 양공화국 모두에 후보자 명부를 제출했다. 1990년 전당대회에서 마할릭(J. Machalík)을 그리고 차기 당대회에서는 온건파

43) 1990년 체코 내무부에 공식등록한 정당의 수는 35개였고, 체코슬로바키아 전체적으로 볼 때는 66개의 정당과 정치운동이 등장했다. 한편 1989년에서 1990년 사이 총 85개의 정당과 정치운동이 생겨났다[Dvořákova a Gerloch (1996) 57].

인 스보보다(J. Svoboda)를 총재로 선출했으며, 1990년 선거직전까지 75만명의 당원을 보유한 전국 최대정당이었다. 공산당은 당명변경 이전의 당 구조를 그대로 유지하면서도 101명의 중앙위원회 위원 중 85명을 지역위원회의 복수후보 중에서 자유 경선을 통해 선출함으로써 당내 민주화도 병행했다. 1990년 당 강령에서 시민포럼과 기타 정당이 참여한 임시내각의 이행정책을 수용하며, 민주주의 발전을 지지한다고 했으며, 법치에 근간을 두는 국가건설을 제시했다. 그러나 계속해서 마르크스주의를 당 정책의 근간으로 유지함으로써 이데올로기에 기반을 둔 정당임을 고수했고 경제정책에서는 자본주의로의 급속한 전환보다는 사회주의 원칙에 일부 자본주의 요소의 도입 및 국가가 통제하는 혼합경제를 지지했다.[44]

4.2. 1992년 정당법과 선거법

1992년 선거에서는 앞선 선거에서의 정당난립 현상과 정당들의 무질서한 선거연립을 막고자 정당설립과 원내진출을 규제하는 보다 강력한 법안이 도입되었다. 1992년 2월 양 법안의 개정에서는 이전과 마찬가지로 명부식 비례대표제를 유지했지만, 새로운 정당의 등장과 원내 진출에 대해서는 더욱 까다로운 조항을 첨가했다. 1990년 선거법에서 설정했던 개별정당에 대한 5% 봉쇄조항은 유지되었지만, 연립정당에 대한 제한규정을 책정함으로써 무분별한 선거연립을 막고자했다. 슬로바키아에서는 두 정당과 세 정당의 연립에 7%, 넷 이상의 정당이 연립할 경우 10%의 봉쇄조항일 설정했다. 체코는 이보다 더 높은 수치를 적용했는데, 두 정당이 연립할 경우에는 7%, 세 정당은 9% 그리고 넷 이상의 정당이 연립할 경우에는 11%의 제한선을

44) Grzymala-Busse (1998) 442-471.

통과해야 의회에서 의석을 차지할 수 있었다.[45] 체코슬로바키아의 선거법이 여타 중·동유럽 국가의 선거체제보다 더 높은 수치의 봉쇄조항을 설정했음에도 불구하고, 민주화 초기단계에서 정당 난립을 막을 수 없었던 것은 제도상의 문제라기보다는 유권자와 행위자의 성숙되지 못한 민주적 정치문화와 의식의 문제라고 볼 수 있다.[46]

개정된 선거법에서는 일반대중들의 반공산주의 정서를 수용하고 옛 비밀경찰의 권력남용을 문제 삼아 모든 입후보자들에게 비밀경찰과 협력한 전력이 없음을 공개적으로 증명하도록 했으며, 1990년 정당법에서 규정했던 10,000명 이상의 정당지지 서명조항을 10,000명 이상의 당원으로 수정함으로써 신생정당의 난립을 막으려 했고, 선거과열을 우려해 선거유세 기간을 40일에서 23일로 축소시켰다.[47]

1990년 최초의 선거에서 11개 정당이 전국정당으로 선거에 참여했던 반면 1992년 의회선거를 전후해서는 유일한 전국정당이었던 공산당마저 두 개별공화국 수준의 정당으로 분리되면서, 양공화국을 교차하는 정당이 사라졌다.

이렇게 전국정당이 사라지고 개별공화국 수준으로 정당의 활동범위가 축소된 제도적 요인은 연방의회의 구성 원칙과 선거법이 개별공화국 수준으로 이원화되어 있었기 때문이다. 체코슬로바키아가 두 주요 민족그룹인 체코인과 슬로바키아인으로 구성된 연방국가라는 특성상, 의회는 두 공화국 모두에게 충분한 대표권을 부여하고자 했다. 이런 이유에서 두 공화국이 공통된 목적을 수행할 때에는 원내 협상과 타협이 가능했지만, 상이한 목표를 수행할 때에는 연방에 기반을 둔 의회가 의회 본연의 대표기능과 협상의 장으로써의 역할

45) Brokl and Mansfeldová (1993) 404.

46) 폴란드에서는 1991년 총선에서 제한규정이 없었고 헝가리에서는 1990년 총선에서 4% 제한규정을 두었다[Shvetsova (1999) 400-401].

47) Gronský (1999) 306.

을 수행할 수 없었다.

의회를 협상과 타협이 이루어지는 곳이자 정책결정과 민주주의 제도화의 중심 장이라 할 때,[48] 체코슬로바키아 의회는 민주이행의 초기단계에서 정상적인 기능을 수행하지 못했다. 당시 의회는 정책을 결정하고 심의하는 장이 아닌 단지 어떠한 결정을 승인하는 형식적인 기구에 불과했으며, 민주주의 정착에 있어 중추적인 역할을 담당하지 못했다.

연방의회는 구조상 양원제였지만, 실제로는 단원제에 가까웠고 중요한 사안에 대해서는 삼원제의 성격을 띠었다. 우선 연방의회의 상, 하원이 동등한 권한을 지니고 있었기 때문에 어느 쪽을 상원으로 그리고 어느 쪽을 하원으로 규정할 수 없는 단원제의 성격이었다. 양원 모두 독자적인 불신임안 의결권, 대통령 지명권과 조약 체결권이 없었다. 중요사안은 물론 모든 상정 법안은 양원 모두를 통과해야 했다. 반면 의회의 삼원제적 특성은 상원내의 '이중다수결(double-majority)' 원칙에 기반을 둔다. 모든 법안에 대해서 인구비례에 따라 하원뿐만 아니라 공화국별 동수로 이루어진 상원의 체코 대의원과 슬로바키아 대의원 각각에서 다수결이 필요했고 3/5 개헌선 역시 체코 대의원 3/5의 동의와 슬로바키아 대의원 3/5의 동의가 동시에 필요했다.

이처럼 의회가 각 공화국별로 운용되고 선거법과 선거구 역시 개별공화국으로 제한되어 있어 개별공화국에 한정된 정당이 등장하고 공화국의 경계를 넘은 전국정당은 사라졌다. 1990년 선거에서는 두 공화국의 최대 정당 사이의 협력에 따라 이러한 이원화된 구조가 큰 문제가 되지 않았지만 1992년에는 양 공화국 최대 정당 사이의 협력관계가 무너지게 되면서 국가가 분리되는 요인으로 작용했다.

---

48) Liebert and Cotta (1990) 8.

1990년 선거 이후 시민포럼, 반폭력대중의 해체와 새로운 정당의 등장으로 1992년 선거는 더욱 더 복잡한 양상을 띠었다. 새로이 등장한 정당들은 이제 공산주의에 반대하고 민주주의를 지지한다는 추상적인 상징만으로는 유권자들의 지지확보에 실패할 수밖에 없었기 때문에 이전 선거보다 더욱 명확한 강령과 조직을 갖추고자 노력했다. 동시에 소규모의 정당들은 1992년 정당법과 선거법으로 인해 원내진입이 더욱 어렵게 되자 각자의 정책과 이념에 따라 합당과 분당 그리고 선거연합을 구축하는 등 이합집산의 과정을 반복했다.

〈표5〉 1992년 선거결과와 의석 - 연방하원과 연방상원

체 코	연방 하원		연방 상원		슬로바키아	연방 하원		연방 상원	
	득표율	의석	득표율	의석		득표율	의석	득표율	의석
시민민주당1)	33.9	48	33.4	37	민주슬-운동5)	33.5	24	33.9	33
좌익블록2)	14.3	19	14.5	15	민주좌파	14.4	10	14.0	13
사회민주당	7.7	10	6.8	6	민족당	9.4	6	9.4	9
공화당	6.5	8	6.4	6	기독민주운동	9.0	6	8.8	8
기독-인민당3)	6.0	7	6.1	6	공존당	7.4	5	7.4	7
자유민주연맹	5.8	-	6.1	-	사회민주당	4.9	-	6.1	5
시민민주연합	4.98	-	4.9	-	시민민주연맹	4.0	-	4.0	-
시민운동	4.4	-	4.7	-	민주-시민민주	4.0	-	3.7	-
자치운동4)	4.2	-	4.1	-	기독민주연맹	3.5	-	3.2	-
연금자당	3.3	-	3.4	-	녹색당	2.6	-	2.4	-
소상인당	2.6	-	2.7	-					
비당원시민	2.0	-	2.2	-					
기타	4.4	-	4.8	-	기 타	7.5		7.1	
전체 의석		99		75			51		75

〈표6〉 1992년 선거 - 체코와 슬로바키아 의회〉

체코의회	득표율(%)	의석(석)	슬로바키아의회	득표율	의석
시민민주당[1)]	29.7	76	민주슬-운동[5)]	37.3	74
좌익블록[2)]	14.1	35	민주좌파	14.7	29
사회민주당	6.5	16	기독민주운동	8.9	18
자유사회연맹	6.5	16	민족당	7.9	15
기독-인민당[3)]	6.3	15	공존당	7.4	14
공화당	6.0	14			
시민민주연합	6.0	14			
자치운동[4)]	5.9	14			
전체		200			150

4.3. 헌법제정

1990-1991년 시기의 정치과정은 프라하의 봄이 실패한 이후 1969년에 제정된 헌법에 의해 결정되었다. 탈공산화 과정이 기존 헌법을 통해 진행되었다는 점은 몇 가지 측면에서 아주 부정적인 결과를 낳았다. 첫째, 1969년 헌법은 체코와 슬로바키아의 연방화를 규정하고 있었다. 엄밀한 의미에서 연방화는 양 공화국 사이에서의 권력의 분립을 완전히 인정한 것은 아니었지만, 그럼에도 불구하고 양 공화국은 두 개의 국가처럼 구성되어 있었다. 새로운 헌법 제정을 논의하면서, 체코와 슬로바키아는 연방정부, 의회, 대통령 사이의 권력관계에 대한 합의를 보지 못했을 뿐더러, 연방정부와 두 개의 개별 공화국 정부의 권력관계를 명확하게 규정하지도 못했다. 이 와중에 슬로바키아는 1992년 7월 차지를 선언했고, 9월에는 슬로바키아의 독자적 헌법을 발표했다. 같은 달 체코 역시 새로운 헌법 초안을 마련했다. 그러나 사실상 체코의 헌법은 1920년 제정된 제1공화국 헌법을 기초로 여기에 약간의 수정을 가한 것에 불과했다. 헌법의 주요 골자는 다음과 같았다. 양원제, 하원은 비례대표로 선출, 대통령은

V. 하벨과 벨벳혁명
출처: http://www.rferl.org/content/Timothy_Garton_Ash_Democracy_Still_Under_Threat_20_Years_After_Velvet_Revolution/1879744.html

의회가 선출하며, 사실상의 권한은 없음, 개헌을 위해서는 하원 재적의원의 3/5 이상이 필요하다는 내용이었다.[49] 이러한 내용의 헌법은 국가분리 며칠 전인 1992년 12월 6일에 가서야 제정되었다.

둘째, 공산주의 시기의 헌법을 기초로 탈공산화 과정을 진행하면서, 공산당에 대한 문제는 뒷전이었다. 사실상 체코가 헌법 제정을 서둘렀다면, 현재의 공산당은 존재하지 않을 수도 있었을 것이다. 폴란드, 헝가리 등 인접한 공산주의 국가의 탈공산화 과정이 공산당과 반체제 혹은 야당과의 타협을 통한 과정이었다면, 체코는 사실상 공산당이 타협할 만한 위치에 있지도 않았다. 오히려 타협을 제한한

49) 당초 클라우스는 개헌 요건을 단순과반으로 제안했었다. 당시 위원회에서 논의된 또 다른 안건은 다음과 같다: 국토구분, 상원 설립, 선거제도(다수제를 두려워했다), 민주적 정당성을 강화시키기 위한 의미로 국민투표제도. 준-대통령제 제안은 거부되었다.

측은 반체제 단체였다. 만일 반체제가 공산당에 타협의 손을 내밀지 않았다면, 공산당과 공산주의 유산에 대한 보다 진지한 처리가 진행되었을 것이다. 애커만(B. Ackerman)은 바로 이 시점에서 "기회의 창이 쾅 하고 닫쳤다"라고 언급했다. 다시 말해 과거에 대해서 정당성을 부여해 줌으로써 완전한 과거와의 단절을 추진하는 것이 사실상 불가능해졌다는 말이다.

그럼에도 불구하고, 체코의 경우는 폴란드나 헝가리와 같이 공산당에 지분을 인정하지는 않았다. 공산당은 자유민주주의 체제에서 작동하는 행위자로 인정받았고 이후 공산당 스스로의 개혁과 내부 권력투쟁을 거쳤지만 기존 공산당의 특성을 그대로 유지해 나갔다.

4.4. 과거청산

1989년 12월 29일 대통령으로 취임한 하벨은 취임 직후 내부부 장관을 통해 공산정권 시기에 활동했던 비밀경찰과 그 협력자들의 활동을 금지시키고, 1990년 6월로 예정된 총선에 출마할 후보자들에 대한 검증의 필요성을 제기했다. 체코슬로바키아 공산당은 이에 발발했고 후보자 검증을 거부했다.[50] 그러나 1990년 선거에서 반공산당 측이 완승을 거두면서 옛 정권에 대한 보다 체계적인 검증과 정화의 필요성이 증대되었고 이에 1991년 1월 체코슬로바키아 연방의회에서는 주요 공직자들을 검증하기 위한 위원회를 설립했다. 위원회에서는 연방의회 의원들에 대해 비밀경찰과의 연루 사실을 검증했고, 연루 사실이 밝혀진 의원들은 보름 이내에 자신의 연루 사실을 언론에 공개하도록 했다. 이러한 검증 작업은 1991년 '정화법'으로 구체화되었다.

체코의 정화법은 대규모 정화법과 소규모 정화법으로 구분되는

---

50) Nedelsky (2004) 70.

데, 대규모 정화법은 "체코와 슬로바키아 연방과 체코 및 슬로바키아 공화국에서 특정한 지위를 차지할 수 있는 기준에 관한 법(Act No. 451/1991)이며,[51] 소규모 정화법은 "체코의 경찰과 군부에서 특정한 직책 수행을 위한 기타 전제조건에 관한 법(Act No. 279/1992)이다.[52] 일반적으로 체코의 정화법은 1991년의 대규모 정화법을 의미하는데, 당초 5년 한시법으로 제정되었으나 1996년 개정으로 5년간 시효가 연장되었다가 2000년 개정으로 시효를 정하지 않았다. 비록 체코의 정화법이 처벌에 주안점을 두고 있지는 않지만 그럼에도 불구하고 탈공산주의 국가에서 실시된 과거청산 중에서 가장 강력하고 포괄적인 내용을 담고 있다.[53]

정화법 제1조 1항에서는 검증의 대상이 되는 분야와 직책을 밝히고 있는데, a) 연방공화국 및 개별 공화국의 국가 행정직(1993년부터는 체코공화국)[54], b) 군대(장성급과 영관급), c) 연방 정보부, 연방 경찰 및 대통령 근위대, d) 개별 공화국 대통령 사무국, 의회, 의회 사무국, 내각, 연방 헌법재판소 및 개별 공화국 헌법재판소, 연방 대법원 및 개별 공화국 대법원, 체코슬로바키아 과학아카데미 최고 위원회 및 슬로바키아 과학 아카데미 최고위원회, e) 체코슬로바키아 라디오 및 개별 공화국 라디오 방송국, 체코슬로바키아 텔레비전 및

51) Zákon č. 451/1991 Sb., kterým se stanoví některé další předpoklady pro výkon některých funkcí ve státních orgánech a organizacích České a Slovenské Federativní Republiky, České republiky a Slovenské republiky; 이 법은 1991년 10월 4일에 통과되었다.

52) Zákon č. 279/1992 Sb., o některých dalších předpokladech pro výkon některých funkcí obsazovaných ustanovením nebo jmenováním příslušníků Policie České republiky a příslušníků Vězeňské služby České republiky; 이 법은 1992년 4월 28일에 통과되었다.

53) Skąpska (2003) 199-202; Robertson (2006) 73.

54) 1991년 당시 국명은 체코와 슬로바키아 연방공화국이었다. 그렇지만 1993년 1월 1일을 기해 양 공화국이 분리해 개별 국가가 되었고, 체코공화국에서는 1991년 제정한 소위 '정화법'을 이전 연방공화국 당시의 내용으로 그대로 유지했던 반면, 슬로바키아에서는 정화법을 슬로바키아 법으로 제정하지 않았다.

개별 공화국 텔레비전 방송국, 체코슬로바키아 언론 위원회 및 개별 공화국 언론 위원회, f) 국영기업, 정부 산하기구, 국가가 최대주주인 주식회사, 무역회사, 철도청, 국가기금, 국가가 출자하는 중앙은행 및 이하 언급하지 않는 모든 고위 직위.

정화법 2조에서는 정화법의 적용대상 기간을 1948년 2월 25일부터 1989년 11월 17일까지로 한정하고 있는데, 바로 이 기간은 공산정권이 집권하던 기간이다. 정화법에서는 특히 공직제한 대상자를 공산당 고위직이나 비밀경찰로 복무한 자 혹은 협력한 자로 한정하고 있는데, 다음 항에 해당하는 자를 고위공직에 임명하지 않는다고 명시하고 있다.

1항) 비밀경찰로 근무한 자, 2항) 비밀경찰에 근무한 기록이 남아 있는 자 혹은 혐의가 있거나 정보를 제공한 자, 비밀경찰과 공모한 자, 3항) 의도적으로 비밀경찰에 협력한 자, 4항) 체코슬로바키아 공산당 혹은 슬로바키아 공산당에서 고위급 서기로 근무한 자, 공산당 정치국원 및 개별 지역 정치국원. 5항) 보안대에 근무한 자, 6항) 인민군 장교, 7항) 1948년 2월 25일 이후 민족전선 행동 위원회 그리고 1968년 8월 21일 이후 정상화 위원회에 참여한 자, 8항) 소련 군사학교 및 소련 내무부 관료 양성소 등에서 교육받았던 자 혹은 상기한 학교에서 이와 유사한 대학원 과정을 3개월 이상 이수한 자 등이다.

상기한 2조 3항에서 언급된 비밀경찰에 협력한 자의 경우는 비밀경찰의 문서에 확실한 협력자로 기록되어 있는 자를 의미하거나, 확실히 비밀경찰과 공모한 자 및 보안대와 지속적인 관계를 맺으면서 비밀경찰에 협조하거나 혹은 정보를 제공한 자를 의미한다. 여기에서 문제가 되는 점은 정화법에서는 비밀경찰의 기록에 남아있는 모든 사람들을 우선적으로 비밀경찰에 협력한 사람으로 가정한다는 점인데, 후에 이 조항에 따라 많은 사람들이 피해를 입었고 정치권에서는 정화법의 존폐를 진지하게 논의하기도 했다. 정화법의 기본

가정에 따르면 반체제운동을 주도하고 체코슬로바키아 초대 대통령이 되는 하벨 역시 비밀경찰 문서에 이름이 기록되어 있어 우선은 비밀경찰과 협력한 자로 분류된다는 것이다. 전 총리 파로우벡(Jiří Paroubek)은 총리로 지명된 당일 비밀경찰 문서에 그의 이름이 올라 있다는 언론보도로 곤욕을 치르기도 했다.[55]

정화법 3조에서는 비밀경찰 이외에 국가 고위직을 맡을 수 없는 조건을 상세히 예시하고 있는데, 우선 연방 내무부, 연방 정보부, 연방 경찰, 대통령 경호실 등의 근무자 조건을 다음과 같이 한정시키고 있다. 1항) 국가 정보부에서 방첩활동과 관련된 부서에서 근무한 자, 2항) 정보부의 책임자 혹은 부서장급 이상, 3항) 소련 군사학교 및 정보학교에서 교육받은 자 혹은 동 기관에서 3개월 이상 대학원 과정을 이수한 자, 4항) 체코슬로바키아 공산당 혹은 슬로바키아 공산당 위원회 비서 및 중요 위원회 회원이었던 자, 정치교육을 담당했던 자, 내무부에서 교육문화, 선전선동을 담당했던 자 등이다.

이러한 조건에 부합되는 자들이 공직에 진출하기 위해서는 상기한 사실이 없음을 입증하는 서류를 첨부해 이를 제출해야 한다. 제4조 1항에서는 공직에 나서기 위해서는 2조의 1)항에 해당하지 않음을 내무부에서 발행하는 증명서를 첨부해 입증해야 한다고 명시했다. 한편 7조에서는 대통령이나 국회의장, 장관, 검찰총장 등도 예외 없이 직책에 선출되거나 임명된 지 30일 이내에 동일한 절차를 거쳐야 하며, 이때 내무부는 일반인들의 경우와는 달리 지체 없이 증명서를 발급할 의무가 있다.

공직에 진출하기 위해서 필요한 증명서 혹은 판결문을 발급하는 내무부에서는 해당 개인의 과거 전력을 검증하는데 필요한 '심사위

---

55) 파로우벡은 자신의 입장과 내무부에서 발행하는 공식 검증서를 첨부하여 자신의 이름이 비밀경찰 명부에 올랐던 것은 다만 1970년대 당시 비밀경찰이 자신을 3번 정도 만났다는 것을 의미한다는 사실을 밝혔다.

원회'를 구성하고 심사위원회에게 해당 인물에 대한 심사를 할 수 있는 전권을 부여한다. 정화법 11조에서는 인물 검증을 위해 구성된 심사위원회가 공식적으로는 내무부 산하지만, 내무부에 책임을 지지 않는 독립적인 기관으로 운영된다고 명시되어 있다. 심사위원회는 모두 9명의 위원으로 구성되며, 위원장과 부위원장 그리고 위원 1명은 의회의장이 임면권이 가지고 있고, 내무부가 2명, 정보부가 1명, 의회가 3명의 위원을 임명할 수 있다.

이렇게 심의한 내용에 따라 해당 개인이 공직을 수행할 수 있는 조건을 충족시키지 못했을 경우, 위원회는 해당 개인에게 그 결과를 15일 이내에 통보해야 하고 개인은 결과를 통보받는 대로 결과에 불응할 경우 다시 심의를 요청할 수 있다. 제18조에서는 개인이 위원회나 혹은 법원의 결정에 불복할 경우 그러한 결정이 내려진 이후 60일 이내에 결정의 수정을 요청할 수 있도록 규정하고 있다.

비밀문서에 대한 접근 역시 체코는 다른 국가에 비해 훨씬 더 포괄적인 방안을 선택했다. 우선 1996년 '비밀문서 열람법(Act. 140/1996)'을 통해 시민들은 자신들과 관련된 문서를 열람할 수 있게 되었다. 또한 2002년 3월 '비밀문서에 대한 포괄적인 연람법(Act. 107/2002)'에서는 성인시민들은 문서를 연람할 수 있고, 비밀경찰 협력자들의 문서, 비밀경찰의 개인 문서 그리고 비밀경찰이 모니터하여 기록한 자들의 문서를 연람할 수 있도록 규정했다. 마지막으로 2004년 <Act 499/2004>을 통해서 일반 시민들은 반체제인사들에 대한 정보가 포함된 문서를 열람할 수 있게 되었다(David 2006).

체코에서는 이러한 법령 이외에도 공산주의시기에 자행된 범죄를 조사, 기록하는 특별 위원회를 내무부 산하에 설치했는데, 1995년 설립된 <공산주의 범죄행위 조사 및 기록위원회(Úřad dokumentace a vyšetřování zločinů komunismu>가 그것이다. 조사 및 기록위원회는 공산주의 시기 동안 행해졌던 각종 범죄행위를 조사하고 기록하며,

그에 연루된 인사들을 기소하고 처벌하는 목적을 지니고 있다. 지난 2001년에는 경찰청 산하기구로 재편되어, 공산정권 기간 중에 행해졌던 범죄 사실에 대한 조사, 기록을 담당하고 있다.

조사위원회의 주된 업무는 첫째, 1948년 2월에서 1989년 12월 29일까지 있었던 범죄와 관련된 사항을 조사하는 것이며, 둘째, 1945년 1월부터 1989년 12월 29일까지 공산정권의 불법적인 행위와 관련된 문건들을 수집하고 이를 평가하는 것이다. 셋째, 조사위원회의 공식 발간물을 준비하는 업무도 수행한다.[56)]

조사위원회에서도 역시 공산정권과 비밀경찰의 범죄행위에 주목하고 있는데, 2005년 7월 까지 모두 94건의 형사고발을 통해 187명을 처벌했고, 현재 111건의 재판이 계류 중이다. 조사위원회의 활동을 보장하는 법적 근거는 지난 1993년 7월 9일부터 효력이 발효된 '법령 198/1993'으로 이 법령에서는 공산정권이 불법이었음을 규정하고 있다. 또한 이 법령에서는 체코슬로바키아 공산당과 그 지도부들이 1948년에서 1989년 사이에 벌어졌던 통치행위의 결과에 책임을 져야 한다고 밝히고 있다. 이 법령에서는 "공산당의 통치 40년간은 범죄성, 비정통성 등으로 비난받아야 한다. 공산당은 시민들로부터 자유로운 정치적 견해를 피력할 수 있는 기회를 박탈했으며, 정권에 무조건 동의하도록 강제했고 무고한 이들을 박해했으며, 오히

---

56) 첫째 임무와 둘째 임무간의 기간차이는 다음과 같은 의미를 지니고 있다. 1948년 2월 25일은 공산당이 무혈 쿠데타를 통해 공식적으로 일당독재 통치를 시작했던 날짜이고, 1945년 1월 1일은 해방직전 공산주의 세력이 국내에 득세하던 시기로 이 당시 공산주의자들의 테러나 물자징수 및 살인, 방화 등의 범죄가 많았다. 따라서 위원회의 첫 번째 목적에 나와 있는 시기인 1948년 2월 25일부터 공산정권이 공식적으로 붕괴된 1989년 12월 29일까지는 공산정권과 관련된 각종범죄 행위를 공식 발표하여 이를 토대로 그들의 범죄행위를 사법 처리하겠다는 의지이며, 두 번째 목적에 명기된 날짜인 1945년 1월 1일부터 1989년 12월 29일까지는 사법 처벌은 불가능지만, 이와 관련된 사실을 기록으로 남기며 공산주의자들의 당시 행위를 역사적으로 평가하겠다는 의지를 나타낸다.

려 범죄를 저지르는 사람들이 혜택을 받게 했고 적과 협력했다"고 비판했다. 법령에서는 또한 "공산정권에 대한 저항은 정당했고 도덕적으로도 올바르고 존경받을 만했다"고 강조했다.

체코에서의 이러한 일련의 과거청산과 정화 작업은 처음 법령 제정 당시부터 많은 논란을 불러일으켰다. 현재까지도 체코 정당체계의 특수한 상황으로 과거청산과 정화가 과거의 문제가 아닌 현재의 논리로 해석되고 있는데, 특히 민주계 정당들과 공산당 간에 이 문제를 두고 계속해서 충돌이 벌어지고 있다.

체코 과거청산의 또 다른 문제점은 과거청산과 정화를 시행할 자료의 부정확성을 들 수 있다. 공산정권과 비밀경찰에 의해 기록된 비밀문서의 상당부분이 이미 훼손되어 있고 기록에 대한 신빙성이 떨어지는 상황에서 과거청산과 정화의 대상자들이 자신의 행적에 대한 부정확성과 불충분함을 지적하고 있으며, 동시에 이러한 부정확한 자료를 이용해 정적을 공격하는 상황도 벌어지고 있다.[57] 이러한 사실은 비밀경찰과의 연루 사실이 정확한 근거가 있는 것이 아니라 불완전한 자료에 기초하고 있으며 동시에 정적들 간의 네거티브 전략으로 활용되고 있음을 보여주는 것으로 과거청산과 정화의 불완전한 속성을 보여주고 있는 것이다.[58]

4.5. 교육개혁

과거와의 단절을 위해서 그리고 과거에 대한 진지한 반성과 민주

---

57) 예를 들어 지난 2007년 당시 총리였던 토숍스키(J. Tošovský)와 체코 TV 사장 등이 공산정권 시기에 비밀경찰과 협력했거나 인민군 소속이었다고 기소되기도 했으며 반공산주의 혁명의 주역이자 상원의원이었던 디엔스트비에르(J. Dienstbier) 등도 비밀경찰과의 연루설에 시달렸다["Tošovský spolupracoval s StB," MF Dnes (12 Feb. 2007), "Rada ČT podržela Janečka i bývalého milicionáře," Hospodářské noviny (22 Feb. 2007); "Nohavica a StB: nová fakta," Lidové noviny (10 Feb. 2007)].

58) Rosenberg (1995); Šiklová and Havel (1999).

주의 정착을 위해서 가장 중요한 측면은 교육이다. 체제와 법 등 이른바 구조적인 측면에서의 민주화가 진행되었다고 해도 이것이 내재화 되지 않는다면 민주주의의 심화와 유지가 어려울 수 있기 때문이다. 따라서 민주주의의 내재화 혹은 제도화를 위해서는 일종의 문화적 개혁이 필요한데, 체코에서의 문화적 개혁은 탈공산주의 세대들에 대한 새로운 교육을 통해서 서서히 진행되고 있다.

공산주의 시기 교육의 목표는 사회주의 이데올로기를 학습하고 체제에 순응하는 소위 '공산주의형 인간(Homo Sovieticus)'을 양성하려는 것이었다. 이 시기 교과과정은 자본주의 체제와 비교해서 공산주의 체제의 우수성을 강조하고, 소련을 우호적으로 묘사했으며, 의무적으로 러시아어를 가르치도록 했다. 1948년에 제정된 체코슬로바키아 교육법 제1조에서는 "우리가 건설하는 사회주의 사회에 맞는 새로운 사회주의적 시민, 노동자, 농민, 인텔리겐치아를 양육해야 한다. 또 이들이 새로운 사회에 잘 적응하도록 완벽히 준비시켜야 한다. 사회주의 건설이라는 위대한 과업과 정치적, 경제적, 기술적, 문화적 발전 그리고 안보와 긴밀히 연계되어 있는 학교교육을 통해서만 이러한 목표를 달성할 수 있다"[59]고 밝혔다.

사회주의 국가 건설을 위한 새로운 종류의 인간형을 만들어내는 것도 교육의 중요한 목표였다. 1949년 공산화가 완료된 체코슬로바키아의 교육부에서는 교육의 목표를 사회주의 건설과 그 과정에서 적극적인 역할을 할 사회주의 일꾼을 양성하는 것이라고 밝혔다. "1948년 2월 체코슬로바키아 역사에 새로운 시대가 시작되었다. 인민의 승리로 사회주의로 향하는 길이 열렸다. 이날을 계기로 자본주의의 마지막 잔재까지 사라졌다. 교육은 한 가지 목표를 지향하고 있다. 그것은 사회주의 사회에서 살아갈 새로운 세대를 길러내는 것

59) Nellie and Rosen (1963) 12.

이다"[60]라고 강조했다. 또 1950년 대학법 서문에 "대학은 인민 민주주의 공화국에 충성하고 사회주의 사상에 헌신하는 수준 높은 노동자를 교육하는 임무를 담당한다"고 명시했다.[61]

공산주의 시기의 교육이 기여한 긍정적인 측면도 있었다. 그동안 2차 교육과 3차 교육에서 배제되었던 육체노동자와 농민 출신에게 계급 가산점과 입학 할당제를 통해 더 많은 기회를 부여한 것인데, 고등학교 이상 학교의 정원 50%가 이들에게 배정되었다.[62]

체제전환 이후 교육의 탈정치화가 시작되었다. 마르크스-레닌주의 내용이 포함된 필수과목을 폐지했고, 교육과정과 실제 수업에서 이데올로기적 측면을 제거했다. 또한 당과 국가의 교육 독점이 사라지고 사립학교와 종교학교 등이 설립되었다. 학생들 역시 자신들의 능력과 관심에 따라 교육의 방향을 선택할 수 있게 되었다. 결국 교육에 대한 중앙집권적인 결정 방식이 사라지고 상당한 분권화가 진행되었다.

탈공산화 과정에서 교육개혁이 중요한 의미를 지니고 있는 것은 교육을 통해 민주주의를 지지하는 새로운 세대를 양성한다는 의미 이외에도, 경제적인 발전을 위한 새로운 지식의 습득과 정보의 이용을 가능하게 한다는 측면 때문이다. 따라서 체제전환 이후에는 공산정권 시기에 경시되었거나 무시되었던 과목이나 교육내용이 강조되고 있다. 특히 단순한 기술자를 양성하려던 공산주의 교육의 목표에서 벗어나 윤리교육, 시민사회 교육, 사회과학, 역사, 지리, 문학, 종교교육, 철학, 경제학 등의 인문교육을 통해 인재를 양성하려는 목표를 새로운 과제로 설정했다. 외국어 분야에서는 러시아어를 필수

60) UNESCO (1949) International Yearbook of Education.

61) Kasková (1958) 97.

62) 1970년 중반에 가면 노동계급 출신이 대학에서 차지하는 비율이 사회주의 체제 이전의 1-2%에서 51%까지 높아졌다[Hanley (2001) 26].

과목으로 지정했던 것을 폐지하고, 그 대신 영어, 독일어 등의 서유럽 언어를 더욱 중요시 했으며, 제2외국어, 제3외국어까지 교육한다. 러시아어는 일부 학교에서만 선택과목으로 남아있을 뿐이다.[63]

그러나 교육개혁은 단순히 교과목을 바꾸는 선에서 그치지 않는다. 공산정권 시기부터 직접 교육을 담당하고 있던 교육자들의 변화도 절실하다. 이를 위해서 교육부에서는 교사 재교육 프로그램을 도입했다. 공산주의 시기 교사는 "이데올로기 전선의 전사이며, 당의 사상을 전달하는 최전선에 있는 사람이었다. 교사는 고도의 공산주의 의식이 있어야 하며, 마르크스-레닌주의 이론을 포함해 자신의 지식을 계속해서 쌓고 전달하는 일꾼이었다."[64] 따라서 교사의 재교육 내지는 새로운 세대로부터 교사를 충원하는 작업이 교육개혁에서 가장 중요한 과제라고 할 수 있다.

제5장 맺는 말

일반적으로 비민주체제에서 민주체제로 전환된 국가에서는 과거청산의 문제가 가장 중요한 아젠다로 대두된다. 이것이 정치적인 빅베드(big bath)인지와는 별개로, 완전히 새로운 체제로 진입한 이후에 등장한 엘리트들은 자신들의 정당성을 위해서 기존 체제를 비판하고 이를 극복하려는 정책을 채택하기 마련이다.

그러나 체코에서는 공산체제를 극복하는 수단을 마련하는데 약간은 서툴렀던 것으로 보인다. 체코인들 스스로는 공산주의도 인정되는 국가야 말로 진정한 민주주의 국가라고 에둘러 말하고 있지만,

---

63) Čerych (1997) 85-86.
64) Grant (1972) 11.

실상 이들이 공산체제가 무너진 이후에 즉각 새로운 헌법을 제정했더라면 옛체제와 정권에 대한 보다 철저한 청산을 할 수도 있었을 것이다. 인접한 폴란드와 헝가리와는 달리 체코 공산당이 야당이나 시민사회와 타협해서 체제전환을 시작한 것이 아니었다. 공산당은 타협을 할 위치에 있지도 않았고 혁명의 시점이 다가오면서 타협을 주장할 정도로 그렇게 담대하지도 못했다. 공산당은 스스로가 소멸될 것이라고 생각하고 있었다. 이들의 생명줄은 연장한 세력은 오히려 반체제운동 그 자체였다. 시민포럼으로 대표되는 반체제운동은 공산당에 손을 내밀었고, 공산당은 기꺼이 이 구원의 손을 잡았다. 결국 체코의 새로운 헌법은 1992년 12월에 가서야 제정되었다. 따라서 공산당은 이 기간 중에 자신들의 유산을 유지할 수 있는 기반을 닦았고 새로운 체제에서 생존할 수 있는 방법을 찾았다.

결과적으로 볼 때, 체제전환 혹은 탈공산화 민주화 과정에서 가장 중요했던 사건은 1990년 6월 선거였다. 이 선거가 공산주의와 민주주의 둘 중 하나를 선택하는 국민투표의 성격이었지만, 그렇다고 해서 둘 중 어느 하나를 완전히 괴멸시키기 위한 선거는 아니었다. 공산당은 민주적 규칙으로 치러진 1990년 선거를 통해 자신들도 민주적으로 선출된 정당한 행위자로 활동할 수 있었고 공산당에 반대하던 세력들도 이를 인정할 수밖에 없었다.

이로써 체코에서는 공산체제의 잔재와 유산이 민주주의 체제 속에서 살아남을 수 있었다. 체코는 과거청산법, 교육개혁 등을 통해 옛 체제의 유산을 조금씩 제거하려고 하지만, 그럼에도 불구하고 민주주의, 시장경제 체제 속에서도 굳건히 뿌리를 내리고 있는 그러한 유산은 여전히 저항을 계속하고 있다. 체코 공산당은 지난 25년 동안 당내 민주화를 통해 옛 체제의 전통과 유산을 많이 제거하기는 했지만, 여전히 정당체제 내에서 파트너로써 인정받지 못하고 있다. 이런 상황에서 공산당은 자신들의 위상과 입지를 강화시키기 위해 극단주의적인 방향으로 나아가면서 민주주의와 시장경제에서 소외된 계층을 공략하고 있다. 이러한 이들의 전술은 현재까지는 상당히 성공하고 있는 셈이다.

루마니아

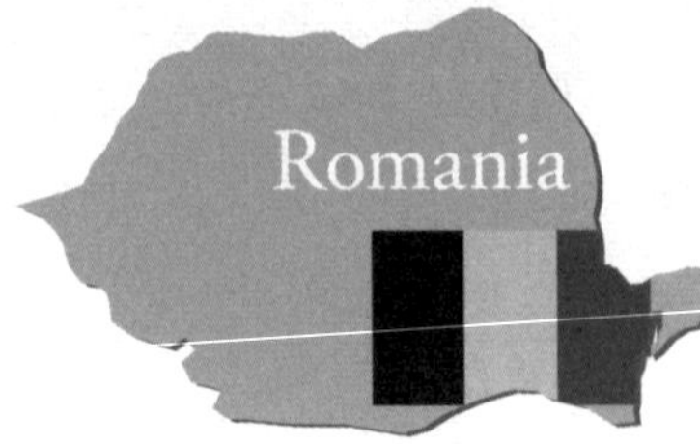

1. 루마니아 공산화 과정 연구

제1장 들어가는 말

루마니아의 공산화과정에 있어서 가장 중요한 요인은 무엇보다 소련의 붉은 군대가 점령군으로서 루마니아에 주둔했다는 사실과 이에 대한 서방측의 인정 등을 언급할 수 있다. 이 외에도 공산주의 도입 초기에 루마니아 공산당이 루마니아 국민들로부터 얼마간의 대중적 지지를 얻어낸 것 또한 간과할 수 없는 요인일 것이다.

루마니아 공산당은 다른 동유럽과 마찬가지로 권력을 쟁취하기 위하여 어떻게 반대세력을 분열시킬 것인가를 알고 있었으며 한동안은 연립내각을 구성하여 국가를 통치하겠다는 인상을 주면서 세력을 계속해서 확장하여 결국 당내의 반공산주의 세력을 제거하여 권력을 독점하였다.

동유럽 국가들의 공산정권수립 유형은 학자의 견해에 따라 다양하게 분류되지만, 이는'통일전선전술'에 따른 동유럽 국가들의 공산화 과정의 차이에 불과하다. 유고슬라비아와 알바니아를 제외한 모든 동유럽 국가들은 소련의 주도하에 공산화되었다는 공통점을 가지고 있다.

레닌에 의해 처음으로 제창된 통일전선전술은 공산주의자들이 공통적으로 쓰고 있는 혁명전술의 하나인데, 이것은 세력이 약한 공산주의자들이 단독으로 공산혁명을 달성할 수 없을 때 비공산주의 세력을 자기편으로 끌어들이려는 위장전술을 의미한다.

코민테른 창설 1년 후인 1920년, 모스크바에서 개최된 코민테른 제2차 대회에서 '대중 속으로!'라는 방침이 채택되었는데, 이 방침에 기초하여 레닌은 사회민주주의당들과의 연합을 고려하면서 노동자 계급에 기반을 둔 모든 당들의 연합, 공산당과 사회민주당들의 통일전선을 제창하였다.

동유럽 국가들이 공산화되는데 사용된 통일전선전술은 다음과 같은 2가지 수단을 통해 이루어졌다고 볼 수 있다: 1) 붉은 군대의 주둔과 영향력, 2)점진적인 연립정부 수립. 즉 이 3가지 요소가 어떻게 적용되었느냐에 따라 동유럽 국가들의 공산정권수립 유형이 달라지는데, 1), 2)가 상대적으로 강했던 지역은 루마니아와 폴란드, 동독 그리고 불가리아였고, 2)가 강했던 지역은 헝가리와 체코슬로바키아였다. 유고슬라비아와 알바니아는 이들 3개요인 중 어느 하나도 존재하지 않는, 즉 소련의 직접적인 후원 없이 공산화된 국가이다.

이 글에서는 1940년대 말 루마니아가 어떻게 공산화되었는지 그 과정을 살펴보고자 한다. 연구의 범위는 1920년대 루마니아에서의 사회주의 및 공산주의가 출현하여 1948년 12월 30일 루마니아 인민공화국(Republica Populară Română)이 수립되기까지이다. 또한 연구 내용은 우선 1920년대 루마니아 공산당이 어떻게 출현했는지 살펴보면서 1944-1947년 사이의 국제정세와 당시 루마니아 정치권 내의 권력투쟁과 공산화 과정 그리고 루마니아 인민공화국의 수립 등을 면밀하게 살펴보고자 한다.

제2장 루마니아 공산화 과정

2.1. 1920년대 극좌, 극우세력의 출현

1921-1922년 사이 루마니아에서는 극좌, 극우파 정당들이 출현하면서 정치구조가 다양화되었다. 비록 이들 정당들은 대(大)루마니아[1]가 지속되는 동안 단 한 번도 집권당으로서 부상하지는 못했지만, 1930년 이후에는 정치적으로 커다란 영향력을 행사하였다. 이 시기에, 체코나 유고슬라비아 그리고 불가리아와 같은 다른 동유럽 국가들의 사회·공산주의자들은 자국 내에서 어떠한 영향력을 행사하고 있었지만 루마니아의 좌파세력들은 그렇지 못했고 이들의 정치적 영향력 역시 제한되어 있었다.

1921년 루마니아 사회-민주당(Partidul Social-Democrat) 내에서는 모스크바에서 조직된 제3인터내셔널(Internaționala a III-a: 1919-1943년) 영향하의 레닌주의 추종자들과 루마니아 사회-민주주의를 주장하는 사람들 사이에 분열이 일어났다. 따라서 1921년 5월 8일에 개최된 당 대회에서 루마니아 사회-민주당의 일부 당원들이 이탈하여 루마니아 공산당(Partidul Comunist)을 창설하였다. 하지만 당시 루마니아 공산당 내에서 팽배했던 당원들 간의 정치적인 갈등은

---

1) 제1차 세계대전 때 삼국협상(Triple Entente, 프랑스-영국-러시아) 진영에서 참전했던 루마니아는 트란실바니아(Transilvania) 지방과 바나트(Banat)지방, 바사라비아(Basarabia) 지방 그리고 부코비나(Bucovina) 북부지역을 병합하면서 대(大) 루마니아를 형성하였다.

1923년까지 계속되었다. 그 이후부터 루마니아 공산당은 소련의 이익에 충실하면서 반(反)루마니아적인 정책을 고수했는데, 이러한 정책은 대(大)루마니아에 반대하던 헝가리인과 유태인 그리고 불가리아인들과 같은 루마니아 지역 내의 소수민족들에게 공감을 불러일으켰다. 그렇지만 이 시기에 루마니아 공산당의 당원 수는 그렇게 많지 않았는데, 제2차 공산당대회(Congresul al II-lea)가 열렸던 1922년에 2,000명이었던 당원수는 1931년에는 1,500명 그리고 제2차 세계대전 기간 중에는 1,000명 이하로 줄어들었다.

흥미로운 것은, 대부분의 루마니아 공산당의 서기장(secretarul general) 혹은 총서기(prim-secretar)[2]가 게오르게 크리스테스쿠(Gheorghe Cristescu)를 제외하고는 루마니아인이 아니었다는 사실이다. 그들은 루마니아 공산당 규정과는 상관없이 코민테른의 지휘 하에 외국에서 개최된 세계 공산당 총회에서 선출되었거나 아니면 모스크바에서 직접 임명된 사람들이었다.[3] 따라서 루마니아 공산당 내의 고위직은 비(非)루마니아계 민족들이 차지하였고 루마니아인들은 단지 공산당원에 불과했다. 당시 루마니아 공산당은 1918년에 형성된 대(大)루마니아의 분할을 주요 목표로 삼았다.

---

2) 루마니아 공산당 서기장(secretarul general)은 1924년부터 공산당 총서기(prim-secretar)로 명칭이 바뀌었다. 크리스테스쿠는 1921-1924년 동안 루마니아 공산당 서기장이었다.

3) 예를 들어, 헝가리인 엘렉 쾨블뢰쉬[Elek Köblös, 1924-1928: 루마니아 이름 버둘레스쿠(Bădulescu)] 총서기는 스위스에서 열린 제3차 공산당 총회에서 선출되었고, 우크라이나인 비탈리 홀로스텐코[Vitali Holostenko, 1928-1931: 루마니아 이름 바르부(Barbu)] 총서기는 하르코브(Harkov)에서 열린 제4차 공산당 총회에서 선출되었다. 또한 모스크바에서 열린 제5차 공산당 총회에서는 홀로스텐코를 이어 우크라이나인 알렉산드루 다니엘루크[Alexandru Danieluk, 1931-1935: 다른 이름 고른 (Gorn)]가 총서기로 선출되었다. 이 외에도 불가리아인 보리스 쉬테파노브(Boris Ştefanov, 1935-1940)가 소련 공산당 중앙위원회(comitetul central)의 결정으로 루마니아의 총서기가 되었으며 헝가리계 노동자 출신인 이스트반 포리쉬(Istvan Foriş, 1940-1944) 총서기 역시 모스크바에서 직접 임명되었다.

1923년 루마니아 공산당은 소련의 부하린(Buharin)이 제안한 결의안(rezoluție)을 채택하면서 코민포름의 테제(teza Cominformului)를 통하여 소수민족들의 자주권과 관련한 문제를 해결하려 하였고 이는 양차 세계대전 기간 동안 계속 진행되었다. 이 결의안은 크리스테스쿠가 서기장이던 시기에 채택되었는데, 주 내용은 대(大)루마니아가 다양한 민족들로 구성되어 있을 뿐만 아니라 서구 제국주의의 인위적인 영토 설정으로 인해 탄생하였다는 것이었다. 따라서 이 결의안은 대루마니아가 완전히 분리될 때까지 루마니아 내 소수민족들의 자주권을 계속 주장하였으며 특히 루마니아와 바사라비아(Basarabia) 지방의 통일을 전혀 인정하지 않았다.

1928년 제4차 루마니아 공산당 총회에서 우크라이나와 부코비나의 통일에 관한 테제가 채택되었으며 도브로제아 지방의 독립을 주장하던 루마니아 공산당은 1933년에 도브로제아(Dobrogea) 지방이 불가리아로 병합되어야 한다고 주장하였다.

이처럼 루마니아 공산주의자들의 반민족적인 행동은 계속되었고 특히 1924년에는 타타르-부나르(Tatar-Bunar)에서 일어난 농민봉기를 종용하기도 하였다. 따라서 민족-자유당의 이온 브러티아누(Ion I.C. Brătianu) 정부는 1924년 공산당을 불법정당으로 간주하였다.

창당 3년 만에 불법정당이 된 루마니아 공산당은 지하에서 활동을 계속했으나 루마니아 정부차원에서의 감시로 인해 정치조직으로 존속하기가 쉽지 않았다. 특히 1936년에는 거의 모든 공산주의자들이 체포, 감금됨으로써 사실상 루마니아 공산당은 정치적 힘을 상실하였다.

루마니아 공산당은 소련에 충성을 다했지만 스탈린의 숙청작업에서 예외는 아니었다. 예를 들어, 도브로제아누-게레아(Al. Dobrogeanu-Gherea)와 파우케르(Marcel Pauker) 그리고 루마니아 공산당 기관지인 스큰테이아(Scânteia)의 편집장인 크로스네프(Gh. Crosneff,

불가리아인)와 같은 주요 인물들은 시베리아로 강제 이송되었다. 이외에도 제1차 세계대전 이전에 루마니아 사회주의 운동의 핵심인물로, 1917년 이후에는 모스크바의 명령에 충실하던 대표적인 소련파 공산주의자인 라코브스키(Cr. Racovski, 루마니아계 불가리아인)도 이 시기에 숙청되었다. 이처럼 1928-1931년 사이에 루마니아 공산당 내에서는 파벌 싸움이 잦았지만 1938년까지 계속된 스탈린의 숙청작업으로 인해 특히 루마니아 인텔리들이 척결되었다.

이 시기에 루마니아 공산당의 본부는 모스크바에 있었고 루마니아에서는 사무국이 개설되었다. 앞에서 언급한 것처럼, 루마니아 공산당은 양차 대전 사이에 정치권 내에서 커다란 영향력을 행사하지 못했지만 1938년에는 상황이 완전히 바뀌었다.

1930년, 코민테른의 대표자 벨라 쿤(Béla Kun)은, 1929년 루페니(Lupeni)에서 일어난 노동자 파업을 예로 들면서 루마니아 공산주의자들이 노동자 계급에 영향력을 행사하지 못했기 때문에 그들이 단독으로 파업을 주도하였다고 비난하였다. 코민테른이 루마니아 공산당을 못마땅하게 여긴 것은, 당시의 노동조합운동이 공산주의자들이 아니라 사회주의자들의 영향력 하에서 진행되었기 때문이었다.

1921년 사회-민주당이 분당되기 직전의 당원 수는 1,000명 이하였지만 그들의 간접적인 영향 하에 있는 노동조합원 수는 20만 명에 이르렀다. 이들은 1922년 몰도바(Moldova)-문테니아(Muntenia) 지방과 트란실바니아(Transilvania) 지방, 바나트(Banat) 지방 그리고 부코비나(Bucovina) 지방의 사회주의 정당(Partidul Socialist)들이 서로 연합하여 루마니아 사회주의 정당연맹(Federația Partidelor Socialiste din România)이 결성되는데 많은 역할을 하였다. 그 이후 이 정당연맹의 4개 정당은 1927년에 통합되어 루마니아 사회주의 민주당[Partidul Socialist-Democrat; 당수 티텔 페트레스쿠(Titel Petrescu)]으로 탄생하였다.

사회주의 민주당은 1928년 선거에서 9개의 의석수를 그리고 1931년에는 7개의 의석수를 차지하였다. 하지만 이 정당의 정치적인 영향력은 당내에서 좌파세력들이 이탈하면서 계속 감소하기 시작하였다. 그 후 이들 좌파세력들은 사회-통일당(Partidul Social-Unitar, 1928)과 루마니아 사회주의 당(Partidul Socialist Român, 1933)을 창당하였다. 따라서 사회주의 민주당은 1937년에 실시된 의회선거에서는 0.9%의 득표율을 획득하며 단 하나의 의석도 확보하지 못했다.

분명한 것은, 이 시기의 루마니아 사회주의자들이 공산주의자들과는 달리 민족적이고 반소적이었지만, 마르크스주의를 기반으로 하고 있었기 때문에 국민들의 지지를 받지 못했다는 사실이다.

한편 이 시기에 루마니아 우파들의 정치적 활동은 좌파보다 한층 더 천천히 진행되었는데, 특히 1918년 이전, 즉 구(舊)루마니아가 존재하던 시기에 이들의 정치적 활동은 거의 존재하지 않았다. 하지만 시간이 지나면서 우파들의 정치적인 활동은 사회·공산주의자들과는 비교할 수 없을 만큼 일시적으로 강하게 표출되었는데, 이들의 전제주의 정치체제(autoritarism)는 루마니아 정치사에서 한 번도 존재한 적이 없는 그런 예기치 않는 것이었다.

루마니아에서 극단적인 민족주의가 출현하게 된 것은 1917-1923년 사이에 실시된 대대적인 사회개혁으로 인해 루마니아의 근대화 작업이 이루어지면서부터 이다. 즉, 1921년에 헌법이 제정됨으로써 인간의 자유와 권리가 보장되었고 특히 개혁을 통한 근대화 작업으로 차츰 소부르주아 계급이 형성되었다. 하지만 소부르주아들은 계급간의 빈부차이로 인해 사회적인 불만을 가지고 있었는데 이것은 구(舊)지주계급도 마찬가지였다. 따라서 루마니아 정치사에서는 이들 두 계급간의 이해할 수 없는 만남이 이루어지는데, 이것이 바로 루마니아에서 극단적 민족주의가 출현하는 계기였다.

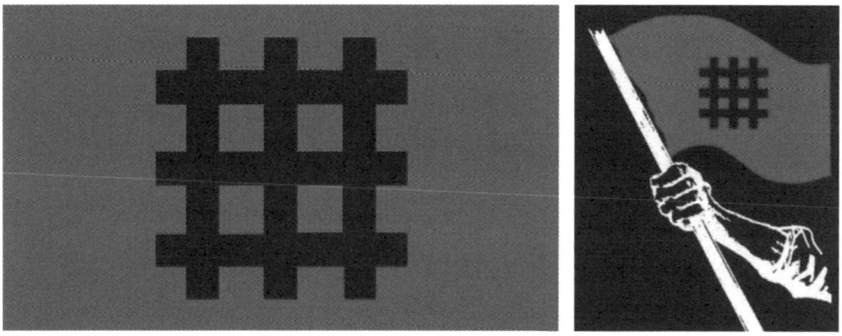

철위단(Garda de Fier) 깃발

철위단[4] 운동의 시작은 코르넬리우 잘레아 코드레아누(Corneliu Zelea Codreanu)가 크리스트교 대학생 연합(Asociația Studenților Creștini)을 결성하는 시기인 1922-1923년으로 거슬러 올라간다. 그 후 그는 이아쉬(Iași)대학의 정치경제학 교수인 알렉산드루 쿠자(Alexandru C. Cuza)와 함께 전국 크리스트교 방위 연맹(Liga Apărării Național-Creștine; LANC)을 결성하지만, 당시까지만 해도 이 연방은 하나의 완전한 조직체라고 보기는 어려웠다. 하지만 1927년 대천사(大天使) 미하이 군단(Legiunea Arhanghelul Mihai)이 설립되면서부터 조직적인 형태를 갖추었으며 그 이후 1930년에는 철위단(Garda de Fier)이라는 이름으로 바뀌었다.

철위단은 급진 민족주의와 반유태주의, 반공산주의, 반서구주의 그리고 엘리트주의(elitism)를 내세운 것은 물론 당시까지 루마니아

4) '철위단(Garda de Fier)'는 루마니아의 민족적이고 파시스트적인 단체였다. 이 단체는 1927년 '대천사 미하이 군단(Legiunea Arhanghelul Mihai)'라는 이름으로 설립되었고[그래서 이 단체의 회원을 레지오나르(legionar)라고 부른다], 1930년에는 '철위단(Garda de Fier)', 1935년에는 '모두다 조국을 위하여(Totul pentru țară)', 그리고 1940년에는 '철위단 운동(Mișcarea Legionară)'이라는 이름으로 바뀌었다. 이 단체는 안토네스쿠 장군과 제휴함으로써 안토네스쿠 군사독재 정권이 루마니아에 도입되는데 많은 도움을 주었지만, 1941년 1월 21-23일 사이에 폭동을 일으키고 난 이후 이 단체의 모든 정치적인 활동은 전면 금지되었다.

정치사에서 존재하지 않았던 우상숭배까지 표방하고 있었다. 루마니아 철위단의 급진 민족주의 운동은 독일의 나치즘이나 이탈리아의 파시즘과는 상관없이 국내적인 요인에서 출발했지만, 차츰 이들로부터 직·간접적으로 지원을 받으면서 세력을 확장하기 시작하였다.

대루마니아가 탄생한 1918년 이후, 루마니아는 페르디난드(Ferdinand) 왕과 브러티아누(Ion I.C. Brătianu)의 노력으로 1920년대 말까지 안정적으로 발전을 지속하였다. 하지만 1927-1933년 사이에 페르디난드 왕(1927년 사망)을 비롯하여 그 당시 루마니아의 대표적인 정치인인 이온 브러티아누(I.I.C. Brătianu, 1927년 사망)와 빈틸러 브러티아누(Vintilă Brătianu, 1930년 사망) 그리고 이온 두카(Ion Gheorghe Duca, 1933년 사망)가 사망함으로써 루마니아 정치계는 혼란에 빠졌고, 당시 집권당이었던 루마니아 민족-농민당(Partidul Național-Țărănesc)의 지도부 내에서도 불화가 생김으로써 자연히 권력의 공백상태를 초래하였다.

이러한 상황 속에서 카롤 II세와 철위단이 세력을 확장하기 시작하였다. 카롤 II세는 유태계 이혼녀인 엘레나 루페스쿠(Elena Lupescu)와 가깝게 지낸다는 이유로 1926년 왕위에서 물러났지만 민족-농민당(Partidul Național-Țărănesc) 당수인 이울리우 마니우(Iuliu Maniu)의 도움으로 1930년 루페스쿠와 함께 이탈리아에서 귀국하여 다시 왕위에 올랐다. 한편 철위단은의 정치적 활동은 1931년과 1933년에 일시적으로 금지되기도 했지만, 1935년 '모두다 조국을 위하여(Totul pentru Țară)'라는 이름의 합법적인 정치정당으로 출현하였다. 철위단의 대중적인 인기는 그 당시에 만연했던 경제적 위기와 사회적 혼란을 해결할 수 없는 구 정당들의 무능함 때문에 계속 증가하였다.

2.2. 1944-1947년 사이의 국제정세

1944년 8월 24일, 나치 독일의 알프레드 게르스텐베르크(Alfred Gerstenberg) 장군은 루마니아에서 평화적으로 후퇴해 달라는 미하이(Mihai) 왕의 제안을 받아들였지만, '배반자들'을 척결하라는 히틀러의 명령이 있은 후에는 부쿠레슈티 주위에 있던 독일 육군과 공군에 명령을 내려 루마니아의 수도를 공격하였다. 따라서 루마니아 정부는 국립은행 건물의 지하에 피신하여 그곳에서 독일에게 선전포고를 함과 동시에 연합국에게는 버네아사(Băneasa)지역에 집결한 독일군에게 집중 포격할 것을 요청하였다.

루마니아 군대의 거센 저항과 8월 26일 시작된 연합군의 가공할 만한 폭격으로 독일의 군사작전은 실패로 끝났고, 수천 명의 독일군들이 부쿠레슈티에서 항복을 하였다.[5] 한편 소련의 붉은 군대(Armata Roșie)는 이미 독일 군대가 제거된 8월 31일 부쿠레슈티에 진입하였다.

8월 23일에서 31일 사이 루마니아 군대는 56,455명의 독일군을 체포하였다. 당시의 전투에서 약 5,000명의 독일군이 사망했으며 루마니아 진영에서는 약 8,500명의 사상자가 발생하였다.

독일에게 선전포고를 하고 난 직후, 루마니아 정부는 카이로 주재 소련 대사 노비코브(Novikov)가 작성한 '4월 협정문'[6]과 스톡홀름에서 추가된 부가적인 조건들도 받아들였다. 이 협정문에는 무엇보다 루마니아 정부가 국정을 운영할 수 있도록 자유지역(zona liberă)을 인정하는 등 하나의 독립적인 존재로서 루마니아의 국가기능을 보장하는 조건들이 포함되어 있었다. 하지만 '4월 협정문'의 조항들은

5) 당시 루마니아 전역에는 460,000명의 독일군이 주둔해 있었다.

6) 4월 12일, 노비코브(Novikov) 대사는 루마니아 쉬티르베이(Ştirbei) 왕자에게 휴전 협정문을 전달했는데, 이 협정문에는 루마니아의 전쟁중지, 독일로의 선전포고, 1940년 6월에 설정된 국경선[바사라비아(Basarabia), 부코비나(Bucovina) 지방 제외]의 인정, 전쟁 배상금 지급, 전쟁 포로의 본국 송환 등과 같은 조항이 포함되어 있었다.

세계정세가 급격하게 변화함으로써 무효화되었다. 즉, 당시 루마니아와의 휴전협정을 카이로가 아닌 모스크바에서 체결하려는 소련의 요구는 영국과 미국에 의해 받아들여졌고 이에 루-소 휴전협정은 루마니아와 연합국을 대표하는 소련 사이에서 체결되었다. 따라서 서구유럽으로부터 버림받은 루마니아는 스탈린의 손아귀에 들어갔고 1944년 스탈린이 티토에게 선언한 "제2차 세계대전은 이전의 전쟁과는 다르다. 어떤 지역을 점령한 국가는 자국의 고유한 사회제도를 그 지역에 정착할 수 있다"는 원칙이 실행되기 시작하였다.

9월 4일, 루마니아 대표단[7])이 모스크바에 도착하였다. 하지만 몰로토프(Vyacheslav M. Molotov)는 루마니아 대표단을 접견하지 않고 시간을 지체하였다. 그는 소련이 휴전협정문 작성을 끝내고, 붉은 군대가 루마니아 전 지역을 점령한 이후인 9월 10일에야 비로소 루마니아 대표단을 맞이하여 회담을 시작하였다. 그리하여 루-소 휴전협정(Convenția de Armistițiu)은 1944년 9월 12일 체결되었다. 하지만 이 협정문에는 루마니아가 제안한 어떠한 사항도 수렴되지 않았을 뿐만 아니라 몇 개월 전 카이로에서 작성된 휴전 협정문과도 많은 차이가 있었다. 즉 영국과 미국이 중립적인 입장을 보임으로써 소련은 루마니아에서 자유지역을 인정하겠다는 약속을 취소했을 뿐만 아니라 루마니아에게 소련 점령군의 유지비를 떠맡기는 동시에 전쟁 배상금으로 3억 달러(6개월 이내에 지불해야 했음)를 부과하였다.

이처럼 소련이 루마니아를 점령하려는 목적은 루마니아로부터 직접적이고도 대대적인 약탈을 감행하기 위해서였다. 루마니아 경제가 소련에 종속됨으로써 소련은 루마니아의 군사시설과 비행장, 탄약고, 항만시설 그리고 기상국 등을 마음대로 사용할 수 있게 되었

7) 루마니아 대표단에는 쉬티르베이(Ştirbei) 왕자를 비롯하여 콘스탄틴 비쇼이아누(C. Vişoianu), 퍼트러쉬카누(Lucrețiu Pătrăşcanu), 폽(Gh. Pop) 그리고 더머체아누(D. Dămăceanu) 등이 있었다.

다. 1944년 8월 23일부터 9월 12일 사이에 소련군이 루마니아에서 약탈한 것을 미화로 환산하면 약 20억 달러에 달했는데 이는 당시 루마니아 국민소득의 84%에 해당하는 액수였다.[8]

이 외에도 루마니아 대표단은 '전쟁 후 루마니아에서의 소련군 철수'와 관련한 조항을 휴전 협정문에 포함시키려 했지만 몰로토프에 의해 거절당했다. 당시 연합국도 소련군 철수 문제를 신중하게 생각하지 않았는데, 예를 들어 애버릴 해리만(Avrell Harriman) 미국 대사는 루마니아 대표단에게 "전쟁이 끝나면 소련 군대가 자발적으로 후퇴할 것이기 때문에 지금 강력하게 요구할 필요가 없다"고 언급하였다. 뿐만 아니라 당초의 휴전 협정문에는 12개의 루마니아 사단이 대독일 전쟁에 참여하기로 규정되어 있었지만 실제로는 그보다 더 많은 20개 사단이 참여하였다. 따라서 루마니아 대표단은 소련에게 공동 교전국으로서의 지위를 인정해 달라고 요구했지만 그 역시 거부되었다. 그리고 당시의 휴전협정문에는 명시되지 않았지만, 소련의 위협으로 약 10만 명의 루마니아 노동자들이 소련으로 강제 이송되었는데, 그 중에는 27,000명의 사스(sas)인들[9]과 35,000명의 슈바벤(şvab)인들도 포함되어 있었다.

1944년 8월에서 1945년 5월 사이, 트란실바니아 지방과 헝가리 그리고 체코슬로바키아 등 서부전선에서 있었던 나치 독일과의 전투에서 희생당한 루마니아 군인의 수는 169,822명이었다. 당시 대독일 전쟁에 참여한 루마니아 군인은 연합국 중에서 소련과 미국 그리고 영국 다음으로 4번째로 많은 538,536명이었다.

8) 루마니아의 인구는 전쟁의 참화와 배상금 지불로 인해 상당히 줄었다. 국제적십자위원회(International Committee of the Red Cross)는 "1947년 루마니아 국민들이 처한 비참한 상황은 말로 형언하기 힘들 지경이었다. 기근이 국토 전역에 만연해서 몇몇 지역 사람들은 풀과 나무껍질을 먹고 있었으며 심지어는 진흙까지 먹기도 했다. [...] 유아 사망률은 사실상 80%에 달했다"고 보고하였다.

9) 루마니아 트란실바니아 지방의 독일계 작센인.

동부전선에서 치러졌던 소련과의 전투에서도 624,740명의 루마니아 군인들 희생함으로써 제2차 세계대전 동안에 희생된 루마니아 군인의 수는 794,562명이었다. 동부전선과 서부전선에서 희생된 루마니아 군인들 수는 다음과 같다.

(단위 : 명)

	동부전선	서부전선	합계
사망자	71,585	21,035	92,620
부상자 및 병자	243,622	90,344	333,966
실종자	309,533	58,443	367,976
합계	624,740	169,822	794,562

휴전협정과 관련한 조항들은 '미, 영, 소' 3개국으로 구성된 '연합국 통치위원회(Comisii aliate de control)'가 맡아 처리했지만 사실상 영국과 미국은 꼭두각시에 불과했고 소련이 모든 것을 주도하였다. 한 예로, 당시 영국과 미국 대표들이 루마니아를 여행할 경우 소련 당국의 허가를 받아야만 했다. 사실상, 해리만 대사는 루-소 휴전협정이 조인될 경우, 휴전기간 동안 소련이 루마니아 경제를 통제하고 경찰력을 동원해 루마니아를 지배할 것이라는 사실을 이미 알고 있었다.

그렇다면 영국과 미국은 왜 소련이 루마니아를 독식하도록 그냥 내버려두었던 것일까? 사실상 미국과 영국은 카이로 회담 이후부터 발칸반도 상륙작전을 포기했기 때문에 루마니아에 대한 소련의 영향력을 이미 인정한 상태였다.

1944년 10월, 소련군이 불가리아를 점령한 후 그리스 국경선에 도달하자, 발칸반도 전역이 소련의 영향권 내에 들어가는 것을 두려워

했던 처칠[10]은 스탈린에게 발칸반도의 세력범위 설정을 제안하였다. 따라서 루마니아와 유고슬라비아 그리고 그리스에 대한 소련의 영향력은 각각 90%, 50%, 10%였고, 나머지는 영국이 차지하였다. 당시 영국은 이 협정이 일시적인 것이며, 이후에 개최될 평화회담에서 남-동부 유럽의 운명이 다시 조정될 것이라고 판단하였다. 당시 처칠과 스탈린이 나눴던 대화는 다음과 같다.

> "당시는 협상을 하기에 아주 적절한 시기였다. 나는(처칠: 역주) 입을 열었다. '발칸반도에서의 우리 문제를 해결하도록 합시다. 당신들의 군대는 루마니아와 불가리아에 있소. 우리는 그곳에서 이해관계를 가지고 있고, 거기에 우리의 사절단과 요원들이 있습니다. 작은 문제들로 서로 오해를 사지 않도록 합시다. 영국, 소련과 관련하여, 당신들이 루마니아에서 90%의 지배권을 갖고 우리는 그리스에서 영향력의 90%를, 그리고 유고슬라비아에서는 50 대 50으로 하면 어떻겠소? 이 말이 통역되고 있는 동안 나는 종이의 반쪽에 이렇게 적었다. 루마니아: 소련 90% - 기타국 10%, 그리스: 영국 90% - 소련 10%, 유고슬라비아: 50% 대 50%, 불가리아: 소련 75% - 기타국 25%."

루마니아인들은 처칠과 스탈린 사이에 있었던 회담에 대하여 전혀 알지 못했다. 뿐만 아니라 그들은 1944년 스탈린과 요시프 티토(Josip B. Tito) 사이에 있었던 회담에 관해서도 알지 못했다.[11] 따라

10) 1944년 10월, 처칠은 "어느 누구도 소련군이 그리스와 터키까지 행군하는 것을 막을 수 없다"고 언급하였다.

11) 이 회담에서 소련의 독재자 스탈린은 "제2차 세계대전은 이전의 전쟁과는 다르다. 어떤 지역을 점령한 국가는 자국의 고유한 사회제도를 그 지역에 정착할 수 있다"는 원

서 루마니아인들은 1945년 2월에 개최된 얄타회담에 관심을 가지는 동시에 영국과 미국의 중재에 많은 희망을 걸고 있었다. 하지만 연합국들은 얄타회담을 진지하게 진행하지 않았을 뿐만 아니라 '유럽해방선언(Declarația privind Europa eliberată)'에 포함되어 있는 대부분의 원칙들도 소련의 동유럽 팽창주의 정책을 저지하지는 못하였다. 이러한 사실은 1945년 3월 6일, 부쿠레슈티로 파견된 소련 외무차관 안드레이 비신스키[Andrey Vyshinsky: 루마니아 이름 안드레이 브쉰스키(Andrei Bâșinski)]가 페트루 그로자(Petru Groza)를 루마니아 수상으로 임명하면서 "내가 얄타이다(Yalta...sunt eu)."라고 선언한데에서 쉽게 찾아볼 수 있다.

얄타회담이 끝나고 약 2주일 후인 1945년 2월 24일, 소련은 루마니아 점령 후 열릴 예정이던 '연합국 통제위원회'의 소집을 거부하였다. 물론 이것은 미·영·소 3개국의 공동행정에 관한 얄타협정에 명백하게 위배되는 것이었다. 따라서 미국정부는 '유럽해방선언'의 원칙이 무시되었다고 항의했지만 소련은 이를 한마디로 거절해 버렸다. 이것은 3국간에 불화가 시작되는 최초의 조짐이었다.

전후 미·소 관계가 악화되자 영국과 미국을 중심으로 하는 서방측이 얄타회담에서 독일과 일본의 전력을 과대평가한 나머지 소련에게 너무 많이 양보했다는 비난이 제기되었다. 그러나 실제에 있어서 얄타협정은 유럽전쟁에서 거둔 소련의 군사적 공헌과 성과를 인정한 합리적인 것이었으며 추축국을 타도함으로써 유럽과 아시아에서 얻은 소련의 힘과 명성이 현실로 받아들여진 것이었다. 한마디로 얄타협정은 미,영,소 세 강대국 간에 있었던 당시의 시대적 현실을 반영한 '타협의 산물'이었다고 할 수 있다. 따라서 소련의 동유럽 팽창은 이제 합법적으로 진행될 수 있었다. 당시 스탈린의 의도는 유럽

칙을 선언하였다.

페트루 그로자(Petru Groza)

의 중·동부 지역에서 소비에트화를 이루는 것이었고, 이것은 공산당을 설치하여 권력을 쟁취함으로써 가능하였다.

한편 부쿠레슈티에서는 1944년 12월 2일 서너테스쿠(Constantin Sănătescu) 정부가 그리고 1945년 2월 28일에는 러데스쿠(Nicolae Rădescu) 정부가 척결되었다.[12] 그 이후 안드레이 비신스키는 미하이(Mihai) 왕을 종용하여 공산주의자인 그로자를 수상으로 임명하였다. 따라서 1945년 3월 6일에는 루마니아 공산화의 첫 단계인 페트루 그로자(Petru Groza) 정부가 설립되었다.[13]

---

12) 1944년 3월 말 소련군이 루마니아 국경을 넘자, 서너테스쿠 장군은 미하이 왕과 함께 쿠데타(8월 23일)를 일으켜 안토네스쿠(Ion Antonescu) 장군을 체포하였다. 그 후 그는 내각을 조직하였고 9월 12일에는 소련과 휴전협정을 체결한 후 연합국 측에 합세하여 대독일 전쟁에 참전하였다. 하지만 소련은 1944년 12월, 공산화의 전단계로서 서너테스쿠 수상을 퇴진시키고 러데스쿠 장군이 주도하는 새로운 정부를 수립케 하였다. 그 이후 러데스쿠 수상도 민족민주전선(Frontul Național Democrat)이 주도한 민중시위를 진압하려다 소련의 압력으로 퇴진하였고 결국 1945년 3월 6일 페트루 그로자(Petru Groza) 체제가 수립되었다.
당시 루마니아 정부를 전복시키기 위한 루마니아 공산당의 시나리오는 가두시위를 비롯해 시청과 도청을 점령함으로써 사회적인 혼란 상태를 만들어 권력을 쟁취하는 것이었다. 그 절정은 1945년 2월 24일 민족민주전선(Frontul Național Democrat)이 로얄 팰리스 광장에서 벌인 시위였다.

13) 1945년 3월 6일 그로자 정부가 수립된 이후 공산세력이 급속하게 성장하였다. 경제적으로는 대대적인 토지개혁을 단행하였으며 소련-루마니아 합작회사(Sovrom)의 설립으로 소련의 경제적 진출이 현저하였다. 정치적으로는 전범자 재판을 통해 우익 및 그의 동조세력을 제거하여 반공산주의 연합전선의 형성 가능성을 완전히 배제하였다. 이어서 소련은 1946년 11월 부정선거와 1947년 2월의 파리평화조약으로 그로자 정권

그로자 정부는 소련의 신임 하에서 트란실바니아의 북부지역을 통치하는 동시에 대대적인 내각개편을 단행했는데, 바로 이 시기에 루마니아에서는 처음으로 정치범 수용소가 설립되었다.

당시 소련은 루마니아의 공산화를 위한 첫 단계인 그로자 정부의 정치적 기반을 강화하기 위해 몇 가지 중요한 조치를 취하였다. 우선 1940년 추축국의 압력에 못 이겨 루마니아가 헝가리에 할양했던 트란실바니아 북부지역을 루마니아로 되돌려 줌으로써 루마니아 국민들의 환심을 샀으며, 이어 새 정부가 수립된 지 불과 2주 후인 3월 20일 그로자 정부로 하여금 토지개혁을 공표케 하였다. 그리고 소련-루마니아 합작회사인 소브롬(Sovrom)을 설립함으로써 루마니아에 대한 소련의 경제적 진출은 한층 더 가속화 되었다.

그로자에 의해 제시된 내각명단에는 다른 정당대표들도 몇 명 포함되어 있었지만 내무부와 법무부와 같은 요직은 공산주의자들이 차지하였다.

그로자 정부가 설립된 지 이틀째 되는 1945년 3월 7일, 모스크바에서 온 고문단은 아나 파우케르(Ana Pauker)와 콘스탄틴 프르불레스쿠(Constantin Pârvulescu) 그리고 콘스탄틴 돈체아(Constantin Doncea)를 만나 그들에게 향후 3년 동안 수행해야 할 플랜을 전달하였다: 군주제 및 구 정당제도 폐지, 소비에트 모델을 따른 군사적, 억압적 구조 확립, 토지개혁과 농업집단화, 은행제도 폐지, 경제적 차원에서 뿐만 아니라 문화적, 인적 차원에서 서유럽과의 외교단절.

포츠담 협정(1945년 7월 17일-8월 2일)에서 트루먼(Harry Truman) 대통령이 그로자 정부를 인정하지 않자 스탈린은 미국에 대해 아주 단호한 태도를 보였다. 어쨌든 미국의 태도에 용기를 가진 미하이 왕은 8월 20일 그로자 정부의 퇴각과 그의 수상직 사임을 요구했지

을 합법화한 다음 1947년 12월 30일 미하이(Mihai) 왕을 퇴위시켰다.

아나 파우커(Ana Pauker)

만 관철되지 않자 그로자 정부가 공표하는 법령에 서명하지 않았다. 따라서 루마니아 내에서는 긴장감이 커져갔고 급기야 미하이 왕의 생일인 1945년 10월 8일에 공산주의자들과 반공산주의자들 사이에 무력 충돌이 일어났다.

한편 소련이 얄타협정을 위반하면서 루마니아와 폴란드에서 세력을 확장하자 소련의 외교정책과 관련한 서구열강들의 생각은, 특히 루즈벨트의 환상은 완전해 깨지고 말았다. 따라서 루즈벨트의 후임자인 트루먼 대통령은 8월 9일 다음과 같이 선언하였다: "얄타회담에서 미,영,소 3개국은 모든 위성국들이 민주주의 체제를 도입할 수 있도록 공동으로 책임 질 것이다. 특히 루마니아와 헝가리 그리고 불가리아와 관련된 이번 결정은 이미 포츠담에서 비준된 것이며, 이들 3국은 결코 어느 한 국가의 세력범위 속으로 들어갈 수 없다."

하지만 트루먼의 계획 역시 실행에 옮겨지지 않았다. 이처럼 동유럽으로 세력을 팽창하려는 소련의 계획은 런던과 워싱턴에서 공공연하게 표명되었지만, 동유럽을 지키려는 서구유럽의 의지는 아주 미미했고 한계점을 드러내고 있었다.

사실상, 미국은 제2차 세계대전을 통해 동유럽 국가들을 장악한 소련의 위협을 심각하게 인식함으로써 전후 소련의 공산주의 팽창을 저지하고자 노력하였다. 트루먼은 세계 공산주의의 위협을 막기 위해 소련에 대한 포위정책을 수립하였다. 그리하여 1947년 3월 공산주의 위협을 받고 있는 국가들에 대한 경제 원조를 약속하는 트루먼 독트린(Truman Doctrine)을 선포하였다.

트루먼 독트린은 몇 가지 측면에서 현대 외교사에서 중요한 의미를 갖고 있다. 첫 번째, 공산주의에 대한 미국인들의 공포감이 트루먼 독트린 이후 본격적으로 냉전 외교정책으로 발전되었고 두 번째, 전후 최초로 미국이 타국의 시민전쟁에 대대적으로 개입을 하게 되었으며 마지막으로 유럽과 미국경제의 붕괴를 막기 위한 대대적인 경제원조계획인 마샬플랜(Marshall plan)을 실시하였다는 것이다.

근 1년 동안 확실한 조치를 취하지 못한 채 망설이고 있던 연합국은 1946년 2월 4일, 비합법적인 방법으로 권력을 쟁취한 그로자 정부를 인정함으로써 루마니아와 관련한 모든 문제를 종결지었다. 그 이후 1947년 2월, 그로자 정부는 파리평화조약에 서명하였다. 이 조약으로 루마니아 지역 내에 소련군의 주둔[14]이 합법화되었다. 따라서 파리 평화조약이 체결된 직후, 소비에트 연방과 동유럽의 공산당들은 반대파 세력을 척결하기 시작하였다. 헝가리와 불가리아에서는 봄부터 농본당(農本黨; 루마니아의 민족-농민당에 해당)의 당수들이 체포되었다. 그리고 이 조약으로 루마니아는 헝가리로부터 트란실바니아(Transilvania) 지방을 회복했지만, 소련에게는 바사라비아(Basarabia) 지방과 부코비나(Bucovina) 북부지방을 그리고 불가리아에게는 도브로제아(Dobrogea) 지방을 이양함으로써 360만 명 이상의 인구를 잃게 되었다.

루마니아 역사학자 블라드 제오르제스쿠(Vlad Georgescu)는 "엘바(Elba)에서 비스툴라(Vistula) 그리고 다뉴브강에 이르는 루마니아의 모든 지역에서는 소련에서 도입된 공산당이 권력을 쟁취하였고, 테러와 폭력에 의해 루마니아의 전통사회는 붕괴되었다. 서구인들은 자신들의 눈앞에서 공공연하게 자행되고 있는 이러한 역사적 사건들을 무기력하게 쳐다만 보고 있었다"고 언급하였다.

---

14) 당시 철수 시기도 규정하지 않았다.

루마니아의 공산화과정에 있어서 가장 중요한 요인은 무엇보다 소련의 붉은 군대가 점령군으로서 루마니아에 주둔했다는 사실과 이에 대한 서방측의 인정 등을 언급할 수 있다. 이 외에도 공산주의 도입 초기에 루마니아 공산당이 루마니아 국민들로부터 얼마간의 대중적 지지를 얻어낸 것 또한 간과할 수 없는 요인일 것이다.

어쨌든 루마니아에서의 공산화는 1945년 그로자 정부가 수립되면서 시작되었으며 특히 1947년 2월 10일 파리평화조약이 체결된 이후에는 국제사회가 인정함으로써 이제는 더 이상 상황을 되 돌이킬 수 없는 '합법적인 공산화'가 시작되었다.

2.3. 권력투쟁과 공산화 과정

소련의 루마니아 공산화과정은 비교적 조심스럽게 전개되었다고 볼 수 있다. 소련의 조급한 시도가 서구의 반발을 불러일으킬 수 있을 뿐만 아니라 역사적으로 반소감정이 깊은 루마니아에게 소련의 지나친 개입이 자칫 대중적 저항을 불러일으킬 수도 있다는 위험 때문이었다. 따라서 소련은 무엇보다 루마니아인들에게 소련의 이익과 루마니아의 민족적 열망이 같은 선상에 있음을 강조함으로써 루마니아 국민과의 공감대를 넓히는데 많은 노력을 아끼지 않았다.

제2차 세계대전이 진행되는 동안, 서구유럽 국가들은 소련이 동유럽에 우호적인 체제를 설립하여 이들 국가들에게 간접적으로 영향력을 행사할 것이라고 생각하였다. 실제로 당시 서구의 정치인들, 특히 미국인들은 동유럽을 지배하려는 소련의 야심을 관가하고 있었다. 소련의 야심은 국제정세가 변화함에 따라 점차 현실화되었다.

동유럽 지역에 대한 소련의 목적은 이 지역을 완충지역(zona prietenă tampon)으로 만드는 것이 아니라 위성국가로 공산화하는 것이었다. 동유럽을 “해방”시킨 붉은 군대는 동유럽에서 공산체제가 설립되는데 결정적인 역할을 담당하였다. 분명한 것은, 만약 붉은 군대의 개입이 없었더라면 동유럽 각국의 공산세력들은 주변세력으로 남아있었을 것이라는 점이다. 이러한 관점에서 볼 때, 루마니아 공산세력[15]에 의한 권력쟁취 과정은 동유럽 국가들의 유형과 똑같았고, 그 외의 전략들도 큰 차이를 보이지 않았다. 즉 초기에 공산당은 연립내각(guvern de coaliție)을 지원하면서 조금씩 세력을 확대해 나가지만, 시간이 지나면서 소련의 보호와 위협을 배경 삼아 반대세력을 척결한 후 결국에는 권력을 쟁취하는 것이었다. 루마니아 공산당은 민중 선동적인 사회개혁론을 주장하면서 농민이나 노동자들의 지원을 받았으며 다른 동유럽 국가에서와 마찬가지로 서로 분열되어 방황하는 반대세력들을 척결하였다. 당시 루마니아에서 공산당에 대항하는 반대세력의 저항은 아주 미미하였다.

이 시기에 활동한 정치 정당들 중에서 민족-자유당과 사회-민주당이 제일 먼저 해체되었다. 그 이유는 당 내부에서의 지도력이 약화되었을 뿐만 아니라 많은 당원들이 이탈했기 때문이었다. 민족-자유당은 1944년 가을, 루마니아의 전 수상인 게오르게 터터레스쿠(Gheorghe Tătărescu)가 이온 브러티아누(I.I.C. Brătianu)와 결별함으로써 분열되었다. 그 후 그로자 정부에 들어간 터터레스쿠는 루마니아 부수상과 외무부 장관을 역임하였다. 터터레스쿠는 새롭게 출범하는 신당인 민족-자유당(Partidul Național Liberal)의 당수로 추대되었으며 이온 브러티아누는 기존의 민족-자유당을 운영하면서 자신의 정책을 펼쳐나갔다. 따라서 이 시기에 루마니아에서는 공식적으로 2개의 민족-자유당 즉 신(新)민족-자유당, 구(舊)민족-자유당이 존재하였다.

---

15) 1944년 루마니아에서는 1,000명 이하의 공산세력이 존재하였다.

이 시기에 이온 브러티아누는 루마니아에서의 공산주의 좌익운동(stângism)이 시간이 지나면서 차츰 약화될 것이라는 환상을 가지고 있었다. 한 예로 1945년 3월, 그는 앞으로 루마니아에서 의회군주제가 발전할 것이라는 희망을 가지고 있었으며 산업분야에서의 국유화 및 농업분야에서의 토지몰수를 반대하였다.

루마니아 공산당이 권력을 쟁취하는데 있어 터터레스쿠의 공헌은 그렇게 크지 않았다. 왜냐하면 시간이 지나면서 그로자를 중심으로 하는 루마니아 공산주의자들은 터터레스쿠에 대한 필요성을 더 이상 느끼지 못하자 1947년 11월 6일 그를 포함한 신 민족-자유당원들을 가차 없이 척결하기 시작하였다.

한편 젊은 사람들로 구성된 구 민족-자유당 의원들은 1945년 11월 8일[16]부터 반공산주의 시위운동을 전개했지만 1947년 봄에는 정당 차원에서 자체적으로 정치활동을 중지하였다. 하지만 1950년, 민족-자유당의 당수인 이온 브러티아누가 체포되었으며 그로부터 몇 달 후에는 감옥에서 심한 고문을 받고 83세의 나이로 세상을 떠났다.

티텔 페트레스쿠(Titel Petrescu)를 중심으로 하는 사회-민주주의자들은, 게오르게 터터레스쿠가 그랬던 것처럼, 만약 공산주의자들과 연합할 경우 그들의 세력을 조금이라도 억제할 수 있을 거라 생각하였다. 따라서 티텔 페트레스쿠는 공산주의자들과 함께 1944년 10월 18일 서너테스쿠 정부를 타도하였으며 그 이후에도 공산주의자들과 긴밀한 유대관계를 유지하였다. 하지만 공산주의자들은 페트레스쿠를 교묘하게 이용하여 신 민족-자유당에 침투하여 결국에는

16) 12월 8일은 성인 대천사 미하일과 대천사 가브릴(Sf. Arhangheli Mihail şi Gavril)이 태어난 날이다. 루마니아 국왕도 12월에 태어났기 때문에 성인 미하일의 이름을 본떠 미하이(Mihai)로 하였다. 당시 민족-농민당의 젊은 의원들은 미하이 국왕의 생일을 기념하여 시위를 하였고 이에 공산주의자들도 국왕에 반대하는 데모를 함으로써 두 집단 간에 충돌이 있었다.

1946년 3월 신 민족-자유당 의원들을 분열시켰다. 따라서 페트레스쿠(T. Petrescu)는 그를 추종하는 신 민족-자유당 의원들과 함께 새로운 사회-민주당(Partidul Social-Democrat)을 창당하였다. 하지만 페트레스쿠는 공산주의에 반대하던 다른 루마니아 정치인들과 마찬가지로 결국에는 공산당으로부터 척결되어 감옥살이(1948-1955년)를 하였고 1957년 사망하였다.

이 시기에 민족-농민당(Partidul Național-Țărănesc)은 다른 정당과는 달리 당 내부조직이 거의 와해되지 않았는데, 이것은 다른 측면에서 보면 민족-농민당이 공산당으로부터 가장 오랜 기간 동안 가장 거센 압력을 받았다는 것을 의미한다. 어쨌든 시간이 지나면서 민족-농민당 간부들 역시 공산주의자들에 의해 아주 잔인하고 무자비하게 처형되었다.

1944년 10월 16일, 민족-농민당은 1935년 당 총회에서 채택한 것과 비슷한 개혁 프로그램을 만들었다. 이 프로그램은 농업과 산업분야로 나눠지는데, 주요 내용은 50헥타 이상의 토지를 몰수하는 동시에 1935년 공산당 대회에서 채택된 개혁 프로그램처럼 중공업 분야를 먼저 산업화하고 그 외의 다른 분야는 점진적으로 산업화한다는 것이다. 즉 민족-농민당의 의도는 협동농장(cooperativă agricolă)을 만드는 동시에 공업화를 이룩함으로써 더 이상 루마니아에서 생산되는 1차 원료를 수출하지 않고 가공품을 수출하는 것이었다. 1944년에 제정된 새로운 개혁 프로그램에서는 1935년과는 달리 급진적인 조항도 포함되어 있었는데, 이로 인해 민족-농민당은 일반 대중들로부터 많은 지지를 받았다.

루마니아 역사에서 볼 때, 민족-농민당은 몇 가지 커다란 실수를 저지르는데, 그중 하나는 1944년 8월, 민족-농민당의 당수인 마니우(Iuliu Maniu)가 국가권력을 쟁취할 수 있었지만 즉각적이고도 단호한 결단을 내리지 못한 채 망설임으로써 자연히 루마니아 군 장성들이 권력을 잡은 것이었다. 만약 그 당시 마니우가 정권을 잡았더라면 루마니아 국민들은 더욱 더 결속되었을 것이고, 루마니아에서 민주주의 정치체제가 도입되었을 것이다. 하지만 마니우는 이미 1930년과 1937-1938년 그리고 1940년에 그랬던 것처럼 1944년에도 확고한 결단을 내리지 못한 채 망설임으로써 루마니아는 권력의 진공상태에 들어갔고 자연히 공산당은 이러한 상황을 호기로 삼아 결국 정권을 쟁취하였다.

1944년 루마니아의 공산당원의 수는 붉은 군대의 보호 속에서 계속 증가하였다. 이 당시 공산당에 가입한 사람들은 헝가리인과 유태인 등 그동안 박해를 받았던 소수민족들이었다. 흥미로운 것은 바로 이 시기에 소련에서 파견된 아나 파우케르(Ana Pauker)와 퍼트라쉬쿠(N. Pătrașcu)[17]를 중심으로 하는 몇몇 철위단 대표자들 사이에 협정이 체결됨으로써 철위단원들이 공산당에 가입하였다는 사실이다. 하지만 철위단을 비롯한 루마니아인들은 이로부터 상당 기간 동안 공산당 내에서 주요 직책을 맡지 못했다.

통계자료에 따르면, 1944년 1,000명 이하에 머물러 있던 공산당원의 수가 1945년 3월에는 35,800명, 1945년 10월에는 256,863명, 1946년 6월에는 717,490명, 그리고 1947년 12월에는 803,831명으로 급속하게 증가하였다.[18] 당시 공산당으로 통하는 문은 입당을 원하는 모든 자들에게 무제한적으로 개방되어 있었다.

> "그들은 입당을 거부하는 사람들에게 압력을 가했다. 농민들은 당에 참여함으로써 그들에게 필요한 농기구나 비료를

---

17) 당시 철위단의 서기장(secretar general)이었다.

18) 1964년에는 정규당원과 후보당원을 포함해 당원수가 총 120만 명에 육박했는데, 그 중 16%인 20만 명이 행동대원으로 구분되어 있었다. 그리고 1980년에는 당원수가 3,005,164명에 달했는데 이는 루마니아 인구의 13%에 해당하는 수치였다.

훨씬 쉽게 얻어낼 수 있음을 곧 깨달았다. 좀 더 많은 토지를 갈구하는 자들은 당원증이 지겨운 행정절차를 불필요한 것으로 만드는 마술 같은 처방임을 알아차렸다. 공산당원이나 그 동조자가 우두머리로 앉아 있는 관공서나 사무실의 종업원들은 입당 원서의 공란을 메울 때까지 승진의 기회가 자신들을 비껴가는 것을 경험했다. [...] 그런 경험은 국유화된 공장에서 좀 더 쉽고 나은 직업을 원하던 자들도 맛볼 수 있었다."

하지만 당시 공산당 지도부는 '적자생존'의 과정을 치렀다. 소비에트 독재에 대하여 충분한 충성심을 보이지 못하는 자들은 일련의 숙청과정에 통해 모두 제거되었다. 당의 중요한 지도자 가운데 한 사람인 아나 파우케르는 자신의 연인과 남편을 희생시키면서까지 살아남기도 했다.

한편 1944년 4월, 스탈린의 지시에 의해 헝가리계 노동자인 포리쉬(Foriș)가 공산당 총서기 직에서 해고되었고, 그 후에는 루마니아 공산당 내에서는 프콘스탄틴 르불레스쿠(Constantin Pârvulescu)와 이오시프 란게쯔(Iosif Rangheț) 그리고 에밀 보드너라쉬(Emil Bodnăraș)를 중심으로 하는 3두체제가 시작되었다. 또한 가을에는 아나 파우케르(Ana Pauker)와 바실레 루카(Vasile Luca), 테오하리 제오르제스쿠(Teohari Georgescu) 그리고 게오르게 게오르기우-데즈(Gheorghe Gheorghiu-Dej, 1901-1965)를 중심으로 하는 4두

게오르게 게오르기우-데즈(Gheoghe Gheorghiu-Dej)

체제가 시작되었다.

1945년 10월, 모스크바는 전략적인 차원에서 게오르기우-데즈를 공산당 총서기(prim-secretar)로 임명하였다. 하지만 그는 당내에서 실질적인 권력은 소유하지 못했고, 모스크바에서 파견된 소련 공산주의자들이 -파우케르, 루카, 보드너라쉬, 키쉬네브스키(I. Chișnevski) 그리고 레온테 러우투(Leonte Răutu)- 계속해서 영향력을 행사하였다.

한편 이 시기에 스탈린은 게오르기우-데즈와 퍼트러쉬카누(Lucrețiu Pătrășcanu), 키부 스토이카(Chivu Stoica) 그리고 게오르게 아포스톨(Gheorghe Apostol) 등과 같은 루마니아의 국내파 공산주의자들을 그렇게 주시하지는 않았다. 이 시기에 데즈와 퍼트러쉬카누가 모스크바로부터 의심을 살 수 있는 일을 할 수 있었던 것도 바로 이러한 이유에서였다. 즉, 1944년 데즈는 『루마니아 정치』(*O politică românească*)라는 제목의 소책자를 발간하였으며 퍼트라쉬쿠는 그로부터 1년 후인 1945년, 클루즈 시에서 자신이 공산주의자이기 전에 루마니아인이라고 생각한다고 선언하였다. 하지만 데즈는 곧바로 자신이 전술적인 면에서 실수를 했다고 생각하였다. 따라서 1945년 이후에는 스탈린의 비위를 거스르지 않기 위해 한편으로는 스탈린의 노선을 충실하게 따르면서 다른 한편으로는 소련파 공산주의자들에 대항함으로써 결국 권력을 쟁취할 수 있었다. 이에 반해, 퍼트라쉬쿠는 데즈와 같은 전략이 없었기 때문에 공산당 내에서 그의 세력은 계속해서 약화되었고 급기야 1948년 당 지도부에서 축출되었다.

루마니아에서 공산당이 권력을 쟁취하기 위한 첫 단계는 1944년 8월 23일, 연립정부(guvernul de coaliție)를 결성하려는 미하이 국왕의 요구를 마니우가 거절함으로써 시작되었다고 볼 수 있다. 따라서 루마니아 국왕은 시민정부(guvern civil)를 형성하려는 자신의 생각을 포기해야만 했고, 어쩔 수 없이 국가권력을 서너테스쿠 장군에게 양도해야 했다. 뿐만 아니라 이 시기에 퍼트러쉬카누는 아주 짧은 기간이었지만 사법부장관이라는 요직을 맡았는데 이로써 루마니아 공산당은 1944년 9월부터 루마니아 정부기관과 군대 내의 모든 비공산주의 세력을 척결할 수 있었다. 루마니아에서 인민재판(tribunal poporului)이 실시된 것도 바로 이 시기인 1944년 9월이었다.

서너테스쿠 정부는 공산주의자들의 압력 때문에 2개월 밖에 집권하지 못하였다. 이 시기에는 1923년에 제정된 헌법이 시행되고 있었지만, 그것은 이론적인 측면에서일 뿐 현실적으로는 완전히 달랐다. 예를 들어, 몰도바 지방은 헌법이 아니라 소련의 붉은 군대에 의해 직접적인 통치를 받았는데, 이것은 소련 군대가 몰도바 지방의 전 지역에 공산주의자나 혹은 공산주의 동조자들을 주지사와 그 외 공무원으로 임명함으로써 실현되었다.

9월 12일 소련의 검열제가 확립되어 루마니아의 전 지역에서 시행됨으로써 모든 출판물은 사전에 허가를 받아야 했다. 10월 12일, 공산주의자들과 사회-민주주의자들은 민주정당연합(Blocul Partidelor Democrat)에서 탈퇴하였고, 그 후 다른 좌익 단체들과 함께 민족민주전선(F.D.N.)을 설립하였다. 또한 10월 16일에는 페트레스쿠를 추종하던 모든 공산주의자 장관들은 루마니아 정부를 전복시키고 권력을 쟁취하기 위해 사임을 하였다.

이로 인해 서너테스쿠 장군은 대대적인 내각 개편을 단행하였지만 이번에도 공산주의자들과 그 동조자들이 대거 임명되어 주요 직책을 도맡았다. 당시 그로자는 부수상으로 임명되었고, 테오하리 제오르제스쿠(Teohari Georgescu)는 차관(subsecretar de stat), 게오르기우-데즈는 통신부 장관 그리고 사회주의자 쉬테판 보이텍(Ștefan Voitec)은 교육부 장관으로 임명되었다. 퍼트러쉬카누는 사법부 장관직을 계속 맡았다.

서너테스쿠 장군의 대대적인 내각 개편에도 불구하고 루마니아

내에서의 사회적인 불안은 계속 증가하였다. 따라서 12월 6일 루마니아 국왕은 민족민주전선(F.D.N.) 출신의 인사를 수상으로 임명하지 않고 대신에 반 파시스트주의자로 유명한 러데스쿠 장군[19]에게 권력을 부여하여 정부를 조직하게 함으로써 서너테스쿠의 두 번째 정부는 실각하였다.

러데스쿠 정부의 국정운영도 순탄하지 않았다. 11월 13일, 소련은 사회질서를 유지한다는 핑계로 트란실바니아 지방의 북부지역을 병합하겠다고 위협하면서 미하이 왕의 폐위를 종용하였다. 그리고 같은 해 2월, 공산주의자들은 루마니아 역사상 전례를 찾아볼 수 없는 격렬한 시위를 전개하면서 '민족민주전선(F.D.N.)' 정부 설립을 요구하였다. 이에 러데스쿠 수상은 부수상 제오르제스쿠(T. Georgescu)를 해임한 동시에 사회질서를 유지하기 위해서 내전도 불사하겠다고 선언하였다. 하지만 루마니아에서 주둔하고 있던 100만 명의 붉은 군대와 싸워서 승리를 거두기란 불가능하였다.

1945년 2월 26일, 몰로토프의 대리였던 비신스키는 예고 없이 부쿠레슈티에 도착하여 미하이 국왕에게 러데스쿠의 목을 요구한 동시에 소련이 믿을 수 있는 정부를 수립하라고 명령하였다. 비신스키는 루마니아 국왕 앞에서 책상을 치거나 문을 세게 닫는 등 계속적인 압력과 위협을 가했고, 급기야 3월 6일 소련군 탱크를 부쿠레슈티 대로변에 주둔시킨 후 루마니아 국왕을 종용하여 자신이 신임하던 그로자를 수상으로 임명케 하였다. 따라서 1945년 3월 6일 그로자는 '민족민주전선(F.D.N.)'의 대표자들과 터터레스쿠의 민족-자유당 의원들로 구성된 루마니아 정부를 설립하였다.

미하이 왕은 서구유럽의 외교적 지원을 기다리면서 소련의 내정간섭을 한동안 반대하였다. 하지만 영국과 미국은 루마니아 국왕에

---

19) 그는 2년 동안 독일군의 포로로 잡혀있었다.

게 '해방된 동유럽(Europa eliberată)'과 관련한 얄타선언의 조항은 2차 대전이 종결된 이후에나 가능하다고 회신하였다. 비신스키가 미하이 왕에게 "내가 얄타이다."라고 말함으로써 루마니아에서 사회적인 긴장이 고조되었고 이러한 상황 속에서 마니우와 이온 브러티아누는 미하이 왕에게 모스크바에서 파견된 사람들을 주요 관직에 임명하지 말고 계속해서 소련의 압력에 대항하라고 충언하였다. 하지만 미하이 왕은 소련에 대한 저항을 포기하였고 공산주의 동조자들이 국가를 운영 할 수 있게 하였다. 당시 미하이 왕은 이후에 공산주의자들을 통제하고 그들의 정치적인 활동을 저지할 수 있을 것이라고 생각했지만 그의 생각은 환상에 불과하였다.

3월 9일, 루마니아는 트란실바니아 지방의 북부지역을 병합하였다. 하지만 이 시기에 그로자 정부는 루마니아의 전 지역을 공산화하기 위해 전념하고 있었다. 3월 23일과 토지개혁에 관한 계획이 수립되었고, 30일에는 국가기관 내에서 존재하는 반공산주의자들을 숙청하기 위한 법령이 제정되었다. 또한 카라칼(Caracal)에서는 정치범 수용소가 설립되었으며 1944년 9월부터 시작된 인민재판도 이 시기에 한층 더 강화되었다.

뿐만 아니라 1945년 5월 8일, 소련은 루마니아의 경제자원을 갈취하기 위해 루-소 합작회사인 소브롬(Sovrom)을 설립하였다. 1944년 루-소 휴전협정에 근거하여 총 16개의 루-소 합작회사가 설립되었는데, 주요회사는 다음과 같다. 첫째, 소브롬(Sovrom) 석유회사는 루마니아 석유산업의 30퍼센트를 차지하고 새로운 유전개발에 있어서 사실상의 독점권을 행사하였다. 둘째, 소브롬 수운(水運)회사는 하천 및 해상 수송회사로서 소련의 출자는 루마니아 항구에서 전리품으로 획득한 수척의 선박이었다. 이는 전체 자본액 중 5% 이하로 추정되었으나 소련은 이익 배분의 51.2%의 권리를 가졌다. 셋째, 소브롬 금속회사는 소련이 51% 출자했는데 독일점령군이 접수했던 주요 공장들이 이에 포함되었다. 넷째, 타르스(TARS) 항공회사는 루마니아의 항공수송의 독점권을 장악하고 있었다. 다섯째, 소브롬-렘(Sovrom-Lemn) 목재회사는 루마니아의 건설자재의 50%를 충당했다. 이 회사는 루마니아의 국영 건설자재 수출회사보다 훨씬 낮은 가격으로 목재수출을 하였다. 마지막으로 소브롬 은행은 루마니아 각종 은행에 예치된 자금의 40%를 통제하였고 수출의 90% 그리고 주요 교역의 75%를 장악하였다. 사실상 소브롬은 장기간에 걸쳐 소련의 대 루마니아 지배, 즉 루마니아로부터 자원을 착취하는 수단이 되었다.

어쨌든 이러한 상황 속에서, 미하이 국왕은 루마니아 국민을 대표하는 실질적인 대표자를 원하면서 그로자 정부의 사임을 요구하였다. 한편, 영국과 미국은 그로자 정부가 다수의 루마니아 국민들을 대표하는 것이 아니라 단지 공산주의자들과 공산주의 동조자들만을 대표했기 때문에 그로자 정부를 인정하지 않았다. 따라서 같은 해 6월, 트루먼 대통령은 미국이 루마니아, 불가리아와 평화조약을 체결할 수 없다는 입장을 스탈린에게 전달하였다.

미하이 국왕은 그로자를 수상 직에서 해임시키려 했지만[20] 거절되자, 6월에는 그로자 정부가 통과시키려는 어떠한 법령도 비준하지 않겠다고 말하면서 "왕의 파업(greva regală)"을 선언하였다. 미하이 국왕이 파업을 선언했음에도 불구하고 그로자 정부는 소련군의 지원을 등에 입은 채 계속하여 정치적인 활동을 전개하였다. 따라서 루마니아에서는 정치적인 긴장감이 고조되었고 결국 국왕의 생일날(ziua onomastică)인 1945년 11월 8일 경찰의 지원을 받던 반공산주의자들과 친 공산주의자들 사이에 무력충돌이 일어났다. 당시 시위에 참석한 사람의 수는 5만 명에 이르렀으며 11명이 사망했고 수백 명이 부상자가 속출하였다.

---

20) 헌법상으로 미하이 국왕은 수상을 임명하고 해임할 수 있는 권리를 가지고 있었다.

그로자 정부에 대한 영국, 미국의 불신[21]과 미하이 국왕의 파업으로 루마니아에서는 긴장감이 고조되었다. 따라서 영국, 미국 그리고 소련의 외무부 장관들은 1945년 12월 모스크바에서 협상을 시작하였고, 그 후 비신스키와 해리만(A. Harriman), 클락-커(A. Clark-Kerr)로 구성된 위원회를 부쿠레슈티로 보냈다.[22]

한편 그로자는 자신의 정부가 민주주의적 요소를 갖추고 있다는 것을 영국과 미국에게 보여주기 위해 이온 브러티아누의 민족-자유당과 마니우의 민족-농민당으로부터 각각 1명씩 선출하여 무임소장관(ministru fără portofoliu)으로 임명하였다. 또한 그는 영국과 미국의 요구에 따라 개인의 모든 민주주의 권리를 존중하는 동시에 루마니아 내에서 자유선거를 실시하겠다고 약속하였다. 하지만 미하이 국왕은 영국과 미국 대사에게 다음과 같이 말하면서 그들을 설득하려 했지만 모든 것이 허사로 돌아갔다: “위에서 언급한 민족-자유당과 민족-농민당 출신의 무임소 장관이 그로자 정부에 영입된다고 하더라도 그것은 아무런 소용없는 형식적인 인사에 불과하며 그로자 정부의 집권 하에서 선거가 치러질 경우 반드시 루마니아의 모든 지역에 선거 감시단을 파견해야 합니다. 그렇지 않을 경우 선거는 조작될 것이며 정권은 공산주의자들의 손에 넘어갈 것입니다.”

이 시기에 런던과 워싱턴은 루마니아와의 평화조약을 가능한 한 빠른 시기에 마무리하려는 인상을 보였다. 영국은 다음과 같이 미하이 국왕에게 언급하였다: “우리는 당신에게 어떠한 충고나 지원을 하길 원치 않습니다[...] 왜냐하면 우리는 당신과 공산주의에 반대하는 세력들을 보호할 수 없기 때문입니다.”

---

21) 이것은 연합국이 루마니아와 평화조약을 체결할 수 없는 요인이었다. 즉 루마니아 국왕은 영국과 미국과 평화회담을 개최하려 했지만 그로자 정부가 공산주의 정부이기 때문에 성사되지 않았다. 따라서 미하이 왕은 그로자 수상을 해임하려 하였다.

22) 해리만과 클락-커는 각각 모스크바 주재 미국, 영국 대사였다.

미국도 영국처럼 온건한 태도를 보이면서 그로자 정부를 인정하려는 인상을 보였다. 이러한 상황에서 미하이 국왕은 아무런 권력도 없는 두 명의 무임소 장관이 그로자 정부에 영입되는 것을 인정하였으며. 이에 연합국도 루마니아의 위기 해결에 만족한 입장을 보이면서 결국 1946년 2월 4일 그로자 정부를 공식 인정하였다.

안토네스쿠(Ion Antonescu) 장군과 히틀러(Adolf Hitler)

그로자 정부가 영국과 미국으로부터 합법적으로 공인됨으로써 이제 이들 국가로부터 어떠한 간섭을 받지 않았다. 따라서 그로자 정부는 반대세력들을 축출하는 동시에 루마니아의 모든 지역을 공산화하기 위한 여러 가지 조치들을 취하기 시작하였다. 예를 들어, 1946년 5월에는 이온 안토네스쿠(Ion Antonescu) 장군과 그의 추종자들인 미하이 안토네스쿠(Mihai Antonescu)와 콘스탄틴 바실리우(Constantin Z. Vasiliu) 그리고 게오르게 알렉시아누(Gheorghe Alexianu)에 대한 재판을 실시하였으며 그로부터 약 한달 후인 6월에 모두 처형되었다. 그리고 7월에는 선거법이 개정되면서 상원이 폐지되었으며 11월에는 56명의 전범자들[23]에

23) 이들 중에는 1946년 8월에 있었던 무력 쿠데타의 주도자들 중 하나인 아우렐 알데아

대한 재판이 있었다.

이와 같은 공포와 압제의 분위기 속에서도 의회선거가 준비되고 있었으며 1946년 11월 19일 선거가 치러졌다. 당시 루마니아에 있던 영국과 미국인들은 마니우(Iuliu Maniu)가 이끄는 민족-농민당과 브러티아누(I. I. C. Brătianu)가 이끄는 민족-자유당이 최소한 총투표수의 3/4을 획득하여 승리할 것이라고 예상했지만 결과는 민족민주전선(F.D.N.)이 79.86%를 획득하여 총 414개의 의석 중 378의석을 차지하였다. 따라서 그들은 어쩔 수 없이 민족민주전선의 승리를 인정하게 되었다.

당시의 선거결과는 루마니아 국가기록원에 보관된 대부분의 서류들이 파기되었기 때문에 오늘날에도 정확하게 알 수 없다. 하지만 최근 들어 역사학자 비르질리우 쯔러우(Virgiliu Țârău)의 노력으로 당시 클루즈(Cluj) 주와 소메쉬(Someș) 주 그리고 투르다(Turda) 주에서 치러졌던 선거자료를 발견했는데, 선거결과는 처음 발표했던 내용과 정반대였다. 어쨌든 이번에도 루마니아에서는 "누가 어떻게 선거하는 것은 중요하지 않고 누가 개표하는가가 중요하다"라는 스탈린 원칙이 루마니아에 적용되었던 것이다.

당시 선거관리위원회는 "선거 대장이 조작되었을 뿐만 아니라 공포의 분위기 속에서 선거의 득표율과 당선자가 조작되어 발표되었다"라고 선언하였으며 영국도 루마니아에서 실시된 선거가 "자유선거도 규정에 따른 선거도 아니었다"라고 발표하였다. 하지만 영국과 미국은, 1946년 2월 그로자 정부를 인정한 것처럼, 이번에도 그로자 정부는 물론 루마니아 의회를 국민의 대표기관으로 인정하였다. 따라서 영국과 미국은 1947년 2월 10일 파리에서 루마니아와 평화조약을 체결하였다.

(Aurel Aldea) 장군도 포함되어 있었다.

루마니아와 연합국 사이에 평화조약이 체결됨으로써, 루마니아의 공산화 과정에서 마지막 걸림돌이었던 연합국 통제위원회(Comisia Aliată de Control)가 해체되었다. 또한 그로부터 몇 개월 후인 7월에는 민족-농민당의 주요 지도자들이 체포됨으로써 정당은 해체되었다. 민족-농민당 의원들과는 달리 민족-자유당 의원들은 신중한 태도로 일관하면서 가능한 정치적인 행동을 자제했지만 그들 역시 공산주의자들에게 체포되어 감금되는 비극을 피할 수는 없었다.

한편, 사회-민주주의자들은 1946년 3월부터 공산주의자들과 연합하여 사실상 1948년 2월에 공산당에 흡수되었다. 1947년 11월, 민족-자유당에서 이탈한 당수 터터레스쿠와 그를 따르던 다른 의원들은 1945년부터 공산주의자들과 연합하였지만 결국 그로자 정부에서 축출되었다. 또한 그로부터 며칠 후에는 75세의 민족-농민당 당수인 마니우가 2인자 미할라케(I. Mihalache)와 함께 종신형에 처해졌다. 따라서 바야흐로 루마니아에서는 인민민주주의(人民民主主義, Democrația Populară)가 설립되는데 방해가 되는 모든 것들이 제거되었다.

제3장 루마니아 인민민주주의의 확립

동유럽의 공산화 과정에서 공산주의자들이 즐겨 사용하던 용어가 이른바 인민민주주의이다. 이 개념은 전통적 부르주아 국가도, 그렇다고 사회주의 국가도 아닌 1940년대 동유럽 국가들의 정치적 상황에 맞게 만들어진 것으로 본질적으로는 공산화를 겨냥하여 통일전선전술을 사용하는 정치체제를 의미한다고 볼 수 있다. 전후 동유럽의 정치상황을 감안할 때 소비에트 프롤레타리아 독재의 개념은 이론적으로 동유럽 국가들에 적용하기가 쉽지 않았을 뿐만 아니라 이를 사용한다는 것은 정치적으로도 현명치 못한 것이었다. 따라서 인민민주주의의 개념은 동·서를 막론하고 당시 전승연합국측이 즐겨 사용하던 '민주'혹은 '민주화'의 개념에도 걸맞을 뿐만 아니라 소비에트 정치체제와도 구별됨으로써 이들 나라의 공산화를 우려하는 서방측과 국내의 비 공산세력의 눈을 속일 수 있었던 것이다.

루마니아에서 공산당이 권력을 쟁취하기까지에는 소련 점령군이 결정적인 역할을 담당하였다. 다른 동유럽과 마찬가지로 루마니아 공산당은 권력을 잡기 위하여 어떻게 반대세력을 분열시킬 것인가를 알고 있었으며 한동안은 연립내각을 구성하여 국가를 통치하겠다는 인상을 주면서 세력을 계속해서 확장하였다. 그리고 결국에는 당내의 반공산주의 세력을 제거하여 권력을 독점하였다. 이러한 방법으로 공산당은 루마니아와 동유럽에서 권력을 쟁취하였지만 서구유럽은 이를 무기력하게 쳐다만 보고 있었다. 특히 루마니아에 대한 서구 유럽의 영향력은 파리 평화조약이 체결되고 난 이후 완전히 사라졌다.

공산주의자들이 루마니아에서 권력을 쟁취하는 데는 국제적인 환경도 유리하게 작용했지만 그렇다고 해서 국내적인 요인들을 간과해서는 안 될 것이다. 루마니아에서는, 계급간의 차이가 사라졌으며 앞으로 피지배계층 중심의 황금기가 도래할 것이라는 급진적인 이데올로기가 전파되는데 유리한 토양을 가지고 있었던 것이다.

1945년 10월에 개최된 당 총회에서 공산당은 루마니아의 근대화와 관련한 야심적인 개혁 프로그램을 발표하였다. 이 프로그램에는 중공업의 가속적인 발전, 전국 각지로의 전기 공급, 토지개혁의 확대와 협동농장의 장려 등이 포함되어 있었다. 당시 게오르기우-데즈 수상은 취임 연설문에서 농업집단화(colectivizare)에 대해서는 전혀 언급하지 않았고 대신에 개인 상점 등과 같은 사적 재산의 국가지원과 외국자본의 도입 등을 주장하였다. 따라서 이러한 개혁 프로그램은 국민들로부터 커다란 호응을 불러 일으켰다.

토지개혁은, 어찌되었든 간에 토지를 갈망하던 농민들이 정부에 압력을 가함으로써 실현되었다고 볼 수도 있다. 하지만 그 이면에는 공산당이 대중적 인기를 의식하여 모든 농민들에게 토지를 배분하겠다고 약속을 함으로써 가능하였다. 토지개혁이 시작되기 하루 전인 3월 22일, 50헥타 이상의 토지는 총 농경지 면적의 18.8%에 해당했고 10헥타에서 50헥타 사이의 토지는 21.2%, 5헥타에서 10헥타 사이의 토지는 24.2% 그리고 5헥타 이하의 토지는 36%에 해당하였다.

3월 23일 선포된 토지개혁법이 공포됨에 따라 50헥타를 초과하는 개인 소유의 토지와 전범자 그리고 독일인 소유의 모든 재산이 수용되었다. 토지개혁은 부분적으로는 농민들에게 작은 규모의 사유지를 분배함으로써 그들의 지지를 얻으려는 의도에서 이루어진 것이었지만 장기적인 측면에서는 농업집단화가 목표였다.

당시 140만 헥타의 토지가 수용되었는데 그 중 약 110만 헥타에 해당하는 토지의 소유권이 90만 명의 농민들에게 배분되었고 나머지는 국유지로 되었다. 또한 한 사람이 가질 수 있는 토지를 50헥타로 제한했는데 이는 총 농경지 면적의 18.8%에 해당되었다. 따라서 이 시기의 토지개혁은 1921년에 실시된 토지개혁보다 훨씬 더 부진했다고 볼 수 있는데, 어쨌든 토지개혁이 실시됨으로써 대지주들이 사라짐으로써 루마니아는 소지주 중심의 국가로 변화하였다.

토지개혁 이후 루마니아 총 농경지 면적의 75.6%는 5헥타 이하의 범주에 포함되었다. 토지개혁으로 혜택을 받은 사람들은 그로자 정부를 지원한 사람들과 토지가 없던 40만 가구의 농민들이었는데, 당연히 이들은 4년 후에 농업집단화가 실시되어 자신의 토지가 다시 몰수될 것이라는 사실을 모르고 있었다.

1946년 선거에서 "승리를 거둔" 루마니아 공산당은 부르주아 경제를 전복시키기 위하여 루마니아 국립은행의 국유화하는 동시에 화폐개혁을 단행하였다. 이외에도 생산할 제품의 수량을 계획하는 동시에 이에 맞게 각 산업체마다 1차 원료를 배분하는 것은 물론 제품의 판매 가격을 결정하는 산업연구소를 설립하였다.

1947년 11월, 민족-자유당 의원이면서 친 공산주의자인 베잔(P. Bejan)이 루마니아 경제부 장관직에서 해임되고 게오르기우-데즈(Gheorghe Gheorghiu-Dej, 1901-1965)가 임명되었다.

이 시기에는 공산당이 목표로 했던 거의 모든 것들이 달성되었지만 인민민주주의가 실현되는데 단 한 가지 걸림돌이 있었는데 그것은 다름 아닌 군주제(monarhia)였다.

이울리우 마니우(Iuliu Maniu)가 감옥에 감금되고 난 하루 후인 1947년 11월 12일, 미하이 국왕은 이후 영국의 여왕이 되는 엘리자베스 공주의 결혼식에 참석하기 위해 런던으로 출발하였다. 당연히 그는 영국-미국인들로부터 어떤 조언을 받을 수 있을 것이라는 희망을 가지고 있었다. 한편 그로자 정부는 미하이 국왕이 루마니아로 돌아오지 않을 것이라고 예상하여 해외여행을 허용하였다. 그로자가 생각한 것처럼, 미하이 국왕은 런던에서 영국과 미국의 정치인들로부터 더 이상 루마니아로 돌아가지 말라는 조언을 받았다. 하지만 처칠만이 이들과 다른 조언을 하였는데, 그는 "어떤 것이라도 위험할 것입니다, 돌아가 당신의 직무를 맡으세요"라고 조언하였다.

미하이 국왕은 헌법이 보장하는 군주로서의 의무를 다하기 위하여 루마니아로 돌아왔다. 한편, 공산주의자들의 권력 집권은 더욱더 강화되었는데, 한 예로 당시 파우케르와 보드너라쉬는 각각 외무부와 국방부 장관으로 임명되었다. 뿐만 아니라 유고슬라비아의 공산당 서기장인 티토(Josip Broz Tito)가 부쿠레슈티를 국빈 방문했지만 이러한 모든 일들은 미하이 국왕과 단 한마디 상의도 없이, 심지어 미하이 국왕이 전혀 알지 못한 상태에서 진행되었다.

1947년 12월 30일, 그로자와 게오르기우-데즈는 왕궁 주위에 군대

ABDICAREA
REGELUI MIHAI I

MIHAI I-lu

Prin graţia lui Dumnezeu şi voinţa naţională

REGE AL ROMANIEI

La toţi de faţă şi viitori, sănătate

In viaţa Statului Român s'au produs în ultimii ani adânci prefaceri politice, economice şi sociale cari au creat noui raporturi între principalii factori ai vieţii de Stat.

Aceste raporturi nu mai corespund astăzi condiţiunilor stabilite de pactul fundamental—Constituţia Ţării—ele cerând o grabnică şi fundamentală schimbare.

In faţa acestei situaţiuni, în deplină înţelegere cu factorii de răspundere ai Ţării, conştient şi de răspunderea ce-mi revine, consider că instituţia monarhică nu mai corespunde actualelor condiţiuni ale vieţii noastre de Stat, ea reprezentând o piedică serioasă în calea desvoltării României.

In consecinţă, pe deplin conştient de importanţa actului ce fac în interesul poporului român,

ABDIC

pentru mine şi pentru urmaşii mei dela Tron, renunţând pentru mine şi pentru ei la toate prerogativele ce le-am exercitat ca Rege al României.

Las poporului român libertatea de a-şi alege noua formă de Stat.

Dat la Bucureşti
astăzi 30 Decembrie 1947

MIHAI R.

루마니아 마지막 왕인 미하이(Mihai) 왕의 퇴위관련 문서

루마니아 인민공화국 문장

를 주둔시키거나 국왕과의 면담에서 탁자에 권총을 두는 등 미하이 국왕에게 직·간접적인 위협을 가하면서 퇴위를 강요하였다. 주위와 단절된 미하이 국왕은 몇 시간 동안 망설이다가 결국 왕위를 포기한다는 사직 법령에 서명을 하였다.

따라서 1947년 12월 30일 그로자 정부는 루마니아가 인민공화국(Republica Populară Română)임을 공포하였다. 또한 그로부터 약 5개월 후인 1948년 4월 13일에는 1936년 스탈린 헌법을 모델로 하는 새로운 헌법(Constituție)이 제정되었다. 따라서 루마니아 미하이 왕(26세)은 1949년 1월 3일 펠레쉬(Peleș) 성을 떠나 스위스로 망명하였다.

미하이 국왕은 최고 통치자에게 어울리지 않는 불행한 종말을 맞이했지만 그의 할아버지 페르디난드 국왕처럼 루마니아의 훌륭한 통치자였다. 아버지 카롤 II세와는 달리 조국에 대한 사랑이 강했던 그는 자신의 통치 기간 동안 루마니아에서 민주주의를 확립하기 위해 많은 노력을 아끼지 않았다. 따라서 그는 카롤 I세처럼 루마니아의 훌륭한 국왕이 될 수도 있었지만, 어느 누구도 당시의 어려운 역

사적 위기를 바꿀 수 없는 상황 속에서, 대루마니아가 분열되고 루마니아에서 독재체제가 확립되는 것을 지켜봐야만 했다.

1866년 쿠자(Cuza) 영주가 축출되고 난 이후부터 1938년까지, 루마니아에서는 의회 민주주의가 다소 불완전했지만 서서히 발전하고 있었으며 단 한 번의 무력 쿠데타도 없었다. 하지만 1938년부터 카롤 II세(1938년)와 안토네스쿠 장군(1940년), 미하이 국왕(1944년), 그리고 공산당(1947년)과 같은 새로운 정치체제는 무력 쿠데타를 일으킴으로써 권력을 잡았다. 이처럼 새로운 정치체제는 각각 구 정치체제를 전복하여 정권을 쟁취하였으며 구체제의 문제점을 바로잡을 것이라고 약속하였다. 하지만 체제가 바뀌어 가면서 한층 더 독재적인 사회제도를 도입되었으며 급기야는 공산주의 체제가 루마니아에 설립되었다.

제4장 맺는 말

지금까지 루마니아 공산화과정을 자세하게 살펴보았다. 1920년대 초 루마니아에서는 극좌, 극우파 정당들이 출현하면서 정치구조가 다양화되었으며 루마니아 사회-민주당(Partidul Social-Democrat) 내에서 레닌주의 추종자들과 루마니아 사회-민주주의를 주장하는 사람들 사이에 분열이 일어났다. 따라서 1921년 5월 8일에 개최된 당대회에서 루마니아 사회-민주당의 일부 당원들이 이탈하여 루마니아 공산당(Partidul Comunist)을 설립하였다.

1920년대 체코나 유고슬라비아 그리고 불가리아와 같은 다른 동유럽 국가들의 사회·공산주의자들은 자국 내에서 어떠한 영향력을 행사하고 있었지만, 루마니아의 좌파세력들은 그렇지 못했고 양차대전 사이에도 정치권 내에서 커다란 영향력을 행사하지 못하였다.

하지만 1938년 이후에는 상황이 완전히 바뀌었다.

1944년 3월 말 소련군이 루마니아 국경을 넘자, 서너테스쿠 장군은 미하이 왕과 함께 쿠데타(8월 23일)를 일으켜 안토네스쿠 장군을 체포하였다. 그 후 그는 내각을 조직하였고 9월 12일에는 소련과 휴전협정을 체결한 후 연합국 측에 합세하여 대독일 전쟁에 참전하였다. 하지만 소련은 1944년 12월, 공산화의 전단계로서 서너테스쿠 수상을 퇴진시키고 러데스쿠 장군이 주도하는 새로운 정부를 수립케 하였다. 그 이후 러데스쿠 수상도 민족민주전선(Frontul Național Democrat)에 의해 계획된 민중시위를 진압하려다 소련의 압력으로 퇴진하였고, 결국 1945년 3월 6일 루마니아 공산화의 첫 단계인 페트루 그로자(Petru Groza) 체제가 수립되었다.

1945년 3월 6일 페트루 그로자(Petru Groza) 정부가 수립된 이후 공산세력이 급속하게 성장하였다. 경제적으로는 대대적인 토지개혁을 단행하였으며 소련-루마니아 합작회사(Sovrom)의 설립으로 소련의 경제적 진출이 현저하였다. 또한 정치적으로는 전범자 재판을 통해 우익 및 그의 동조세력을 제거하여 반공산주의 연합전선의 형성 가능성을 완전히 배제하였다. 특히 1947년 2월 10일 파리평화조약이 체결된 이후에는 국제사회가 인정함으로써 이제는 더 이상 상황을 되 돌이킬 수 없는 합법적인 공산화가 시작되었다.

따라서 1947년 12월 30일 그로자 정부는 루마니아가 인민공화국(Republica Populară Română)임을 공포하였으며 그로부터 약 5개월 후인 1948년 4월 13일에는 1936년 스탈린 헌법을 모델로 하는 새로운 헌법이 제정됨으로써 미하이 왕은 1949년 1월 3일 펠레쉬 성을 떠나 스위스로 망명하였다.

2. 루마니아와 북한의 공산주의 독재체제 비교 연구

제1장 들어가는 말

일국(一國)의 대사관 건물 내에 카지노(casino)가 있다면 믿기지 않을 것이다. 그런데 90년대 초 루마니아 주재 북한 대사관건물 중 일부가 한 카지노 회사에 임대되어 도박장소로 사용된 적이 있다. 북한은 하나의 국가라기보다는 마피아(Mafia)의 성격을 지닌 비(非)국가적인 단체라고 볼 수 있다. 정부차원에서 달러위조는 물론 마피아의 주 수입원 중 하나인 마약밀거래를 통해 외화벌이를 하고 있기 때문이다.

세계 최초로 국가 차원에서 다른 나라 화폐를 위조한 사람은 제2차 세계대전 때 1억 파운드 상당의 영국지폐를 위조한 히틀러였고 그 다음이 북한 김정일이다. 또한 김정일은 1992년 '백도라지 사업'을 국가공식사업으로 부각시키면서 마약을 제조하여 밀거래하기 시작했는데 당시 그는 100만 달러 이상의 마약을 판매하는 사람에게 '백도라지 영웅'이라는 칭호까지 부여하였다.

매년 돌아오는 '즐거운 성탄절'은 루마니아 역사에서 '민주주의의 시작'을 알리는 상징적인 날이다. 약 25년간 절대 권력을 휘두른 독재자 차우셰스쿠가 1989년 12월 25일 크리스마스 때 총살되었기 때문이다.

1989년 차우셰스쿠 독재정권이 붕괴하자 국내외 많은 학자들은 지구상에서 북한과 체제와 가장 비슷한 루마니아에 많은 관심을 가지면서 북한도 같은 길을 걷지 않을까하고 생각했다. 루마니아 공산체제가 북한과 비슷한 것은, 70년대 차우셰스쿠가 평양을 방문하면서 북한을 모델로 삼았기 때문이다.

1971년 6월 9-15일 북한을 공식 방문한 차우셰스쿠와 김일성의 모습

차우셰스쿠는 '북한식 우상숭배'와 '족벌독재체제 구축', '부자세습' 그리고 '평양을 모델로 하는 수도 부쿠레슈티의 현대화 사업' 등을 루마니아에 도입했다. 평양을 방문하면서 차우셰스쿠가 가장 깊은 감명을 받은 것은 다름 아닌 '김일성 우상숭배'였다. 또한 같은 공산주의 체제임에도 불구하고 왕조처럼 대를 이어 통치하는 북한을 모방하여 자신도 족벌체제를 강화하면서 아들 니쿠(Nicu)를 후계자로 준비하기도 했다.

루마니아와 북한의 공산주의 독재체제는 비슷한 점도 있지만 차이점도 많은데, 우선 유럽과 아시아라는 '동서양 가치관의 차이'를 언급할 수 있다. 또한 북한에서의 종교탄압은 루마니아보다 훨씬 심하다고 볼 수 있으며 우상숭배 역시 철저한 세뇌교육을 통해 성공적으로 실시되고 있다. 이에 반해 루마니아에서는 공산주의 시절 대부

1984년 6월 19일 루마니아를 공식 방문한 김일성은 차우셰스쿠와 함께 루마니아 민속 춤인 '호라(Hora)'를 추고 있다.

분의 국민들이 암암리에 교회에 다녔을 정도로 종교의 자유가 상당 부분 허용되었으며 차우셰스쿠 우상숭배 역시 유럽 특유의 개인주의(individualism) 가치관과 맞지 않아 북한처럼 성공을 거두지는 못했다. 이처럼 북한의 김정일 우상숭배는 루마니아보다 훨씬 더 먹혀 들어간다는 생각이다. 즉 동양의 정서와 가치관을 가진 북한 주민들은 개인주의 성향의 루마니아인들과 다소 차이가 있는 듯하다. 3대 멸족이라는 북한식 공포정치로 인한 두려움 때문인지 모르겠지만 어쨌든 우상숭배와 족벌독재정치를 받아들이는 북한 주민들의 태도는 분명 루마니아인들과는 차이가 있어 보인다. 그리고 '과거 잘살아본 경험'도 두 나라 국민들을 비교할 수 있는 하나의 요소이다.

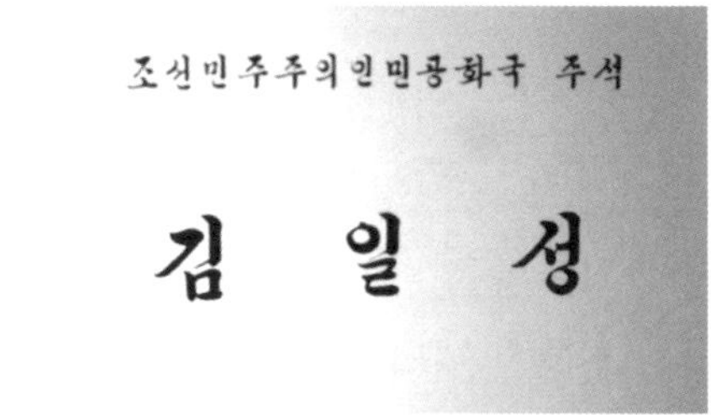

김일성 명함

사실 루마니아는 제1차 세계대전 전후 만하더라도 유

럽에서 비교적 부유한 나라에 속했으며 1940년대 말 공산주의가 도입되기 전에는 그리스보다 잘 사는 나라였다. 따라서 루마니아인들은 '살기 힘든 현재'를 과거와 비교하면서 그 이유를 차우셰스쿠 족벌독재체제에서 쉽게 해답을 찾을 수 있었던 데 반해, 그렇지 못한 북한 주민들은 살기 힘든 현재를 그냥 숙명인 듯 살고 있는 것 같다.[24)]

이 글은 1989년 루마니아 혁명 이전의 상황을 살펴보면서 현재의 북한 상황을 이해하고 또한 미흡하나마 향후 북한체제가 어떻게 변화될지 예측해보는데 목적을 두고 있다. 따라서 제2장에서는 1980년대 루마니아의 전반적인 상황과 경제상황 그리고 혁명 이전의 루마니아인들의 생활수준 등을 살펴볼 것이며 제3장에서는 루마니아와 북한의 공산주의 독재체제를 간략하게나마 비교해 보고자 한다.

제2장 1980년대 루마니아 상황

2.1. 전반적 상황

1980년 조지 부시(George Bush) 부통령은 동유럽 순방 직후에 가졌던 기자회견에서 차우셰스쿠 대통령을 동유럽 국가의 "좋은 공산주의자들" 중 한 사람이라고 호평하였다. 당시 그가 연설한 내용은 60년대 중반 서유럽 국가들이 루마니아와 차우셰스쿠에 대하여 호평한 것과 비슷했다. 하지만 80년대의 루마니아 상황은 60년대와는 전혀 달랐다. 즉 루마니아와 관련한 부시 부통령의 연설 내용은, 만약 그 시기가 60년대였다면 적절했겠지만 그로부터 20년이 지난 80

24) '루마니아와 북한의 독재체제 비교'는 다음을 참조하시오: 박정오 (2012)「정오의 휘뚜루마뚜루」, 한국외국어대학교출판부; 미주한국일보 (2010.12.16/12.23/ 12.30) "박정오 칼럼: 루마니아식 혁명 북한에서도 가능할까?(1,2,3)".

년대의 루마니아 상황과는 전혀 맞지 않았다.

1960년대에 접어들면서 서유럽 국가들은 루마니아의 자주적인 외교정책을 믿고 지원했으며, 차관 수여와 기술 전수 그리고 서유럽과의 활발한 무역 등을 통하여 루마니아가 경제 분야에서 근대화를 이룩할 수 있도록 하였다. 물론 이와 같은 서유럽의 지원은 루마니아가 외교정책에 있어서 반(反)소련 자주노선을 더욱 더 강화할 수 있을 것이라는 희망에서 시작되었다.[25] 하지만 루마니아에 대한 서유럽 국가들의 희망은 실현되지 않았다. 국내적인 측면에서 볼 때, 루마니아 노동당은 기존의 사회주의 모델을 계속 고수했으며 경제정책도 방만하게 실시하였다. 따라서 천연사원이 풍부해 그 당시 동유럽 국가들 중에서 성장 가능성이 가장 많은 나라로 간주되었던 루마니아는 유럽에서 가장 가난한 국가로 전락했으며, 차츰 국제사회는 물론 소련으로부터도 소외되었다.

80년대에 루마니아에서는 서구유럽에서는 상상할 수도 없는 어처구니없는 사건들이 진행되고 있었다. 예를 들어, 차우셰스쿠는 루마니아 공산당 총회에서 "퇴직 후 도시에서 거주하고 있는 모든 노인들을 농촌으로 그리고 농촌의 청년들은 도시로 이주시킬 것을 지시하였다. 뿐만 아니라 계속되는 경제위기 속에서 국민들의 불만이 고조되자 루마니아 당국은 '다방면으로 발전된 사회주의 사회(societatea socialista multilatera dezvoltate)'건설에 박차를 가했고 이를 위해 '농촌체계화사업(sistematizare rurală)'을 실시하였다. 이 사업은 옛 농촌가옥을 부수고 그곳에 "현대적(modern)"인 고층 아파트를 건설함

---

25) 데즈(Dej)는 루마니아가 공산주의 국가들로 둘러싸여 있기 때문에 더 이상 붉은 군대가 루마니아에 주둔할 필요가 없다고 말하면서 스탈린을 계속 설득하였다. 따라서 1958년 소련군은 루마니아에서 철수하는데, 이것은 당시 서구유럽이나 미국인들에게는 굉장한 것이었다. 뿐만 아니라 1965년 데즈 사망 이후 차우셰스쿠도 데즈의 노선을 계승했는데, 즉 그는 1968년 소련의 체코 침공 때 소련에 반대하여 루마니아 군대를 파병하지 않았다.

으로써 루마니아 농촌을 사회주의 모델로 재건하려는 것이었다. 이 사업은 얼핏 듣기에는 그럴 듯한 정책인 것 같았지만 실상은 정반대였다. 즉 농촌에 건설된 아파트의 내부에 상·하수도 및 난방시설조차 설치되지 않아 루마니아 농민들의 불편은 이만 저만이 아니었다.

농촌체계화 사업이 본격적으로 실시된 것은 1980년대 중반이후부터이다. 하지만 이에 대한 개념은 이미 1960년대에 존재하였고 그 후 약 15년 동안에는 루마니아의 일부 지역에만 실행되었다. 즉 이 사업은 1987년 12월에 개최된 루마니아 공산당 국가회의에서 본격적으로 논의되었으며, 1988년 3월 3일에 개최된 회의에서는 1단계 사업을 1990년까지 마무리하고 2단계는 1995년까지 그리고 마지막 단계는 2000년까지로 설정하였다.

농촌체계화사업은 경제적 가치가 없었지만 차우셰스쿠는 많은 관심을 보였다. 따라서 20세기 말까지 루마니아 농촌마을의 수는 절반으로 격감했고 대신 500개 이상의 '농업-산업 중심지(centre agroindustriale)'가 생겨났다. 그 대표적인 곳이 부쿠레슈티 근처에 있는 오토페니(Otopeni) 지역인데, 이곳에 많은 관심과 애정을 가진 차우셰스쿠는 공사현장을 자주 방문하였다. 당시 차우셰스쿠는 농촌체계화 사업으로 "농촌과 도시의 생활수준 차이가 줄어들었다"고 대대적으로 선전하기 시작하였다. 하지만 루마니아 역사학자들은 이 사업이 "루마니아 독재체제하의 가장 큰 범죄행위 중 하나"라고 간주하였다.

이외에도 80년대에는 빵 배급 쿠폰제(하루에 한개)가 실시되었고, 타자기 소유 신고제가 법으로 규정되었다. 당시 타자기를 가지고 있는 모든 루마니아인들은 매년 경찰서에 신고해야만 했다.[26] 또한 서구 유럽 국가들로부터 무상으로 받은 성경책들이 화장실용 휴지로

26) 당시 모든 타자기는 기계마다 어떤 알파벳의 글자 두께와 색깔의 열고 짙음에서 다소 차이가 있었는데 이를 통해 만약 누군가가 유인물을 뿌릴 경우 그사람을 찾아 낼 수 있었던 것이다.

인민궁전

재처리 되어 사용되었다.[27)]

부쿠레슈티 근대화 사업의 일환으로 인민궁전(Casa Poporului)과 사회주의 승리로(Bulevardul Victoriei Socialismului) 그리고 부쿠레슈티 시 내 신시가지(centru civic)가 건설되면서 이 지역에 있던 수많은 건축물들(16세기에 건축된 교회건물들과 19세기에 건축된 유태 교회당 건물)이 허물어졌다.

부쿠레슈티를 재건하려는 차우셰스쿠의 생각은 이 도시에 대지진이 발생하여 많은 건물이 붕괴된 1977년으로 거슬러 올라간다. 하지만 그것이 현실화 된 것은 그로부터 약 6년 후인 1983년 인민궁전을 건축하면서부터이다. 맨 처음 이 건물의 이름은 '공화국 궁전(Palatul Republicii)'이었지만 80년대에는 차우셰스쿠 족벌독재체제의 상징적인 건물로서 '인민궁전'이라 불렀고 현재는 건물 내부에 루마니아 상원과 하원이 있어 민주주의의 상징적인 건물인 '의회궁(Palatul Parlamentului)'으로 불리고 있다.

세계에서 두 번째로 큰 이 건물(길이 270m, 높이 245m, 넓이 86m,

27) 당시 루마니아의 재처리 기술이 좋지 않아 화장지에 신이나 천사 같은 단어들이 적혀져 있었는데 이는 서구유럽인들에게 커다란 충격이었다.

깊이 14m) 내부에는 1,000개 이상의 크고 작은 룸이 있으며 이 건물을 완성하기까지 700명의 건축가들과 약 2만 명 이상의 노동자들이 투입되었다.

1980년대 도시 재건사업으로 부쿠레슈티는 도시 전체가 커다란 공사장을 방불케 했으며 차우셰스쿠 부부는 종종 공사 중인 건물들을 방문하면서 "귀중한 지시(indicație prețioasă)"를 내렸다. 이로써 건물의 모습은 처음과는 완전히 달라졌으며 완공 날짜도 계속 늦추어졌다.

의회궁 정면에는 '사회주의 승리로'라고 불리는 중심도로가 시작되는데 이것은 파리의 샹젤리제(Champs Elysées) 거리보다 폭이 4m 넓게 건설되었다. 루마니아 혁명 이후 이 도로의 이름은 '통일로(Bulevardul Unirii)'라고 바뀌었다.

80년대의 차우셰스쿠의 위상은 60년대 용기 있고 개혁적인 루마니아 대통령으로써 버킹검 궁전과 백악관에 초대받고 또한 닉슨(Richard Nixon)과 포드(Henry Ford)가 루마니아를 방문하여 차우셰스쿠와 호라(hora) 춤을 추던 것과는 완전히 판이하였다. 따라서 루마니아는 아주 짧은 기간 동안 서유럽의 전폭적인 지지와 지원을 받던 나라에서 혹독한 비난을 받는 나라로, 그리고 근대화 작업을 추구하던 전도유망한 국가에서 빵을 배급하는 나라로 전락하였다.

루마니아인들의 시각에서 볼 때, 차우셰스쿠 독재시절 가장 이해할 수 없는 것 중 하나는 루마니아 정치의 해체, 즉 차우셰스쿠 일가를 중심으로 하는 족벌독재체제의 확립이었다.

2.2 경제상황

루마니아 수상(1961-1974년)을 역임한 이온 마우레르(Ion Gheorghe Maurer)는 1989년 혁명 이후 라비니아 베테아(Lavinia Betea)와의 인터뷰에서 "차우셰스쿠를 대통령으로 만든 것은 자신의 실수였으며, 차우셰스쿠의 가장 큰 실정(失政)은 경제 분야에 있었다"고 언급하였다.

80년대 초까지 루마니아인들은 물질적으로 풍족했기 때문에, 소위 말하는 차우셰스쿠의 "황금기(epoca de aur)"동안, 일상 생활하는데 부족함을 느끼지 못했다. 하지만 1982년 12월 차우셰스쿠를 비롯한 루마니아 공산주의자들이 외채를 상환키로 결정하면서 국가경제는 추락하기 시작하였다. 또한 그로부터 약 7년 후인 1989년 4월, 차우셰스쿠는 루마니아 공산당 중앙위원회 총회에서 외채를 모두 상환하였다고 공식 발표하였다. 당시 차우셰스쿠는 루마니아가 "진정한 의미에서의 독립과 경제적 주권을 획득"했으며 제3세계에 외채를 빌려줄 수 있는 나라가 되었다고 대대적으로 선전하였다.

루마니아 공산당이 세운 구체적인 국가목표는 1990년에 루마니아를 '개발도상국'의 수준으로 발전시키면서 동시에 2000년을 전후로 해서 '모든 분야에서 발전한 사회주의 국가(țară socialistă multilateral dezvoltată)'로 진입한다는 것이었다. 이러한 국가적인 원대한 목표를 달성하기 위해 차우셰스쿠는 1970년대부터 중공업을 위주의 집중적이고도 강압적인 경제성장 정책을 실시하였다. 따라서 루마니아는 세계에서 철강제품을 생산하는 주요 국가 중 하나가 되었으며 기계공업도 괄목할 만한 성장을 이룩하였다. 특히 루마니아의 석유화학공업은 국내에서 생산되는 원유를 정제하고도 남는 수준의 정제능력을 갖춤으로써 지나치게 과잉 투자되었다. 하지만 루마니아에서 생산되는 비행기와 전투기, 탱크, 대형선박, 헬리콥터 그리고 자동차 등과 같은 제품들은 선진국에 비해 품질이 떨어졌기 때문에 세계시장에서 헐값에 팔아야만 했다.

공식통계에 따르면, 1970년 초에 루마니아 국민소득(venit national)의 약 1/3이 국가 발전기금으로 할당되었으며, 국가 총 투자액 역시 1/2 이상이 산업분야에 사용되었다. 반면에 농업 분야에는 총 투자액 중 0.1%만이 할당되었다. 하지만 중공업 위주의 과도한 루마니아 경제성장 정책은 단 한 번도 실현을 거두지 못했다. 예를 들어, 루마니아 산업 총 생산량(produsul industrial brut)과 국민소득은 항상 목표치를 밑돌았다. 루마니아 경제문제가 현실적으로 가시화 되었음에도 불구하고 루마니아 공산당은 당 총회에서 경제성장 5개년 계획(1986-1990)을 수립했는데, 이때에도 국민소득과 산업 총생산량의 목표치를 각각 9.9-10.6%와 13.3%-14.2%로 높게 설정하였다.

1983-1985년 사이 루마니아는 경제적으로 위기에 직면했으며 특히 1985년 이후부터는 일반 국민들도 피부로 느낄 수 있을 정도였다. 그런데 바로 이 시기에 루마니아에서는 중앙정부건 지방정부건 간에 경제지표를 부풀려 발표하는 것이 일반화되어 있었다. 한 예로, 1986년과 1988년도의 사회총생산(produsul social)은 실제보다 부풀려 각각 992억 레이(lei)와 1,683억 레이로 발표되었으며 국민소득 역시 18%나 부풀려 발표되었다. 1989년 루마니아 국민들의 명목임금(salarii nominale)이 증가했지만 각종 물품에 이런저런 세금이 부과되어 물가가 인상됨으로써 실질임금은 이전보다 훨씬 더 감소하였다. 루마니아인들은 생필품을 구입하기 위해 매일 가게 앞에서 줄지어 있었는데 1970년대 말부터는 그 길이가 더욱 더 길어졌고 특히 늦가을에는 겨울을 나기 위해 사재기를 하는 사람들로 인산인해를 이루었다.

농업 생산량도 목표치를 밑돌았지만 실제보다 과장되어 발표하였다. 차우셰스쿠 정권은 루마니아 경제 위기의 원인을 "세계경제 위기"에다 돌렸다. 세계 경제의 불황으로 금리가 상승함으로써 루마니아는 그동안 빌린 외채의 높은 이자를 갚아야만 했고, 특히 1973년 오일 쇼크로 인하여 루마니아 경제는 높은 인플레이션을 감당해야만 했다.[28] 당시 루마니아가 경제적 위기에 봉착하게 된 것은 이러한 국제적인 요인들도 한몫 담당했지만 그보다 더 본질적인 문제는 사회주의 경제의 모순점에서 찾아볼 수 있다. 이 외에도 1977년에 발생한 지진이나 1980년 가뭄과 1981년 홍수 그리고 1984-1985년 겨울에 있었던 혹독한 추위도 당시 루마니아의 경제를 어렵게 한 요인이었다.

시간이 지나면서 차츰 국제 원유가격의 하락과 더불어 세계 경제는 회복되기 시작했다. 하지만 루마니아의 경제위기는 계속해서 심화되었는데, 이것은 당시 루마니아 경제문제의 궁극적인 원인이 내부적인 요인에서 기인한다는 것을 암시하는 것이다.

루마니아 공산주의자들은 자국 경제의 근대화 작업을 위해 스탈린식 경제모델을 채택하였다. 즉 1964년 데즈 대통령은 공산당 총회에서 루마니아를 기계공업 및 중화학공업 중심의 국가로 발전시킬 것이라고 공식적으로 선포하였다. 루마니아 공산주의자들이 소련으로부터의 분리를 시도한 이유는 루마니아에 민주주의나 자유주의를 정착시키려 했던 것이 아니라 루마니아를 농업국으로 전락시키려는 흐루시초프에 반대하면서 단지 스탈린식 경제모델을 추구하기 위함이었다. 이 시기에 흐루시초프는 데즈에게 루마니아를 기계공업 및 중화학공업 위주의 국가가 아닌 농업과 경공업 위주의 국가로 발전시켜야 한다고 거듭 요구하였다.

사전 조사 없이, 1960년대 루마니아 공산당이 선택한 세 개의 루

28) 당시 이란에서는 석유화학공장이 없었기 때문에 차우셰스쿠는 이란의 석유를 수입해 정제하려고 하였다. 따라서 그는 엄청난 외국자본을 빌려 루마니아에 약 11개의 석유화학공장을 세웠다. 하지만 1973년 오일쇼크와 이란에서 발생한 혁명으로 인해 원유조달이 순탄치 않아 루마니아 경제는 큰 타격을 입었다.

마니아 주력산업분야(철강업, 기계공업, 중화학공업)는 70년대와 80년대에 규모면에서 많은 성장을 이룩하였다.[29] 하지만 지하자원이 부족했던 루마니아는 공장을 가동시키기 위해 엄청난 양의 원료를 비싼 가격에 수입해야 했다. 게다가 70년대부터 세계시장에서 철강제품과 공작기계 그리고 석유화학 제품의 수요가 점차 감소하면서 루마니아의 수출은 계속 둔화되었다. 당연히 이것은 루마니아 외환 보유고의 감소를 의미하였다. 더욱이 루마니아에서 생산된 제품은 질적인 측면에서 타국에 비해 경쟁력이 없었기 때문에 제3세계 시장에 낮은 가격에 수출해야 했고 그 또한 물물교환이나 외상 거래로 이루어졌다. 뿐만 아니라 앞에서 언급한 루마니아 3대 주력산업은 엄청난 에너지를 소비했기 때문에 루마니아는 1980년대 내내 심각한 에너지 부족난을 겪어야 했다.

당시 루마니아가 경제적 위기를 자초하게 된 근본적인 요인으로는 앞에서 언급한 것처럼 수익성이 없는 산업분야에 과도하고 집중적인 투자와 방만한 기업운영 그리고 경제적인 가치가 없는 대규모 공사(다뉴브강과 흑해를 잇는 대규모의 운하 건설 및 부쿠레슈티 근대화 작업) 등을 언급할 수 있고,[30] 이 외에도 경제 정책을 계획하고

---

29) 이 당시 루마니아의 1인당 철강생산량은 세계 3위였지만 면도날을 생산하지 못해 영국에서 수입하였다. 그래서 차우셰스쿠는 면도날 수입금지 조치를 내린 후 국민들에게 이발소에서 면도하라고 하였다.

30) 1985년 7월 5일 듬보비짜(Dâmbovița)강 정비사업에 대한 정치집행위원회(Comitetul Politic Executiv)의 결정이 있었고 그 이후 이 사업은 그 해 12월부터 1987년 12월까지 약 2년 동안 진행되었다. 이 프로젝트가 시행된 계기는 세계의 다른 수도들처럼 부쿠레슈티 역시 중요한 하천 옆에 위치하고 있다는 인상을 주기 위한 것이었다. 강둑은 시멘트로 포장되었고 정제시설도 잘 설치되었지만 예산이 가장 많이 들어간 것은 강의 상류에 해당하는 크른가쉬(Crângași) 지역에 엄청난 양의 물을 담을 수 있는 호수를 건설하는 것이었다. 이 호수를 만든 목적은 그곳에서 물을 흘려보내 강물이 마르지 않도록 하는 것이었다. 물론 듬보비짜 정비 사업은 애초부터 경제적 타당성이 없는 사업이었으며, 강 주변은 '사회주의 승리로'처럼 산책하기에도 적합하지 않아 강변을 따라 산책하는 사람들도 거의 찾아볼 수가 없었다. 이 외에도 1985년 12일 정치집

실행하는데 있어서 차우셰스쿠 일가가 사사건건 개입한 점도 빼놓을 수 없는 중요한 요인이다.

당시 루마니아에서는 "국가계획위원회(Comitetul de Stat al Planificării)"가 기업의 제품 생산량과 가격 등 모든 것을 결정했는데, 이 기관에서도 차우셰스쿠와 엘레나 부부는 예외 없이 개입하였다. 이들 부부는 경제 전문가들의 자문은 커녕 그들의 견해를 무시한 채 기분나는 대로 모든 것을 결정하였다. 따라서 이 시기에 루마니아의 경제는 동유럽 국가들 중에서 가장 엄격한 명령체제하에 있었다. 물론 1960년대부터 루마니아에서는 마우레르(Ion Gheorghe Maurer) 수상에 의해 하부의 의사를 존중하는 분권화 정책이 시도되기도 했지만 이 시기에 루마니아에서는 강력한 중앙 집중적인 계획경제체제가 확립되었다. 따라서 루마니아 국가계획위원회는 중앙 집중적인 계획경제체제하에서 사사로운 문제들을 포함한 모든 결정들을 총괄하였다.

이러한 중앙 집중적인 경향은 농업분야에서도 적용되었다. 국가계획위원회는 집단농장뿐만 아니라 개인 소유의 텃밭(집 앞마당이나 뜰)에서 재배할 농작물(시장에 팔 수 있었음)의 종류와 생산량 그리고 가격까지 직접 결정하였다. 물론 이러한 국가계획위원회의 강압적 조치들은 루마니아 농민들의 자율의지를 꺾었으며 결국 루마니아 전체 농작물 생산량에 영향을 미쳐 1980년대 식량난으로 이어졌다.

루마니아 경제정책이 실패함으로써 자연히 무역구조도 변하였다. 1960년대 루-소 갈등은 루마니아가 소련으로부터 경제적으로 독립을 이룩하려했기 때문이었다. 당시 반소자주노선을 걸었던 루마니아는 서유럽국가들과 긴밀한 관계를 유지하였고 자연히 이들 국가

행위원회(CPEx)는 부쿠레슈티와 흑해사이를 선박이 운행할 수 있게 운하를 건설하기로 결정했지만 다행스럽게도 이 프로젝트는 현실화되지 않았다.

와의 무역도 증가하였다. 하지만 루마니아산 제품은 서유럽에 비해 경쟁력이 없었기 때문에 상당한 무역적자를 기록하였다. 만약 이 당시 루마니아가 동유럽 국가들과 무역을 했었더라면 더 좋은 가격에 수출을 할 수 있었을 것이다. 어쨌든 이러한 사실은 1960-70년 사이 루마니아에서 팽배한 아주 일반적인 상황이었다.

차우셰스쿠 대통령은 루마니아 경제의 근대화를 이룩하기 위해 서구유럽으로부터 선진기술과 자본을 도입하였다. 하지만 기존의 사회주의 계획경제체제를 계속 고수했기 때문에 실질적인 경제개혁을 실시하지 않았다.

루마니아가 서구로부터 외채를 빌릴 수 있었던 것은 미국으로부터 최혜국대우와 1971년과 1975년에 각각 GATT와 IMF회원국으로 가입하면서 가능하였다. 당시 루마니아의 경제상황은 전혀 개선되지 않았지만 외채는 계속 증가했는데, 1971년 12억 달러이던 외채는 1982년에 130억 달러로 증가하였다. 하지만 외국기업과 합작한 루마니아 기업은 더 좋은 질의 제품을 생산해야 했지만 그렇지 못했기 때문에 서구유럽은 물론 제3세계 국가로도 수출되지 않았다.

중앙 집권적인 명령체제와 비효율적이면서 턱없이 낮은 생산력, 1차 원료 및 에너지의 만성적인 부족 등으로 파탄에 빠진 루마니아의 경제는 오랜 기간 동안 경쟁력이 없는 제품을 생산했기 때문에 결국에는 무역 대상국을 상대적으로 경쟁이 심하지 않은 동유럽 국가로 돌려야만 했다. 비록 이 시기에 루마니아의 수출은 전반적으로 감소했지만 사회주의 국가에 대한 수출은 1980년 33.8%, 1983년 57% 그리고 1987년 57%의 일정한 증가세를 보였다. 하지만 서유럽 국가들과의 무역은 1981년에서 1985년 사이 평균 27%를 보이면서 침체 국면을 면치 못하였다. 이러한 상황 속에서, 소련과의 무역은 1982년 17%이던 것이 1984년과 1985년에 각각 22%와 26%의 커다란 증가세를 보였고 특히 1986년에는 33%를 기록하였다. 루마니아는 철강제품이나 공작기계, 비행기와 무기류, 철도차량, 석유장비, 소비재 제품과 식료품 등과 같은 물품들을 소련에 수출하였고 소련은 1차 원료 특히 철강이나 천연가스 그리고 원유를 루마니아에 수출하였다.

1986년 5월, 차우셰스쿠는 침체된 루마니아 경제를 회복하기 위하여 고르바초프를 만나 경제 분야를 비롯하여 과학, 기술 등 다양한 분야에 걸쳐 루-소 협정을 체결하였다. 당시 차우셰스쿠는 루-소 협정을 체결하기 위해 다소 굴욕적인 자세를 취하게 되는데 이것은 루마니아가 소련으로부터 분리와 독립을 추구한 1960년대에는 생각지도 못할 일이었다.

1985년 집권 직후 고르바초프는 동유럽 국가들과 경제 협정을 맺기 위하여 각국의 대통령을 모스크바로 초청했지만 차우셰스쿠는 고르바초프의 초청을 거부하면서 모스크바 방문을 계속 지연시켰다. 하지만 그는 소련이 석유공급을 단절하겠다고 위협함으로써 동유럽 대통령 중 마지막으로 모스크바를 방문하여 루-소 협정을 체결하였다. 당시 루마니아는 서유럽의 지원을 전혀 받지 못했을 뿐만 아니라 경제도 침체의 길로 내달았기 때문에 어쩔 수 없이 소련과 협정을 체결해야만 했다.

따라서 60-70년대 소련과의 관계에서 동유럽 국가 중 가장 자주적인 위치를 고수하고 있었던 루마니아는 80년대에 들어와서 완전히 역전되어 가장 종속적인 국가로 남게 되었다. 루-소 협정에 따라 루마니아와 러시아 기업 사이에는 직접적인 주문, 생산 그리고 판매가 이루어짐으로써 더 이상 루마니아의 '국가계획위원회'는 루마니아 내의 공장에서 생산되는 제품의 생산량이나 가격을 결정하지 못하게 되었다.

2.3. 생활수준

루마니아에 공산주의가 도입된 이후 산업화와 관련된 마르크스주의의 꿈은 단 한 번도 실현되지 않았다. 루마니아 공산당은 사회주의식 산업화를 계속 추구했지만 국민들의 생활수준은 계속 하락하였다. 당시 루마니아 정부는 국가가 이행해야할 다양한 사회적인 기능들을 포기한 듯하였다. 동유럽 경제상호원조회의(C.A.E.R)가 발표한 공식 통계에 따르면, 루마니아의 사회적 비용은 1980년부터 계속 감소했는데, 특히 1985년에는 주택분야에 할당된 기금이 37% 감소했고, 의료분야에서는 17% 그리고 교육, 문화, 과학분야에서는 무려 53%나 감소하였다. 따라서 이 시기에 루마니아 농촌 지역에 있는 학교에는 예산이 없어 교실바닥을 나무로 만든 것이 아니라 흙으로 그냥 덮어둔 곳도 있었다.

하지만 루마니아에서는 바로 이 시기에 "동유럽에서 가장 가난한 사람들"에 대한 기아정책이 시작되었다. 당시 영양결핍에서 고통 받던 루마니아인들은 국가에서 배급되는 최소한의 1일분 식량으로 근근이 생계를 이어가야만 했다. 어떤 지역에서는 한 달에 고작 0.5kg의 육류가 배급되기도 하였다. 표준 노동시간은 계속 늘었지만 소득은 감소했고 물가는 계속 올랐다. 또한 주택관련 법규가 제정됨으로써 한 사람이 거주할 수 있는 면적은 쪽방 수준인 12m^2(약3.6평)으로 한정되어 루마니아인들이 겪는 고충은 이만저만이 아니었다. 당시 루마니아 정부는 1인 가족에게는 방 1개의 아파트를 그리고 2인, 3인, 4인 가족에게는 가족 수에 비례하여 각각 방이 2개, 3개, 4개인 아파트를 제공하였다.

1980년대 내내 만성적인 전력난을 겪던 루마니아 정부는 에너지 소비와 난방비를 줄이기 위해 국민들의 희생을 강요하였다. 가정용 전력은 일정 시간만 공급되었고 난방시설도 작동되지 않았다. 한 예로, 1985년 겨울에는 일반 가정을 비롯해 학교와 상점 그리고 사무실 등의 내부 온도를 12℃ 이하로 유지하게끔 책정함으로써 루마니아 국민들은 겨울 내내 혹독한 추위에 떨어야 했다. 따라서 식료품점이나 겨울옷을 파는 가게 앞에는 추운 겨울을 나기위해 많은 사람들이 줄지어 서 있었다. 공산주의와 차우셰스쿠 독재의 주요 선전도구로 사용된 루마니아 TV방송국도 경제위기를 피해갈 수 없었는데, 당시 TV방영시간은 하루에 단지 몇 시간만 허용되었다.

1986-1987년 겨울은 지난 100년 동안 가장 혹독하고 추운 겨울이었다. 따라서 국가통치위원회(Consiliu de Stat)는 1987년 2월 7일 법령을 제정하여 공공분야를 포함한 비생산적 분야에서 에너지 사용을 20% 줄일 것을 지시하였다. 또한 이 시기에는 회사원 임금이 20-30% 삭감되었는데, 이는 발레아 지울루이(Valea Jiului) 광부 파업 이후 루마니아 노동투쟁의 커다란 빌미가 되었으며, 특히 1987년 11월 15일 브라쇼브(Brașov)에서는 루마니아 국민들의 사회적 불만이 대대적으로 표출되기도 하였다.

이 외에도 루마니아 정부는 에너지 절약을 구실로 삼아 자동차 운행을 제한하였다. 당시 루마니아에서는 “보행인들의 달(luna pietonilor)”이 있었는데, 이 시기에는 버스나 일반 자동차가 운행되지 않았기 때문에 사람들은 걸어서 다녀야만 했다. 하지만 이것은 외국인이 많은 부쿠레슈티가 아닌 농촌 지역에서 주로 실시되었으며 버스나 자가용을 제외한 구급차나 소방차 등은 정상적으로 운행되었다.

이처럼 당시의 상황을 보면 루마니아가 산업이 전혀 발전하지 않은 국가라는 인상을 주었다. 즉 루마니아 공산당은 농민들에게 농경기구 대신에 육체노동을, 그리고 트랙터나 트럭을 사용하는 대신에 마차를 사용하라고 촉구하였고, 상점 주인에게는 물건을 운반할 때 자전거를 사용하라고 촉구하였다. 냉장고와 세탁기 사용이 금지되었으며 전력을 사용하는 제품들 대신 석탄을 사용하는 화덕이나 석유램프 사용을 권장하였다. 자동차가 생산되는 국가에서 자동차 운행이 금지되었으며, 상하수도 및 난방 시설이 없는 그런 아파트가 건설되었다. 또한 유럽 최대의 곡창지대 중 하나인 루마니아에서 사상 유래 없는 최고의 밀 수확량을 기록했지만, 정작 국민들에게는 빵 배급제가 실시되었다. 이처럼 당시 루마니아는 과거로 회기하고 있었는데, 겉으로 볼 때 루마니아는 근대화되었지만, 내용면에서는 전혀 그렇지 않았다.

제3장 1980년대 루마니아와 현재의 북한 상황 비교

3.1. 외부환경

1989년 루마니아 혁명이 성공하기까지에는 외부적 환경과 루마니아 민중혁명 그리고 루마니아 군부의 역할 등 몇 가지 중요한 요인들이 있었다.

먼저 1980년대 말의 루마니아 상황과 현재 북한이 처한 '외부적 상황'이 전혀 다르다고 볼 수 있다. 1985년 고르바초프가 페레스트로이카(perestroika; 개혁)와 글라스노스트(glasnost; 개방)를 표방한 이후 베를린 장벽이 무너지면서 대부분의 동유럽 국가들은 마치 유행처럼 공산주의에서 민주주의 체제로 전환하였다. 루마니아의 체제전환은 차우셰스쿠의 철권통치로 인해 동유럽 국가 중 가장 늦게 일어났지만 당시 동유럽에서 거세게 분 민주화의 바람은 결국 철옹성 같던 차우셰스쿠 독재체제마저 넘어뜨렸다. 하지만 현재 북한은, 80년대 말 동유럽에서 불었던 민주화 바람은커녕 또 하나의 공산국가인 중국의 지원과 보호 하에 있다.

만약 80년대 말 동유럽에서 민주화 바람이 없었다면 차우셰스쿠 독재체제도 붕괴되지 않았을 것이다. 따라서 한반도를 둘러싼 외부적 환경은 앞으로 북한의 변화에 아주 중요한 요인으로 생각되는데,

만약 중국이 북한 지원을 중단한다면 북한의 경제는 파국으로 치달아 결국 김정은 독재체제도 붕괴될 것이다. 그런데 그동안 중국이 해왔던 북한 감싸기를 살펴보면, 당분간 또 하나의 공산국가인 중국으로부터 커다란 변화를 기대하기는 어려울 것 같다. 한 예로, 2011년 1월 16일 동아일보는 외교소식통을 인용해 "중국 당국이 상당수 전직 북한군 고위 장교 등을 보호하고 있는 것으로 안다"면서 "김정일, 김정은 체제가 붕괴해 급변사태가 우려될 경우 이들을 내세워 남한에 의한 흡수통일을 막고 친중 정권을 수립할 가능성이 있다"고 전했다.[31]

3.2. 동서양 가치관의 차이

유럽과 아시아라는 동서양의 '가치관의 차이' 역시 루마니아와 북한을 이해하는 중요한 요소이다. 북한은 혁명이전의 루마니아보다 종교탄압이 심한 것은 물론 철저한 세뇌교육을 통해 우상숭배를 성공리에 실시하고 있는데 반해 루마니아에서는 대부분의 국민들이 암암리에 교회에 다녔을 정도로 종교의 자유가 상당부분 허용되었다. 뿐만 아니라 차우셰스쿠 우상숭배 역시 유럽 특유의 개인주의 가치관과 맞지 않아 북한처럼 큰 성공을 거두지 못했다고 볼 수 있다.

일반적으로 루마니아인들은 춤과 음악을 좋아할 뿐만 아니라 사고하고 행동하는데 있어서 아주 자유로운 라틴민족이다. 이처럼 자유로운 루마니아인들에게 딱딱한 개인우상숭배 정책이 그렇게 맞지 않았던 것이다.

루마니아 역사에서 우상숭배 시도는 차우셰스쿠 이전에도 세 차례 더 있었다. 처음 두 번은 카롤(Carol) II세와 안토네스쿠(Ion Antonescu) 장군에 대한 우상숭배로 이는 소극적인 차원에서 진행되었으며

31) 동아일보 (2011.02.17), "中, 北유사시 김정은 대안체제도 준비"

나머지 한번은 루마니아 정치사에서 차우셰스쿠 다음으로 가장 적극적으로 실시된 1930년대 '철위단(Iron Guard)' 단장에 대한 우상숭배였다. 독일의 나치즘, 이탈리아 파시즘에 버금가는 유럽의 대표적인 3대 극우단체였던 루마니아 철위단은 주로 1930년대에 활동하면서 우상숭배를 시도했으나 얼마가지 못해 실패하고 만다. 이에 반해 북한에서는 우상숭배가 루마니아보다는 훨씬 더 먹혀들어가고 있다.

결국 동양의 정서와 가치관을 가진 북한 주민들은 개인주의 성향의 루마니아인들과 다소 차이가 있는 듯하다. 3대 멸족이라는 북한식 공포정치로 인한 두려움 때문인지 모르겠지만 어쨌든 우상숭배와 족벌독재정치를 받아들이는 북한 주민들의 태도는 분명 루마니아인들과는 차이가 있어 보인다.

3.3. 종교의 자유

차우셰스쿠 독재체제 하의 루마니아에서 종교의 자유는 북한에 비해 상당부분 인정되었다. 실제로 루마니아인들은 차우셰스쿠 독재시절에도 몰래 교회에 다녔다고 한다. 루마니아 혁명직후 루마니아 수도 부쿠레슈티에서 택시를 타보면 운전사가 교회를 지나갈 때마다 손으로 십자가 표시를 하며 기도를 하는 것을 보았다. 물론 차우셰스쿠 체제 하에서 부분적으로는 종교가 공산당원의 자격심사에 결격사유가 되기도 했는데, 예를 들어 공산당 내에서 승진을 앞둔 경우 교회에 가는 것을 기피했다고 한다.

이에 반해, 북한의 종교탄압은 세계 최악이다. 예를 들어, 2005년 미국 국무부는 북한을 비롯한 세계 각국의 종교자유 실태와 미 행정부의 제재 조치 등을 담은 연례국제종교자유보고서를 미 의회에 제출하고 "북한의 종교탄압은 공산주의 국가 중에서도 예외적"이라 밝혔다. 또한 2011년 1월 5일 국제 기독교 선교 단체인 오픈 도어즈(Open Doors)는 북한이 전 세계 최악의 기독교 탄압국이라고 밝혔는데, '2011 세계 감시목록 (World Watch List)'이란 제목의 보고서를 보면, 북한이 전 세계 50개 기독교 탄압국 가운데 최악의 나라로 지목" 되었고 이로써 북한은 9년 연속 최악의 기독교 탄압국으로 꼽혔다.[32)]

3.4. 반체제 인사 및 단체의 활동

루마니아에서의 '반체제 인사 및 단체의 활동'은 루마니아와 북한 사이의 공통점이라고 볼 수 있다. 하지만 이들 두 국가사이에도 분명히 정도의 차이는 있어 보인다. 즉 북한의 경우에는 반체제 인사와 단체의 활동이 거의 없는데 반해, 70-80년대 루마니아에서는 비록 존재했지만 폴란드, 체코 등 다른 동유럽 국가에 비해 상대적으로 미약했다고 볼 수 있다.

1980년대 활동한 루마니아의 반체제 작가로는 두미트루 쩨페네악(Dumitru Țepeneag), 파울 고마(Paul Goma), 마린 프레다(Marin Preda) 등 많은 작가들을 언급할 수 있다. 또한 1977년 수천 명의 루마니아 광부들이 파업이나 1979년 부쿠레슈티를 비롯한 몇몇 다른 도시에서 근무하는 약 2천명의 노동자들이 처음으로 자유노동조합을 결성하려한 것은 루마니아 사회저항운동의 좋은 예이다. 이외에도 1978-1979년 사이에는 개신교, 정교회 등 루마니아 종교계 인사들의 사회저항운동이 진행된 것도 사실이다.

1980년대 루마니아 저항세력들의 활동 중 가장 흥미로운 것은, 1947년 공산주의 도입 이후 해체된 구 정치인들이 다시 정당을 조직하려 한 것이었다. 하지만 당시 루마니아 노동자들이나 지식인들 그리고 종교계 인사들은 하나의 통일전선(front unit)을 구성하지 않고 서로 분리되어 운동을 전개하였다. 즉 1980년대 루마니아 사회저항운동은 혁명적인 것이 아니라 단순히 사회저항적인 성격이 강했기

32) NewDaily (2011.01.06), "북한, 9년 연속 "최악의 기독교 탄압국"

때문에 루마니아 비밀경찰인 세쿠리타테(Securitate)가 이를 진압하는데 별 어려움을 겪지 않았다. 이에 반해 북한에서는 이런 종류의 사회저항운동이 거의 존재하지 않았다고 볼 수 있다.

사실, 80년대 말 동유럽 국가들의 민주화 과정을 볼 때 체코나 폴란드 등과 같은 국가에서 반체제 인사와 단체들은 대중의 힘과 의지를 하나로 결집시키는 아주 중요한 역할을 담당하였다. 하지만 루마니아에는 폴란드의 바웬사나 체코의 '77헌장그룹'같은 단체가 없었기 때문에 상대적으로 루마니아에서의 체제전환은 다른 동유럽 국가들에 비해 늦게 일어났으며 결국에는 유혈혁명이라는 극단적인 형태로 표출되었다.

따라서 북한의 체제변화는 루마니아보다 더 어려울 것으로 사료된다. 즉 북한에서의 사회저항운동은 루마니아보다 훨씬 더 약하기 때문에 반체제인사가 주도하는 폴란드나 체코식의 북한 공산체제의 붕괴는 없을 것으로 생각된다.

3.5. 루마니아 군부의 역할

루마니아 혁명이 성공하게 된 결정적인 요인으로 '군부의 역할'을 언급할 수 있다. 루마니아 혁명은 1989년 12월 16일 티미쇼아라(Timişoara)에서 발생해 차우셰스쿠가 처형되는 12월 25일까지 9일간에 걸쳐 진행되었다.

혁명의 전개과정을 살펴보면, 12월 16일 혁명이 발생한 이후 채 며칠도 지나지 않아 수도 부쿠레슈티까지 확산되었다. 당시 이란을 순방 중이던 차우셰스쿠는 급히 귀국하여 자신의 건재함을 과시하기 위해 21일 루마니아 공산당 중앙위원회 청사 앞 광장에서 관제집회를 열고 연설을 시작하였다. 하지만 연설 도중 폭발사건이 발생하자 광장은 아수라장이 되었고 집회는 얼마 되지 않아 강제 해산되었다. 집회에 참석한 부쿠레슈티 대학교 학생들과 시민들은 귀가하지 않고 차우셰스쿠 독재타도를 외치기 시작했고 시간이 지나면서 시위대 규모는 걷잡을 수 없을 만큼 불어났다.

22일 아침, 바실레 밀레아(Vasile Milea) 국방장관이 의문의 죽음을 당한 채 발견되었다. 세간에는 그가 차우셰스쿠의 발포명령을 거부해 총살되었다는 소문까지 나돌았다.

당시의 상황을 자세히 살펴보면, 22일 새벽 3시 경 부쿠레슈티에서 민중시위가 점점 더 격화되었고, 그 시각 공산당 중앙위원회 청사에서 눈을 붙이고 있던 차우셰스쿠 부부도 잠에서 깨어났다. 그리고 아침 6시 30분 경 차우셰스쿠는 밀레아 국방장관을 불러 강경진압을 하지 않는 것을 강하게 질책하였다. 그로부터 2시간 후인 8시 30분경, 시위대가 부쿠레슈티 시내로 쏟아져 나오자 거리는 온통 인산인해를 이루었다. 따라서 차우셰스쿠는 긴급대책회의를 소집하였다.[33] 약 15분간 진행된 회의에서 차우셰스쿠는 밀레아 국방장관을 다시 한 번 더 호되게 질책했고, 회의종료 30분 후에도 그를 불러 재차 질책하였다. 그 이후 밀레아 장군은 6층 621호로 올라가 9시 25-35분, 소지하고 있던 권총 방아쇠를 당겨 자살하였다.

당시 바실레 장군의 죽음과 관련하여 여러 가지 소문이 나돌았다. 첫 번째는 밀레아 장군이 발포명령을 거부하자 차우셰스쿠 측근들이 살해했다는 것이고 두 번째는 국가모반 행위가 들통 나자 밀레아 장군이 자신이 소지하고 있던 권총으로 자살했다는 것이다. 이에 대해서는 이후 여러 목격자들의 진술과 몇몇 학자들의 연구도 있었지만 가장 신빙성 있는 것은 당시 사태가 아주 긴박하게 돌아가자 심

33) 회의 참석자는 니콜라에 차우셰스쿠(Nicolae Ceauşescu)를 비롯하여 엘레나 차우셰스쿠(Elena Ceauşescu), 투도르 포스텔니쿠(Tudor Postelnicu), 이온 딘커(Ion Dincă), 실비우 쿠르티체아누(Silviu Curticeanu), 이울리안 블라드(Iulian Vlad), 콘스탄틴 더스컬레스쿠(Constantin Dăscălescu), 에밀 보부(Emil Bobu) 그리고 바실레 밀레아(Vasile Milea)였다.

1989년 티미쇼아라(Timişoara)시에서 시작된 루마니아 혁명

리적 압박을 느낀 밀레아 장군이 어떻게 행동할지 몰라 자살했다는 것이다. 즉 밀레아 장군의 입장에서 보면 자살이 가장 쉬운 해결책이었던 것이다. 어쨌든 당시의 상황은 루마니아 군부가 차우셰스쿠에게서 멀어지는 하나의 계기가 되었다.

22일 오전 9시 45분, 밀레아 장군의 사망사실을 차우셰스쿠도 알게 되었다. 그로부터 몇 분 후 차우셰스쿠는 앞으로 치명적인 결과를 초래하는 두 가지 자충수를 두는데, 그것은 밀레아 장군의 자살을 공식발표하고 스튼쿨레스쿠(Victor Stănculescu) 장군을 국방장관으로 임명한 것이었다.

오전 10시 45분 경, 밀레아 장군의 사망 사실이 TV와 라디오를 통해 전국으로 전파되었다. 당시 루마니아 국민들은 밀레아 장군이 차우셰스쿠에게 반기를 들어 총살되었다고 생각하였다. 따라서 혁명세력들은 몹시 격앙되었으며 혁명분위기도 한층 더 고조되었다.

한편 지난 3일 동안 두 차례에 걸쳐 책임회피를 시도했던 스튼쿨레스쿠 장군은 이번에는 차우셰스쿠의 국방부 장관직 제안을 수락할 수밖에 없었다.[34] 하지만 기울어가는 차우셰스쿠 정권에 연루되

34) 루마니아 혁명 과정에서 빅토르 스튼쿨레스쿠 장군과 관련된 일화는 아주 흥미롭다. 12월 21일 티미쉬(Timiş) 주 사령관으로 임명된 스튼쿨레스쿠 장군은 기울어가는 차

길 원치 않았던 그는 겉으로는 차우셰스쿠에게 충성심을 보였지만 시위진압에는 적극적이지 않았다. 그동안 부쿠레슈티에서는 격렬한 총격전이 계속되어 수많은 사상자가 발생하였다. 상황이 심각해지자 스튼쿨레스쿠 장군은 국방부 장관직에 임명되고 난 후 채 10분도 지나지 않아 전군의 원대복귀명령을 내렸다. 그동안 혁명세력을 진압했던 루마니아 군부가 차우셰스쿠로부터 등을 돌림으로써 상황은 완전히 혁명세력 쪽으로 기울게 되었다. 따라서 혁명 분위기는 최고조에 달했고 루마니아 공산당 중앙위원회 청사 앞에는 10만 명이 운집했고 TV방송국 앞에도 많은 사람들이 집결하였다. 루마니아 혁명세력은 구국전선(National Salvation Front)을 조직한 후 TV와 라디오 방송국까지 장악했다. 이런 상황 속에서 차우셰스쿠 시절, 국가비밀경찰인 세쿠리타테(Securitate)에 비해 처우가 좋지 않아 불만이 많았던 일부 루마니아 군인들과 고급장교들이 귀대하지 않고 혁명세력에 합류하기 시작하였다.

11시 30분경, 공산위원회 청사의 발코니에서 다시 한 번 더 연설을 하려했지만 이내 포기했고, 11시 45분경 차우셰스쿠 부부는 스튼쿨레스쿠 장관이 준비한 헬리콥터를 타고 청사를 탈출하여 스나고브(Snagov)를 향해 출발하였다. 이로써 1965년부터 약 25년간 지속

우셰스쿠 정권에 연루되길 원치 않았다. 따라서 그는 사령관직을 수락하지 않기 위해 근처에 있던 한 병원에 도착해 “내일 오후 1시까지 아무도 나를 침대에서 깨울 수 없게 무슨 수를 한번 써보세요”라고 의사에게 부탁하였다. 따라서 그는 티미쇼아라에서 후송 조치되어 12월 22일 새벽 2시경 부쿠레슈티에 도착하였다. 사실상 스튼쿨레스쿠 장군의 충성심은 20일 저녁부터 미심쩍은 점이 많았다. 따라서 그를 사령관으로 임명한 것은 차우셰스쿠의 커다란 실수였다. 그의 행동은 부쿠레슈티에 돌아온 이후에도 전혀 변하지 않았다. 새벽 5시경 이미 군인병원(Spitalul Milirar)에 도착한 스튼쿨레스쿠는 이번에도 자신이 공산당 중앙위원회Comitetul Central) 청사에 가지 않을 묘책이 없는지 의사에게 물어보았고, 당시 그와 이야기를 나눴던 한 정형외과 의사는 그의 다리에 깁스를 해주었다. 따라서 그는 깁스한 상태로 공산당 중앙위원회 청사에 도착하였다.

된 차우셰스쿠 독재체제가 막을 내렸다.

한편 북한 군사지휘체계를 살펴보면, 그동안은 모든 권력이 김정일 국방위원장에 집중되어 있어 군사쿠데타가 일어날 가능성은 희박했다. 하지만 김정일 사후에는, 앞으로 시간이 문제이겠지만, 상황이 완전히 달라질 가능성이 많다. 북한 전문가들은 김정일 사후 국방위원회 산하의 인민무력부와 총정치국, 총참모부 그리고 보위사령부 간에 권력주도권을 두고 큰 충돌이 생길 가능성도 있다고 언급하고 있다. 따라서 향후 루마니아식의 급격한 체제붕괴도 전혀 배제할 수는 없는 일이다. 만약 향후 북한에서도 루마니아처럼 급격한 체제전환이 발생한다면 그것은 북한 군부와 깊은 연관이 있을 것으로 생각된다.

3.6. 잘 살아본 루마니아인들과 그렇지 못한 북한주민

루마니아는 제1차 세계대전 전후 만해도 유럽에서 비교적 부유한 편에 속했다. 예를 들어, 공산주의가 루마니아에 도입되기 직전인 1940년대 말 경 루마니아는 그리스보다 경제적으로 훨씬 더 잘 사는 나라였다. 따라서 루마니아인들은 '살기 힘든 현재'를 과거와 비교하면서 그 이유를 공산주의 체제 혹은 차우셰스쿠 족벌독재체제에서 쉽게 해답을 찾았을 수 있었지만, 그렇지 못한 북한 주민들은 살기 힘든 현재를 그냥 숙명인 듯 살고 있는 것으로 생각된다.

1960년대 루마니아는 농업국으로 전락시키려는 소련 흐루시초프 정책에 반대해 중공업 위주의 스탈린식 경제체제 통한 국가발전 도모하였다. 루마니아를 농업국으로 전락시키려는 흐루시초프의 정책에 반대한 것은 차우셰스쿠 이전의 대통령인 게오르게 게오르기우-데지(Gheorghe Gheorghiu-Dej) 시대로 거슬러 올라간다. 그런데, 차우셰스쿠 시대에 와서 루마니아 공산당은, 루마니아 3대 주력산업을 선정하여 과도하게 발전시켰다. 경공업은 완전히 도외시되었으며 위의 3대 주력산업은 아무런 시장조사 없이 자의적으로 즉 루마니아 공산당 마음대로 선정하였다. 시장경제 원칙을 무시하다보니 루마니아 경제정책은 당연히 실패했고 결국 80년대 말 루마니아 경제는 파국으로 치달았다.

특히 차우셰스쿠는 130억 달러 이상의 외채를 모두 상환하기 위해 국민을 희생시키면서 까지 기아수출(飢餓輸出)을 단행함으로써 국민들의 불만은 더욱 더 가중되었다. 품질이 좋다 싶은 농산물은 모두 수출되어 정작 루마니아인들은 먹을 게 없었고, 대신 국가에서 배급되는 최소한의 1일분 식량으로 근근이 생계를 이어가야만 했다. 또한 전력난으로 인해 하루 TV 방영시간은 2시간이었고, 또 루마니아 3대 주력산업은 엄청난 에너지를 소비했기 때문에, 루마니아는 80년대 내내 심각한 에너지난을 겪어야 했다. 그래서 당시 루마니아인들은 난방시설이 작동되지 않는 아파트에서 겨울 내내 혹독한 추위에 떨어야만 했다. 이러한 상황 속에서 80년대 말 루마니아인들의 불만은 최고조에 달했다. 하지만 혁명 이후 루마니아인들이 하는 말을 들어보면 차우셰스쿠의 집권초기부터 80년대 초까지는 생활하는데 큰 불편은 없었다고 한다. 이 말은 결국 80년대 중·후반으로 접어들면서 루마니아 경제정책이 계속 실패함으로써 혁명의 단초(端初)가 되었다는 것을 의미한다. 결국, 루마니아 혁명의 가장 큰 원인은 루마니아 경제정책의 실패라고 볼 수 있다.

제4장 향후 북한 체제의 변화 전망

향후 북한의 체제변화와 관련하여 크게 3가지로 요약할 수 있다: 1) 김정은 체제의 유지, 2) 루마니아식 붕괴, 3) 중국식 개방.

2011년 12월 17일, 김정일 사망 이후 김정은 체제가 시작되었지만 현재 북한의 경제사정이 좋지 않고, 대외적으로도 한반도와 동아시아를 둘러싼 미국과 일본 그리고 중국의 역학관계가 복잡하기 때문에 시간이 지나면서 2)와 3)으로 바뀔 가능성은 상당히 많다고 볼 수 있다. 따라서 루마니아식 민중혁명이나 군부쿠데타를 통한 급격한 체제붕괴는 항상 염두에 두어야 할 것이다.

앞에서 언급한 것처럼 현재 북한의 경제사정이 최악이기 때문에 루마니아식 민중혁명이 일어날 수 있는 조건은 충분하게 갖춰져 있는 상태라고 볼 수 있다. 다만, 총살이나 3대 멸족 등과 같은 북한의 공포정치로 인해 북한 주민들이 두려움에 떨고 있는데, 이것은 대중봉기를 저해하는 중요한 요인 중 하나이다.

'1989년 12월 루마니아 혁명연구소(Institutul Revoluției Române din Decembrie 1989)'의 클라우디우 이오르타케(Claudiu Iordache) 소장은 2014년 2월 17일 필자와의 인터뷰에서 루마니아와 북한의 공산체제와 관련하여 두 국가 간의 공통점보다는 차이점에 비중을 두면서 특히 "루마니아는 아시아가 아닌 유럽에 위치"하고 있음을 강조하였다. 이것은 앞에서 필자가 언급한 '동서양 가치관의 차이'와 일맥상통한다고 볼 수 있다. 또한 동연구소 이온 칼라페테아누(Ion Calafeteanu) 교수는 향후 북한의 체제 변화와 관련하여 "일반적으로 혁명은 너무나 큰 희생이 따르기 때문에 만약 북한에서 민중혁명보다 군부쿠데타가 일어난다면 단기간에 체제전복도 이루어지고 국민들의 희생도 적을 것"이라고 언급하였다.

향후 북한은 앞에서 언급한 세 가지 요인 중에서 중국식 개방정책을 수용할 가능성이 가장 많을 것으로 생각된다. 사실 앞으로의 북한 체제변화를 정확하게 예상하는 것은 어려운 일이지만, 북한의 급격한 붕괴는 우리 정부에게 엄청난 재정적 부담을 주기 때문에, 남북한 최고의 통일 시나리오는 북한이 개방정책을 수용하여 경제적 발전을 이룬 다음 통일로 연결되는 것이다. 즉 앞으로 북한이 개방정책을 수용한다면 시간이 지나면서 북한 주민들의 사고와 행동도 변하게 될 것이고 결국에는 자연스럽게 남북통일로 이루어질 것이다.

통일비용과 관련하여, 지난 2010년 독일의 한 연구소는 북한이 갑작스럽게 붕괴할 경우 한국은 재정적으로 상상을 초월하는 부담을 갖게 될 것이라고 밝혔는데, 이를 돈으로 환산하면, 한국이 통일과정에서 매년 북한에 순수하게 지원해야 할 액수가 2,500억 달러, 우리 돈으로 약 280조 원에 이를 것이라고 추정하였다. 그런데 흥미로운 것은 2,500억 달러라는 액수가 독일의 경우 GDP의 5%였지만 한국의 경우 25%에 해당한다는 점이다.[35] 사실, 독일은 30년 동안 통일을 대비하였으며 1990년부터 2010년까지 3,060조원이라는 천문학적 액수의 돈을 동독에 쏟아 부었다.

이 외에도 2010년 대통령 직속 미래기획위원회가 추산한 비용은 점진적 통일의 경우 3,220억 달러(약 343조원), 급진적 통일일 때는 2

---

35) 연합뉴스 (2010.06.23), "독일학자 한국 통일비용, 서독보다 3-5배 클 수도": "북한은 통일 전 동독보다 훨씬 더 낙후돼 있어 한국이 통일 후 치러야 할 '통일비용' 부담이 과거 서독에 비해 클 것이라는 독일 경제학자의 전망이 나왔다. 울리히 블룸 독일 할레대학 경제연구소장은 23일 한국 평화재단과 독일 아데나워재단이 서울 조계사에서 주최한 '분단국 통일에서 무엇을 배울 것인가' 심포지엄 발표에서 "통일을 하면 남북간 경제력 격차 문제가 반드시 생기게 되므로 북한에 대한 투자로 완충 작용이 이뤄지게 해야 한다"고 말했다. 블룸 소장은 이어 "독일은 매년 GDP의 5-8%를 동독 지역에 이전시킴으로써 동독 주민들이 서쪽으로 이주하는 것을 적절한 수준으로 막을 수 있었다"면서 "석기시대 공산주의'라 할 수 있는 북한은 동독보다 더 극단적 상황에 처해 있어 한국은 매년 GDP의 25% 정도씩을 북한 지역에 투자해야 할지도 모른다" 고 내다봤다.

필자는 클라우디우 이오르타케(Claudiu Iordache) 루마니아 혁명연구소(Institutul Revoluției Române din Decembrie 1989)' 소장의 초대로 2014년 2월 29일 니콜라에 티툴레스쿠(Nicolae Titulescu) 유럽재단에서 개최된 도서출판회에 참석하였다. 이 출판회에는 이온 일리에스쿠(Ion Ilescu) 전 루마니아 대통령도 참석하였다.

조1,400억 달러(약 2,280조원)였다. 삼성경제연구소 역시 통일 뒤 북한 주민들의 생활수준을 남한의 최저생계비 수준으로 끌어 올리는데 지원해야 할 비용만도 매년 40조원이 필요할 것으로 추정했다.[36]

36) 최윤식, 배동철 (2010) 282.

3. 루마니아 공산주의 청산과 민주주의로의 전환

1989년 이후의 루마니아 사회는 정치적 행위가 아주 다양해진 것은 물론 새로운 체제의 구조적 기능 속에서 여러 요인들이 아주 복잡해졌다.

1990년대 초 루마니아에서 시작된 민주주의의 특징은 구(舊) 공산주의 체제의 엄격한 분위기가 계속 존재함으로써 이로부터 부분적인 영향을 받았다는 점이다. 이 시기에 루마니아는 다른 중-동유럽 국가들처럼 독재체제와 고도로 중앙 집중화 된 경제체제(economia puternic centralizată)에서 그동안 한 번도 경험하지 못한 민주주의와 시장경제체제(economia de piață)로 이행해야만 했다. 하지만 당시에는 관료주의(birocrație de stat)가 여전히 큰 영향력을 행사하고 있었기 때문에 개혁으로의 길을 아주 어려웠다. 사실상 90년대 초 루마니아에서의 개혁은 다른 동유럽 국가들에 비해 상당히 더뎠다고 볼 수 있다.

루마니아 정치인들은 1996년까지 주로 경제 분야에서의 개혁에 집중하였지만 사회적 차원에서도 상당한 변화가 있었다. 인구구조는 전체적으로 볼 때 소수의 부유층과 다수의 빈곤층의 차이를 메우는 중산층(clasa de mijloc)이 충분하게 발달하지 않아 전체적으로 불균형한 형태를 보였다. 따라서 1990년대 루마니아 사회는 과거 공산주의 체제의 정치권력을 기반으로 성공한 소수의 사람들과 그동안 강력한 공산체제에 길들여져 새롭게 시작된 시장경제체제에 적응하지 못한 일반인들 간에 일종의 대립적인 양상을 보였다.

정치적으로는 권위주의(aurotitarism)가 팽배한 상황 속에서 루마니아 엘리트들이 타협(negociere)보다 대립(confruntare)을 선호하였으며 시민사회(societatea civilă)를 만들기 위한 그들의 정치, 사회적 활동도 그렇게 많지 않았다. 결국 1989년 이후의 루마니아 정치체제는 헌법상의 규정과 이데올로기적인 측면에서 모호한 점이 있었기 때문에 그렇게 안정적이었다고 볼 수 없었다.

공산 체제하에서 루마니아 정치 엘리트들과 일반 국민들 사이에는 신분상의 상당한 차이가 있었는데, 이는 1989년 12월 루마니아에서 유혈혁명이 일어나는데 결정적인 영향을 미쳤다고 볼 수 있다.[37] 이러한 신분상의 차이는 권력구조에서 볼 때, 1989년 이후에도 구(舊)특권계급(nomenclatura)이 부분적으로 존재했을 뿐만 아니라 "시민계급과 루마니아 정치정당들 사이의 상호 지속적인 관계를 설정, 증명하는데 있어 많은 어려움이 있었기 때문에"[38] 민주주의가 시작된 1990년대 초에도 계속 유지되었다. 따라서 루마니아 혁명 발생 이후 약 10년 이상 동안 루마니아 언론과 각종 여론조사에서는 상당수의 루마니아 국민들이 차우셰스쿠 시대를 선호하고 있었으며 루마니아 의회를 가장 믿을 수 없는 국가기관으로 생각했을 뿐만 아니라 심지어 민주주의 체제까지 불신하기도 했다.

선거와 관련하여, 루마니아에서는 시간이 지나면서 국가 통치제도에 대한 국민들의 믿음이 생겨나기 시작했고 이로 인해 차츰 선거에 참여하는 비율이 낮아졌다. 즉 1989년 루마니아 혁명 직후 치러진 1990년 5월 20일 선거에서는 86%의 투표율(procentajul prezenței la vot)을 보였지만 그 이후에는 계속 감소하였다. 즉 2000년 12월 선거에서는 65.31% 그리고 2008년 총선에서는 최저 투표율인 39.26%를 기록하였다.[39]

알프레드 불라이(Alfred Bulai)는 "당시의 높은 투표율은 선거와 관련한 루마니아인들의 정치적 성숙성과 연결되는 것은 아니었다"라고 언급하고 있는데, 이것은 1989년 혁명 직후 치러진 1990년 선거

37) Tănase, Stelian (2006) 125.

38) Verdery, Katherine (2002) 44.

39) http://stiri.rol.ro/content/view/52157/2/

를 보면 쉽게 알 수 있다. 뿐만 아니라 그는 "성숙된 민주주의 경험을 가진 국가들에서는 대개 60%-75% 사이의 투표율"[40]을 보이고 있는데, 이러한 관점에서 볼 때, 65.31%의 투표율을 보인 2000년 선거 결과는 루마니아 정치가 성숙한 수준에 이른 것으로 해석할 수 있다.

새로운 민주주의를 구성하는데 있어 가장 본질적인 것은 유권자(electorat)들의 투표행위가 의회에 위임되는 선거제도였다. 대부분의 동유럽 국가들에서는 선거방식과 비례대표제(reprezentarea proportională a mandatelor)가 채택되었다. 하지만 90년대 루마니아 선거제도는 아주 이례적이었으며 잘못된 결과를 초래하기도 하였다. 비례대표제는, 선거의 목적이 상하원 의원들로 하여금 국민들의 의견을 가장 정확하게 반영하게 하고 또한 타협과 협상 그리고 정치세력(forțele politice)들 간의 협력을 격려하는 것이었기 때문에 이는 합의민주주의(democrația consensuală)에 해당하였다.

혁명 이후 루마니아인들은 경제적으로 풍요로운 삶을 영위할 수 있을 것이라는 희망을 가지고 있었다. 하지만 20여년이 지난 오늘날의 루마니아 경제상황은 루마니아인들의 기대에 부응하지 못하고 있다. 그동안 루마니아 산업은 시장경제로 전환하는 과정에서 상당 부분 파괴되었다. 즉 기존의 루마니아 산업시설과 공장들은 경쟁력에 밀려 문들 닫거나 아니면 헐값에 외국자본으로 넘어갔다. 한 예로, 크라이오바(Craiova)시에 위치한 "엘렉트로푸테레(Electroputere)"는 과거 자동차 부품을 생산하는 회사였지만 현재는 외국에서 수입한 식료품을 판매하는 슈퍼마켓으로 바뀌었다.

중앙계획경제(economia planificată centralizat)에서 시장경제로 전환하는 과정은 루마니아 경제를 총체적으로 다시 계획하여 재건해야 했기 때문에 당초 생각했던 것 보다 훨씬 더 복잡하고 어려웠다.

---

40) Bulai, Alfred (1999) 74.

국가소유를 기반으로 하는 사회주의의 중앙 계획경제에서 시장경제로 전환한 국가는 이 세상 어디에도 없었기 때문에 루마니아가 채택하고자하는 실험 성공한 모델은 이 지구상에는 없었다. 따라서 모든 것을 처음부터 시작해야만 했던 루마니아는 지난 20여 년 동안 수없이 많은 시행착오를 겪어야만 했다. 그럼에도 불구하고 1989년 혁명 직후 루마니아는 역사, 문화적으로나 심리적으로 루마니아와 공통점이 많은 서구유럽 자본주의를 모델로 삼기 시작하였다.

1990-2000년 사이의 루마니아 상황은 정치적으로 불안했을 뿐만 아니라 루마니아 정부당국의 리더십도 강하지 않았기 때문에 여러 현안들을 해결하는데 있어 많은 어려움이 있었다. 또한 20여년이 지난 지금에 이르러서도 비록 시장경제가 시행되고 있다고는 하지만 아직도 부분적으로는 중앙계획경제의 영향이 남아있다.

혁명 직후 실시되었던 루마니아 경제개혁은 공산주의체제가 막 붕괴되어 아직까지 구공산주의 정신성향을 완전히 떨쳐내지 못한 상태에서 실시되었기 때문에 시작부터 문제가 있었으며 개혁을 실행하는데 있어서도 상당부분 지체되었으며 사유화 과정 역시 아주 더디게 진행되었다. 따라서 지난 20년 동안 루마니아에서는 수많은 회사들이 파산했으며 외환시장에서도 유로화와 달러 부족으로 환율이 루마니아 경제에 부정적으로 작용해 루마니아 수출에 많은 영향을 미쳤다. 어쨌든 이러한 모든 요인들은 루마니아 경제가 시장경제로 전환하는 과정에서 있어 부정적인 영향을 미쳤다고 볼 수 있다.

이러한 이유로 결국에는 1989년 혁명 이후 채 2년도 지나지 않아 루마니아에서는 경제위기가 찾아왔다. 인플레이션은 급속하게 증가하며 최고 250%를 기록하였고 외환보유액은 고작 700만 달러밖에 되지 않았다. 따라서 루마니아인들의 수입(venitul)과 생활수준(nivel de trai)은 급속도로 악화되었다. 뿐만 아니라 1990년대 말에는 반코렉스(Bancorex), 크레디트 뱅크(Credit Bank), 다치아 펠릭스(Dacia

Felix), 반카 알비너(Banca Albină), 반코프(Bankcoop), 루마니아 할인은행(Banca Română de Scont)등과 같은 루마니아 대형은행들이 파산하였고 현재는 체크(CEC)와 수출입은행(Eximbank) 등 두 개의 루마니아 토종은행만이 남아있다.

루마니아가 본격적으로 경제적 발전을 시작한 것은 혁명이 발생한지 10년 후인 1999년에 이르러서였다. 예상보다 많이 늦었지만 루마니아 경제의 기반으로 자리 잡은 사유화 부분은 1989년 루마니아 국내총생산(Produsul Intern Brut)의 12.8%를 차지하던 것이 1999년에는 55%를 차지하였다. 시간이 지나면서 사유화 부분은 더욱 더 확대되었고 현재는 루마니아 국내총생산의 80% 이상을 차지하고 있다.

하지만 혁명 이후 루마니아 철강산업(siderurgie)은 급속하게 쇠퇴하였다. 갈라찌(Galați)시에 있던 콤비나트를 비롯해 루마니아 전역에 있는 모든 제철공장에서 생산한 철강제품은 1989년 1,400만 톤이었지만 2008년과 2009년에는 각각 500만 톤과 260만 톤을 기록하며 생산량이 대폭 감소하였다. 따라서 한 때 철강제품 생산량에서 세계 15위를 자랑하던 루마니아는 현재 37위로 추락하였다. 상황이 이렇게 된 이유는, 혁명 직 후 모든 제철공장을 당시의 시장가격에 신속하게 사유화를 진행하지 않은데 있다. 충분한 자본이 공급되지 않은 것은 그렇다 치더라도 공장 내에 설치된 각종 기계들을 포함해 돈이 될 만한 것은 모두 도난당했기 때문에 결국 1980년대 루마니아의 3대 주력산업 중의 하나였던 제철산업은 쇠락의 길을 걷게 되었다.

농업역시 루마니아의 대표적인 산업 중 하나였지만 최근에는 국내소비(consumul intern)의 약 70%를 수입에 의존하고 있다. 2001년 약 5,300대의 트랙터를 생산하던 루마니아는 그로부터 5년 후인 2006년에는 3,300대를 생산하였다. 하지만 브라쇼브(Brașov)시에 있던 트랙터공장이 문을 닫은 이후인 2007년에는 크라이오바(Craiova)시의 마트(Mat)사와 체아흘러우(Ceahlău)시의 메카니카(Mecanica)사에서 불과 수십 대의 트랙터만을 생산하였다. 따라서 2009년 루마니아는 농업 기계장비 생산과 관련해 유럽에서 최하위 권으로 추락하였다. 루마니아 국내총생산에서 농업이 차지하는 비율은 2004년 12.6%이던 것이 2007년에는 6%로 감소하였다. 현재 루마니아에서 농업에 종사하고 있는 인구는 약 300만 명으로 추정되고 있는데 이는 루마니아 경제활동인구(populația economic activă)의 30%에 해당된다.

루마니아 농업의 주요 문제점 중 하나는 사유화 과정에서 대규모의 토지가 소규모로 분할되면서 발생하였다. 이 외에도 사유화 과정에서 발생한 여러 문제점들에 불만이 가진 구(舊)농경지 소유자들이 소송을 제기한 점과 대규모 개인 농장이나 농업협회 소유의 토지에 투자가 이루어지지 않음으로써 농업기계화가 어려웠던 점, 공동자금(fondul de confinanțare)이 없어 농장주들이 EU의 비(非)상환펀드를 획득하기 어려웠던 점 그리고 정치적 무관심과 이 분야에서 책임자들의 무능함 등을 언급할 수 있다.

도로 인프라와 관련하여, 2010년 루마니아는 예산 부족으로 기존의 국도(drumul național)를 수리할 여유도 없었지만 체코, 폴란드 그리고 헝가리와 같은 다른 동유럽 국가들은 고속도로 건설과 관련하여 상당한 성과를 보였다. 총 351km의 고속도로 망을 가지고 있는 슬로바키아는 2010년 40km를 추가로 건설함으로써 우크라이나 국경까지 연결되는 동서 고속도로가 건설되었다. 뿐만 아니라 2010년 현재 각각 1,113km와 700km의 고속도로 망을 가지고 있는 체코와 헝가리에서도 그동안 크고 작은 고속도로 관련 수많은 프로젝트가 추진되었다. 하지만 루마니아에서는 예산 부족으로 그렇지 못했는데, 한 예로 2010년 라두 베르체아누(Radu Berceanu) 루마니아 교통부장관은 "올해 고속도로 건설관련 프로젝트는 전혀 없다"고 언급하였다.

하지만 최근 들어 동유럽의 신흥국으로 부상하고 있는 루마니아의 행보가 예사롭지 않다. 2014년 2월 17일자 뉴스핌(Newspim)의 보도에 의하면 지난 2014년 2월 14일 루마니아 국가통계청은 2013년 4분기 루마니아 국내총생산(GDP)이 전년 같은 분기보다 5.2% 성장했다고 발표했다. 사실상 그동안 루마니아는 금융위기와 상관없이 높은 성장세를 이어왔다. 2004년~2008년 3%의 평균 성장률을 보였던 루마니아는 2009년-2013년에는 이보다 소폭 높아진 3.1%를 기록했다 루마니아 최대은행인 상업은행(Banca Comercială Română)은 "상품 및 서비스 수출의 증가가 4분기 성장세를 이끈 주동력"이라고 설명했다. 여기에 급증한 농업부분 수확량도 성장세를 뒷받침하였다. 영국 런던에 있는 매출액 기준 세계 1위의 다국적 회계감사기업인 프라이스워트하우스쿠퍼스((PricewaterhouseCoopers, PwC)도 2014년 2월 보고서를 통해 루마니아를 폴란드와 함께 '떠오르는 별'로 표현했다. PwC가 집계하는 이스케이프(ESCAPE)지수에서도 루마니아는 2000년 37위에서 2012년 24위로 13계단이나 뛰어올랐다.[41]

41) 뉴스핌(Newspim, 2014.02.17) "루마니아의 깜짝 '전진'… 새 신흥강국 부상", 작년 GDP성장률 3.5%…유럽국 중 가장 높아.

제3부

동유럽 체제 전환의 한국적 의미와 과제

1. 중부유럽의 민주주의 공고화: 체제전환 이후 폴란드, 헝가리, 체코의 정당·총선을 중심으로*

제1장 들어가는 말

왜 체제전환국가에서 민주주의 공고화 논의가 필요한가? 그것은 민주주의 공고화가 권위주의의 대안이 되기 때문이다. 예컨대 “System Putin”이 작동하는 러시아식 권위주의 정권에 대한 안티테제(Antithese)가 된다는 것이다. 즉 과거로의 회귀를 가늠하는 잣대가 되기 때문이다.

주지하다시피 1989년 공산주의 체제가 붕괴 된 이후 동유럽은 제각각 정치제도를 선택했다. 정치제도 선택의 기준은 자국에 새로운 민주주의를 실현 가능하게 해줄 최적의 모델이어야 한다는 데 있다. 그러나 선택 가능한 민주주의의 제도적 모델이 극히 적은 것이 현실이다. 여하튼 동유럽 제국은 그런 기준과 선택에 따라 실행한 정치실

---

* 이 논문은 2012년 정부(교육부)의 재원으로 한국연구재단의 지원을 받아 수행된 연구임(NRF-2012SIA5B5A07037314).

험 25년을 넘기고 있다. 이에 따라 정치제도를 중심으로 민주주의 공고화를 다룬 연구들이 1990년대 초·중반 민주주의 이행론에 이어 그 성과를 내놓고 있다. 그러나 이 같은 연구에도 불구하고 체제전환 25년이 지나는 시점에서 민주주의의 일관성을 분석·설명하고 미래적 경로를 예단하려는 노력이 활발하게 전개되지 않았다는 지적이 있다. 이것이 왜 민주주의 공고화 논의가 필요한 첫 번째 이유다.

민주주의 공고화의 논의는 폭력이나 다른 수단으로 민주적 과정을 훼방하거나 할 수 있는 정치적으로 중요한 행위자를 설득하거나 무력화시키거나 제거하는 것에서부터 시작한다. 때문에 민주주의 공고화는 쿠데타나 비민주적으로 권력을 장악한 특정정당에 의한 "민주주의 요절"(sudden death)의 예방을 위해 노력하는 과정을 의미한다. 린쯔(Linz)의 말대로 "민주주의는 도시 내 경기"가 되어야 한다는 것이다. 이 말의 요점은 민주주의가 그 형식적 절차를 중시하고 실천에 옮길 때 비로소 정치적으로 중요한 행위나 질서의 안정화는 뿌리를 내리게 되고 그럴 때라야 민주주의는 "더딘 죽음"(slow death) 즉 장수하게 된다는 데 있다. 그래서 민주주의 공고화는 제도화와 제도를 창출하는 종합적인 과정을 의미한다. 한마디로 민주주의의 모든 지체가 발전하고 안정화되고 정착되는 것을 말한다. 이런 이유에서 민주주의 공고화는 핵심적인 민주주의 제도뿐만 아니라 기타 민주주의 절차, 구조, 조직 그리고 기구들의 작동을 내포하는 개념이 되는 것이다.

정치제도 중심의 민주주의 공고화에 대한 논의가 주목을 받은 이유가 여기에 있다. 특히 중부유럽국가인 폴란드, 헝가리, 체코는 1990-2013년 사이 6-7번의 총선을 치르면서 정당정치는 제도의 규칙에 따라 중단되지 않고 잘 지속되고 있다. 즉 총선은 정부를 갈아치웠지만 정권을 뒤엎지는 않았던 것이다.

그런데 공산주의 붕괴 그 후 25년이 지나는 시점에서 정권의 교체

과정 가운데 "체제전환의 피로감"(transformation fatigue), "민주주의 피로감"(democracy fatigue) 그리고 "EU가입 피로감"(Euro-fatigue)이란 예기지 못한 현상들이 나타나기 시작했다. 새로운 민주주의의 장애요인들이 등장하고 있는 것이다. 이점과 관련해서 현재 폴란드, 헝가리, 체코에서는 소위 "Post-Beitrittskris"란 유럽연합 가입 이후의 "후기-가입위기" 논쟁이 벌어지고 있다. 이는 2004년 유럽연합에 가입한 이후에 발생하는 정치적 소용돌이라는 의미를 담고 있다.

이에 해당하는 일례를 헝가리에서 찾을 수 있다. 2010년 4월 총선에서 전(前) 집권 사회당에 버금가는 의석을 획득한 극우정당 요빅(Jobbik)이 등장했고, 피데스(Fidesz)가 사회당을 압도적으로 누리고 전체 386석에서 3분의 2(258석)보다 5석 많은 263석으로 정권을 재창출했다. 문제는 여기서부터 발생했다. 빅토르 오르반(Viktor Orbán)이 이끄는 중도우파 피데스가 ⅔의 의석확보로 발의한 헌법개정안이 2011년 4월 18일 통과되어 2012년 1월 1일부터 시행에 들어갔기 때문이다. 이것이 문제가 되는 이유는 그것이 개악된 신헌법이라는데 있다. 현 집권당에게 유리한 또는 장기 독재의 길을 터줄 독소조항들이 신설되었기 때문이다.

여기서 이코노미스트 인텔리전스 유니트(The Economist Intelligence Unit. Democracy index 2010: Democracy in retreat)의 2010년 보고서는 주목할 만하다. 왜냐하면 "민주주의의 후퇴"(Democracy in retreat)란 부제를 달았기 때문이다. 여기서 좀 더 고민해야 할 점은 왜 이 보고서가 "민주주의의 후퇴"라는 부제를 달고 있는가 하는 점이다. 그리고 이것이 중부유럽과는 어떤 연관성이 있는가 하는 점이다. 결론부터 말하면 최근 중·동부유럽의 민주주의 평가와 관련해서 연관성이 깊다는 것이다. 일차적으로 중부유럽 28개 국가 중 완전한 민주주의가 2008년 2개국에서 2010년에 1개국으로 줄어들었다. 그러나 이 보다 더 중요한 반전은 중부유럽의 경우 EU가입 전·후로 정부의 민주주의 태도가 돌변하고 있는 듯 한 조짐이 포착되고 있다는 데 있다.

이로 인해 공산주의 붕괴 그 후 25년의 정당·총선 그리고 민주주의의 전개과정을 원점에서부터 되짚어 볼 필요가 제기된 것이다. 헌팅턴(Samuel P. Huntington)의 3차 민주주의가 역류(reverse wave of the third democratization)될 위험성을 맞이하고 있기 때문이다. 그리하여 중부유럽 민주주의를 분석·평가하고 이를 인식하는 방법을 다시 생각해야 하는 이유가 발생했다는 것이다. 민주주의와 연계된 연구경향은 정당제도의 안정을 선거를 통해 담보된다고 보고 이를 극대화할 수 있는 제도 공학적인 측면에서 관심을 집중시켰던 것이다. 왜냐하면 현대 민주주의는 정당정치라고하기 때문이다. 그런 만큼 정당제도의 안정은 민주주의 안정의 중요 변수가 된다.

중부유럽은 공산주의 붕괴 그 후 25년 동안 6·7차례 총선을 치루는 가운데 정부의 교체는 발생했어도 인위적인 정권의 전복을 없었다. 반면에 헝가리는 위에서 지적한 것처럼 여당 단독으로 헌법을 개정할 수 있는 의석을 확보하고 이를 바탕으로 헌법을 자당에게 유리한 방향으로 개정하기 까지 했다. 이런 혼란으로 인해서 다음과 같은 원론적 질문을 제기하게 되는 것이다. 즉 그렇다면 헝가리 이외의 중부유럽에서 정당 민주주의는 안정화 되었는가? 또 선거 민주주의는 정착되었는가? 그리고 전반적으로 민주주의는 공고화 되었는가?를 어떻게 평가할 수 있는 것인가? 이것이 왜 정당·총선 중심의 민주주의 공고화 논의를 중부유럽 중심으로 다루어야 하는가에 대한 두 번째 이유다.

결과적으로 이 연구의 목적은 중부유럽의 정당정치를 총선결과와 맞물려 재구성하면서 이것이 민주주의를 어떻게 견인했는지를 분석평가하여 민주주의의 미래적 발전을 진단하는데 있다.

제2장 민주주의 공고화

민주주의 공고화에 대한 논의는 비교 정치학자들에게서 파생된 개념이다. 이들의 초기 관심은 1970년대 남부유럽과 1980년대 남미의 권위주의가 민주주의로 이행하는 과정을 설명하는데 있었다. 그러다가 이행에 따른 민주주의 유형과 이행 이후 민주주의에 대한 관심이 공고화로 심화된 것이다. 이런 맥락에서 비교정치학자들이 1989년 동유럽 체제전환을 두고1990년대 초·중반 민주주의 이행을 말하는 TDology(transition to democracy)란 맥락에서 민주주의 이행과 민주주의 공고화(democratic consolidation)에 대해 다루었던 것이다.[1]

먼저 무엇이 민주주의 이행인가에 대해 오도넬과 슈미터가 이행에 대한 개념정의를 내렸다. 이들에 따르면 이행(transition)이란, "한 정권과 다른 정권사이의 간격(transition is the interval between one regime and another)"을 말한다.[2] 그러므로 민주주의 이행이란 권위주의적 정권과 민주적 정권의 간격을 의미한다. 즉 전체주의 또는 권위주의 정권이 민주주의 정권으로 전화(轉化)되는 것을 말한다.

내용적으로 볼 때 민주주의는 <표 1>에서처럼[3] 시민의 지배를 가능하게 하는 이념과 제도적 장치들의 다발을 말한다. 위의 민주주의 개념을 결속시켜주는 세부 항목으로 코페지(Michael Coppedge)와

---

1) 외국학자로는 러스토우(Dankwart A. Rustow), 린스(Juan J, Linz), 바이메(Klaus von Beyme), 칼(Terry Lynn Karl), 슈미터(Philippe C. Schmitter), 헌팅턴(Samuel P. Huntington) 그리고 국내학자로는 김긴규, 박종원·이규영·안성호·윤덕희 등을 중심으로 다루어 졌다. 그러다가 2000년 초 정치 공학적인 차원에서 정당제도의 안정화 수준과 그 결정요인이 무엇인가를 밝히는 가운데 민주주의의 공고화를 분석하는 연구가 정당과 선거를 정치 공학적 차원에서 다루는 비교정치 학자들의 기존 논의에 체제전환 국가의 정당과 선거를 접목시켜서 활발하게 전개되었다. 국내에서는 이충묵·이현출·진승권 등이 이런 관점에서 본격적으로 논의를 전개시켰다.

2) 정흥모(2001) 149.

3) Coppedge, M., Gerring, J. (2011) 254.

〈표 1〉 민주주의의 개념

	원칙	질문	제도
선거	논쟁, 경쟁	공직자들이 자유·공정한 복수정당간의 선거를 통해 충원되는가?	선거, 정당, 경쟁과 표의 이동
자유	제한적 통치, 여러 층위의 비토권, 수평적 책임, 개인권, 시민권, 투명성	정치권력이 분권화와 제한되어 있는가?	다원적, 개인적, 분권화, 언론의 역할, 이익집단, 사법부, 헌법
다수결	다수결원칙, 집중화, 수직적 책임	다수결 혹은 다원성의 원리가 작동하는가?	정당의 공고화와 중앙화
참여	시민에 의한 통치	일반 시민이 정치에 참하고 있는가?	선거법, 시민사회, 지방정부, 직접민주주의
토의(심의)	이성에 의한 지배	정치적 결정이 공론장의 산물인가?	언론, 청문회, 정당, 기타
평등	정치적 평등	모든 시민은 평등한 권리를 갖고 있는가?	참여, 보장, 대표, 보호, 정치적으로 중요한 재원 조달에 대한 평등한 보장

게링(John Gerring)은 주권, 권위, 선출된 정부, 보통선거권, 시민권, 재산권, 종교의 자유, 성 평등권, 인종 평등권, 정당 이데올로기 등 33가지 항목을 열거하고 있다.[4]

민주주의를 말할 때 이를 충족시켜야 하는 세부항목이 다양하다는 점은 민주주의 공고화를 말할 때도 그 유형이 다양할 수 있다는 점을 시사하기에 충분하다고 할 것이다. 몇몇 견해에 대해 살핀다. 먼저, 린쯔와 스테판은 민주주의 공고화에 대한 정의를 형태, 정향 그리고 제도와 관련지어 시도하였다. 첫째, 형태적인 의미에서 민주주의 공고화란 "어떤 중요한 국가적, 사회적, 정치적 또는 제도적 행위자들이 비민주적 정권을 창출하거나, 국가로부터 분리하기 위해 폭력이나 외국의 간섭을 허용함으로써 자신들의 목적을 이루려는데 막대한 자원을 소비하지 않는" 상태를 말한다. 즉 형태적인 의미

4) Coppedge, M., Gerring, J. (2011) 255-6.

에서 민주주의 공고화란 사회적인 집단 행위자가 민주주의 정권 전복을 획책하거나 무력으로 민주주의 정권을 찬탈하지 않는 것을 말한다. 둘째, 정향적인 의미에서 민주주의 공고화란 "강력한 다수의 여론이 민주화 과정과 제도가 그들 자신들과 사회의 공동의 삶을 지배하는 가장 적절한 방법이라고 믿을 때, 반체제에 대한 지지가 낮을 때 그리고 민주주의 호응 세력들의 이탈"이 적은 상태를 말한다. 즉 정향적인 의미에서 민주주의 공고화란 시민이 자발적으로 민주주의 가치에 대해 통치적인 정통성을 부여하는 것을 말한다. 셋째, 제도적인 의미에서 민주주의 공고화란 "민주주의 정권은 전 국가의 영역 내에서 정부세력과 비정부세력이 새로운 민주화 과정에 의해서 인가된 법, 과정, 제도 내에서 갈등 해소가 일상화된" 상태를 말한다.[5] 즉 제도적인 의미에서 민주주의 공고화란 모든 사회 계층들이 민주주의를 일상의 최고 규범으로 체화시키는 상태를 말한다.

쉐들러(A. Schedler)도 이들과 유사한 맥락에서 첫째, 행태기반(behavioral foundations). 둘째, 정향기반(attitudinal foundations). 셋째, 제도기반(structural foundations) 이란 측정기준에 입각해서 민주주의 공고화를 말하였다. 첫째, 행태기반에서 민주주의 공고화가 강조하고 있은 점은 민주주의 분쟁의 가시적 징조는 무엇인가에 있다. 민주주의 분쟁의 가시적 징조는 반민주적 행태를 말한다. 반민주적 행태에 폭력의 사용, 선거거부 그리고 권위의 남용 등이 해당한다. 여기서 민주주의 분쟁의 가시적 징조가 주는 의미는 ① 위의 3가지 유형의 반민주적 행태는 역으로 최소수준에서의 민주주의 공고화를 정의하는 것을 가능하게 한다는 데 있다. ② 정권의 교체가 민주주의 공고화의 평가기준이 된다. 즉 2차 정권교체 테스트(two-turnover test)는 민주주의 공고화의 평가기준에 해당한다는 것이다.

---

5) 린쯔, J., 스테판, A. 김유남 외 옮김. (1999) 30.

둘째, 정향기반에서 민주주의 공고화가 강조하고 있은 점은 행위자의 규범적, 전략적 그리고 인지적 합리성이 민주적 통치의 안정화 장치를 담보한다는 데 있다. 여기서 규범적 합리성은 민주주의의 정통성(democratic legitimacy)은 일차적으로 민주적 합의(democratic consensus)에서 비롯된다는 것을 말한다. 전략적 합리성은 민주주의 이행이 보통 "강경론자"(hardliners) 대 "개혁론자"(reformers) 그리고 "온건론자"(moderates) 대 "급진론자"(radicals)란 행위자들을 중심으로 전개된다고 했을 때, 이를 "민주주의자"(democrats) 대 "반민주주의자"(antidemocrats)로 단순화시켜서 양자 간에 불확실성을 최소화시키는 것을 말한다. 그리고 인지적 합리성은 민주주의 이행에서 민주주의 제도가 결정적인 역할을 담당하게 될 것이라는 행위자의 주관적 기대를 반영하는 것을 말한다. 이는 곧 제도화로 축약될 수 있다.

셋째, 제도기반에서 민주주의 공고화가 강조하고 있은 점은 민주적 행위자, 행태 그리고 태도의 출현을 고무시키는 간접적인 정치 및 사회경제적 상황과 제도적 토대에 있다. 사회경제적 상황은 민주주의 공고화의 조건을 예컨대 1인당 국민소득 혹은 GNP와 연동시켜 생각하는 것을 말한다. 1인당 국민소득이 1,000 달러 이하이면 매우 취약한 민주주의 정도를 나타나게 되고 반면에 60,000 달러 이상이면 매우 안정정인 민주주의 수준을 보이게 된다는 것이다. 그리고 제도적 토대는 지속가능한 민주주의의 제도적 기반이 무엇일가를 두고 정부 형태 및 선거제도와 같은 제도적 디자인을 구상하는 것을 말한다.[6]

후안 린스(Juan J. Linz)는 민주주의 공고화 논의를 좀 더 심화시켰다. 그는 새로운 정권의 민주주의 공고화를 경쟁력 있는 정권의 공고화에서 찾았다. 이런 맥락에서 린스는 "언제 이행은 종료되는가?

---

6) Schedler, A. (2001) 68-81.

어떻게 우리는 공고화가 완료되었음을 알 수 있는가? 이행기가 종료되었다고 엄격히 정의할 수 있는 시점은 언제인가?"[7] 라는 질문을 제기하였다. 이 질문에 대한 대답에서 린스는 세 가지 공고화의 정의 유형을 제시하였다. 첫째, 일반적 정의. 일반적 정의는 "자유선거의 성공적인 실현, 정부가 새 의회의 신뢰에 의존하는 새 의회의 소집, 새 대통령의 직무시작"의 순간을 의미한다. 린스는 이 같은 일반적 정의는 지나치게 응축되어 있다고 본다. 둘째, 최대정의. 린스는 먼저 이익중재의 모든 유형, 정당체제의 공고화, 야당으로의 성공적 권력 이행과 같이 새로운 민주주의의 모든 제도발전을 최대정의로 이해한다. 그런데 린스는 최대정의를 신뢰하지 않는다. 왜냐하면 최대정의는 "실패한 공고화에 맞선 어떤 민주적 정권의 능력에 대해 설명하지 못하고, 다만 어떤 민주적 정권이 실패한 공고화의 결과로 간주되는" 점만을 설명할 수 있기 때문이다. 그래서 린스는 최소정의에 비중을 둔다. 셋째, 최소정의. 최소정의는 "주요한 정치행위자, 정당, 조직된 이익, 권력, 제도 등이 정치제도나 단체가 민주적으로 선출한 의사결정자의 행동을 거부할 수 있다"를 의미한다. 결과적으로 민주주의는 "도시 내 경기"(Game in town)로 간주되어야만 한다. 도시 내 경기란 권력은 반드시 민주적 절차에 따라 쟁취되어야 한다는 것이다.[8]

그럼에도 불구하고 여전히 민주주의 공고화 논의에 대한 비판이 식지 않고 있다.[9] 민주주의 공고화 논의의 주된 논점이 정권 안정성을 위협하는 것에 대해 초점이 정향된 "빈약한 개념"에 지나지 않는다는 것이다.[10] 예컨대 민주주의가 붕괴로부터 상당한 안전을 확보

7) 정흥모 (2001) 160.
8) 정흥모 (2001) 162.
9) Merkel, W. (2004), Croissant, A., Thiery, P. (2000/2001) 참조.
10) Schedler, A. (2001) 66.

한 것은 언제부터라 할 수 있는가? 혹은 팔마(Giuseppe Di Palma)의 지적처럼 어떤 사건을 계기로 민주주의는 붕괴의 우려를 따돌렸다고 말할 수 있는 것인가? 이처럼 민주주의 공고화의 의미가 갖는 명료성의 결핍으로 인해 이에 대한 비판이 쉽게 멈추지 않는 것이다.

그런데 민주주의 공고화 논의의 반전은 개념화 문제에서 한발 벗어나 조작화 문제로 시선을 돌릴 때 나타난다. 즉 어떻게 민주주의 공고화를 정의할 것이냐 보다 어떻게 민주주의 공고화를 경험적으로 도출할 것이냐가 더 중요하다는 것이다. 다시 말해 최근 논의 되고 있는 결손 민주주의(defective democracy), 선거 권위주의(electoral authoritarianism), 혹은 하이브리드 정권(hybrid regimes)등[11]과 같은 "민주주의 연구에서 전문용어의 옥상옥"(terminological Babel in democratization studies)[12]을 두고 왜 오도넬(Guillermo O'Donnell)이 "근거없는 일반화"(unwarranted generalization), "인과적 결함"(casually drawn), "경험적인 근거부족"(empirically untraceable)의 토대에서 "비 일관적이고"(inconsistent), "혼란스런"(confusing) 방법으로 정권의 민주주의 정도를 측정하고 관찰하려는 것에 지나지 않는다면서 민주주의 이행론자들을 혹독하게 비난했는지를 납득하기에 충분하다고 할 것이다.[13] 다시 말해 개념정의의 불명확성을 경험적 조작화를 통해 위의 문제를 불식시킬 수 있어야 한다는 주장이다. 같은 맥락에서 민주주의 공고화와 관련해서 칼과 슈미터는 민주주의 공고화는 개별 국가의 민주주의 이행 유형에 따라 민주주의 유형이 도출될 수 있다고 보았기에 모든 체제전환국가의 민주주의 공고

11) Merkel, W. (2004), Croissant, A., Thiery, P. (2000/2001), Hans-Jürgen Puhle, H. J. (2005), 박정원 (1995) 참조.

12) Matthijs Bogaards, M. (2009) 415.

13) Schedler, A. (2001) 66-7.

화에 대해 회의적인 입장을 견지했다.[14]

민주주의 공고화 논의와 관련된 이 같은 비판들을 발전적으로 담아내려는 시도에서 정당과 선거를 정치 공학적 차원에서 다루는 비교정치 학자들의 기존 논의에 체제전환 국가의 정당과 선거를 접목시켜서 민주주의의 공고화를 분석하는 연구가 시작되었다. 민주주의가 공고화 단계인가 란 말은 정당제도가 안정화돼 있는가? 란 말과 같은 의미이기도 하다. 그래서 정당제도의 안정화 여부는 민주주의 공고화 과정을 탐색하는데 중요한 변수가 된다. 그러므로 정당제도의 안정화 즉 정당제도의 제도화는 중부유럽 민주주의 공고화의 핵심이 된다고 볼 수 있다. 이 점에 대해 좀 더 알아본다.

먼저 정당제도의 결정요인과 관련해서 제도적 측면, 정당-유권자 측면 그리고 정당-정당간의 경쟁 측면이란 3가지 틀을 구분하는 데서부터 출발할 것을 이현출이 제안하였다. 이 출발점이 갖는 의미는 첫째, 선거제도(제도적 측면), 사회 균열구조 그리고 선거 진동성(정당-유권자 측면)과 관련된 논의와 달리 정당간의 경쟁측면을 중심으로 민주주의 공고화 논의가 학계에서 소홀했다는 지적이다. 그런데 여기서 "동유럽 체제전환국의 사회균열구조"에 대한 설명이 필요하다. 이현출의 지적과 달리 이 점에 대한 논의는 매우 분분하기 때문이다. 결론부터 말하면 "동유럽 체제전환국의 사회균열구조"에 대해 말할 때 립셋과 로칸(Seymour Martin Lipset and Stein Rokkan)의 사회균열연구가 이 경우 잘 맞아 떨어지지 않는 다고 보는 관점에 크게 이견이 없는 것 같다. 이 말은 비구조적 균열(non-structural cleavages)이 구조적 균열보다 결정적이라는 의미다. 이 테제를 탈공산주의 정치(체제전환의 정치)에 적용하게 되면 민주주의에 대한 접근이나 체제(정권)교체가 중심에 놓인 비구조적 균열이 경제

14) 정흥모 (2012) 124.

체제의 이행에 의해 촉발된 사회 경제적 균열만큼이나 결정적이라는 것이다.[15] 이런 점에서 카라신메오노브(Georgi Karasinmeonov)는 ① 역사적 혹은 잔여적 균열(historical or residual cleavages) ② 한시적 균열(transitional cleavages) ③ 현재적 정치(균열)분화(current/actual political divisions) ④ 잠재적 (균열)분화(prospective or potential divisions)를 제안하고 있다.[16] 같은 맥락에서 진승권도 정치역사, 엘리트 전략, 거시적 시장상황을 비구조적 균열로 들고 있는 것이다.[17]

둘째, 이 보다 더 강조해야 할 점으로 중부유럽 민주주의 공고화 논의의 경우 정당제도의 (형성 및)변화는 제도적 측면과 정당-유권자 측면의 반영이란 일반적인 경우와 달리 정당간의 관계에 있어서 변화를 의미하기 때문이다. 이 부분에 대한 설명도 위의 "비구조적 균열"(non-structural cleavages)과 이해를 같이 할 수 있다. 다시 말해 1920년대의 정당체계는 사회균열의 산물이지만 현재(1960년대 이후)의 정당체계는 정당의 산물이다. 일단 정당체계가 구축되면 (마치 경로 의존성의 논리처럼) 정당이 정당체계의 존속에 기여하게 된다는 것이다. 이런 현상은 사회균열에 의한 결과가 아니라 독립변수로서 정당의 안정에 기여하려는 결과다. 그래서 정당체계는 정당사이의 상호작용의 결과물이 되는 것이고 이 현상이 중부유럽에 적용

15) <사회균열(cleavages), 중대 분기점(critical juncture), 쟁점(issues), 정당 군(party families): 요약>

사회균열	중대 분기점	쟁점	정당 군
중심 대 주변부	16-17세기 종교개혁 대 반종교개혁	민족 대 초국가적 종교; 국어 대 라틴어	인종과 언어에 뿌리를 둔 정당
국가 대 교회	1789년 전후 민족주의 혁명	세속 대 대중교육의 종교통제	종교 당
농촌 대 도시	19세기 산업혁명	농산품에 대한 가격; 산업경영에 대한 통제 대 자유	농민당; 보수당 대 자유당
자본가 대 노동자	1917-1991년 러시아혁명	민족 정체로의 통합 대 세계혁명 운동에 동참	사회주의정당과 공산당

정흥모 (2012) 187 재인용.

16) Grzybowski, Marian M. (1998) 157.

17) 진승권 (2010) 198-199.

가능하다는 것이다.[18] 다시 말해 사회균열 → 정당결성 → 총선 → 정부 → 사회균열 → 정당결성 → 총선 → 정부 → 사회균열로 이어지는 정치과정의 순환이 중부유럽에서 목격되고 있다는 것이다.

셋째, 선거 진동성(electoral volatility)도 정당제도의 변화 상황을 파악할 수 있는 주요 요인이다. 다시 말해 선거 진동성으로 민주주의 공고화를 평가할 수 있다는 것이다. 선거 진동성이란 "선거에서 승리한 모든 정당이 얻은 추가 득표의 총합이나 선거에서 패배한 모든 정당들의 잃어버린 득표율의 총합에 의해서 계산되는 것으로 진동성의 크기가 클수록 유권자와 정당 간의 관계가 유동적이고 비(非)구조화되었다는 것을 뜻하기 때문에 그런 만큼 정당제도가 안정되지 않았다는 것"을 의미하게 된다. 이는 곧 정당제도의 변화 가능성이나 변화의 잠재성이 크다는 것을 반영하고 있다는 것이 된다. 요약하면, 기성 정당들이 지난번 선거와 비교하여 이번 선거에서도 득표율(또는 의석율)의 변화가 없다면 선거진동성이 없게 나타난 것이고, 신규 정당이 기존 정당 판에 대거 진입하면 선거진동성이 높아진다는 것이다. 여기서 문제는 중부유럽의 경우 일반적으로 선거 진동성이 높게 나타나는데 이 경우 민주주의 공고화 수준이 낮다고 평가해야 하는지 여부다. 이에 대해 이충묵이나 이현출은 그렇지 않다고 한다. 그 이유는 일반론(유권자가 정당제도의 견인함)과 달리 "정당제도의 안정화가 사실상 유권자들의 정당선호를 안정화 시키는데 도움이 된다는" 데 있다.[19]

결과적으로 이 연구는 중부유럽의 민주주의 공고화에 대해 논의한다는 데서 출발한다. 그리고 그 출발은 오도넬이 민주주의 공고화 논의에 합세한 연구자들에게 날린 비판에 귀 기울이는 데서부터 시작

18) Nick Sitter, N. (2002) 428-9.

19) 정흥모 (2012) 170-171.

한다. 구체적으로 이 연구는 ① 선거 진동성(electoral volatility)에 입각한 총선분석 ② 2차 정권교체 테스트(two-turnover test)에 입각한 정권교체분석 그리고 ③ 정당의 안정성에 입각한 연정분석을 통해 중부유럽의 민주주의 공고화에 대해 논의하는 것을 주목적으로 한다.

제3장 1990-2013년 중부유럽의 민주주의 공고화 분석

3.1. 총선

총선(general election)에서 알아보려고 한 점은 민주주의 공고화 문제다. 다시 말해 민주주의 공고화 여부를 총선을 통해 나타난 선거 진동성(electoral volatility)에 따라 평가하겠다고 모두에서 밝혔다. 2000년대를 전후로 선거 진동성을 나눠보면 2000년대 이후에도 여전히 높게 나타나고 있음을 알 수 있다. 먼저 2000년대 이전에 중부유럽 3국의 선거진동성이 어떻게 나타나고 있는 지를 확인해 보자. 이점은 <표 2>[20]를 통해 확인해 볼 수 있다.

〈표 2〉 중부유럽의 선거 진동성

	폴란드	헝가리	체코
선거진동성(%, 평균값)	30.55	26.26	18.30

그런데 "정당체계의 안정성을 보이는 국가들의 경우 10이하의 수치"를 보이고 있기 때문에 결과적으로 3개 국가가 정당체계의 안정성은 취약하다는 것을 알 수 있다. <표 3>[21]은 <표 2>의 선거 진동성

20) 이현출 (2001) 332.

21) Allan Sikk, A. (2001) 66. 재구성.

을 다시 연도별로 나누어 표의 진동성과 의석의 진동성으로 세분한 것으로 <표 2>의 결과를 다시 한 번 확인해 준다.

〈표 3〉 표의 진동성과 의석의 진동성

국가	년도	표의 진동성	의석의 진동성
폴란드	1991		
	1993	H	H
	1997	M	H
헝가리	1990		
	1994	M	H
	1998	H	H
체코	1990		
	1992	L	M
	1996	M	M
	1998	L	L

*수준: 상(high), 중(medium), 하(low)

<표 3>을 작성한 알란 식(Allan Sikk)은 탈공산주의 국가의 정당체계의 안정성을 묻는 가운데 선거 진동성이 매우 높다는 <표 2>의 이현출과 유사한 결론에 도달하고 있다. 동유럽 전체적으로 볼 때, 일률적으로 선거 진동성이 낮아지고 있기 보다는 증가하고 있다는 점에 주목하였다.[22] 그러나 이점이 정당 진동성에서 비롯됐다고 단정하기는 어렵다는 유보적 결론을 도출하고 있다.

22) Allan Sikk, A. (2001) 70.

〈표 4〉 폴란드·헝가리·체코의 선거 진동성(1990-2007년 가을)[23]

국가	2./1. 선거*	3./2. 선거	4./3. 선거	5./4. 선거	6./5. 선거	1990년 이후 평균**
폴란드	21	21	42	29	21,4	26,9
체코	12	19	15,5	8	14,1	14,1
헝가리	16	27	20	3		16,5

* 국가별로 선거가 다름. ** 폴란드는 1991년

그리고 이 같은 결론 도출이 이현출의 결론 도출과 매우 유사하다는 것이다. 왜냐하면 2000년대 이전 분석에서 중부유럽의 경우 일반적으로 선거 진동성이 높게 나타나는데 이 경우 민주주의 공고화 수준이 낮다고 평가해야 하는지 여부에 대해 이충묵이나 이현출도 그렇지 않다고 밝혔기 때문이다. 그 이유는 일반론(유권자가 정당제도의 견인함)과 달리 "정당제도의 안정화가 사실상 유권자들의 정당선호를 안정화 시키는데 도움이 된다" 고 보았기 때문이다. 결과적으로 알란 식(A. Sikk)이나 이충묵, 이현출 등이 강조하고 있는 점은 "동유럽 체제전환국의 사회균열구조"에 대해 말할 때 비구조적 균열(non-structural cleavages)이 구조적 균열보다 결정적이라는 테제가 탈공산주의 체제전환국가의 민주주의에 대한 평가에서도 결정적이라는 점을 재차 확인해 주고 있는 것이다.

그렇다면 2000년대 이후 지속적으로 높게 나타난 선거 진동성은 어떻게 평가해야 할 것인가? 이 점에 대해 제게르트(Dieter Segert)는 여전히 높다는 이유를 들면서 정당 따로 유권자 따로 현상에 대해 경고하고 있다. 이런 맥락에서 제게르트(D. Segert)는 1990-2007년 가을 기준 폴란드[24]·헝가리·체코의 선거 진동성을 <표 4>와 같이 밝혔다.

23) Dieter Sehert, D. (2008b). 60. 재구성. Dieter Sehert, D. (2008a) 53. 비교
24) 폴란드 의회선거 결과

정당	1991		1993		1997		2001		2005		2007		2011	
	의석수	득표율	의석수	득표율	의석수	득표율	의석수	득표율	의석수	득표율	의석수	득표율	의석수	득표율
SLD*	60	11.2	171	20.4	164	27.1	219	47.6	55	11.3	53	13.1	27	8.24
PSL	48	8.7	132	15.4	27	7.3	42	9.1	25	7.0	31	8.9	28	8.36
UD	62	12.3	74	10.6										
ZChN	53	9.8		6.4										
PC	44	8.7		4.4										
KPN	46	7.5	22	5.8										
KLD	37	7.5		4.0										
PL	28	5.5		2.4										
NZSS"S"	27	5.1		4.9										
UW:'94년 UD+KLD					60	13.4								
UP	4	2.05	41	7.3										
BBWR			16	5.4										
AWS					201	33.8								
ROP					6	5.6								
PiS							47	10.2	155	27	166	32.1	157	29.8
PO							63	13.7	133	24.1	209	41.5	207	39.1
RP							53	11.5	56	11.4			40	10.0
LPR							34	7.4	34	8.0				
MN							2	0.4			1	0.2	1	0.20
기타														
총의석	460		460		460		460		460		460		460	

* 민주좌파동맹〔SLD/SLD-UP/LiD: Democratic Left Alliance (1991, 1993, 1997, 2005, 2011) / Democratic Left Alliance - Labour Union (2001) / Left and Democrats (SLD+SDPL+PD+UP) (2007).〕

1997년까지는 이현출(2001). "동유럽의 민주화와 정당체계의 안정성." 『국제정치논총』. 제41집 3호. p.323 재인용. 그 후는 저자 작성. 폴란드정당명: 시민강령(PO: Civic Platform), 법과 정의 당(PiS: Law and Justice), 폴란드농민당(PSL: Polish People's Party), 자위당(Samoobrona: Self-defense); Self-Defense of the Republic of Poland (Samoobrona RP), 가톨릭가족연맹(LPR: League of Polish Families), 솔리대리티선거행동〔AWS/AWSP: Solidarity Electoral Action (1997) / Solidarity of the Right Electoral Action (2001), 〕자유연합〔UW/PD: Freedom Union (1997, 2001) / Democratic Party(2005)〕, 폴란드재건운동(ROP: Movement for Reconstruction of Poland), 민주연합(UD: Democratic Union), 노동연합(UP: Labour Union), 독립폴란드연합(KPN: Confederation of Independent Poland), 개혁지지비정당블록〔BBWR/BdP: Non-partisan Bloc of Support for Reforms (1993) / Bloc for Poland (1997)〕, 자유민주회의(KLD: Liberal-Democratic Congress), 솔리대리티 노조(NSZZ S: Solidarity), 기독교민주주의(ChD: Christian Democracy), 개혁지지무소속연합(BBWR), 독일소수파정당〔MN: German Minority (1 deputy in the Sejm elected in 2011)〕. 기타 소수당들: TR: Your Movement, UP: Labour United, RP: Palikot's Movement, UPR/UPRP: Real Politics Union (1991, 1993) / Right

그런데 앞서 언급했듯이 선거진동성이 높다는 말은 정당 간 교차 유권자가 많다는 말이다. 정당에 충성하는 고정 유권자가 적다는 말이고 정당입장에서는 고정 지지층이 낮다는 말이다. 한마디로 정당 체계가 안정적이지 못하다는 말이다. 때문에 선거진동성이 높게 나타나는 원인에 대한 분석이 뒤따라야 하겠다. 왜냐하면 여기서도 "동유럽 체제전환국의 사회균열구조"에 대해 말할 때 비구조적 균열(non-structural cleavages)이 구조적 균열보다 결정적이라는 테제가 유효한가를 확인해야 하기 때문이다.

여하튼 일차적으로 그 이유는 체제전환의 승자와 패자간의 관계에서 찾을 수 있다. 여기서 패자 입장에서 사회보장제도의 강화를 주장하는 좌파와 승자의 입장에서 신자유주의적 지구화로의 제도 개선을 주장하는 우파로 체제전환국의 정당지형이 재편되었다는 것이다. 여하튼 여기서 선거진동성과 관련된 민주주의 공고화에 대한 평가를 잠시 유보하고 대신에 정치질서에 대한 입장에 대해 알아본다.

〈표 5〉 민주주의와 사회주의 이념에 대한 선호도

	폴란드	헝가리	체코
민주주의 이념은 항상 좋다	75,8	71,4	87,7
사회주의 이념은 항상 좋다	30,1	43,8	21,6

of the Republic Union (1997), SP: Labour Solidarity, SD: Democratic Party, PChD: Party of Christian Democrats, Partia X: Party X, RDS: Democratic-Social Movement, WAK/O: Catholic Electoral Action (1991) / Fatherland (1993), POC/PC: Centre Civic Agreement (1991) / Centre Agreement (1993), PSL-PL: Polish People's Party - People's Agreement, 맥주애호가당(PPPP: Polish Beer-Lovers Party).

〈표 5-1〉 민주주의와 사회주의 이념에 대한 선호도[25)]

	알바니아	불가리아	루마니아	러시아	슬로바키아	슬로베니아
민주주의 이념은 항상 좋다	91,0	63,5	80,6	53,0	77,6	80,4
사회주의 이념은 항상 좋다	11,1	50,1	28,3	42,4	40,3	43,5

<표 5>의 민주주의와 사회주의 이념에 대한 선호도와 <표 6>의 평등보다 자유를 선호하는 입장을 통해 간접적으로 나마 왜 선거진동성이 요동치는 가를 확인 할 수 있기 때문이다. <표 5>과 <표 5-1>의 비교를 통해서 알 수 있는 점은 선거진동성이 요동치는 이유가 앞서 언급한 것처럼 체코와 달리 폴란드와 헝가리[26)]의 경우 체제전환

25) Jacobs, J. (2007) 221. 재구성

26) 헝가리 의회선거 결과(1990-2010)

정당	1990		1994		1998		2002		2006		2010	
	의석수	득표율	의석수	득표율	의석수	득표율	의석수	득표율	의석수	득표율	의석수	득표율
Fidesz-MPSZ-KDNP*	22	8.95	20	7.0	148	28.2	164	48.7	164	42.0	262	52.7
MSZP	34	10.8	209	32.9	134	32.3	178	46.1	186	43.2	59	19.3
SZDSZ	92	21.3	69	19.7	24	7.9	20	5.57	18	6.5		
MDF	164	24.7	38	11.7	17	3.4	24		11	5.0		
KDNP	21		22	7.06								
Jobbik											47	16.7
LMP											16	7.5
FKgP	44		26	8.85	48	13.8						
MIEP					14	5.6						
MSZP-SZDSZ									6			
SIMOGYERT									1			
무소속	7		2		1						2	3.8
기타		15.8		12.6								
총의석	378		386		386		386		386		386	

* Fidesz-MPP+MDF(2002년 선거; 188석, 48.7%).

1998년까지는 이현출 (2001) 323. 재인용. 그 후는 저자 작성. 헝가리정당명: 청년민주동맹: Fidesz–Hungarian Civic Party–MDF: 2002년. Fidesz-MPSZ-KDNP: 2006년. Fidesz - Hungarian Civic Union 2010년. 헝가리민주포럼: The Hungarian

의 낙오자들이 사회주의 이념에 대한 향수를 버리지 못한 것과 연관이 있음을 보이고 있다는 것이다. 이 점은 같은 질문의 또 다른 표현인 <표 6>과 <표 6-1>를 통해서 확인이 된다. 민주주의와 사회주의 이념에 대한 선호도의 경우 폴란드와 헝가리는 불가리아와 러시아를 제외한 국가보다 낮은 수준에서 민주주의를 선호하고 있다는 것을 알 수 있다. 게다가 평등보다 자유에 대한 선호도에선 폴란드와 헝가리는 불가리아와 러시아보다도 낮은 퍼센트를 보이고 있다. 이 지표가 말하는 것 역시 체코[27]와 달리 폴란드와 헝가리의 경우 체제

Democratic Forum (Hungarian: MDF), 헝가리사회당: The Hungarian Socialist Party (Hungarian: MSZP), 기독민주국민당: The Christian Democratic People's Party (Hungarian: KDNP), 독립소지주당: The Independent Smallholders, Agrarian Workers and Civic Party(FKgP), 자유민주동맹: The Alliance of Free Democrats – Hungarian Liberal Party (Hungarian: SZDSZ), 헝가리정의·생명당(MIEP), 녹색당(차별화된 정책당): Politics Can Be Different (Lehet Más a Politika, LMP), 요빅(더 나은 헝가리를 위한 운동)Jobbik, the Movement for a Better Hungary

27) 체코 의회선거 결과(1992-2013)

정당	1992		1996		1998		2002		2006		2010		2013	
	의석수	득표율	의석수	득표율	의석수	득표율	의석수	득표율	의석수	득표율	의석수	득표율	의석수	득표율
ODS	76	29.7	68	29.6	63	27.7	58	24.5	81	35.4	53	20.2	16	7.7
KDU-CSL*	15	6.3	18	8.1	20	9.0	31	14.3	13	7.2			14	7.7
ODA	14	5.9	13	6.4										
KSCM	35	14.1	22	10.3	24	11.0	41	18.5	26	12.8			33	14.9
CSSD	16	6.5	61	26.4	74	32.3	70	30.2	74	32.3	56	22.1	50	20.5
SPR-RSC	14	6.0	18	8.0										
HSD-SMS	14	5.9												
LSU	16	6.5												
US					18	8.9								
SZ									6	6.3				
TOP 09											41	16.7	26	12.0
VV											24	10.9		
ANO 2011													47	18.7
UPD													14	6.9
기타														
총의석														

* 기독민주연합-체코민주당: The Christian and Democratic Union – Czechoslovak People's Party (Czech: KDU–ČSL) The Freedom Union–Democratic Union (Czech:

전환의 낙오자들이 자유란 자본주의 하의 경쟁논리보다는 평등이란 사회주의 이념에 대한 향수를 버리지 못한 것과 연관이 있음을 보이고 있다는 것이다.

〈표 6〉 평등보다 자유에 대한 선호도

	폴란드	헝가리	체코
선거에서 평등보다 자유를 더 선호한다.	32,6	36,3	56,2

〈표 6-1〉 평등보다 자유에 대한 선호도[28]

	알바니아	불가리아	루마니아	러시아	슬로바키아	슬로베니아
선거에서 평등보다 자유를 더 선호한다.	47,6	41,7	45,5	44,0	54,5	56,6

정리하면, <표 5>과 <표 5-1> 그리고 <표 6>과 <표 6-1>의 관계는 <표 7>과 <표 7-1>의 서구 자본주의적 체제에 반하는 입장을 묻는 조사에서도 그 일관성을 드러내고 있다. 정리하면, 이런 지표들은 체

US–DEU). Coalition of KDU-ČSL and US-DEU 2002년.

1998년까지는 이현출 (2001) 323. 재인용. 그 후는 저자 작성. 체코정당명: 시민민주당: The Civic Democratic Party (Czech: ODS), 체코사민당: The Czech Social Democratic Party (Czech: ČSSD), 녹색당: The Green Party (Czech: SZ), 시민민주동맹: The Civic Democratic Alliance (Czech: ODA), 전통책임번영당: TOP 09 (meaning "Tradition Responsibility Prosperity"), 공공업무당: Public Affairs (Czech: VV), 자유민주당: LIDEM – Liberal Democrats (Czech: LIDEM (Czech for "for the people"), 불만시민운동: Action of Dissatisfied Citizens (Czech: ANO 2011. "Ano" means "yes" in Czech), 보헤미아-모라비아공산당: Communist Party of Bohemia and Moravia (KSČM), 공화국의회-체코공산당: Assembly of the Republic - Republican Party of Czechoslovakia (SPR-RSČ), 자유사회동맹(LSU), 자유연합(US), 민주주의의 여명: Dawn of Direct Democracy (UPD).

28) Jacobs, J. (2007) 223. 재구성

체제전환과정에서 발생한 낙오자(패자)들이 여전히 적지 않다는 것을 보여주고 있을 뿐만아니라 그 후 25년이 지나는 가운데 선거 진동성의 정치적 변수로 자리매김 되었다는 것을 의미한다. 그러므로 민주주의 공고화를 말할 때 이 체제전환과정의 변수 즉 앞에서 카라신메오노브(G. Karasinmeonov)가 지적한 ① 한시적 균열(transitional cleavages) ② 현재적 정치(균열)분화(current/actual political divisions)란 비구조적 균열(non-structural cleavages)가 "동유럽 체제전환국의 사회균열구조"에서 결정적이라는 테제가 유효하다는 점을 재삼 확인해 준다고 하겠다.

〈표 7〉 반체제적 입장

	공산주의로 돌아가길 원한다	무산자가 국가를 통치해야한다	강력한 지도자가 결단을 잘 내린다	우리에게 필요한 것은 일당체제다	상황에 따라 독제는 최상의 통치유형이다
폴란드	18,5	6,9	29,1	24,6	9,0
헝가리	20,5	2,8	19,9	24,6	9,0
체코	10,0	1,0	12,4	20,8	12,1

결과적으로 동유럽 뿐만아니라 중부유럽의 민주주의 공고화의 수준은 낮다고 해야 할 것이다. 비구조적 균열(non-structural cleavages)가 "동유럽 체제전환국의 사회균열구조"에서 결정적이라는 테제가 체제전환 25년이 넘는 시점에서도 여전히 유효하다는 주장은 역설적으로 정치 제도로서 정당체제의 안정화 수준이 낮다는 것을 의미하기 때문이다.

〈표 7-1〉 반체제적 입장[29]

	공산주의로 돌아가길 원한다	무산자가 국가를 통치해야한다	강력한 지도자가 결단을 잘 내린다	우리에게 필요한 것은 일당체제다	상황에 따라 독제는 최상의 통치유형이다
알바니아	4,0	6,6	15,9	18,3	33,2
불가리아	23,2	16,0	43,2	36,5	34,7
루마니아	20,7	13,9	36,0	32,2	24,8
러시아	33,0	9,8	53,5	50,7	43,0
슬로바키아	24,4	3,6	11,4	39,4	12,9
슬로베니아	15,9	4,7	17,7	22,2	13,2

3.2. 정권교체

여기서는 2차 정권 교체 테스트(two-turnover test)의 결과를 확인하는 것으로 중부유럽 즉 폴란드·헝가리·체코의 민주주의 공고화에 대해 검토한다. 그렇다면 왜 2차 정권 교체 테스트인가? 먼저 교체(turnover)의 의미를 이해하는 것이 필요하겠다. 정치적 의미에서 교체는 정치권력의 주객이 바뀌는 것을 말한다. 정치권력의 주객이 바뀐다는 말은 여러 정치과정을 함축한다. 먼저 현대정치에서 특히 내각제인 경우 정치권력의 담지자는 정당이다. 그러므로 정치권력의 교체는 정당을 전제한다. 정당이 하나만 존재하는 것은 공산주의나 전체주의 체제에서나 가능하다. 그러므로 교체는 정당사이의 경쟁을 전제한다. 정권은 오로지 선거를 통해 바뀐다. 선거나 권력 이양은 법적 절차에 따라 비폭력적으로 실시되어야 한다. 폭력사용은 금지된다는 말이다. 이처럼 정당, 경쟁, 선거, 비폭력을 수용하는 가운데 정치권력의 주객이 바뀌는 것을 두고 교체 즉 민주적 교체

29) Jacobs, J. (2007) 227 재구성.

(democratic turnover)라고 말한다.[30]

이렇게 될 때 헌팅턴(Samuel Huntington)의 2차 정권 교체 테스트(two-turnover test)[31]는 다음과 같은 정치적 의미를 갖게 된다. 첫째, 야당과 여당의 존재를 확인할 수 있다. 즉 복수정당의 실체를 확인할 수 있다. 보다 세부적으로는 수권정당으로 인해 정책의 변화를 감지하게 된다.[32] 둘째, 수상 또는 대통령의 직무수행을 확인할 수 있다. 즉 헌정질서의 계속성을 확인할 수 있다. 보다 세부적으로는 인물과 이데올로기의 변화를 감지하게 된다. 셋째, 총선 실시의 횟수를 확인할 수 있다. 즉 "도시 내 경기"(Game in Town)이라는 것이다. 정권 교체의 유일한 장은 선거라는 것을 재차 확인하게 된다는 것이다. 보다 세부적으로는 정당들 간의 경합성과 와 절차의 폭력행사여부를 확인할 수 있다. 넷째, 정권교체인지 체제교체인지를 확인할 수 있다. 즉 민주주의 역류를 확인할 수 있게 된다는 것이다. 보다 세부적으로는 총선이 정부를 갈아 치웠지만 정권을 뒤엎었는지를 확인할 수 있다(elections change governments, not regimes).

그렇다면 중부유럽은 2차 정권 교체 테스트를 통과하고 있는가? 먼저 중부유럽의 경우도 수차례 걸쳐 총선이 평화적으로 실시되고 있음을 알 수 있다. 중부유럽의 경우 ① 1991-2년 ② 1993-4년 ③ 1997-8년 ④ 2001-2년 ⑤ 2004-7년 ⑥ 2010-11년 그리고 ⑦ 2013년 총선이 있었다. 그리고 <주 24, 26, 27>에서 폴란드·헝가리·체코의 년도 별 총선결과를 도표화시켜서 그 추이를 정리하였다.

구체적으로 어떤 정당들이 정치권력의 주객이 되었는가? 이에 앞서 윤덕희는 "모든 정치적 라벨이 그렇듯이 동유럽에서도 자유주의,

---

30) Omar G., Encarnacion, G. O. (2000) 486.

31) 헌팅턴은 두 번의 정권교체를 민주주의 공고화의 척도로 제시하고 있다. Samuel P. Huntington, S. P., (1991) 266-267.

32) Shale Hprpwitz, S., Karla Hoff, K., Branko Milanovic, B. (2009) 110.

보수주의 개념들의 정의는 모호함을 지니고 있다. 보수주의 적 또는 정통주의적이라고 스스로 정의하는 정치운동들은 국가공동체에 속해있는 가치들을 영웅시한다. 자유주의 또는 자유주의-보수주의 적 정당들은 경제적인 신자유주의에 의거해 시장경제의 증진을 지지한다"라고 말하면서 중부유럽정당들의 이념지도를 그리고 있다.[33]

이를 이 글에서 말하는 비구조적 균열의 테제에 따라 재구성해 보면, 사회민주주의는 정당의 자기정체성을 체제전환과정의 낙오자(looser)에게 맞춰 체제전환에 연착륙시키려는 이념적 정책지양을 만들어가는 정당을 말하며, 보수주의는 국가공동체에 속해 있는 가치들을 중시하면서 이를 바탕으로 정당의 자기정체성을 추동하는 정당을 말하며, 자유주의는 경제적인 신자유주의를 정당의 자기정체성으로 확립하는 가운데 지지층을 동원하여 체제전환의 과업을 달성하려는 정당을 말한다.

이 같은 이념적·정치적 지형에 따른 정당들의 다양한 분류는 크게 말해 우파 혹은 중도 우파와 좌파 혹은 중도좌파로 양분시킬 수 있다. 즉 중도우파와 중도좌파 중심의 정권 구성을 양분시키게 되면 정권교체의 양상을 선명하게 이끌어 낼 수 있다. 그렇다면 중부유럽

33) 중유럽 정당들의 이념적·정치적 분류

	극좌	사회민주주의	자유주의	보수주의	기독-민주주의	농민주의	극우
폴란드		SLD (민주좌파동맹)	UD(민주연합), KLD (자유민주회의), UW(자유연합), PO(시민플렛폼)	ZChN(국민기독연합), AWS(솔리대리티선거행동), PiS(법과정의)		PSL (폴란드농민당), Samoobrona (자체방어)	PP (폴란드화합), LPR (폴란드 가족연맹)
헝가리	MP(노동당)	MSzP (헝가리 사회민주당)	SzDSz (자유민주주의자동맹)	FIDESz(젊은 민주주의자동맹), MDF(헝가리민주포럼)		FKgP (독립소지주당)	MIEP (헝가리 정의와 삶)
체코	KSCM (보헴-모라비 공산당)	CSSD (체코 사회민주당)	US (자유연합)	ODS(민주시민당), ODA(민주시민동맹)	KDU-CSL (체코인민당)		SPR-RSC (공화국운동-체코공화당)

윤덕희 (2009) 111. 재구성. 윤덕희의 정당명 번역과 본문의 정당명 번역 중 서로 일치하지 않는 부분에 주의가 요망된다.

의 경우 어떤 정당을 중심으로 중도우파와 중도좌파가 구성되었는지를 <주 33>과 비교해 가면서 알아보자.

먼저 좌파로 규정된 정당으로 헝가리의 공산당 후속정당인 헝가리 사회당(MSzP), 폴란드의 민주좌파동맹(SLD), 그리고 체코의 사회민주당(CSSD)이 있다.[34] 이들 정당은 서유럽의 사회민주주의 이념을 추종하고 있고 상대적으로 빠른 경제전환을 옹호하며 민족 문제에 대해선 경직되지 않은 접근을 취하고 있다.

중도 우파(로 규정된) 정당의 경우 폴란드보다 체코와 헝가리의 경우가 분명한 색체를 띠었다. 체코의 경우 시민포럼(civic forum)의 자유시장 경제제도를 선호하는 기술 관료적 시민 민주당(Civic Democratic Party= ODS)이 중도 우파인데 이는 곧 기독교 민주연합(KDU)으로 흡수되었다. 헝가리의 경우 청년민주동맹(the liberal Alliance of Young Democrats'= Fidesz)이 1994년 선거에서 패한 후 우파당으로 전환되었다. 그 밖에 자유민주동맹(the Alliance of Free Democrats= SzDSz)은 사회당과 연정을 꾸리기도 했다. 헝가리는 1998년 이후 두 개 정당블록 체제로 변화되었다. 폴란드는 여러 정당이 난립하였다. 폴란드 기독교 민족당이 1997년 선거전에서 졸리다노스 선거행동(Solidarity Electoral Action= AWS)을 규합했다가 2001년 Solidarity Electoral Action of the Right(AWSP)로 재조직 했다.

AWSP는 우파정당이다. 그 밖에 자유민주회의(the liberal Democratic Congress= KLD), 민주연합(Democratic Union= UD), 폴란드 맥주 애주가 당(the Polish Beer Lover's Party= PPPP)이 1994년 자유연합(the Freedom Union= UW)으로 뭉쳤다. 자유연합은 자유시

34) 체코의 경우 구체적인 사회 균열구조로 작동한 대체 사회 균열 구조로는 1990년 선거 당시 공산주의 대 반공산주의, 1992년 국가유지 대 국가분리, 1996년 유럽연합 가입 찬성 대 반대 가 정당체계의 구성과 재편성에 영향을 미쳤다고 김신규는 지적한다 : 김신규 (2005) 245.

장경제를 옹호하는 중도우파정당이다. 자유연합은 2001년 선거에서 시민포럼(Civic Platform= PO)의 결성으로 해산되었다. 시민포럼의 발기인이 UW와 AWS 출신으로 구성되었기 때문이다.

여하튼 우파와 좌파정당들은 합종연횡하여 <표 8>에서처럼 선명하게 정권을 교체시켰다. 총선결과 정권의 교체가 빈번하게 이루어지고 있다는 점이다<표 9>. 민주주의는 "game in town"이라는 점을 입증하고 있는가의 문제다. 이 관점에서 보면 폴란드, 헝가리, 체코는 1990-2013년 사이 6-7번의 총선을 치르면서 정당정치는 제도의 규칙에 따라 중단되지 않고 잘 지속되고 있다고 말할 수 있다. 그렇다고 이 점 때문에 중부유럽은 민주주의 공고화 단계에 안착했다고 단언할 수 있겠는가? 그렇지는 않다. 민주주의 공고화를 말할 때, 선거 진동성이나 2차 정권교체 테스트(two-turnover test)를 말하는 것도 중요하지만 그 밖에 교차 점검해야 할 변수가 더 있기 때문이다.

〈표 9〉 1990-2013년 정권교체[35]

	선거I	선거II	선거III	선거IV	선거V	선거VI
폴란드	우파연합 (91-93)	좌파연합 (93-97)	중도우파 연합(97-01)	중도좌파 연합(01-05)	중도우파 연합(06-07)	중도우파 연합(08-11)
헝가리	우파연합 (90-94)	중도좌파연합(94-98)	우파연합 (98-02)	중도좌파연합(02-06)	우파연합 (06-10)	2014
체코	우파연합 (92-96)	우파연합 (96-98)	좌파연합 (98-02)	좌파연합 (02-06)	중도우파 연합(07-10)	중도우파 연합(11-13)

3.3. 연정

폴란드의 경우 대통령제라고 하지만 정부 운영은 내각을 중심으로 운영되고 대통령은 군방·외교에 치중하는 편이기 때문에 준 대통

35) 선거IV까지는 정흥모 (2012). p. 169 재인용. 그 후는 저자작성.

령제도란 말이 나오고 있다. 여하튼 폴란드·헝가리·체코가 정부구성에서 연립정부형태(coalition government)를 취하는 것은 기본적으로 정부형태가 의원내각제이기 때문이다. 의원내각제에서 1당이 의석의 과반을 확보하지 못한 상태에서 정부구성을 위해 몇몇 정당이 공동으로 정부를 구성하는 것을 말한다. 연정은 정치적으로 볼 때 단점과 장점을 가지고 있다. 먼저 장점으로는 1당보다는 폭넓게 대중의 의견을 정치에 반영할 수 있게 된다. 최소한 과반은 넘는 다는 것이다. 다수의 합의를 토대로 한 정책 결정과정에서 시민의 다양한 욕구가 반영할 수 있다는 것이다.

끝으로 안정적 원내 의석을 바탕으로 내각의 장수를 꾀할 수 있다는 것이다. 반대로 연정은 정치적으로 볼 때 단점도 많다. 무엇보다도 다수정당에 의해 소수정당이 무시된다는 것은 민주주의와는 거리가 멀다는 것이다. 힘의 균형이 깨지기 때문이다. 또한 유권자에 대한 정책 실패에 따른 책임 소재가 불분명하다는 것이다. 정당이 책임을 타당에 전가하기 때문이다. 이 때문에 실재로 정책의 혜택이 다수에게 돌아가는 것을 보증하기도 어렵다는 지적이다. 그리고 위에서 지적한 내각의 장수와는 달리 내각의 수명이 길지 않을 수 있다는 것이다. 설사 연정 협약을 체결했다고 해도 첨예한 현안에 대해 이를 담아낼 공동의 정치철학의 부재로 연정은 언제든지 깨질 수 있다는 것이다. 줄이면 연정은 경험적으로 볼 때, 단일정당 과반 정부보다 단명에 그친 다는 불안정성(instability)과 집권 정당 내부의 갈등(conflict) 때문에 취약하다는 것이다.[36]

이 같은 연정에 대한 이해를 바탕으로 다음과 같이 민주주의 공고화를 검토할 수 있다. 첫째, 정부의 이데올로기 지향성이다. 이 점에 대해서는 <표 8>, <표 9>를 통해 확인 할 수 있다. 폴란드·헝가리·체

---

36) Diermeier, D., Eraslan, H., Merlo, A. (2002) 893–907.

〈표 8〉 폴란드, 헝가리, 체코의 연정구성(1990-2013)

년도	90	91	92	93	94	95	96	97	98	01	02	05	06	07	10	11/13*
폴란드		PC ZChN PL (91.12-92.6)	PC ZChN PL (92.6-92.7) UD PPL ZChN PK PL (92,7-93.10)	SLD PSL (93.10-95.3)	→	SLD PSL (95.3.-96.2)	SLD PSL (96.2-97.10)	AWS UW	→	SLD UP PSL		PiS PO	→	PO PSL	→	PO PSL
헝가리	MDF FKGP KDNP	→	→	→	MSZP SZDSZ	→	→	→	FIDEZ FKGP MDF	→	FIDEZ	→	MSZP SZDSZ)	→	FIDEZ KDNP	→
체코			ODS-KDS KDU-CSL ODA	→	→	→	ODS-KDS KDU-CSL ODA	→	ČSSD	→	ČSSD KDU ČSL US DEU	→	ODS, 07년 이후 ODS – KDU-ČSL – SZ	→	ODS TOP09 -VV (12. 6월 이후 LIDEM))	ODS - TOP09 LIDEM

*폴란드는 2011년 총선. 체코는 2013년 총선

코 정권의 이념성향은 (중도)우파이거나 중도좌파에 해당한다. 이 말은 극우나 극좌의 정당들이 아니라는 것이다. 구체적으로 민족주의 정당이나 공산주의 정당이 정권을 장악하지 못했다는 말이다.

그러나 주의를 요하는 점은 여전히 민족정서에 호소하는 대중영합주의 지향적 정당이 그 지지기반을 잃지 않고 있다는 점이다. 폴란드의 경우 캐나다 이민 부자 티민스키와 그가 세운 Party X의 경우 정강은 없고 인물에 기대는 전형적인 대중영합주의 정당이었다. 폴란드재건운동(ROP)은 전 수상 Jan Olszwwski가 세운 당이다. <표 10>은 2005년 까지를 다루고 있지만 <주 24>에서 알 수 있듯이 대중영합주의 정당의 활동이 현재도 계속되고 있다는 것이다.

〈표 10〉 1990-2005년 폴란드 총선과 대선에서 나타난 대중영합주적 정당과 후보자의 득표[37]

정당/후보자	1990	1991	1993	1997	2001	2005
Tyminski	25,7					
Walesa	74,3					
Party X		0,5				
독립폴란드연합 (KPN)			5,8			
폴란드재건운동 (ROP)				5,6		
법과 정의당(PiS)					9,5	26,8
자위당(RP)					10,2	11,7
가톨릭가족연맹 (LPR)					7,9	7,9

이런 점은 헝가리에서도 발견된다<표 11>. 특이한 점은 2004년 유

37) Decker, F. (2006) 225 재구성.

럽연합에 가입 한 뒤에도 대중영합주의 정당이 의회 진출을 하고 있다는 점이다. 2010년 총선에서 의회에 입성한 요빅(JOBBIK)이 대표적인 예다. <주 27>를 통해 알 수 있듯이 그 지지층이 독립소지주당(FKGP)나 헝가리정의·생명당(MIEP)과는 비교가 되지 않는 다는 점이고, 지속적으로 지지층을 넓혀가고 있는 것으로 나타나고 있다는 점은 충분히 우려할 만 한 것이다. 이 같은 일련의 현상이 "후기 가입위기"(Post-Beitrittskrise) 란 담론으로 중부유럽을 달구고 있다는 것이다.

2004년 이후 비세그라드 국가군의 민주주의에 문제가 발생하고 있다. 헝가리의 경우 2006년 "거짓말 설화(舌禍)"(Lügenrede)가 불거지면서 정국이 요동쳤다. 2006년 총선에서 재선에 성공한 페렌츠 주르차니(Ferenc Gyurcsány) 헝가리 전 총리가 총선에서 이기려고 어려운 경제상황을 분식해 발표해 왔다는 취지로 말한 녹음테이프 내용이 2006년 9월 17일 현지 언론에 공개되었다. 다시 말해 4월 좌파연합이 총선에서 이긴 뒤 5월 녹음된 문제의 테이프에서 주르차니 총리는 자신이 속한 사회당 의원들을 만나 '정부는 4년 동안 아무 것도 한 일이 없다'고 말했다는 것이다. 그는 '어떤 유럽 나라도 우리처럼 얼간이같이 일하지 않는다'며 '우리는 아침에도, 저녁에도, 밤에도 거짓말만 했다'고 말했다. 또 헝가리 경제가 '신의 배려와 풍부한 세계경제 유동성, 수백 가지 술수' 때문에 파산하지 않았고 말했다"고 한다.[38] Attila Agh는 이를 "후기 가입위기"(Post-Beitrittskrise)라고 말하고 있다.

38) Segert, D. (2008a) 49.

〈표 11〉 1990-2002년 헝가리 총선에서 나타난 대중영합주적 정당의 득표[39]

정당	1990	1994	1998	2002
독립소지주당(FKGP)	11,7	8,8	13,2	0,8
헝가리정의생명당(MIEP)		1,6	5,5	4,4

폴란드의 경우 2007년 10월 21일 조기총선이 실시되었는데 그 이유는 집권당인 법과 정의당(PiS)이 "제4공화국" 건설을 주창하면서 부패와의 전쟁을 선언하는 가운데 불법적인 방법을 동원했기 때문이다. 뿐만아니라 법과 정의당과 연립한 극우가톨릭성향의 폴란드 가족연맹(LPR)이 폴란드학교교재에서 괴테와 도스토예프스키 전집을 삭제시켜 문제를 유발시켰다. 이런 이유에서 조기총선이 실시된 것이다. 이는 2004년 유럽연합에 가입한 이후에 발생하는 정치적 소용돌이라는 의미를 담고 있다.[40] 체코의 경우도 2006년 총선이후 반년동안 안정적인 정부구성에 실패했다. 이 문제는 2명의 사민당 소속 의원이 시민진영으로 당적을 옮기면서 해결되었다.[41]

〈표 12〉 1991-2013년 폴란드·헝가리·체코 그리고 독일의 총선 투표율[42]

	13	11	10	07	06	05	02	01	98	97	96	94	93	92	91
폴란드		48.92		53.88		40.57		46.18		47.93			52.08		43.2
헝가리			64.38		67.57		70.52		57.01			55.12		44.14	
체코	59.48		62.60		64.47		57.95		74.00		76.29			84.68	
독일	71.55		70.78*			77.65	79.08		82.20			78.97			77.76**

* 2009년 실시. ** 1990년 실시

39) Decker, F. (2006) 226.

40) Segert, D. (2008a) 50.

41) Segert, D. (2008a) 49.

42) www.idea.int

그런데 왜 대중영합주의 지향적 정당이 문제인가는 그것이 의회주의적 타협을 거부하고 직접적으로 대중동원에 의존하는 정치행태를 보이는 반정당적 정당(antiparty parties)[43]이거나 그런 정당으로 비화될 소지가 크다는 점 때문이다.

〈표 13〉 정권구성에서 유효한 정당 수[44]

	선거1	선거2	선거3	선거4	선거5	선거16	특징
폴란드	10,8	3,9	2,8	4,0	4,3	2,8	요동침
헝가리	3,7	2,9	3,5	2,5	2,6		낮은 수준에서 안정적
체코	2,2	4,8	4,2	3,7	3,7	3,1	점차 낮아지고 있음

둘째, 수권정당의 존재여부. 물론 이점은 이미 앞에서 제시한 총선도표에서도 확일 할 수 있는 부분이다. 여기서는 정권을 장악한 정당들의 부침을 파악할 수 있다는 것이다. 다시 말해 중도우파 혹은 우파와 중도 좌파 간에 정권을 주고받는 양상이 전개되고 있다는 것을 확인할 수 있다. 이를 통해 수권 정당의 변화여부를 확인 할 수 있을 뿐만아니라 정당제도의 안정성을 가늠해 볼 수 있다는 것이다. 특히 폴란드와 달리 헝가리의 청년민주동맹(Fidesz)와 헝가리사회당(MSZP) 그리고 체코의 시민민주당(ODS)와 체코사민당(ČSSD)의 경우 수권세력이 존재함을 보여주고 있다. 다른 한편 수권정당이 존재함에도 불구하고 선거진동성이 높게 나타나고 있다는 점은 어떻게 설명할 것인가? 이점이 바로 시민의 정치적 제도에 대한 불신이 높고[45] 정치참여가 낮다는 것을 말해주는 부분이다. 그 단적인 예가

---

43) 박은홍 (2011) 68.

44) Segert, D. (2008b) 63.

45) Segert, D. (2008) 51-2: EU-15개국의 2003년 정당에 대한 신뢰는 15%, 의회는 35%인데 반해 중부유럽의 경우 정당 7%, 의회 16%의 신뢰를 보이고 있다.

총선 참여율이다. 투표율이 어느 정도 낮은 가를 보이기 위해 독일과의 비교를 <표 12>에서 시도하였다

셋째, 연정의 안정성 여부. 정부구성에서 유효한 정당의 수가 많다는 것은 집중도가 낮다는 것이고 이는 결과적으로 그 만큼 연합정부구성을 어렵게 할 뿐만 아니라 연립정부가 취약할 수 있다는 것을 반증하는 것이 된다<표 13>. 이렇게 볼 때, 3국의 경우 온도차가 존재함을 알 수 있다.

제4장 맺는 말

폴란드·헝가리·체코의 민주주의가 공고화 단계에 진입했느냐의 문제가 관심의 대상인 이유는 여러 가지가 있다. 첫째, 그것은 체제전환 25년의 연구방법론과 관련하여 최근의 경향을 반영하고 있기 때문이다. 이를 바탕으로 이들 3국의 민주주의화는 물론이고 기타 체제전환국가의 민주주의 경로를 평가할 수 있는 잣대가 될 수 있다고 보기 때문이다. 즉 체제전환국이란 꼬리표를 잘라낼 수 있는 평가의 한 수단이 민주주의 공고화라는 것이다. 둘째, 제도적 평가의 중요성 때문이다. 이 말은 뒤집어 말해 체제전환국에 대한 제도적 평가가 전제되어야 비교를 통한 경험적 평가를 가능하게 해 줄 수 있다는 말이기도 하다.

결과적으로 6·7회의 중단없는 총선결과와 평화로운 정권이양을 놓고 볼 때, 폴란드·헝가리·체코의 민주주의가 공고화는 "높은 수준"에 있다 하겠다. "높은 수준"의 정도는 폴란드나 헝가리는 각각 44와 49위에 위치하면서 결함있는 민주주의(Flawed democracies)

에 속해 있으나, 프리덤 하우스(Freedom House) 2014년 보고서[46]나 이코노미스트 인텔리전스 유니트(The Economist Intelligence Unit. Democracy index 2012: Democracy at a standstill)의 2012년 보고서에서 보듯 체코의 경우는 완전한 민주주의(Full democracies) 25개 국가 중 17위를 차지하고 있다는 데서 확인할 수 있다<표 14>.

〈표 14〉 2010년 민주주의 인덱스[47]

동유럽	국가 수	민주주의 지수평균	완전한 민주주의	결함있는 민주주의	혼합체제	권위주의 체제
2012	28	5.51	1	14	6	7
2011	28	5.50	1	14	6	6

그렇다면 이점은 본문에서 언급한 "중부유럽의 민주주의 공고화의 수준은 낮다고 해야 할 것이다"와 상치된다. 그런가? 꼭 그렇지는 않다. 왜냐하면 무엇보다도 EIU 2012년 부제 "Democracy at a standstill" 즉 "정돈상태의 민주주의"는 또 다른 고민거리가 있다는 것을 시사해 주고 있기 때문이다. 이는 3국에도 해당한다. 물론 EIU 2010년 부제 "Democracy in retreat" 즉 "민주주의의 후퇴"와 비교할 때 진전이 있는 것은 사실이다. 그러나 여전히 유럽연합(EU) 가입 10년이 넘도록 답보상태에 있다는 것은 엄연한 사실이다.

결론적으로 왜 "정돈상태의 민주주의"인가에 대해 몇 가지 문제점을 지적하는 것으로 결론에 갈음하겠다. 첫째. 자발적 정치참여가 여전히 높지 않기 때문이다. 다시 말해 정부의 재임기간, 정당제도

46) www.freedomhouse.org/report/freedom-world/freedom-world-2014

47) The Economist Intelligence Unit (2010) 9: 완전한 민주주의(Full democracies); 결함있는 민주주의(Flawed democracies); 혼합체제(Hybrid regimes); 권위주의체제(Authoritarian regimes).

의 지속성, 정권교체 등을 통해 "민주주의는 도시 내 경기"라는 테제를 충족시켜주고 있는 듯하나, 그것이 "민주주의의 역류"까지는 아니라하더라도 개헌 정족수 의석 3분의 2를 충족시킨다고 해서 자기 입맛대로 헌법을 개정해서 헌법을 개악시켰다는 평가를 받는 정당이 출현하는가 하면 투표율이 여전히 낮다는 문제점을 드러내고 있다는 것이다<표 12>.

뿐만 아니라 둘째. 극우정당의 활동이 지속적으로 탄력을 받고 있기 때문이다. 다시 말해 인종적·사회적 약자를 먹잇감 삼아 정당의 정체성을 심어주는 정당들이 활동하고 있는 것을 목격하게 되면서 민주주의가 공고화되었다고 단정하기 어렵다는 것이다<표 11>.

셋째, 대중영합주의 정당의 인기가 식지 않고 있기 때문이다. 즉 이들 국가에서 보여주는 문제는 정당들이 갈등국면을 맞아 서로 첨예하게 대립은 할 줄 알아도 평화적으로 타협하는 것은 모른다는 데 있다. 그러므로 이들 3국을 통틀어 민주주의의 공고화 정도를 말할 때는 선거민주주의(electoral democracies)가 높은 수준에서 제도적으로 자리를 잡았으나 정치문화가 이를 떠받들지 못한다는 의미에서 "비대칭적 민주주의"(asymmetric democracy)에 해당한다는 말이 여전히 유효할 것 같다.

2. 동유럽의 체제 전환 이후 한국과의 정치 관계 변동 연구

제1장 들어가는 말

한국과 동유럽국가와의 협력적 관계는 동유럽국가의 체제전환시점인 1989-1990년 전후 증진되어왔다. 이는 한국과 동유럽국가간의 정상회담, 국제협정 등 정치, 외교, 경제, 문화교류 등의 관계를 중심으로 25년간의 한국과 동유럽국가간의 협력관계의 증진을 보면 알 수 있다.

국제기구에서도 한국과 동유럽국가들은 회원국으로서 상호 긴밀한 협력관계를 유지하여 오고 있다. 이러한 맥락에서 국제기구와 국제적 민간단체들은 신흥개발국가, 동구권, 발칸 등의 글로벌 경쟁력 강화와 민주주의발전을 위해 많은 연구를 하고 있는 데 OECD, EU, NATO, UN,WEF, IMD, FH, TI 등 국제단체 및 조직 등에서의 공통 관심사와 협력 등을 중심으로 한국과 동유럽국가의 상호관계를 분석해 볼 수도 있다.[1] 다른 한편 한국과 동유럽국가와 비교해서 글로벌 경쟁력강화를 위해서 각 국가가 어떻게 전략을 수립하고 상호협력하면서 해결하고 노력하는지도 보면 관계증진의 예를 찾아볼 수 있을 것이다. 예컨대 프리덤하우스, 세계경제포럼, 국제경영개발연구원, OECD 등의 각종 국제사회 기구와 단체들은 국가간 비교 조사와 분석을 통해서 개별국가가 세계평화와 민주주의발전을 위해 무엇을 해야할 지를 제시하고 있다. 이렇게 본다면 1990년 전후 25년간 동유럽국가의 민주주의발전, 시장자본주의 발전, 인권문제 그리고 세계평화에 대한 기여 등을 통하여 한국이 추구하는 글로벌정책과의 공통점과 협력할 부분을 모색할 수 있다고 본다. 특히 한국은 분단국가로 향후 남북통일 이후 북한의 체제전화의 과제도 안고 있어 동유럽국가의 경험이 하나의 교훈을 줄 수 있다. 어째든 동유럽국가의 글로벌 경쟁력 증대는 여러 국가들의 적응, 협력과 지원 등을 통하여 나타날 것이고 결국 이러한 국제기구나 조직에서의 평가 등을 통하여 상호 협력증진과 글로벌 경쟁력을 파악할 수 있을 것이다.

본 연구는 한국과의 동유럽국가간의 협력증진과 상호 정치적 변동관계를 EU가입 동유럽국가와 비회원국을 대별하여 그동안의 정치경제적 측면에서 정상회담, 국제협정등을 정리하면서 글로벌 협력 관계와 이후의 과제 등을 분석하여 보았다.

제2장 동유럽과 한국협력

2.1. 정치분야

1990년 동유럽국가의 최제전환 이후 한국과의 정치,외교,경제, 문

1) The League of Women Voters(2010); http://www.lwv.org/join/global (2010.6.28)

화에 걸친 협력관계는 활발하게 진행되어 왔다. 각국의 주요 인사들이 상호 방문으로 협력증진의 사례를 많은 곳에서 찾아볼 수 있다.

한국과 폴란드와의 관계에서 한국의 주요인사가 폴란드를 방문한 경우를 보면 1991년 5월 박준규국회의장이 폴란드를 방문한 것을 비롯해서 이수성 국무총리(1996.5), 김종필국무총리(1998.7), 2004년 12월에는 노무현 대통령이 방문하였고, 2009년 7월에는 이명박 대통령이 방문하는 등 대 폴란드에 대한 한국의 협력과 관심은 증대되고 있다. 반대로 폴란드에서도 한국에 중요인사가 방한하였는데, 1991년 6월 Bielecki 총리가 방한한 것을 시작으로 1994년 12월에는 Walesa 대통령이 방한하였고, 2003년 2월에도 바웬사 전 대통령이 또 방문하였으며 2008년 12월에는 Kaczynski 대통령이 방한하였고 2013년 10월에는 Komorocski 대통령이 방한하는 등 양국 간의 관계는 긴밀한 협력관계를 보여주고 있다.

헝가리와의 양국관계는 1989년 11월 노태우 대통령이 헝가리를 방문하고 2001년 12월에도 김대중 대통령이 방문하는 등 관계가 돈독하다. 2009년 8월에는 박근혜 대통령특사가 헝가리를 방문하기도 하였다. 반면 헝가리에서는 1990년 11월 Göncz 대통령이 방한하였고 1993년 11월에는 비공식으로 Göncz 대통령이 2차로 방한하였으며 2009 년 11월과 2012년 3월에는 Sólyom 대통령과 Schmitt 대통령이 각각 방문하였다.

〈표 1〉 한국의 대동유럽국가 정치외교적 관계

국가	수교	고위직방문	고위직방한	
에스토니아	91.10.17	2011.7 박희태국회의장	93.9/96.9Laar 수상	
체코	90.3.22	95.3김영삼대통령	92.4havel,2009.5Klause 대통령	

국가	수교	고위직방문	고위직방한	
폴란드	89.11.1	2004.12 노무현2009.7 이명박대통령	94.12Walesa 2008.12Kaczynski 2013.10 Komorowski 대통령	
슬로베니아	92.4.15	2007.9 김우식부총리	2000.9Kucan 2009.10 Türk 대통령(비공식)	
리투아니아	91.10.14	2011.7. 박희태국회의장	2012.3Grybauskaite 대통령	
몬테네그로	2006.9.4			
헝가리	89.2.1	89.11노태우, 2001.12김대중대통령	90.11/93.11Göncz 2009.11Sólyom 2012.3Schmitte 대통령	
슬로바키아	93.1.1	2009.4 한승수국무총리	2005.5Dzurinda 2007.10Fico 총리	
루마니아	90.3.30	2006.9 노무현대통령	94.3Iliescu 2005.10/2008.9 Basescu 대통령	
라트비아	91.10.22	2011.7 박희태국회의장	95.3Ulmanis 대통령	
불가리아	90.3.23		2009.10.Parvanov 대통령방한	
크로아티아	92.11.18		2006.4 Mesić대통령방한	주일본 대사관겸임
알바니아	91.8.22			주중국 대사관겸임
우크라이나	92.2.10	2011.9 김황식국무총리	96.10쿠츠마 2006.12유센코 2012.3야누코비치대통령	
세르비아	89.12.27	2006.10 임채정국회의장	90.11Jović대통령	
보스니아	95.12.15			주일본 대사관겸임

체코와의 관계는 1995년 3월에 김영삼 대통령이 방문하였고 최근에는 2009년 4월 한승수 국무총리, 2012년 8월에는 양승태 대법원장이 방문하여 협력관계를 도모하였다. 반대로 체코에서는 1992년

4월 havel 대통령이 방한하였고 2009년 5월에는 Klaus 대통령이 방한하여 양국의 협력증진에 기여하였다(외교부 a ,2013,314-315).

폴란드와는 1989년11월 투자보장협정, 무역협정을 필두로 하여 이중과세방지협정(1991.6), 항공협정(1991.10), 문화협정(1993.6), 과학기술협정(1993.6), 사증면제협정(1993.11), 외교부간 협력의정서(1997.3), 세관협력협정(1999.6), 경제협력협정(2004.12), 관광협정(2004.12), 사회보장협정(2009.2), 군사비밀정보보호협정(2009.9) 등 괄목할만한 협력관계를 증진하고 있다(외교부a,2013,398).

〈표 2〉 한국의 대동유럽국가 주요협정 관계

국가	사증면제협정	투자보장협정	이중과세방지협정	문화협정	주요협정
에스토니아	2001.8	-	2010.5	2001.7	-
체코	1994.11	1995.3	1995.3	1994.10	외6
폴란드	1993.11	1989.11	1991.6	1993.6	외11개
슬로베니아	-	-	2005.4	1995.7	외2
리투아니아	2002.5	1993.11	2007.7	-	-
몬테네그로	-	-	-	-	-
헝가리	1991.4	1989.1	1990.4	1989.3	외7개
슬로바키아	1995.7	2006.2	2002.7	2007.11	외2개
루마니아	1996.5	1990.8	1993.10	1991.10	외3개
라트비아	2003.6	1997.1	2009.12	2011.11	외1개
불가리아	1994.8	2006.11	1995.6	1994.1	외 9개
크로아티아	2001.2외교관 관용여권	2005.7	2006.	-	외2개
알바니아	-	-	-	-	-
우크라이나	-	1997.11	2002.3	2009.8	외11개
세르비아	-	-	-	2009.6	-
보스니아	-	-	-	-	-

자료 : 외교부(2013)『세계각국편람』;외교부(2013)『2013외교백서』

헝가리와는 1989년 1월 투자보장협정, 2월 무역 및 경제협력협정, 3월 문화협정, 4월 외교관 관용여권 사증면제협정, 7월 과학기술협력협정 등 시작부터 많은 협력관계로 출범하여 이중과세방지협정(1990.4), 항공협정(1990.5), 사증면제협정(1991.4), 정보통신협력약정(2001.12), 경제협력협정(2005.4), 사회보장협정(2007.3) 등 매우 돈독한 관계를 진행하고 있다(외교부a .2013, 345)

체코는 1990년 10월 항공협정을 필두로 문화협정(1994.10), 사증면제협정(1994.11),이중과세방지협정(1995.3), 투자보호협정(1995.3), 과학기술협력협정(1995.4), 원자력협력협정(2001.6),사회보장협정(2008.11), 경제협력 협정(2009.5), 워킹홀리데이협정(2012.6) 등 최근까지 지속적으로 협력관계를 증진하고 있다.(외교부 a,2013, 315). 우크라이나와는 1994년 5월 과학기술협력협정을 시작으로 무역협정(1997.4), 투자보장협정(1997.11), 항공협정(2003.3), 이중과세방지협정(2002.3), 관광협력협정(2004.7), 상용복수사증협정(2001.11), 군사비밀보호협정(2005.10), 해운협정(2009.8), 외기권우주협력협정(2007.8), 방산군수협력협정(2007.8), 관광협정(2009.7), 문화협정(2009.8), 해운협정(2009.8) 등으로 협력관계를 도모하고 있다(외교부 a,2013, 445). 불가리아와는 1990년 11월 경제과학기술협력협정을 시작으로 문화협정(1994.1), 사증면제협정(1994.8), 항공협정(1995.2), 이중과세방지협정(1995.6), 해운운송협정(2005.11), 투자보장협정(2006.11), 경제협력협정(2009.2), 사회보장협정(2008.10), 범죄인인도조약(2008.10), 형사사법공조조약(2008.10), 군사비밀정보보호 및 교환협정(2009.10), 운전면허상호인정협정(2011.9) 등 많은 협력적 관계를 진행하고 있다.(외교부 a,2013,306). <표 2>에서 보는 바와 같이 그밖에도 많은 동유럽국가와 현재까지 다양한 협정을 통하여 한국과의 관계협력과 증진을 도모하고 있다.

2.2. 동유럽과의 경제협력 사례

1) 한-EU FTA 체결이 하나의 사례가 될 수 있다. 이로서 유럽 및 중부유럽의 자동차업체는 한국의 자동차업체간 시장확보를 위한 경쟁이 더욱 치열해졌다. 현지수입관세인하 등에 따른 경제적 기대효과와 다른 관점에서 한국의 대 EU 자동차산업 협력방향 재정립이 필요하였다.[2] 특히 한국의 경우도 자동차산업에 대한 연구개발(R&D) 투자 강화가 필요하다고 본다. 유럽지역자동차산업의 투자가능성과 성장잠재력, 서유럽과 동유럽 국가별·부문별 연구개발투자분석 등을 고려하여 한국의 자동차산업의 지속적 성장을 위한 중장기적인 지원방안 수립이 필요했다.[3]

〈표 3〉 동유럽 국가별 주요 자동차생산업체 현황

(주: 생산량은 2009년 기준, 단위: 대)

국가	기업체명	도시명	품목명	생산대수
폴란드	FSO Skoda (VW) Opel (GM) Fiat	Gliwice Tychy Poznan Warsaw	Matiz, Lanos, AveoPanda, Fiat 500, Ford Ka Caddy III, T5, Octavia Astra, Zafira	605,697 138,193 96,718 35,727
헝가리	Suzuki Audi (VW)	Esztergom Gyor	Ignis, SX4, Swift, G3X Audi TT, A3 Cabriolet	180,166 32,603
체코	Skoda (VW) TPCA 현대자동차	Mlada Kolin Nosovice	Boleslav Superb, Octavia, Fabia Aygo, Peugeot 107, C1 i30, Kia Venga	603,247 324,289 12,050
슬로바키아	Volkswagen PSA 기아자동차	Bratislava Trnava Zilina	VW Touareg, Audi Q7 Peugeot 207, C3 Picasso Cee'd, Sportage SUV	105,997 203,732 150,000

자료 : Global Insight(August 2010).

---

2) Global Insight(August 2010)

3) 조양현, 중부유럽 최대 제조업, 자동차산업 현황 분석 - 폴란드, 헝가리, 체코 및 슬로바키아(2010) - 한국수출입은행해외경제연구소.

한국의 대표적인 기업인 기아자동차는 현대자동차와 더불어 슬로바키아 Zilina에 자동차생산설비설립에 총 11억 유로를 투자했고 지난 2010년 4월에는 엔진제조설비에 1억 유로를 추가 투자하는 등 슬로바키아에서 자동차와 자동차부품생산을 확대한 바 있다.[4] 그래서 지난 2009년 기준으로 주요자동차 생산업체의 매출실적은 Skoda 15,140대(시장점유율:17%), Renault 9,668대(10.7%), Peugeot 7,019대(7.8%), 기아자동차 6,349대(7%), Citroen 6,221대(6.9%)등으로 나타났다. 이러한 중동부유럽국가에서의 현지공장신설과 자동차생산증대는 EU 지역과의 경제협력은 물론 수출증대에도 도움을 줄 것이다.

〈표 4〉 중·동부유럽국가별 자동차 생산규모비교(2009년 기준)

단위:대

	폴란드	헝가리	체코	슬로바키아
자동차	881,430	182,739	976,366	533,506
승용차	811,287	180,707	967,760	461,340

자료 : Global Insight(August2010); BMI,AutosReport,2010.

현대차는 한국에서 만든 자동차뿐 아니라 유럽 현지 공장에서 생산된 자동차를 통해 유럽시장을 적극 공략하고 있다. EAMA 통계에 따르면 유럽 자동차시장에서 현대차의 시장점유율은 유럽 재정위기 발생 전인 2007년에는 1.7%였지만 2010년에는 2.3%로, 2011년에는 2.6%로 확대돼 현대차와 기아차 모두 비용이 낮은 동유럽 국가들에서 현지 공장을 가동하고 있다. 민간 조사회사 페어서치는 한국

4) 제조설비에 1억 유로를 추가 투자하는 등 슬로바키아에서 자동차와 자동차부품생산을 확대한 바 있다.

산 자동차에 대한 신뢰도가 지난 몇 년 사이에 상당히 높아지면서, 유럽 소비자들 사이에서 한국산 자동차의 인기가 크게 높아졌다고 하였다.[5]

〈표 5〉 중동부유럽 국가별자동차 매출실적비교 (2009년기준)

단위:대

	폴란드	헝가리	체코	슬로바키아
자동차	372,142	73,425	186,621	92,355
승용차	320,206	61,000	161,659	74,730

자료 : Global Insight(August 2010); BMI,AutosReport, 2010.

무엇보다도 쟁점이었던 관세 환급 분야에 있어서는 EU가 원칙적으로 허용키로 했다. 일방 당사국이 통계에 기초해 역외산 조달 방법에 중대한 변화가 있다고 생각할 경우 협의를 진행하고, 이견이 있으면 한-EU 분쟁 해결절차에 따른 3인 패널에서 객관적 판단을 하게 될 것이다. 양측은 중대한 변화가 있을 경우 관세 환급 상한을 5%로 적용하는 방안을 마련하였다.[6] EU와의 FTA 체결은 한국에 있어서는 동유럽회원국과 비회원국가에 대한 차별적인 정책수립이 필요하고 특히 자동차산업부문에서는 서유럽진출의 전초기지로서 향후 더욱 긴밀한 동유럽국가와의 상호협력증진이 요구되는 것이다.

2) 다른 한편 자동차산업 외에도 중동부유럽국가에 있어서 투자영리병원에서도 다양한 기회가 마련되었다. 활발한 경제 협력과 함께 국내에 들어서게 될 많은 EU 회원국의 투자영리병원에서는 해외에

5) Global Insight(2010). 한·EU FTA 발효 후 유럽시장에서 선전하는 한국 자동차업체들 (2011)

6) Global Insight,(2010).

서 의료면허를 획득한 인력들이 별도로 국내 시험없이 취업이 가능하도록 투자병원추진 10년 만에 특례를 인정하여 지난 2010년 8월 하순에 정부에서 고시가 되었다. 이후 10월에 경제자유구역특별법 입법예고가 되었으며, 제20조 2항목은 주목할 만하다. 즉

헝가리의대가 100% 영어로만 진행된다는 장점은 추후 졸업과 동시에, 외국인 신분으로써 유럽 27개국에서 인정받고 있는 의사 면허까지 획득할 수 있다는 점과 연결된다.[7] 게다가, 헝가리의대 중 최초이자 700년 전통의 페치 국립의대에서 진행하고 있는 예비과정 또한 같이 병행하고 있으므로, 해외로의 의대를 희망하고 세계를 향해서 의사를 꿈을 펼칠 한국학생들에겐 더 없이 좋은 기회가 아닐 수 없다.[8] 앞으로 한-EU FTA로 인해 피해를 보는 분야에 대해서는 구 외국병원이 국내의료기관 운영에 참여토록 의무화하고 "외국의 의사, 치과의사 면허소지자를 보건복지부장관이 정한 비율 이상을 확보해야 한다" 는 부분으로, 이제는 의료분야도 무한경쟁체제로 바뀌고 있음을 보여주는 것이다.[9]

---

7) Global Insight(2010).

8) http:// www.eneckorea.com

9) Global Insight(2010). 투자병원이 설립된 후에는 외국면허 소지자와 국내면허소지자가 경쟁하는 구도가 아니다. 국내면허소지자가 영어로 진료하기도 힘들뿐더러, 외국면허소지자를 반드시 일정비율 병원에서 고용을 해야 하는 조건이 있기 때문이다.

〈표 6〉 한국과 EU 동유럽 회원국과의 수출입 현황

(단위 : 백만 불, %)

구분	수 출						수 입					
	2010			2011			2010			2011		
	금액	증가율	비중*	금액	증가율	비중*	금액	증가율	비중*	금액	증가율	비중*
EU	53,507	14.8	100.0	55,736	4.2	100.0	38,721	20.1	100.0	47,406	22.4	100.0
슬로바키아	4,424	41.0	8.3	4,104	△7.2	7.4	100	56.5	0.3	141	41.5	0.3
폴란드	4,381	5.6	8.2	4,101	△6.4	7.4	274	17.1	0.7	376	37.4	0.8
체코공화국	1,165	51.0	2.2	1,713	47.1	3.1	329	△2.5	0.8	501	52.5	1.1
헝가리	2,385	40.0	4.5	1,476	△38.1	2.6	401	31.7	1.0	471	17.4	1.0
슬로베니아	586	45.5	1.1	1,277	117.8	2.3	97	84.5	0.3	103	6.1	0.2
루마니아	456	17.9	0.9	463	1.5	0.8	240	55.0	0.6	371	54.6	0.8
라트비아	91	18.8	0.2	229	152.0	0.4	14	8.1	0.0	27	88.4	0.1
불가리아	131	83.5	0.2	177	34.6	0.3	117	189.4	0.3	140	20.0	0.3
리투아니아	115	43.6	0.2	127	10.5	0.2	20	61.6	0.1	25	24.5	0.1
에스토니아	63	51.3	0.1	103	63.6	0.2	49	135.3	0.1	58	16.9	0.1

* 비중 : 각 국별 수출(입)금액/EU수출(입)금액 X 100

자료 : 한국무역협회, 통계자료(2012)

〈표 7〉 주요 중·동구권국가 글로벌 경제지표

항 목	헝가리	체코	폴란드	슬로바키아	루마니아	불가리아
인 구 (만 명)	1008	1024	3814	541	2164	767
GDP(억$)	1038	1398	3301	531	1132	282
GDP 성장률	4.5%	6%	5%	6.5%	5.5%	5.6%

자료 : http://www.oecd.org (2010.7.18) ; http:// www.eu.org(2010.7.18); IMF (2010) 참조.

3) 한국의 경제지원이나 협력이 필요한 국가로 세르비아는 EU 가입후보국으로 구 유고 내전 당시 갈등과 충돌의 중심에 있었고 발

칸 지역 정세 불안의 진원지로서 정국이 혼란스럽고 치안마저 불안한 국가로 인식된 탓에 외국인이 투자 진출하는 데 기피하는 지역으로 간주되었다.[10] 이에 따라 한국 기업도 세르비아에 대한 투자를 하지 않았으나, 지난 2000년 이후 세르비아의 발칸 내 지정학적 위치와 정부의 해외투자 인센티브 정책, 주요 국가와의 자유무역협정체결, 저렴한 인건비 및 양질의 노동력 등이 외국 기업을 유치하는 데 긍정적으로 작용하여 2010년 이후 많은 외국 기업이 진출했고 한국도 2010년 자동차 와이어링 제조 회사인 유라 코퍼레이션(Yura Corporation)이 세르비아에 최초 진출하여 조업을 개시했으며 다른 한국 기업들의 투자 진출도 계속될 전망이다.[11]

〈표 8〉 OECD 국가별 무역의존도 톱10 (단위:백만 달러)

순위	국 가	GDP	수 출	수 입	무역의존도(%)
2	슬로바키아	96,089	75,425	78,430	160
3	헝가리	140,303	109,519	100,935	149
5	체코	215,265	161,708	151,344	145
6	에스토니아	22,225	15,427	16,431	143
7	슬로베니아	49,588	34,702	35,489	141
8	한국	1,116,247	562,462	524,436	97

자료 : 한국무역협회,통계자료(2011); IMF Report (2011)

---

10) http://www.europa.eu (2013. 3. 27)

11) Global Insight(2010). 한국국제협력단(KOICA, Korea International Cooperation Agency)과 세르비아 기업등록청은 지난 2008년 2월 동 사업 추진 약정서에 서명했고, 양측은 2009년부터 동 프로젝트를 본격적으로 추진하여 2010년 6월에 종료한 바 있다. 2000년-2010년까지 10년간 한국이 몬테네그로와 코소보를 제외한 세르비아에 무상 지원한 개발 협력 규모는 약 500만 달러 규모였으며, 2004년-2008년 사이에는 세르비아 연수생 초청 사업으로 약 30명을 초청했다. 컴퓨터, 복사기, 프린터, 휠체어, 소형버스 등 물자 지원 품목으로 약 180만 달러, 기업육성 행정역량 강화 지원 프로젝트로 320만 달러를 지원했다.

<표 8>에서 보듯이 경제협력개발기구(OECD) 중에서 중동부유럽 국가 5개국이 상위권을 차지하고 있으며, 한국의 무역의존도는 전체 34개국 중에서 97%로 8위인 것으로 나타났다. 동유럽국가와 한국의 경우 무역의존도로 볼 때 상호 협력할 부분이 많은 것이다. 무엇보다도 경제규모와 무역의존도를 종합해 고려해 보면 한국에게 무역의 중요성을 짐작할 수 있고, 이는 자유무역과 FTA의 필요성을 동시에 말해주고 있다. 이처럼 동유럽과의 경제협력 파트너 관계를 강화하려면 몬테네그로, 세르비아, 마케도니아, 터키 등 주변 EU 가입후보국가와의 경제지원이나 협력도 필요한 것이다.

제3장 국제기구에서의 한국과 동유럽국가와의 협력관계

3.1. 국제기구 분석배경

한국과 동유럽국가간의 상호협력관계증진이나 변동관계를 분석하는 데는 국제기구에서의 공통관심사에 대한 협력과 국가전략 등을 보면 도움을 줄 수 있다. 최근 여러 국제기구나 조직에서 글로벌 경쟁력을 평가하는 자료나 지표가 발표되고 있다. 국제경영개발원(IMD: International institute for Management Development), 스위스 다보스 세계경제포럼(WEF: World Economic Forum), 국제투명성기구(TI: Transparency International), 경제협력개발기구(OECD), 프리덤하우스(FH: Freedom House), 국제연합(UN) 등에서 전 세계국가들을 대상으로 민주주의, 시장자본주의, 국가경쟁력 등을 여러 변수로 평가하여 순위로 발표한다. 특히 이러한 조직에는 가입절차가 까다로워 가입자체가 국가경쟁력이 높음을 평가받기도 한다. 예컨대 OECD는 가입국 자체가 선진자본주의와 민주주의에 있어 선진국으로 진입했음을 의미하기도 한다.[12] 이러한 중요한 국제기구나 조직을 중심으로 동유럽지역의 국가의 글로벌 경쟁력을 한국과 비교 평가할 수 있다고 본다. 각각의 국제기구에서 준하는 수많은 변수에 상응한 국내적 조건을 충족시키는데 활용하고 있으며 각 기구에서 매년 발표하는 순위가 개별국가의 글로벌경쟁력의 수준을 평가하는데 직간접적으로 유용하게 활용할 수 있다고 본다. 다만 이것이 글로벌하게 중요하게 인식하고 있고 국가의 신뢰도와 브랜드가치에 영향을 줄 수 있으며 동시에 각 국가가 경쟁적으로 해야 할 과제를 파악할 수 있게 해준다. 그리고 이를 통하여 동유럽지역 국가들의 향후의 글로벌 협력과 경쟁력을 강화해야하는 부문은 무엇이고 보완해야할 사항을 무엇인지를 파악할 수 있다고 보았다. 이제는 동유럽 발칸지역에서의 체제전환과 글로벌경쟁력은 개별국가 차원에서가 아니라 범세계적 민주주의(Global Democracy)에 편승하느냐의 방향에서 모색해야 한다. 동구권와해와 구소련의 붕괴 이후 이들 국가의 체제전환 수준, 글로벌경제력수준, 민주화수준 ,글로벌 국가경쟁력, 국가투명성, 인권문제수준 등에 대하여 관심을 갖어 왔다. 결국은 OECD, WEF, IMD, TI 등의 국제적인 차원의 활동과 연구도 바로 국가간의 관계개선과 국제적 인정과 관련된다고 보는 것이다. 예컨대 헝가리, 체코, 폴란드, 슬로바키아, 슬로베니아, 에스토니아 등 동유럽국가는 OECD, NATO, EU에 가입함으로써 정치변동과 체제전환에 대한 긍정적 평가를 받고 있다고 할 수 있을 것이다. 국제기구, 지역협력기구 등에서 이 모든 국가 간의 관계는 국가 간의 신뢰와 내적인 민주주의의 발전, 건전한 시민사회, 경제적 발전정도와 직접적인 관련이 있다. 이것이 글로벌시대의 상호협력증진과 경

---

12) http://www.oecd.org/(2014.4.1). 체코, 헝가리, 폴란드, 슬로바키아, 슬로베니아, 에스토니아가 가입국임.

쟁력인 것이다. 동유럽국가들은 OECD, UN, EU 등 국제사회의 영향으로 민주화와 민주주의공고화에 영향을 받았다.[13] 그리고 빈곤, 불평등, 억압, 분노, 폭력 등도 국제사회의 공조 속에서 글로벌민주주의를 통해서 해결해 나가고 있다.

3.2. 경제협력개발기구(OECD)

먼저 OECD(Organization for Economic Cooperation and Development)는 1961년 9월 20개국을 회원국으로 한 경제협력개발기구로 확대·개편하여 출발하였다.[14] 1994년 이전에는 24개국이었으나 1990년대 이후 멕시코·체코·헝가리·폴란드·한국·슬로바키아 등이 가입하였고 현재 회원국은 34개국으로 늘었다. 이는 경제, 통계, 환경, 발전협력, 공공 거버넌스, 무역, 재정·기업, 과학·기술·산업, 고용·노동·사회복지, 교육, 식량·농업·수산업 등 11개 부문의 부서에서 매년 전 세계 국가를 대상으로 철저한 분석조사발표를 통하여 가입국을 결정하면서 늘어난 것이다. 그리고 국제에너지, 핵에너지, 운송, 발전, 교육조사 및 혁신, 서아프리카지역클럽 등의 반 자율적인 부서를 통하여 각 국가의 경쟁력과 실적을 순위별로 발표하고 있다.[15] 이렇게 되면 각 국가는 상호협력할부분과 보완해야할 부분을 알게 되고 한국과 동유럽국가간에도 글로벌한 차원에서 긴밀한 협력적 관계를 모색할 수 있는 것이다.

---

13) Hood, Steven J. (2004). 100-101.

14) http://www.oecd.org;www.nato.org;www.eu.org(2010.7.10). 제2차 세계대전 뒤 유럽은 미국의 유럽부흥계획(마셜플랜)을 수용하기 위해 1948년 4월 16개 서유럽 국가를 회원으로 유럽경제협력기구(OEEC)를 발족하였고, 1950년에는 미국·캐나다를 준회원국으로 받아들였다. 1960년 12월 OEEC의 18개 회원국 등 20개국 각료와 당시 유럽공동체(EEC;유럽경제공동체), 유럽석탄철강공동체(ECSC), 유럽원자력공동체(EURATOM)의 대표가 모여 경제협력개발기구조약(OECD조약)에 서명함으로써 OECD가 탄생하였다.

15) Marcussen, Martin (2009).22-23; Armingeon, Klaus (2008). 230-231.

통상적으로 OECD는 결정(30), 권고(121), 협정(1), 합의(2), 협약(6), 선언(14), 지침(4), 약정(1)등 181개의 법령을 통하여 국제적인 기준을 만든다.[16] G7, G8, G20, G30 등 이들의 소리가 거버넌스 구조 속에서 OECD에게 신선한 도전을 하고 있는 것이다.[17] 예컨대 헝가리, 폴란드, 체코, 슬로바키아 등 동구권국가의 가입으로 이들 국가의 국제사회에서의 체제전환에 따른 정체성이 뚜렷이 부각되었고, 글로벌 민주주의는 한층 더 발전되었다.[18] 동구권 국가 중 헝가리(27), 폴란드(28) 체코(26) 등이 1996년 OECD에 가입하였고 슬로바키아는 2000년에 30번째로 가입하였다. 헝가리, 체코, 폴란드, 슬로바키아, 슬로베니아 등이고 중간그룹은 루마니아, 불가리아, 알바니아, 마케도니아 등으로 구분되고 있다. 앞으로도 동유럽국가와 이미 가입한 OECD회원국가간의 협력과 지원이 요망되는 것이다. 예컨대 2009년 남미의 칠레가 31번째로 가입하였고, 2010년 5월 13일 OECD 각료이사회에서 이스라엘과 함께 에스토니아와 슬로베니아가 가입한 것도 이러한 글로벌 분석기준에 따른 것이다. 결국 가입 협정서명, 국내비준, 기탁서 제출절차 등을 거쳐 선진국대열에 합류하게 되는 것이다.[19] 이러한 맥락에서 한국은 OECD 동유럽회원국가와의 상호 협력과 정보교류 등 다양한 부문에서 서로 보완하고 지원할 부문이 있다고 보는 것이다.

---

16) Woodward, Richard (March 2004). 121.

17) Woodward, Richard (March 2004).121.

18) http://www.oecd.org/(2010. 9.10). 각 이사회의 사업을 행정적·전문적으로 지원하는 하부기구로 사무국이 있으며, 사무총장 1인과 14개국을 두고 있다. 경제정책회의(EPC)에서 세계경제동향을 연 2회 종합 점검하여 『OECD Economic Outlook』를 발간하며, 회원국의 경제운영에 대한 상호지원과 비회원국의 경제발전에 대한 지원사업을 펼치고 있다.

19) http://www.oecd.org/(2010. 9.10).

〈표 9〉 동유럽발칸국가들의 국제기구 및 조직 가입현황

항목	EU membership(28)	NATO membership (28)	OECD membership(34)	UN membership(193)
한국			1996.12.12	1991.9.17
헝가리	2004.5.1(22)	1999	1996.5.7(27)	1955.12.14
폴란드	2004.5.1(19)	1999	1996.11.22(28)	1945.10.24
체코	2004.5.1(20)	1999	1995.12.21(26)	1993.1.19
슬로바키아	2004.5.1(21)	2004	2000.12.14(30)	1993.1.19
에스토니아	2004.5.1(16)	2004	2010.12.9(34)	1991.9.17
라트비아	2004.5.1(17)	2004		1991.9.17
리투아니아	2004.5.1(18)	2004		1991.9.17
슬로베니아	2004.5.1(23)	2004	2010.7.21(33)	1992.5.22
루마니아	2007(27)	2004	-	1955.12.14
불가리아	2007(26)	2004	-	1955.12.14
크로아티아	2013	2009		1992.5.22
세르비아	후보국 (Candidates)	-	-	2000.11.1
몬테네그로	후보국	-	-	2006.6.28
마세도니아	후보국	-	-	1993.4.8
알바니아	잠재적후보국(Potential Candidates)	2009	-	1955.12.14
보스니아	잠재적후보국	-	-	1992.5.22
코소보	잠재적후보국	-	-	
우크라이나	-	-	-	1945.10.24

Source : Ahn Sung Ho, op.cit., p. 226; http:// www.oecd.org ; http://www.nato.int ; http://www.europa.eu; http://wwww.un.org (2014.3.13)

3.3. EU와 UN

EU나 UN도 마찬가지라 본다. 글로벌 민주주의 실행과정 중하나로 UN에 대한 글로벌 거버넌스를 분석한 학자들은 안보, 경제, 복

지, 환경의 네 변수를 실행의 주요변수로 제시하였다. 글로벌 자본주의경제하에서 글로벌경제위기나 빈곤국가와 부국 간의 불평등의 심화 국가간 빈부격차의 증대를 반세계화운동이 비판하지만 이러한 문제도 결국 OECD, IMF, EU, G-20 등 국제협력기구에서 논의하여 원조나 지원정책으로 해결하려는 것이다.[20] 최근 동유럽이 처한 경제위기는 장기적으로 그리고 보다 현실적으로 유럽 경제구조의 연관성을 볼 때, EU의 서유럽국가들이 동유럽 국가들이 쉽게 무너지도록 방치하는 것은 오히려 유럽 전체에도 해가 될 수 있다.[21] 유럽 전체 경제는 2009년 기준으로 48개국 인구는 8억3,200만 명이고 GDP는 21조 달러이며 1인당 GDP는 2만 5,285 달러이고 실업률은 10%이며 2006년 기준으로 평균성장률은 2.8% 등 글로벌경제에서 차지하는 영향력이 대단하다.[22] 그러나 2008년 9월 15일 미국의 리만 브라더스 파산으로 촉발된 글로벌 경제위기가 일파만파 EU의 서유럽국가나 동유럽국가에게도 영향을 주었다.[23] 2014년 3월 17일 우크라이나 사태나 동유럽국가의 경제문제 등은 향후 EU와 UN이 강장 심도 있게 해결해야할 글로벌 과제가 된 것이다. 반기문 유엔 사무총장은 크림 공화국의 독립국 지위를 인정하는 주민투표는 우크라이나 사태를 더욱 악화시킬 뿐이라고 우려했다. 성명에서 반기문 총장은 우크라이나의 주권과 통합을 인정하는 유엔 헌장 정신에 따라 각 당사자는 이번 사태를 평화롭게 해결해야 한다고 촉구했다. 반기문 총장은 우크라이나 사태가 악화될수록 인근 지역으로까지 심각한 충돌이 확산할 수 있다면서 모든 이해 당사자들은 긴장을

---

20) Lynne, John Rapley (2004). 88-90.

21) Belbler, Anton p. 128.

22) The World Bank (October 2009). 1-17.

23) *Financial Times*, 2009.9.15-20; *The Economist*, September 19-25.

악화시키는 어떠한 행동도 하지 말아야 한다고 강조했다.[24] 한국은 크림의 러시아합병을 인정 못하는 것으로 입장을 발표하여 EU 와 미국과 보조를 같이 했는데 이것도 국제기구에서의 동유럽국가와의 협력의 한 사례가 될 것이다.[25] 이처럼 한국의 글로벌 전략과 대처방안도 어떻게 구성되느냐에 따라 동유럽국가와의 협력적 관계에 중요한 전기가 될 것으로 본다.

〈표 10〉 IMF 등의 동유럽발칸지역 국가지원 현황

국 가	IMF(억달러)	EU(억유로)	EC8 (억 유로)	기타(억 유로)
헝가리	157.0	65	50	10
라트비아	23.5	31	-	27
세르비아	40.0	-	-	-
루마니아	171.0	50	-	20

자료 :「한국경제」, 2010.6.7

얼마 전 발트 3국 중 하나인 라트비아 역시 엄청난 재정적자와 가파른 경기침체로 디폴트 전망을 낳았었다. 주지하는 것처럼 세계은행(The World Bank)은 IBRD(International Bank for Reconstruction and development)와 IDA(International Development Association)으로도 불려진다.[26] 라트비아 재무부는 올해 경제성장률 전망치를 당초의 마이너스 5%에서 마이너스 12%로 대폭 하향조정하며 급격한 경기위축을 받아들이고 있다. 이처럼 글로벌 경제위기하에서 동유럽국가들은 자구책 마련을 노력 하나 여러 가지 글로벌한 금융과 투자

---

24) http://news.kbs.kr (2014.3.18).2014.3.18 푸틴은 크림공화국 독립국가지위승인.

25) http://news.mk.co.kr/news (2014.3.19)

26) The World Bank(October2009). 12-17. 현재 총재는 로버트 졸릭(Robert B. Zoellick)이다.

등으로 연계되어 EU 나 IMF 등 국제기구로부터 경제적 협력과 지원을 기대하고 있는 실정이다. 한-EU FTA가 발효되어 한국과 EU 간에 경제적 의미에서의 국경이 사라지면, 총 19조 3000억불 규모의 거대 시장이 등장하게 되는 것이다. 한-EU FTA가 되면 유럽 28개국과 협상이 되는 것이기 때문에 어떤 FTA보다 우리 무역에 획기적 변화가 오는 것이다. 한국은 지구 인구의 50% 이상 차지하는 국가들과 자유무역을 하게 되는 셈이다. 한국 기업의 상품과 서비스는 이 거대 시장에서 우리 경쟁국 보다 훨씬 유리한 조건에서 경쟁하는 것이다. 이는 한국 경제 발전사에서 가장 큰 이벤트로 평가될 것이다.[27] 향후 20년 뒤 2030년에 과연 한국 경제사에 큰 획을 그었던 사건을 유추해본다면 한-EU FTA 체결과 발효를 그중 하나로 꼽게 될 것이다. 전 세계 GDP의 3분의 1 을 차지하는 세계최대의 경제권(2010년 기준 GDP는 16조 2,822억 달러)이며, 2010년 기준 우리나라 총 교역액 중 대 EU 총 교역은 922억 달러(2위)에 이른다. 수출은 535억 달러로 우리나라의 최대 흑자국이고 외국인 직접투자(FDI)의 경우에 2009년 말 우리나라에 564.4억 불을 투자하여 미국보다 큰 제1의 투자국이다.[28] EU에 동유럽회원국이 점차 많아지고 있어 경제협력부문에서도 한국과 동유럽국가와의 긴밀한 관계가 점차 더 많이 요구되는 것이다.

3.4. 북대서양조약기구(NATO)

북대서양조약기구(NATO)도 한국은 가입국가가 아니지만 마찬가지로 동유럽국가에서는 상호협력과 국가경쟁력과 관계되는 하나의 사례라 할 수 있다. 나토에 대칭되었던 바르샤바조약이 폐기되었고

---

27) 외교통상부,통계자료(2011)

28) Global Insight, *IHS Global Insight Report*, August 2010.

99년에는 체코, 폴란드, 헝가리 등 동구권국가가 합류하였고 2004년에는 에스토니아, 리투아니아, 라트비아, 슬로베니아, 슬로바키아, 루마니아, 불가리아 등 7개국이 합류하여 EU보다 1개국이 많은 26개국으로 확대되었다. 해외 주둔 미군을 50년 만에 최대 규모로 재배치하고 있다.[29] 다만 과거 동서냉전시대의 후유증으로 인하여 우크라이나사태 등에서 보듯이 NATO와 러시아간의 긴장관계가 여전히 존재하고 있다.[30] 지난 2002년 11월 22일 발틱 3국, 슬로바키아, 슬로베니아, 루마니아, 불가리라 등 7개국이 2004년 NATO 가입 예정국으로 결정된 것에 대하여 러시아는 표면적으로는 문제점이 있음을 표명하였지만 실제에 있어서는 나토회원국 확산에 대하여 묵인하였다.[31] 루마니아와 불가리아는 항상 언제나 NATO에 가입될 수 있을지에 대하여 지도층들이 많은 고민을 하였다.[32] 또한 슬로베니아도 무리없는 민주화이행에 대하여 긍정적인 평가를 받아왔다.[33] 나토는 서유럽만의 협소한 군사동맹을 넘어 북미와 전유럽을 포괄하는 대규모 집단안보체제가 된 것이다. 지난 2004년에는 불가리아·에스토니아·라트비아·리투아니아·루마니아·슬로바키아·슬로베니아의 동유럽 국가들이 새 회원국으로 가입하고 2009년 4월에 크로아티아·알바니아가 가입하여 2009년 현재 정식회원국은 28개국이다.

다만 최근 우크라이나 크림지역에 대한 주민투표에서 러시아로의 귀속찬성이 압도적으로 나타난 것에 대한 국제사회의 대립과 갈등문제도 UN, EU, NATO에서 슬기롭게 해결해야할 과제가 되고 있는 것이다.[34] 미국과 유럽은 자산동결, 여행금지 등과 함께 러시아

29) http://www.nato.int/cps /en (2010.9.17);*The Wall Street Journal*, 2003.5.28.

30) http://www.mediapen.com(2014.3.19); http://news.tv.chosun.com (2014.3.28).

31) *The New York Times*, Nov. 23, 2002.

32) Krastev, Ivan (2002).42.

33) Belbler, Anton (2002) 128.

34) New York Times, 2014. 3. 17.

를 주요 8개국(G8)에서 퇴출시키는 등의 다각적인 경제제재를 단행할 것이라고 한다. 그러나 효과는 의문이다. 오히려 에너지 강국인 러시아가 유럽으로 가는 천연가스를 끊는 등의 방식으로 맞대응 한다면 천연가스의 25% 이상을 러시아에 의존하는 유럽은 큰 타격을 받을 수밖에 없다.[35] 우크라이나가 세계 6대 곡물수출국이어서 세계 곡물시장도 휘청거릴 수 있다. 푸틴 대통령의 선택이 가장 중요하다. 크림 병합이 연쇄적으로 우크라이나 다른 지역의 분리 독립을 부추기고 결국 내전으로까지 비화할 수 있다는 점을 명심해야 한다. 국제법상으로 우크라이나 영토통합을 보장한 부다페스트 양해각서(1994년)를 위반하는 일이기도 하다. 크림공화국의 자치권을 확대하는 선에서 해법을 모색하는 것이 최선이다.[36] 미국과 러시아는 더 이상의 사태 악화를 막아야 한다. 물론 한국의 입장이 무엇인지도 드러나게 될 것이다. 우크라이나와 EU, NATO 그리고 우크라이나와 러시아와의 협력관계가 과연 글로벌 민주주의 기준에 부합하는지에 대하여 국제사회가 이를 양해하느냐 못하느냐에 따라서 크림공화국과 우크라이나, 그리고 러시아의 선택은 갈라질 것이다.

3.5. 국제경영개발원(IMD)

스위스 로잔에 있는 국제경영개발원(IMD)은 매년 세계경쟁력순위(The World Competitiveness Scoreboard)를 발표하고 있다.[37] 그리고 최근 미국 하버드대학의 제프리 삭스 교수팀에 의해 평가방식이 대대적으로 수정되었다.[38]

---

35) 「중앙일보」, 2014.3.31.

36) http://news.hankooki.com (2014.3.18)

37) http://www.imd.org (2014.3.13)

38) http://www.imd.ch/research/ (2010.6.25). 약 총 2천 5백 44개의 설문에 대해 약 2천 5백 여 명으로 부터 접수한 답변을 토대로 작성되며, 평가 대상국가는 약 61개국이며 평가항목은 정부·금융·사회간접자본·과학기술 등 8개 부문으로 구성되어 있다.

〈표 11〉 국제경영개발원(IMD) 동유럽국가경쟁력 순위 (전체 61개국)

국가명	2009	2010	2011	2012	2013
한국	27	23	22	22	22
리투아니아	31	43	45	36	31
폴란드	44	32	34	34	33
체코	29	29	30	33	35
에스토니아	35	34	33	31	36
라트비아	-	-	-	-	41
러시아	49	51	49	48	42
슬로바키아	33	49	48	47	47
우크라이나	56	57	57	56	49
헝가리	45	42	47	45	50
슬로베니아	32	52	51	51	52
루마니아	54	54	50	53	55
불가리아	38	53	-	54	57
크로아티아	53	56	58	57	58

자료 : http://www.imd.org (2014.3.13)

일부국가에서 평가결과는 상당히 큰 파장을 불러온다. 그러나 이 보고서의 객관적 기준이나 내용의 종합적 신뢰성에 비춰 지나치게 민감한 반응을 보인다는 지적도 있다.[39] 아이슬란드가 추가돼 총 58개국을 대상으로 한 조사에서 싱가포르가 1위를 차지했고, 홍콩과 미국이 2위와 3위를 기록했다. 독일(16위)과 영국(22위) 등 유럽 선진국은 소폭 하락세를 기록한 가운데, 평가분야별 순위를 보면, 경제성과가 45위에서 21위로 대폭 상승했고, 정부효율은 36위에서 26위로, 기업효율은 29위에서 27위로 각각 올랐다. 인프라는 지난해

39) http://www. asiatoday.co.kr(2010.7.19)

와 같은 20위였다. 동유럽국가에서는 체코가 29위였고 우크라이나가 59위로 많은 차이를 보였다. 세부 분야 중에서는 국내경제(10위), 고용(4위), 재정정책(13위), 과학 인프라(4위), 기술 인프라(18위) 등이 우수한 것으로 평가받았다. 반면 외국인투자(50위), 물가(41위), 기업관련 법규(44위), 사회적 인프라(49위)는 상대적으로 취약한 것으로 드러났다.[40] 한편 IMD가 일본은 2084년, 이탈리아는 2060년, 포르투갈은 2037년, 미국은 2033년, 그리스는 2031년, 프랑스와 독일, 영국은 2028년이 돼야 달성이 가능한 것으로 평가됐다.[41] 예컨대 IMD측은 2010년 한국의 정책과제로 ① 양질의 일자리 창출 ② 창의성 개발을 위한 교육 개혁 ③ 더블딥과 인플레이션 압력을 함께 고려한 출구전략 ④ 소득과 지역격차 완화 ⑤ 성공적인 G20정상회의 개최 등을 꼽았다. 이러한 측면에서의 한국과 동유럽국가가 상호 협력할 수 있는 공통된 분야가 표출하게되고 이를 통해 정치경제적 변화를 모색해 볼 수 있을 것이다.

〈표 12〉 동유럽국가 세계경제포럼(WEF) 세계경쟁력 순위(148개국)

순위	2013-2014년	2010년	2009년	2008년
25	한국	22	19	13
32	에스토니아	33	35	32
42	폴란드	39	46	53
46	체코	36	31	33
48	리투아니아	47	53	44
52	라트비아	70	68	54
57	불가리아	71	76	
62	슬로베니아	45	37	42

40) http://www.imd.ch/research/ (2010.7.25); http://www. asiatoday.co.kr(2010.7.21).
41) http://www.imd.ch/research/ (2010.7.25); http://www.yna.co.kr(2010.719).

순위	2013-2014년	2010년	2009년	2008년
63	헝가리	52	58	62
64	러시아	63	63	51
67	몬테네그로	49	62	
73	마세도니아	79	84	
75	크로아티아	77	72	61
76	루마니아	67	64	
78	슬로바키아	60	47	46
84	우크라이나	89	82	
87	보스니아	102	109	
95	알바니아	88	96	
101	세르비아	96	93	

자료 : http://www.weforum.org (2014.3.12)

3.6. 세계경제포럼(WEF)

WEF의 경우도 동유럽 발칸국가에서도 20여 년 간의 노력의 결과에 따라 다양한 순위변동에 있어 의미 있는 차이를 보여주었다. 세계경제포럼(WEF)의 국가별 경쟁력순위(2013-2014 rankings)는 글로벌 경쟁력 지수(The Gkobal Competitiveness Index)를 토대로 한다.[42] 이러한 평가를 각 개별국가들이 무시하고 국내외 정책이나 전략을 수립한다면 개별국가가 많은 타격을 받을 수도 있고, 글로벌 협력관계에 손상을 입을 수도 있을 것이다. 성장경쟁력의 평가를 위한 성장을 주도하는 8개 요소는 다음과 같다.[43] ① 국제무역과 국제금융에 대한 해당국의 개방성(openness of an economy to international trade and finance), ② 예산과 규제의 역할(role of the

42) http://www.weforum.org (2010.9.19)

43) 1 http://www.weforum.org (2010.9.15) 국가경쟁력보고서(The Global Competitiveness Report)

government budget and regulation), ③ 금융시장의 발전(development of financial markets), ④ 사회간접시설의 질(quality of infrastructure), ⑤ 기술의 질(quality of technology), ⑥ 기업 경영의 질(quality of business management), ⑦ 노동시장의 유연성(labor market flexibility), ⑧ 사법 및 정치 기구의 질(quality of judicial and political insituttions) 등이다.[44] 이처럼 동구 발칸국가들도 글로벌 경쟁력에 있어 IMD나 WEF의 평가를 받고 정보와 자문을 받으면서 내부적인 인프라를 건강하게 발전시켜 나갈 수 있다고 본다. 이것이 향후 동구 발칸지역 국가들이 점차적으로 시장자본주의와 글로벌경제에 있어 슬기롭게 편승하면서 민주주의발전도 함께 병행할 수 있는 하나의 토대를 마련해 간다고 볼 수 있다.

〈표 13〉 국제적 기관의 국가경쟁력 평가순위 참고자료

평가기관	주요평가부문	평가방법	평가국가	경쟁력 국가순위
IMD: 스위스 국제경영 개발원 (2013)	경제성과, 정부효율성, 경영효율성, 사회인프라	126개 통계자료와 113개 설문자료를 분야별로 점수화	60개	미국(1), 스위스(2), 중국(21), 한국(22), 일본(24), 러시아(42)
WEF: 세계경제 포럼(2013)	거시환경, 공공부문, 기술부문	거시환경, 공공부문, 기술의 3개 부문으로 나누며, 이는 다시 8개 항목으로 평가	148개	스위스(1), 싱가포르(2), 독일(6), 미국(7), 일본(10), 한국(25), 중국(29), 러시아(64)
IPS: 산업정책 연구원 (2013)	물적요소(4개부문), 인적요소(4개부문)	물적요소 및 인적요소 8개 부문의 23개 하위부문과 그 하위 275개 세부항목평가	66개	싱가포르(1), 캐나다(2), 미국(4), 스위스(5), 독일(12), 중국(15), 한국(18), 일본(23)

44) http://www.weforum.org (2010.9.15)

평가기관	주요평가부문	평가방법	평가 국가	경쟁력 국가순위
CASS: 중국사회 과학원 (2010)	경제성장률, 수출, 노동생산성, 1인당 GDP	경제성장률과 1인당 GDP, 상품 및 서비스 수출, 노동생산성 등을 자체 개발한 모형에 대입, 국가경쟁력 순위를 평가	100개	미국(1), 유럽연합(2), 일본(3), 한국(4), 싱가포르(5), 스위스(8), 중국(17)

자료 : http://www.transparency.org/policy(2014.3.23); http://www.weforum.org (2014.3.4); http://www.01.imd.ch/wcc/ranking (2014.3.20).

3.7. 국제투명성기구(TI)

국제투명성기구(TI)다. 부패인식지수(CPI:Corruption Perceptions Index)가 뇌물 받는 쪽에 대한 지수라면 뇌물공여지수(BPI:Bribe Payers Index)는 뇌물 주는 쪽에 대한 지수라고 할 것이다.[45] 각 국의 공무원이나 정치인이 얼마나 부패를 조장하는지에 대한 인식을 나타내는 데 동유럽 국가들의 순위가 선진국에 비해 뒤떨어져 있어 글로벌경쟁력에 영향을 준다. 프리덤 하우스는 정치적 권리(PR)와 시민자유권(CL)으로 전 세계 국가를 평가하는데 동유럽 국가들은 국가 간 차별화가 있으나 대체로 상위권이어서 국제사회에서 민주주의 국가로 부상하고 있다. 이러한 5개 국제조직의 평가를 종합해 볼 때 체코, 폴란드, 에스토니아, 헝가리, 슬로베니아 등은 민주화, 글로벌경쟁력이 점진적으로 상승되고 있어 낙관적인 반면 불가리아, 루마니아, 크로아티아, 우크라이나 등은 여러 평가에서 민주주의와 글로벌 경쟁력이 뒤지고 있어 더 많은 대내외적 경쟁력 강화를 위한 시스템구축이 필요하다고 하겠다.

45) http://www.transparency.org/activities(2005년 3월23일 검색); *Global Corruption Report 2005.*

4.1. OECD/DAC와 UN의 ODA개발협력분야

한국과 동유럽국가간의 상호관계증진을 보는 데는 글로벌 협력에서의 각 국가의 공적개발원조 전략 등을 볼 필요가 있다고 본다. 경제협력개발기구(OECD)개발원조위원회(DAC)는 공적개발원조(ODA: Official Development Assistance)의 개념을 중앙 및 지방 정부를 포함한 공공기관이나 이를 집행하는 기관이 개도국 및 국제기구에 제공한 자금의 흐름(Resource Flows)을 의미하며, 각각 다음의 조건을 충족하여야 한다고 정의한다.[46] 개발원조위원회(DAC)는 1990년대 들어 구 사회주의 국가에 대한 시장경제체제 이행 지원 등 새로운 원조 수요가 발생함에 따라 1996년 12월, 개발원조 대상국을 Part I(일반 개도국)국가와 Part II(구 사회주의 국가 및 선발개도국) 국가로 구분하여 ODA로 분류하되 특수 목적의 구 사회주의 국가 및 선발 개도국에 대한 원조는 ODA와는 별도로 공적원조(OA : Official Aid)로 산정하였다.[47] 공적개발 금융은 개도국에 대한 자금 흐름을 측정하는데 사용되는 개념으로 ① 양자간 ODA, ② 다자간 증여 및 양허성·비양허성 차관, ③ 리파이낸싱(Refinancing) 차관 등을 포함한다. 우선 ① 주요 목적이 개발도상국의 경제개발과 복지증진에 관한 것, ② 양허적 성격으로 10%의 할인율을 적용하여 증여율(Grant Element)가 25% 이상이어야 하며, ③ DAC 수원국 리스트 Part I 에

---

46) OECD/DAC DB; 김재휘(2012)58-59. ODA는 개도국에 대한 공식 원조를 지칭하는 말로서 1969년 개발원조위원회(OECD DAC: Development Assistance Committee)에 의해 만들어진 조어이다. ODA와 구분되는 것으로 OA(Official Aid)가 있는데 이는 개발목적의 지원이기는 하나 수원국이 OECD/DAC가 정한 수원국 리스트 Part I (저임금 개도국)이 아닌 경우를 말한다. OOF(Other Official Flows)는 지원의 목적이 군사, 문화 협력 등 개발 협력이외의 분야에 집중하고 있다.

47) OECD/DAC DB.

속해 있는 개도국 및 Part1(일반개도국가) 국가를 주요 수혜대상으로 하는 국제기구 공적개발원조는 수행하는 목적과 주체, 지원조건이 모두 상기에 언급된 내용을 충족하여야만 ODA로 분류되며, 군사 혹은 종교적 목적의 지원, 학술 및 문화교류 차원의 지원, 민간단체의 자발적인 지원 등은 ODA에 해당되지 않는다는 내용 등이다.

주로 Part II(구 사회주의 국가 및 선발개도국)에 동유럽 국가들이 속하는데 반하여 벨라루시, 불가리아, 체코, 에스토니아, 헝가리, 라트비아, 리투아니아, 폴란드, 루마니아, 러시아, 슬로바키아, 우크라이나 등이 포함하고 있을 때에도 세르비아, 보스니아-헤르체고비나, 알바니아 등은 Part I에 속해 있었다.[48] 발칸지역의 세르비아에 대한 EU의 ODA정책을 중심으로 상호 원조개발문제에 있어 어떠한 관계를 갖고 있는지를 볼 수 있다. 그리고 아직은 세르비아가 EU가입국가가 아니며 정치경제적으로도 과도기에 있어 EU를 비롯한 국제기구와 유럽선진국의 대 세르비아 ODA정책이 동유럽에 대한 글로벌 입장을 파악하는데 도움을 줄 수 있다.EU 를 중심으로 한 유럽 선진국가들은 세르비아를 비롯하여 동유럽국가에 대한 ODA 정책에 더 많은 관심을 자져야 한다고 생각한다. OECD/DAC국가는 24개국으로 2013년 아이슬랜드, 체코, 슬로바키아가 새로 참여하여 27개국이 되었다. 유엔권고기준 은 0.7% 이고 OECD/DAC 회원국 평균 노력은 0.46%이고 DAC 전체는 0.31%에 그치고 있다.[49] 특히 스웨덴은 전체 ODA 중 미분류를 제외한 ODA 중 절반이 넘는 56.2%를 최빈국(LDCs)에 집중지원하고 있다. 아울러 기타 저소득국에 5.4%, 중하소득국가(Lower Middle-Income Countries)에 13.7%를 지원하고 있다.

---

48) OECD/DAC DB; 김재휘(2012) 58-59.

49) OECD/DAC DB;한국국제협력단(2013)332.한국은 2009년 11월25일 신청하여 2010년 1월1일부터 가입하였다. 개발원조를 실시하는 24개 회원(23개 양자 공여국 및 EU)이다.

Europe Aid는 EU이사회와 유럽의회가 제시한 큰 틀 속에서 ODA 정책목적을 실현하기 위해 원조를 집행하기까지 전 과정의 진행과 관련된 총체적인 관리를 담당한다. 구체적으로는 프로그램 작성, 원조대상의 구체화, 각종 지침 및 재정지원 결정을 위한 준비작업, 원조의 집행, 모니터링 및 평가 등으로 이어진다. Europe Aid는 특히 다년프로그램(multi-annualprogram) 작성을 위해 유럽대외협력청(EEAS:European External Action Service)과 밀접하게 협력한다.[50] OECD DAC도 ODA정책 및 집행에 대한 개선노력이 일고 있으며 원조의 평가를 통한 더욱 효율적인 원조수행을 위해 지난 경험을 토대로 2010년대를 위한 새로운 개발협력의 발전방향과 모형이 제시하고 있다.[51]

특히 세르비아는 무역의존도가 60%를 상회하고, EU선진국과의 무역적자를 동유럽국가와 인근국가 무역을 통해 보전하고 있다. 세르비아는 EU국가와의 물적 인적네트워킹을 통해 그동안의 민족분규에 따른 부정적 이미지를 축소하고 적극적으로 EU가입목표를 향해 ODA 정책을 수립하고 동유럽 발칸지역 주변국가와의 협력을 통하여 적극적인 시장개척을 위한 기반 조성을 위해 더 박차를 가해야 할 것이다.

4.2. 민주 복지 공동체 모델 EU 사례

1) 동유럽국가의 행복지수

세계 행복지수 순위 우리나라는 41위를 했다. 세계 최강국인 미국은 23위에 그쳤다. 가장 불행한 나라 최하위에는 르완다 152위, 부룬

---

50) EuropeAid는 독립덕 기구로 리스본 조약의 출범을 계기로 만들어 졌으며 EEAS(대외관계청)와 협의를 통해 공적개발 원조관련 업무를 통합, 총괄한다.

51) OECD/DAC 데이터베이스. http://www.oecd.org/dac/stats(검색일2013.9.28).

디 153위, 중아아프리카 공화국 154위, 베냉 155위, 토고 156위로 가장 불행한 국가 하위국으로 뽑혔다.

뉴스위크(NEWSWEEK)지에서는 세계 최고의 나라 순위를 발표하였다. 지금 이 순간 어느 나라에서 태어나면 건강하고 안전하며 적절히 부유하고 신분 상승이 가능한 삶을 영위할 기회가 많을까라는 질문의 답을 찾기 위해서 조사했다고 하였다.[52] 아마 동유럽 발칸 지역국가들도 이러한 목표를 향해 글로벌경쟁력을 높이는 것이 과제라 본다.[53] 사실상 16개국 유로존(Eurozone)도 태생부터 한계가 있어 금리를 조정하는 중앙은행(ECB)은 있는데 경제정책을 총괄할 EU재무부는 없고, 통화는 하나인데 정치는 각각 이어서 경제통합은 이뤘는데 정치통합은 안 되고 있는 실정이다. 예컨대 조지 소로스(George Soros)는 국가가 어려우면 통화가치를 떨어뜨릴 수 있어야 정상인데 유로는 그렇지 못하며 유럽에는 공동의 중앙은행은 있지만 공동의 재무부가 없는 태생적 허점이 있다고 지적했다.[54]

〈표 14〉 뉴스위크 국가만족도 순위: 세계 최고의 나라(the World's Best Countries)

순위	동구발칸국가	순위	동구발칸국가
15	한국	34	리투아니아
24	슬로베니아	36	라트비아
25	체코	38	불가리아

52) *NEWSWEEK*, August 23 & 30,2010,pp.31-33.

53) http://www.oecd.org/(2010. 9.10). 각 이사회의 사업을 행정적·전문적으로 지원하는 하부기구로 사무국이 있으며, 사무총장 1인과 14개국을 두고 있다. 경제정책회의(EPC)에서 세계경제동향을 연 2회 종합 점검하여 『OECD Economic Outlook』를 발간하며, 회원국의 경제운영에 대한 상호지원과 비회원국의 경제발전에 대한 지원사업을 펼치고 있다.

54) http://www.georgesoros.com/ (2010.3.10);http://www.europa.eu/(2010.4.1)

순위	동구발칸국가	순위	동구발칸국가
28	크로아티아	39	루마니아
29	폴란드	49	우크라이나
31	슬로바키아	51	러시아
32	에스토니아	56	벨라루스
33	헝가리	57	알바니아

자료: NEWSWEEK, August 23 & 30, 2010, pp.31-40.

2) 프리덤하우스(FH:Freedom House)의 '자유'평가

개별 국가별 글로벌 분석에 있어 하나의 기준을 프리덤 하우스(Freedom House)에서도 제공하고 있다. 정치적 권리에는 ① 선거과정, ② 정치적 다원주의와 참여, ③ 정부의 기능 등이 주요변수로 조사된다. 시민의 자유는 ① 표현과 신앙의 자유, ② 집회결사의 자유, ③ 법의 통치, ④ 개인의 자율성과 인권 등이 변수로 조사되었다.[55]

프리덤 하우스에서 발표하는 각 국가별 정치적 권리(PR)와 시민자유권(CL) 등 자유지수를 보면 동유럽발칸지역국가들에게도 편차가 있다. 체코, 헝가리, 폴란드처럼 1급 수준이 있는가하면 러시아처럼 상황이 좋지 않게 평가된 국가도 있다. 이러한 지수가 각 국가의 글로벌경쟁력에도 영향을 미치는 것은 당연한 것이라 본다.[56]

글로벌민주주의의 실천대상이 되고 있다.[57] 국제사회에서 시민자유지수, 부패지수, 선거의 공정성과 자유에 대한지수, 정부의 질 지수가 좋게나오는 국가, 즉 부패지수가 적고 경제적 자유지수가 큰 국가

---

55) Aili Piano & Arch Puddington(2004).716-718.

56) Puddington, Arch (2009). 96-97.

57) Seymour, Martin, Lipset(2004).36-37.

는 경제성장률이 높다는 식의 설명을 할 수 있는 것이다.[58] 이처럼 세계화는 직간접으로 민주주의를 진전시키고 있는 것이다.[59]

세르비아는 연방을 구성하고 있던 몬테네그로는 2006년 5월 독립하였다. 오늘날 세르비아에게 있어 지정학적으로 비록 세르비아가 완전한 발칸의 중심 국가가 아님에도 불구하고, 여러 면에서 세르비아는 발칸지역의 중심적인 이해당사국의 관계를 지니고 있으며, 역사적으로도 오랜 시기 동안 동유럽공동체에 속해 있었다.[60]

〈표 15〉 **자유에 대한 국가별비교평가** (Freedom in the World 2013)

국명	PR(Political Rights)	CL(Civil Liberties)	Freedom Rating(status)
한국	1	2	free
체코	1	1	free
에스토니아	1	1	free
헝가리	1	1	free
폴란드	1	1	free
리투아니아	1	1	free
슬로바키아	1	1	free
슬로베니아	1	1	free
라트비아	2	2	free
크로아티아	2	2	free
루마니아	2	2	free
불가리아	2	2	free
세르비아	2	2	free
몬테네그로	3	2	free

58) Sindzingre, Alice (2004) 240.

59) Bhagwati, Jagdish (2004), 93.

60) 몬테네그로는 2006년 5월 독립 국가를 선언. 몬테네그로 독립 문제와 그 일련의 전개 과정에 대해선 김철민(2006) 참조.

국명	PR(Political Rights)	CL(Civil Liberties)	Freedom Rating(status)
보스니아 헤르체코비나	3	3	partly free
우크라이나	4	3	partly free
마세도니아	3	3	partly free
알바니아	3	3	partly free
코소보	5	4	partly free
러시아	6	5	not free

자료: Arch Puddington," The 2008 Freedom House Survey: A Third Year of Decline," Journal of Democracy, April 2009,Vol. 20, No. 2, pp. 9 6-97; http://en.wkipedia.org/wiki/ (2014.3.18).

3) 민주주의 제도화

발칸지역의 경우 세르비아의 이러한 글로벌 훈련과 경험들이 현재까지도 외교적 해결 가능성이 별로 없어 보이는 코소보 최종 지위를 둘러싼 국제 사회 간의 갈등들과 문제 해결에 서도 도움 받기를 기대하고 있다.[61] 발칸지역 중에서 NATO 회원국이 상당수 있는 것과 더불어 동쪽으로의 NATO 확대를 용이하게 해 줄 수도 있다. 다만 구소련지역이나 발칸지역에서의 NATO 활동의 확대는 러시아의 불안을 더욱 자극시켜 현재보다도 더 많은 견제와 갈등을 낳게 할 것이다. 그리고 이후 코소보독립문제의 미래와 더불어 발칸유럽의 불안정한 국제적 갈등을 제공하게 될 수도 있다.[62] 반면에 한국정부는 대통령, 정부, 정치, 경제, 시민사회 대표들이 반부패·투명사회협약 체결식이 했었고 2012년 411총선을 경험하면서 정치부문의 투명화, 의회정치선진화, 공공부문의 부패방지시스템개선, 국회의원의

61) Fatic, Aleksandar (2005) 121-122.

62) Fatic, Aleksadar and Milan Popovic (1999); Vukadinovic, Radovan (1997), NATO의 발칸지역으로의 확장 전략관련 참고자료.

윤리의식 고취, 기업의 윤리경영강화, 시민사회의 책임성강조 등을 지속적으로 실천하고 있다.[63]

〈표- 16〉 구유고 및 발칸지역국가

국가	EU	NATO	OECD	민족문제
슬로베니아	가입	가입	가입	
크로아티아	가입	가입	-	보스니아내전(1992-1994)
마세도니아	후보국	-	-	알바니아갈등
몬테네그로	후보국	-	-	신유고연방분리
세르비아	후보국	-	-	보스니아내전/코소보내전
알바니아	예비후보국	가입	-	코소보내전/마세도니아갈등
보스니아 헤르체코비나	예비후보국	-	-	보스니아내전(1992-1994)
코소보	예비후보국	-	-	세르비아 분리독립

최근 이코노미스트지는 글로벌 민주주의 기준을 정함에 있어 중요하게 활용되고 있는 5대 원칙을 제시하고 있다. ① 선거과정의 투명성과 다원주의 존중(Electoral process and pluralism), ② 정부의 기능성(Electoral process and pluralism), ③ 정치참여(Political participation), ④ 정치문화(Political culture), ⑤ 시민자유(Civil liberties) 등이다. 이 5가지의 기준을 통하여 각 국의 지수를 산정하고, 그것을 합산하여 각 국가들의 등수를 매기는 방식으로 진행된다.[64]

한국의 경우 2010년에는 총 점수 8.11점으로 세계 20위에 이름

63)「중앙일보」,2012.4.18.

64) http://www.eiu.com/public/democracy_index (2012.4.23).

을 올렸었다. 2011년에는 8.06점으로 소폭 하락하여 세계 22위에 이름을 올렸다. 소폭 하락한 평가 부분은 시민자유부분인데요, 8.86(2010년)에서 8.53(2011)로 평가를 받았다. 선거과정의 투명성과 다원성에서는 9.17점을, 정부의 기능성에서는 7.86점을, 정치참여에서는 7.22점, 정치문화에서는 7.50점, 시민자유부분에서는 8.53점을 산정 받았다. 그래도 완전민주주의국가(8.0이상)에 포함되었다. 다만 2010년 기준 아시아 국가 중에 1위였던 것이 올해는 총 8.08점을 획득한 일본에게 밀려 아시아 2위 국가가 된 것은 아쉽다. 일본은 2011년 기준 세계 20위에 랭크되었다.

이코노미스트지는 민주주의지수의 기준인 5개 부분의 평균이 8.00에서 10.00사이에 위치하면 '완전민주주의'6.00에서 8.00사이에 위치하면 '불완전 민주주의(결함 있는 민주주의)', 4.00에서 6.00사이에 위치하면 '혼합체제(권위주의+민주주의)', 4.00미만은 '권위주의'국가로 분류했다.

〈표-17〉 2011년 세계 각국의 민주주의 지수: 완전민주주의 25개국

순위	국가명	평균 점수	선거과정/ 다원주의	정부 기능성	정치 참여	정치 문화	시민 자유	지역
16	체코	8.19	9.58	7.14	6.67	8.13	9.41	
18	영국	8.16	9.58	7.86	6.11	8.13	9.12	
19	미국	8.11	9.17	7.50	7.22	8.13	8.53	북미
21	일본	8.08	9.17	8.21	6.11	7.50	9.41	동아시아
22	한국	8.06	9.17	7.86	7.22	7.50	8.53	동아시아
23	벨지움	8.05	9.58	8.21	5.56	7.50	9.41	
25	스페인	8.02	9.58	7.50	6.11	7.50	9.41	

자료 : http://www.eiu.com/public/democracy_index (2012.4.23)

세계에서 완전민주주의 국가군에 속하는 나라는 2011년 기준 25개 국가뿐이다. 세계1위의 민주주의 국가는 '노르웨이'이고, 2위 국가는 '아이슬란드'가차지했다. 1위부터 6위권에 랭크 된 국가들은 2010년과 변함없는 순위를 유지하고 있다. 래이 클라인(Ray Cline)은 국력의 지표로써 ① 비판적 대중, ②경제능력,③ 군사력,④ 전략과 목표, ⑤ 국민의의지 등으로 지표로 국가별순위를 만들기도 한다.[65] 다만 2000년 기준 국민소득이 룩셈부르그가 45,100$, 에티오피아가 100$ 이라는 국가간 격차를 보는 것도 중요하나 반대로 이러한 대를 잇는 국가간 빈부격차를 줄이는 노력과 인도주의를 실천하는 것도 글로벌민주주의의 소중한 과제인 것이다.[66] 한국과 동유럽국가는 세계평화와 글로벌 민주주의발전을 위해 상호협력할 부문이 많이 있다고 본다. 특히 한반도 통일문제나 북한인권문에 있어 같은 뜻을 갖게 되면 더욱 긴밀한 친구국가가 될 수 있다고 본다.

제5장 맺는 말

동유럽과 한국협력에서는 1)정치-외교관계, 대통령상호방문, 2)동유럽체제전환(글로벌순위, 위상) 3)경제협력- FTA 등을 중심으로 살펴보았다. 문제는 향후과제이다. 1) 남북통일-북한인권문제, 2)국제협력-세계평화에 대한 한국과 동유럽국가와의 협력과 관계증진 방안이다.

첫째, 한국은 시장자본주의와 국가경쟁력강화에 대한 동유럽국가에 노하우를 전수한다. WEF, IMD, OECD 등에서는 국가경쟁력에

65) Cline, Ray (2001); Kurian, George Thomas (ed.)(2001). 66-67 재인용.
66) Edmundson, William A. (2004). 275-376.

대한 협력을 한다. 글로벌국가경쟁력에서 차지하는 주요한 지수들은 주로 민주주의, 정치적 권리, 시민의 자유, 인권, 투명성, 시장자본주의, 실업율, 금융시스템, 국가부채, 재정건전성 등이다. OECD는 민주주의 선진국들의 하나의 서클인데 동유럽국가중 폴란드, 헝가리, 체코, 슬로바키아, 슬로베니아, 에스토니아 등이 가입하였고 라트비아, 리투아니아 등이 가입을 위해 더욱 인프라 경쟁력을 강화중에 있다. 동유럽 국가들도 이러한 글로벌 경쟁력의 평가에 부응하는 국가전략을 세우는 것은 미래 국가발전을 위하여 의미있다고 하겠다.

둘째, 동유럽은 남북통일에 대한 지지와 통일 이후 북한의 체제전환에 대한 노하우를 전해주는 상호협력관계를 도모한다. 동유럽국가는 한반도분단에 대하여 한국의 통일정책이나 대북정책에 대하여 지지를 보여주고 국제기구에서 우리와 함께 세계평화를 위해 보조를 맞추는 협력이 필요하다고 할 것이다.

셋째, 정치와 경제 외에 문화, 과학, 사회, 교육, 관광 등에서도 상호 협력을 확대할 필요가 있다고 본다.

넷째, 국제기구에서는 국제정세에 대한 상호 협력과 지지를 도모하고 UN에서는 한국의 통일정책에 대한 지지협력을 EU, NATO 에서는 대 유럽진출에 대한 지원과 협력을 한다면 향후 동유럽과 한국과의 관계는 더욱 탄탄해질 것으로 본다. 한국이 G7 국가와 G20 국가의 중간위치에서 EU에 가입한 동유럽국가와 아직 가입하지 않은 동유럽국가에 대한 지원과 협력이 필요하다. 국제사회가 글로벌민주주의를 통한 평화와 협력의 부분을 지속적으로 강조한다면 EU체제처럼 한·중·일과 아세안은 동아시아에서 글로벌민주주의를 실천하는 기반을 만들어야할 것이다. 이것이 중요한 일임을 증명하는 것이 UN, WTO, UNHCR(UN High Commissioner for Refugees) 같은 글로벌민주주의를 실천하는 국제기구인 것이다.

EU국가의 행복지수를 보면 세계적으로 상위권에 자리 잡고 있다. 과연 동아시아지역에서의 함께 협력하고 행복해지기위해서는 EU의 국가 간 협력을 모델로 해야 하지 않을까 한다. 서유럽국가가 동유럽국가에 대한 지원과 협력에 대한 많은 사례와 아이디어와 정책들을 동아시아와 남북관계에서도 적용한다면 도움이 될 것이다. 한국과 동유럽국가들이 협력하여 세계평화와 글로벌 시민의 행복지수를 높여 줄 수 만 있다면 그것은 매우 소중한 관계이고 이를 더욱 증진 발전시켜야 할 것이라 본다.

3. 동유럽 기록에 비친 한국전쟁 기원 연구와 시사점 : 유고슬라비아를 중심으로

제1장 들어가는 말

제2차 세계대전 이후 국제 사회는 미국과 소련을 중심으로 한 양대 블록간의 냉전이 가속화 되고 있었다. 이 당시 한반도 문제 해결을 둘러싼 미국과 소련 양 강대국 간의 갈등은 한(韓)민족(Korean people)만의 문제를 넘어선 국제적인 문제들 중 하나였다. 특히 1950년 6월 한국에서의 전쟁발발은 세계기구인 UN을 진지한 시험대에 올려놓게 된다. 한편 유럽에서는 동·서독 문제와 더불어, 1948년 '코민포름 분쟁(Cominform Conflict)'[1]이후 소련과 사회주의권 블록에서 떨어져 나온 유고슬라비아 문제가 국제적 주요 관심중 하나로 떠오르고 있었다.

당시 유고슬라비아와 티토는 동유럽 국가 중에서 유일하게 제2

1) 코민포름 분쟁의 배경과 진행 과정 그리고 그 의미에 대해선 (김철민 2000)와 (김철민 2002) 참조.

차 세계대전 동안 소련의 직접적 지원 없이 파르티잔(Partisan)에 의해 독자적 사회주의화에 성공했다는 강한 자부심을 지니고 있었다. 하지만 소련의 스탈린(Stalin)은 유고슬라비아를 포함해 동유럽 전체의 영향력을 확보하고자 했고, 그 결과 티토와 스탈린간의 갈등이 시작되게 된다. 1948년 소련은 유고슬라비아를 코민포름으로부터 강제로 축출 하였고, 이후 유고슬라비아는 정치적, 경제적, 외교적 어려움과 함께 소련과 바르샤바(Warsaw) 조약국들로부터 군사적 침략 위협에 처해 있었다. 이런 가운데, 1950년 6월 한반도에서 전쟁이 발발하게 된다. 한국전쟁의 발발과 동시에 유고슬라비아는 '한국군(Korean army)의 북침'에 의해 전쟁이 발발했다는 다른 사회주의 권 국가들의 주장과는 달리, 이례적으로 이 전쟁이 '스탈린의 지원에 의한 남침'이라는 점을 분명히 하였다. 유고슬라비아의 이런 견해는 대표적 당(Party) 기관지인 <보르바(Borba)>와 <폴리티카(Politika)> 그리고 여러 외교문서들을 통해 확인할 수 있다. 한국전쟁을 분석하던 유고슬라비아의 비밀문서들에 따르자면, 유고슬라비아 정부는 소련이 유고슬라비아를 비롯해 유럽을 침공하였을 경우, 미국과 UN의 반응이 어떠한지를 확인하기 위한 시험 무대로서 한반도를 선택하였다는 결론을 내리고 있다.

이러한 연구 배경을 바탕으로 본 논문에선 유고슬라비아의 여러 문헌들과 비밀문서들을 기초로 '사회주의 국가 기록에 비친 한국전쟁 기원과 발발 원인'라는 주제를 다루고자 한다. 무엇보다도 본 연구에서는 과거 사회주의 국가들 중에서 1948년 코민포름 분쟁이후로 양대 블록 하로 편입되기 보다는 '비동맹 중립 외교(Non-alignment Foreign Policy/ Politika nezavisnosti)'를 고수하고자 했던 유고슬라비아의 객관적이고도 사실적인 자료들을 기초로, 당시 한반도 문제 및 한국전쟁과 관련하여 사회주의 국가들의 생각과 견해를 살펴보는 데 연구의 목적이 있다. 우선, 제 2장에서는 제2차 세계대전 이후 수립된 국제 질서인 냉전 체제 하에서 가장 첨예한 갈등선상에 자리하고 있었던 한반도 문제에 대해, 유고슬라비아의 시각과 견해의 형성 배경을 살펴보고, 이를 다룬 기록들 그리고 문헌들의 현황과 그 특징들은 어떠한 지에 대해 소개하고자 한다. 이를 기초로, 제 3장에서는 강대국들의 헤게모니 정책에 따른 냉전의 시각을 중심으로 유고슬라비아의 국가 기록물에 비친 한반도 분단 원인 분석과 함께, 한반도에서 전쟁의 분위기가 형성되게 된 그 기원에 대한 여러 자료들을 제시하고 이를 분석하게 될 것이다. 제 4장에서는 한국전쟁 발발 원인에 있어, 당시 모든 사회주의 국가들이 북한의 주장을 일방적으로 수용하고 이를 기초로 "남한군의 북침에 따른 북한군의 수세적 대응"이었다는 논리를 내세우고 있었다. 하지만, 사회주의 국가 중에선 유일하게 유고슬라비아만이 한국전쟁의 시작이 "소련제 탱크를 앞세운 북한군의 남침"이었다는 점을 분명히 하고 있다. 본 장에서는 당시 첨예한 블록 간 대결 구도 하에서, 사회주의 국가임에도 불구하고 유고슬라비아가 이러한 결론을 내리게 된 배경과 실제 당시 사실적 내용에 근거한 유고슬라비아 정부의 여러 비밀문서 및 관영 자료들을 소개하고자 한다. 마지막으로 제 5장에선 앞서의 연구 내용을 요약 설명하고, 한국 전쟁 발발 기원과 원인에 대한 유고슬라비아의 시각과 견해를 담은 본 연구가 지닌 의미와 시사점에 대해 설명함으로써 결론을 대신하고자 한다.

제2장 한국전쟁에 대한 유고슬라비아 시각 형성 배경과 국가 기록물 현황

앞서 서론에서 언급한 것처럼 유고슬라비아는 사회주의 국가임에도 불구하고 한국전쟁과 한반도 문제에 대한 매우 사실적이고도 객관적인 분석과 평가를 내리고 있다. 이처럼 한반도 문제 및 한국전쟁에 대한 유고슬라비아의 관심과 객관적인 사실 분석이 가능할 수 있었던 배경을 이해하기 위해선 다음과 같은 세 가지 요소에 대한 이해와 인식이 우선시되어야 할 것이다. 그 첫 번째는 당시 국제 정치적 상황 이해로, 제2차 세계대전 이후 확대되고 있던 미국과 소련 양대 블록 간 긴장 상황 고조와 국제 역학적 구도를 들 수 있다. 두 번째로는 유고슬라비아의 사회주의 권 축출을 의미하는 1948년 코민포름 분쟁과 이후 유고슬라비아의 대응 전략을 들 수 있다. 그리고 마지막으로 눈여겨보아야 할 점은 유고슬라비아가 한국 전쟁을 어떠한 시각으로 바라보고 이에 대해 분석하고 있는 가하는 점이다.

한국전쟁을 전후로 한 당시의 국제 질서를 평가하자면, 한 마디로 '미·소를 중심으로 한 양대 블록 간 냉전으로 인한 긴장 가속화'라 요약할 수 있다. 이 당시 극동에서는 분단된 한반도를 비롯한 동북아시아를 둘러싼 미국과 소련 블록 간의 주도권 다툼이 치열하게 전개되는 가운데, 1949년 10월 공산화에 성공한 중공의 등장으로 인해 긴장이 최고조에 달하고 있었다. 반면, 유럽에서는 1948년 2월 미국과 영국, 프랑스가 서독 정부 수립을 발표한 이후 단행된 소련의 베를린 봉쇄 작전(5월에 봉쇄 해소)으로 서부 독일과 서부 베를린 간 교통이 차단되는 등 동·서독을 둘러싼 미국과 소련 양 진영 간의 갈등이 최고조에 달하고 있었다. 이런 가운데 1948년 7월에는 소련의 영향권 하로의 편입을 거부하고 있던 유고슬라비아에 대해 사회주의권 축출을 선언한 코민포름 분쟁 발생, 그리고 유고슬라비아의 사회주의권 블록 이탈 사건은 양대 블록의 관심과 함께 국제 이슈의 한 가운데로 부각되던 상황이었다.

코민포름 분쟁이후, 유고슬라비아는 소련 및 주변 동유럽 국가들로부터 정치, 경제, 외교적 고립은 물론 군사적 위협에까지도 직면해 있었다. 티토의 전시 체제 선포 속에, 국경을 둘러싼 다른 사회주의권 국가들의 잦은 군사적 침범과 충돌은 유고슬라비아에게 있어, 자신의 본토가 유럽 내 양대 블록 간 최초의 격전지가 될 것이라는 우려를 낳고 있었다. 따라서 유고슬라비아는 비밀리에 미국 등 서방측과의 외교 관계 수립과 경제, 군사적 지원책을 모색하고자 했지만, 코민포름 분쟁 사건의 진위 여부를 의심하고 있던 미국 블록으로부터 보다 확실한 지원을 얻어내는 데 다소 어려움을 겪고 있었다. 따라서 한국에서 긴장이 고조되고 전쟁이 발발하기 이전까지, 유고슬라비아는 소련의 군사적 침략 의도를 최대한 약화시키면서도, 동시에 미국과 서방으로부터의 보다 확실한 지원을 위한 시간 확보라는 두 가지 난제에 봉착해 있었다. 하지만, 1949년 10월 중공의 공산화이후 사회주의권 블록 확대에 대한 서구 진영의 우려가 증폭되면서, 유고슬라비아에 대한 서구 진영의 관심이 확대될 수 있었고, 미국의 지원을 통해 1950년 1월부터는 UN 안보리 비상임 회원국으로 선출될 수 있게 되었다.[2] 이후 UN에서의 직접적인 활동과 당시 양대 블록 사이에서 놓인 유고슬라비아의 국제 정치학적 상황은 유고슬라비아가 다른 사회주의권 국가들에 비해 한반도 문제와 한국전쟁을 보다 객관적으로 바라 볼 수 있게 만든 배경을 형성케 하였다고 할 수 있다.

국가 존립의 위기감속에 발생한 한반도에서의 전쟁은 유고슬라비아에게 깊은 의미로 다가오게 되었고, 동시에 한국전쟁에 대한 다량의 정보 수집과 분석 그리고 여러 문헌 발간을 가능케 하였다. 무엇

---

2) 당시 미국의 지원 속에 UN 회원국 39개국 중 2/3의 찬성을 얻은 유고슬라비아는 1950년 1월 1일부터 1951년 12월 31일까지 2년 동안 에콰도르, 인도와 함께 UN 안보리 비상임 이사국으로 선출되었다. 소련은 유고슬라비아가 UN 안보리 비상임 이사국 선출을 전후해 중공의 UN 안보리 상임 이사국 자리를 둘러싼 요구가 받아들여지지 않는 데 대한 불만으로, 안보리 출석 및 모든 UN 활동을 거부하였고, 이에 따라 한 동안 미국은 소련 비토권 방해 없이 한국 전쟁 등 세계 정책에 관한 자신의 입장과 결정을 확고히 할 수 있었다[Petranović, Branko (1988) 248].

보다도 티토와 스탈린 간 발칸 유럽을 둘러싼 주도권 다툼과 외교적 갈등에서 비롯된 1948년 코민포름 분쟁은 유고슬라비아로 하여금 한국전쟁을 이해하고 평가하는데 있어 객관적·중립적 시각을 갖게 하는데 기여하였다. 특히 1950년 1월부터 UN안보리의 비상임 이사국으로서, 또 중공군의 한국전 개입당시에는 UN 안보리 의장국으로서 한국전쟁에 관련한 주요 투표권을 행사하고 있었던 유고슬라비아는 국가 생존과 자신의 외교적 전략에 따라 한국전쟁에 대한 여러 외교활동과 결의를 주도하게 된다.

한국전쟁이전 한반도에 관해 소개된 저서는 유고슬라비아 정부에서 출판한『한반도 38선에 따른 북·남한』(*Severno i južno od 38 paralele Koreja*, 1949)이 유일할 정도로, 한반도의 중요한 전략적 역할과 위치에도 불구하고 유고슬라비아에 있어 한반도는 한국전쟁이전까지만 해도 거의 알려지지 않았던 지역이었다. 하지만 1948년 이후 당시 자국을 둘러싸고 전쟁의 위기감이 가속화되고 있던 상황 속에서, 유고슬라비아 정부는 한국전쟁 발발과 동시에 한반도 문제와 한국전쟁에 대한 심도 깊은 연구물들을 내놓기 시작하였다. 실제, 한국전쟁은 비록 지리적으로 멀리 떨어진 지역에서 일어난 전쟁이었지만, 당시 유고슬라비아가 처한 현실에 비추어 봤을 때 매우 중요한 의미를 지니고 있었다. 실제, 유고슬라비아의 주요 신문들과 당 기관지에선 1950년 6월 25일 한국전쟁 발발부터, 휴전 협정이 이루어지는 1953년 7월 27일까지 3년여 동안 거의 매일, 한반도에서의 전쟁 상황과 이에 대한 유고슬라비아 정부 공시적인 입장 설명, 그리고 해외 여러 국가들의 한국전쟁에 대한 분석과 논란들을 게재해 왔을 정도로 한국 전쟁에 대한 관심을 크게 보여 왔다. 또한 유고슬라비아 정부의 각 국립 기록보관소들에 보관되어 있는 여러 자료들과, 문헌들 그리고 한국전쟁을 둘러싼 유고슬라비아 지도부간 정책 결정들과 여러 회담 내용, 그리고 유고슬라비아와 미국 등 여러 다른 국가들 간 오고간 비밀문서들을 통해서도 당시 한국전쟁에 대한 유고슬라비아의 관심과 분석 의지를 확인할 수 있다.

그 결과 한반도 문제 및 한국 전쟁에 관한 다량의 유고슬라비아 1차 자료들을 수집할 수 있었다. 본 연구에선 '유고슬라비아 국립 기록보관소(Arhiv Jugoslavije)', '국방부 및 내·외무부 기록 보관소', '세르비아 과학예술 아카데미(Srpska akademija nauka i umetnost)', '유고슬라비아 현대사 연구소(Savremeni institut Jugoslavije)', '국립 도서관(Narodna biblioteka)'그리고 '당 기관지(Borba/ Politika) 및 탄유그(Tanjug) 통신사 기록 보관소'에서 수집한 여러 자료들을 중심으로 한국전쟁에 대한 유고슬라비아의 입장과 정책들을 소개하고 있음을 밝혀두고자 한다. 한반도 문제 및 한국전쟁을 다룬 유고슬라비아 국가 기록보관소들(국립, 내·외무부, 국방부, 국립 도서관, 베오그라드 대학...)에서 소장하고 있는 당시의 각종 기록문서들과 비밀문서들로는『정책 기록문서』(*Politički arhiv*),『유고슬라비아 반파시스트 전선』(*Antifastički front žena Jugoslavije*),『유고슬라비아 공산연맹 국제관계 위원회』(*Komisija za Međunarodne odnose i veze CK SKJ*),『유고슬라비아 연방 공화국 정부대표 협의회-국제 관계』(*Predsedništvo Vlade FNRJ-međunarodni odnosi*),『유고슬라비아 연방 공화국 국회 최고 상임위원회』(*Prezidijum Narodne skupštine FNRJ*), 그리고『연방 집행위원회』(*Savezno Izvršno veče*)와『유고슬라비아 노동자 사회주의 연맹』(*Socijalistički savez radnog naroda Jugoslavije*)등에서 한국전쟁을 전후한 수많은 기록 자료들에서도 한반도와 한국전쟁에 대한 연구와 묘사가 기록되어 있다. 이와 함께, 대표적 당 기관지들과 통신사인『정치』(*Politika*),『투쟁』(*Borba*),『시대』(*Vreme*)와『탄유그』(*Tanjug*) 그리고 대표적인 당 잡지와 학술 잡지들인『국제 문제』(*Međunarodni problemi*),『국제 정치』 (*Međunarodna politika*) 그리고『30일』(*Trideset dana*) 등을 통해서 한국전쟁과 한국문제에 대한 연구와 분석이 소개

되고 있다.[3]

이와 더불어 한국전쟁에 대한 여러 문헌들과 삽화들, 그리고 여러 신문 및 잡지들 또한 본 연구를 위한 주요 참고자료로 활용되었다. 당시 이를 다룬 유고슬라비아의 대표적인 문헌들로는 비교적 한반도 문제를 객관적인 시각에서 서술하고 있는 라덴코비치와 스토이뤄코비치(Đ. Radenković, D. Sojiljković)의 『한국』(*Koreja*, 1950), 군사전략적 관점에서 한국전쟁을 이해하고 소개하고자 했던 페코 다프췌비치(Peko Dapčević)의 『한국에서의 전쟁』(*Rat u Koreji*, 1951), 한국 전쟁 당시 휴전회담을 둘러싼 여러 갈등과 전개과정을 소개하였던 조이(T. Džoj)의 『한국에서의 평화를 위한 나의 투쟁』(*Moja borba za mir u Koreji*, 1953), 한국전쟁을 통해 세계가 얻을 수 있는 교훈들을 객관적인 시각으로 서술하고 있는 『한국전쟁의 교훈』(*Poruke iz rata u Koreji*, 1953), 크로아티아 자그레브 농림협회에서 출판해 한국전쟁을 전후한 한국의 경제, 정치, 사회 그리고 문화를 비교적 상세해 소개하고 있는 『한국: 국토, 민족 그리고 경제』(*Koreja: zemlja, narod, privreda*, 1956), 인천상륙작전을 비롯해 한국에서의 여러 해전들을 자세히 소개하고자 미로슬라브 보리스(Miroslav Boris)가 번역해 출간한 『한국에서의 해전』(*Pomorski rat u Koreji*, 1966)등을 포함해 여러 문헌들을 들 수 있다.[4]

---

3) 김철민 (2008) 269-270.

4) 김철민 (2008)

제3장 한반도 분단과 한국전쟁의 기원: 강대국들의 헤게모니 정책에 따른 냉전

한국 전쟁을 전후로 전개된 국제 정치적 상황은 다음과 같은 2가지 특징을 지니고 있었다. 첫째는 '미국과 소련 블록 간 냉전(Cold War/ Hladni rat)의 확대'를 들 수 있다. 제2차 세계대전 이후 미국과 소련 양국은 당시까지 자신들의 영향력 하로 편입되지 않은 세계 여러 지역과 국가들을 끌어들이기 위해 보이지 않는 갈등과 긴장 상태를 유지하고 있었다. 두 번째 특징은 '소련의 UN 보이콧에 따른 UN등 국제기구의 무기력함'을 들 수 있다. 소련은 국제 사회를 향해 1949년 10월 중국 본토 전쟁에서 승리한 중공이 대만을 대신해 안보리 상임이사국의 자격이 부여되어야 한다는 점을 역설하였었다. 하지만 소련 블록의 확대를 우려한 미국 등 서구 진영은 소련의 요구를 거부하였고, 소련은 이를 이유로 1950년 1월 이후 UN의 모든 기구에 대한 참석과 회의 진행을 불참하고 있었다.[5]

유고슬라비아 문헌들과 국가 기록물들을 통해 우리는 당시 코민포름 분쟁에 따른 국가적 위기에 처해있던 유고슬라비아 정부가 한반도 문제와 한국전쟁에 많은 관심을 가지고 이를 지켜보았음을 확인할 수 있으며, 당시의 국제적 상황에 따른 '냉전'에서 한반도 분단과 한국 전쟁의 원인을 찾고 있음을 확인할 수 있다. 또한 여러 차례의

---

5) 1 제2차 세계대전 이후 미·소간의 냉전이 첨예화되고 있던 시점, 당시 UN 사무총장이었던 트리고브 리는 냉전의 종식을 위해 워싱턴과 런던, 파리 그리고 모스크바 등을 방문하여 서로에 대한 불신을 버리고, 대신 UN을 중심으로 세계 평화를 구축해 나가자 제의하였었다. 하지만 그의 이러한 노력들은 강대국들의 외면으로 별다른 실효를 거두지 못하였고, 그의 방문과 설득작업은 오히려 세계 평화의 문제가 UN 범주 안에서 여러 국가들이 서로 충분한 발의와 의견 교환을 통해 집단적 국제 행위를 함에 따라 결정되는 게 아니라, 일부 강대국들에 의해 결정되어진다는 것을 입증시켜준 꼴이 되 버렸다 [Radenković, Đ. i Stojiljković, D. (1950) 23-24].

문헌 발굴과 조사를 통해 당시 유고슬라비아 정부는 한반도 문제와 한국전쟁에 대해 객관적 시각을 계속 고수하고자 노력하였음 또한 인지할 수 있다. 한국 전쟁 직전, 1949년 10월 중공의 공산화 이후, 유고슬라비아는 당시 한반도에서의 냉전을 해결하기 위해선 새로운 강대국으로 등장한 중공 역할에 대한 인식 전환과 함께, 미국과 소련이 중공의 UN 대표권 및 안보리 상임이사국 부여 문제를 정략적으로 이용하지 말아야 한다는 점을 강조하고 있다. 즉, 한반도 및 극동 지역의 평화와 안정을 위해선 중공의 UN 가입 문제가 미국과 소련의 갈등관계에서 벗어나 독자적으로 해결되어져야 한다는 점을 주장하였다. 특히, 중공의 UN 가입 문제와 관련해 '냉전'이 가져올 국제적 위기를 숙고해볼 때, '냉전'은 그것을 주도하려는 강대국들은 물론 다른 민족과 국가들에게도 역시 파괴적 결과를 가져올 수 있다는 점을 강조하면서, 현재 UN에서 중공이 자신의 자리를 차지하기 어려운 이유 중의 하나로 소련이 자신의 영향력 확대를 위해 중국 민족의 자주적 의지와 합법적 권리를 이용하려하기 때문이라는 점을 들어 소련의 헤게모니 정책을 비판하고 있다. 또한 다른 한편으로 미국에 대해서도 역시 부정적인 입장을 취하고 있는 데, 즉 미국 정부가 소련을 의식해서 중국 민족의 자주적 의지와 합법적 권리를 인정하지 않거나, 이러한 점을 공개적으로 인정하는 것을 매우 꺼려하는 것은 세계 평화와 한반도를 비롯한 극동의 안정에 심각한 위기를 초래할 수 있다는 점을 비판하였다. 다시 말해, UN 대표권 및 안보리 상임이사국 권한과 관련한 중공 문제는 미국과 소련 두 강대국의 헤게모니 확장을 위한 이해관계를 떠나 독립적으로 해결되어져야 할 필요성이 있음을 강조하면서, 중공의 자주권이 UN내에서 인정받고 국제 사회의 일원으로 편입되어야 한다는 점을 강조하였다.[6]

---

6) Ibid., p. 24; 극동에서의 냉전이 중공의 UN 가입문제와 연관되어 있다는 유고슬라비아

극동과 한반도 긴장 해결을 위한 첫 걸음으로써 미국과 소련 양 국이 새롭게 등장한 중공의 국제적 지위와 UN에서의 권리를 인정해 주고, 중공을 자신들의 헤게모니 확장에 이용해서는 안 된다는 주장을 펼쳤던 유고슬라비아는 한반도에서 38선과 같은 임시 경계선 책정과 한반도 분단을 가져 온 배경 또한 바로 제2차 세계대전 이후 첨예하게 대립된 미국과 소련 양 진영 간의 갈등과 충돌에서 빚어진 것이라 분석하였다. 즉, 한반도 분단에 이은 한반도에서의 냉전 확대는 곧 이어 한국 전쟁으로 이어지게 되었다 주장하고 있다. 여기서 좀 더 나아가 유고슬라비아는 제2차 세계대전이 종결될 무렵, 한국 민족에게 가장 절실했던 것은 통일되고 자주적인 자신들의 민족국가와 질서 수립이었음에도 불구하고 강대국들의 블록 정책과 미국과 소련 사이의 냉전으로 인해 38선을 기점으로 한 분단과 함께 남한과 북한의 각각의 정부 탄생, 그리고 이것은 결과적으로 강대국들의 헤게모니 확장을 위한 도구로써 한반도가 악용되었다는 점을 비판하고 있다. 이와 더불어, 유고슬라비아는 당시 강대국들의 한반도 분할 정책의 결과, 한국 민족들이 제2차 세계대전동안 부분적이지만 승전을 거두고 끝까지 저항하였던 한민족 독립 투쟁의 업적들이 무용지물이 되었다고 언급하면서, 결과론적으로 남한과 북한이 미국과 소련의 세계 전략 구도를 위한 '인질(pion)'로 변질되어 버렸다는 말과 함께 강대국들의 냉전논리에 따른 한반도 분할 정책을 강

학자들의 당시 주장은 정부의 대표적 관영 잡지인『국제정치』(Međunarodna politika)에서도 그대로 확인할 수 있다. 여기에 따르자면 "역사적으로 극동은 오래 전부터 유럽에서 멀리 떨어져 있거나 세계사적으로 고립된 지역이 아니었다. 오히려 세계 사건들의 중심부에 항상 자리해 왔었다. 또한 현재 발생하고 있는 중공과 한반도에서의 전쟁은 단지 극동에서 일어난 사건들만의 결과물로 치부하기 보다는 제2차 세계대전이후 과거 연합국들의 일원으로서 동맹을 맺었던 국가들 사이에 서로 발생한 '냉전'에서 비롯된 것이다. 즉, 미국과 소련 양 진영 간의 헤게모니 싸움에서 비롯된 것이다"라고 분석하고 있다[*Međunarodna politika* (1950) 3].

력히 비판하고 있다.[7]

실제, 유고슬라비아가 UN 등 국제무대에서 한국 전쟁 발발 전후로 한반도 문제를 다룬 여러 견해와 정책들을 보자면, 이러한 결정이 나오게 된 배경은 바로 당시 유고슬라비아가 처한 상황, 즉 코민포름 분쟁이후 소련 블록으로부터의 축출이 단행된 상황에서 미국 블록과 소련 블록 어디에도 정착하지 못하는 불편한 현실을 그대로 반영하고 있는 것이라 할 수 있다. 유고슬라비아는 한반도 문제를 빗대어 국제 사회를 향해 자신의 상황과 유사한 여러 국가와 민족들이 강대국들의 헤게모니 논리에 끌려 다니거나, 그들의 대리전을 치루 위기에 처해 있는 등 현실적 어려움에 직면해 있다는 점을 부각하고자 하였던 것으로 분석된다. 여러 가지 역사적 자료들을 기초로 고증해 볼 때, 제2차 세계대전이 종전될 무렵 한반도로 진주한 미국과 소련은 38도선을 기점으로 한반도를 분할해 자신들의 헤게모니 이해 영역(Interest Sphere)을 구축하려 했다고 볼 수 있다. 한반도 문제를 고찰한 윌리엄 스턱(William Stueck) 또한 "당시 미국과 소련의 한반도 점령, 특히 한민족들을 향해 점령 기간과 통일된 정부 수립 지원에 대한 정확한 약속들이 없었던 강대국들의 한반도 점령과 분할은 결과적으로 한국 민족들로 하여금 통일과 자주 국가 수립에 대한 확신을 감소시키는 결과를 초래하였다"고 분석하고 있다.[8]

결과론적으로 유고슬라비아의 여러 기록들과 문헌들은 1945년 9월 이후 미국과 소련의 전략적 협상에 따라 그어진 38선을 따라 형성된 남·북한 사이의 인공 경계선은 세계적인 관심을 불러왔으며, 미국과 소련이 통일을 향한 한국 민족들의 열망을 이용하게 되면서 한반도에서 전쟁이 발발하게 되었다고 평가하고 있다. 또한 한국

---

7) Radenković, Đ. i Stojiljković, D. (1950) 24-25.

8) Stueck, William (1995) 19.

9) *Politika* 15. February 1951.

〈그림 1: 한반도 분단에 대한 유고슬라비아의 입장〉[9]

전쟁은 단순히 지엽적인 문제를 벗어나 세계의 모든 국가들과 민족들 사이에 커다란 불안을 가져다주었으며, 그 이유는 이러한 군사적 충돌이 단순히 한반도내로 국한되는 지역 전쟁이 아니라 세계 냉전의 군사적 충돌로 이어질 가능성이 다분하다는 데서 그 원인을 찾고 있다. 또한 38선을 따라 시작된 한국전쟁은 세계 평화 구축의 사도로서의 UN의 역할에도 큰 시험대가 되고 있으며, 북한의 남침을 지원한 소련의 헤게모니 정책에 대응하여 참전한 미국, 영국을 비롯한 세계 여러 국가들의 군사력 참여로 제 3차 세계대전의 위기를 불러올 수도 있다는 점을 우려하는 논평을 수시로 제기하였다. 무엇보다도, 한반도에서의 전쟁으로 인해 통일된 민족 국가 수립을 열망하던 한국 민족들의 희망이 의미 없게 되었으며, 전쟁이 종결된다 하더라도 미국과 소련 사이 일어나고 있는 냉전의 틀 속에서 남한과 북한 민족들은 더욱 더 큰 군사적 긴장을 지속하게 될 것이라 예견하기도 하였다. 그리고 이와 함께 한국 전쟁을 통해 한반도가 냉전적 사고에 매몰된 미국과 소련의 군사, 정치적 확장과 도발을 시험하기 위한 시험장으로 전락하게 되었음을 안타까워했다.[10]

---

10) *Međunarodna politika* (1950) 3; 라덴코비치와 스토일리코비치는 한국 전쟁을 분석하면서, 전쟁을 일으킬 수 있는 위험 요소의 가장 큰 책임이 세계의 여러 국가들을 두 개의 블록중 하나로 줄을 세워 위성국으로 변질시키려는 강대국들 사이의 '냉전'에 있다는 점을 강조하고 있다[Radenković, Đ. i Stojiljković, D. (1950) 25].

제4장 한국 전쟁 발발 원인: 소련제 무기를 앞세운 북한군의 남침

4.1. 한국 전쟁 발발과 유고슬라비아의 반응

1950년 6월 25일 한국 전쟁을 일으킨 직후로 북한을 비롯해 소련은 줄기차게 여러 경로를 통해 남한군의 38선 도발과 침략에 맞서 북한군이 남한을 공격하게 되었다는 논리를 펼쳐왔다. 실제, 한국 전쟁 발발 전후로 북한은 동유럽 각 국들을 향한 외교전에도 전력을 기울여 왔으며, 여러 외교 문서들을 통해 1949년 이후로 한국군이 38선 너머로 수차례 북한을 공격하였으며, 이에 대해 북한은 인내심을 가지고 수차례 공식 채널을 통해 남한 정부에 무력 도발을 중단할 것을 요구하였다고 주장하였다. 이와 함께, 만약 남한군이 북한의 경고를 무시하고 계속된 도발을 감행할 경우, 군사적 대응과 반격으로 이를 격퇴하겠다는 내무부 장관 명의의 경고를 이미 수차례 한국정부에게 보냈다는 점을 강조하는 등, 북한은 한국 전쟁 발발이 자국의 침략 의도보다는 남한군의 침략에 맞서 불가피한 선택이었다는 전쟁 명분론을 내세워 왔다. 또한 한국 전쟁 기간 동안에도 북한 정부는 동유럽 국가들에게 계속해서 상세한 전쟁 상황을 전달하여 왔는데, 전쟁 초기 유고슬라비아 정부 기관에 전달된 북한 정부 통신문에 따르자면, "우리의 인민군이 38선 너머 북으로 진격해 들어왔던 한국군 공격을 조기에 격퇴하고, 곧 바로 반격하는 데 성공하였다"는 점을 밝히면서 전쟁 참여의 불가피론에 대해 설명하고 있음을 확인할 수 있다. 또한 6월 27일 라디오를 통한 김일성 연설 내용도 그대로 동유럽 국가들에게 전달되었는데, 즉 "남한군의 침략을 격퇴하고 남한으로 진격해가는 북한군의 최종 목적은 반(半)봉건적인 이승만 남한 정권을 몰아내고 완전한 한반도 통일을 가져오는 것"이라며, 민족 간 자주 통일이라는 전쟁 당위성으로 자신들의 침략 전쟁을 포장하기도 하였다.[11] 한국 전쟁 발발에 대한 이러한 북한의 일방적인 주장과 입장은 1990년대 동유럽의 민주화가 진행되기 이전까지 동유럽 거의 모든 국가들에게 그대로 받아들여져 왔으며, 이에 대한 반론 또한 제기되지 않았던 것도 사실이다.

하지만, 당시 소련의 주장과 북한의 소식들만을 그대로 받아들여야 했던 다른 동유럽 국가들과 달리, 유고슬라비아는 1948년 코민포름 분쟁이후 사회주의 블록에서 이탈하게 된 국제 정치적 위치와 특히 1950년 1월부터 UN 안보리 비상임 이사국으로써 UN과 여러 국제기구에서의 활동들로 인해 한국 전쟁과 관련하여 사실적이고도 객관적인 소식들을 그대로 전해들을 수 있었다. 실제, 한국 전쟁 발발 배경에 대한 유고슬라비아 정부의 입장과 견해는 당시 관영신문이었던 <폴리티카>와 <보르바> 그리고 <탄유그(Tanjug)> 국영 통신사에서의 기사 내용과 여러 사설들을 통해 확인할 수 있다. 1950년 6월 25일 한국전쟁이 발발하자, <탄유그> 통신을 인용한 관영지들에선 "(외국 언론사들에 따르자면) 오늘 아침 새벽, 북한 인민 민주주의 공화국의 군대가 일본군 무장해제를 위해 미-소간에 수립된 한반도 38선의 전 경계선에 걸쳐 남한을 침공해 들어왔다. 이후 몇 시간 뒤, 라디오 평양에서는 북한 인민 민주주의 공화국은 이번 공격이 전적으로 남한군의 북한에 대한 도발을 막고 이를 반격한데서 비롯되었으며, 이에 따른 모든 책임은 전적으로 남한 정부에 있다는 내용을 발표하였다"는 보도 내용을 그대로 전달하면서 국제 사회가 북한 정부로부터 이번 전쟁에 대한 어떠한 다른 공식적인 내용을 전달받지 못하고 있음을 비판하기도 하였다.[12]

한국 전쟁 발발 당시, 유고슬라비아는 이미 1948년 6월 28일 자국

---

11) Marković, Milan (1951) 107.

12) *Borba* (25. June 1950)

의 불참 속에 열린 제 2차 코민포름 대회에서 유고슬라비아가 부르주아 공화국으로 전락했다는 소련의 비난과 함께 사회주의 적으로 취급받고 있었으며, 주변 동유럽 사회주의 국가들로부터 군사적 침략 위기에 직면해 있었다. 실제, 1948년 7월 20일부터 22일까지 열린 코민포름 대회에서 소련 공산당 대의원들은 유고슬라비아 공산당이 '소련과 소련 공산당에 대한 적대 정책을 추진한 점과 붉은 군대에 대한 불신 그리고 제국주의 국가들의 정책들과 소련의 외교정책을 동일시했다'는 이유를 들어 유고슬라비아를 강력히 비난하면서 그 책임이 티토와 유고슬라비아 공산당 지도부에게 있다는 점을 분명히 하였다. 이후로 스탈린이 사망한 1953년 3월까지 소련과 주

Избио је оружани сукоб између Северне и Јужне Кореје

Влада САД затражила хитан сазив Савета безбедности

Јужна Кореја тражи хитну помоћ од САД

РАЗВОЈ БОРБИ У КОРЕЈИ

КОРЕЈА

〈그림 2: 한국 전쟁 발발 직후, 북한군의 남침과 한국 현황을 보도하는 유고슬라비아〉[13]

13) *Borba* (25. June 1950)

변 동유럽 국가들의 유고슬라비아에 대한 군사적 위협을 비롯해 모든 분야를 망라한 고립 전략이 이어졌으며, 코민포름 회원국들은 이전까지 유고슬라비아와 맺었던 모든 '경제 협력 협정(Ekonomski saradnji ugovor)'과 '평화 협정(Ugovor o miru)'등을 일방적으로 취소하였다. 그 결과 코민포름 축출 이듬해인 1949년 유고슬라비아 경제 상황은 전년 대비 1/3 수준까지 감소되었고, 티토와 유고슬라비아 공산당을 비난하는 삐라가 난무하는 가운데, 국경지역에선 거의 매일 대규모 군사 훈련 및 빈번한 군사 충돌이 발생하고 있었다.[14]

유고슬라비아의 비밀문서를 근거로 분석해 보았을 때, 스탈린은 1948년 코민포름 분쟁 이후로 계속해서 유고슬라비아 침공을 준비하고 있었고, 이런 준비가 한창인 가운데 한국전쟁이 발발했다는 점에서 유고슬라비아가 다른 어느 사회주의 국가들보다도 한국 전쟁에 보다 많은 관심을 지니게 되었다는 점을 확인할 수 있다. 실제, 비밀 자료에 따르자면 소련은 한국 전쟁 이전부터 유고슬라비아 침공을 준비하여 왔으며, 그 예정일로 1950년 여름 무렵을 잡아놓고 있었다. 군사 작전의 핵심은 미국과 서방의 개입이 이루어지기 이전에 유고슬라비아를 둘러싼 헝가리, 불가리아, 루마니아, 알바니아 군이 소련제 탱크와 중무장 무기를 제공받아 다방면에서 일시에 군사적 침공을 단행해 수도인 베오그라드(Beograd)로 쳐들어가는 가는 것이었다. 하지만 소련제 무기들이 집결하고 국경에서의 충돌을 통해 전쟁 명분을 쌓아가던 와중이던 1950년 6월 25일에 한반도에서 전쟁이 발발하게 됨으로써 유고슬라비아 침공 계획이 늦추어지게 된다. 당시 보고된 비밀문서에 따르자면, 갑작스럽게 전쟁을 일으킨

14) 1949년, 이웃한 사회주의 국가들의 군사 공격으로 국경에 거주하던 100여명의 민간인과 군인들이 사망하는 사건이 발생하기도 했으며, 유고슬라비아 군사 동태 파악 및 반(反)티토 세력 결집을 유도하기 위한 특수부대 및 첩보부대들의 침투가 발각되기도 하였다[Petranović, Branko (1988) 237].

김일성은 스탈린에게 1950년 가을까지 한반도 전체를 적화 통일시키겠다고 약속하였고, 스탈린은 한반도 공산화 직후 곧 바로 유고슬라비아를 침공하겠다는 뜻을 후르시쵸프를 비롯한 주변 참모들에게 밝히고 있다.[15]

하지만, 한국전쟁을 통해 미국과 서방 세계가 한반도를 비롯한 제1세계 블록에 대한 강력한 방어 의지를 지니고 있음을 확인한 스탈린은, 미국이 극동은 물론 서구 진영 이해 영역이라 판단되는 유럽의 모든 지역을 수호하겠다는 강력한 의지를 확인하게 된다. 이와 함께 스탈린은 서구 진영과의 전쟁이 단기간에 끝나는 것이 아닌 장기간 전쟁으로 이어질 가능성이 매우 높으며, 무엇보다도 미국이 자국 이익과 관련된 세계 모든 지역에 군사적으로 직접 개입할 준비가 되어 있다는 것 또한 파악할 수 있었다.[16] 실제, 미국의 38선 너머 진격 이후에도 39도선 아래로 소련 공군을 내려 보내려 하지 않는다는 점과 함께, 소련군의 참전을 들키지 않기 위해 소련 비행사들에게 중공군 옷을 입히고 비행조정사끼리도 자국어로 서로 통화를 못하도록 하는 등 한국 전쟁의 과정을 통해 보더라도 스탈린은 미국과의 직접적인 군사적 충돌을 피하고자 했다는 점을 확인할 수 있으며, 실제 소련은 여러 경로를 통해 자신이 한국 전쟁에 직접 개입하고 있지 않음을 선전하고자 노력하였다. 이러한 스탈린의 의도는 후르시쵸프의 비망록을 통해서도 확인할 수 있다. 그는 김일성이 남한에 대한 군사 작전을 준비 중일 때, 자신과 참모들이 제안한 북한군 훈련을 위해 북베트남 사단과의 연대 주장을 스탈린이 묵살했다는 점을 언급하면서, 자신의 조언이 한국 전쟁 책임의 포로가 되는 매

---

15) Petranović, Branko (1988)

16) 1949년 10월 중국의 공산화와 한국 전쟁을 전후로 미국은 유고슬라비아에 대해 외교, 경제적 지원은 물론 군사적 지원까지 단행하게 된다. 이를 둘러싼 양국 간 협정 내용은 Dedijer, Vladimir (1979) 138-140 참조.

우 위협한 상황을 초래할 수 있음을 비판하였다고 회고하기도 했다. 즉, 이를 통해 스탈린이 한반도 공산화에 깊은 관심을 가지고 있었지만, 소련군의 직접 개입으로 인해 발생할 수 있는 전쟁 책임으로부터 벗어나고자 했다는 점을 확인할 수 있다. 또한 인천상륙작전으로 한국 전쟁의 상황이 북한군에게 불리하게 돌아가는 가운데 소련 지상군 참전에 대한 김일성의 강력한 요청에 참모진들이 한국전쟁 참전을 준비해야함을 주장하자, 스탈린은 한국전쟁의 성패는 철저히 김일성의 책임이며, 중공이 참전함으로써 우리의 몫을 대신할 수 있을 것이라 주장했음을 기록하고 있다.[17]

무엇보다도 한국 전쟁 발발 초기, 미국의 강력한 한반도 수호 의지와 함께 미군 및 UN군의 즉시 파견, 그리고 한국 전쟁을 통한 서구 진영의 단결된 모습 등은 소련에게 있어, 한반도 다음 타깃으로 선정한 유고슬라비아를 향한 군사적 침공 의지를 꺾어놓았다고 할 수 있다. 비밀문서들을 통해 볼 때, 비록 중공군의 개입으로 한국전이 공방전을 거듭하고 있던 1951년 1월까지 소련은 동유럽 국가들에게 유고슬라비아에 대한 군사 침공 훈련을 독려하고 있었지만, 이때 이후로 소련은 한국 전쟁의 경험을 통해 한국에서와 같은 군사적 방법을 통해선 유고슬라비아를 자신의 이해 영역으로 완전히 편입시키기 어렵다는 점을 분명히 인식하게 되었으며, 더 이상 유고슬라비아 침공을 둘러싼 논의를 접었던 것으로 보인다.[18] 이러한 점은 유고슬라비아에게 한국 전쟁이 자국의 안전과 안보를 지켜준 소중한 기억으로 각인되게 되었으며, 자국을 위한 '특별한 전쟁(specijalni rat)'으로 기록되게 하는 계기가 되었다.

---

17) Khrushchev, Nikita S. (1970) 370.

18) Petranović, Branko (1988) 238.

4.2. 한국 전쟁 기원과 유고슬라비아 정부 입장

한국 전쟁 발발 배경 및 그 기원에 대한 유고슬라비아 정부의 공식적 입장은 6월 28일, 티토 주도로 열린 한국 전쟁에 대한 국가 위기 대응 긴급 전략 회의에서 당시 외무부 장관인 에드바르드 카르델리(Edvard Kardelj)의 보고서 발표를 통해 최초로 언급되어졌다. 한국 전쟁 발발에 대한 카르델리의 발표를 요약하자면, 그는 "우리는 이미 한국전쟁 발발과 동시에 이 전쟁이 소련군의 군사적 도움을 받은 북한군이 오래전부터 남침을 준비하여 왔다는 점을 확신할 수 있었다. 아무래도 소련과 북한의 공식 주장과는 달리 북한군이 남한을 선제공격 했을 가능성이 매우 높다는 게 우리 외무부의 의견이다"는 말로 여러 정보를 통해 북한군의 남침이 확실한 것 같다는 공식 의견을 내놓았다. 또한 그는 "현재 한국에서 일어나고 있는 상황이나 모든 신호들은 러시아인들이 이번 전쟁을 오래 전부터 준비해 왔다는 것을 입증하는 것이며, 북한군이 선제공격했다는 확신을 불러일으키게 한다. 그 이유는 현재까지의 초기 전황을 살펴볼 때 소련과 북한이 주장하고 있는 남한군 공격에 대한 북한군의 반격치고는 너무도 확실하고도 분명하게 미국의 지원을 받은 남한군을 북한군이 무력화시키고 있기 때문이다"는 말과 함께, 여러 정황을 토대로 볼 때 '북한군의 남침'으로 한국 전쟁이 시작되었다는 추측을 확신하고 있다. 또한 한국 전쟁이 유고슬라비아에 미칠 수 있는 여파를 논의하면서, 한국 전쟁 발발처럼 소련제 무기를 앞세운 주변 동유럽 사회주의 국가들이 유고슬라비아를 향해 침공해 올 경우, 이에 대한 대비책을 얼마만큼 세우고 있는 지, 그리고 이를 위한 미국 등 서방 진영과의 협력 관계 설정은 어느 정도까지 와 있는지에 대한 논의가 이루어졌다.[19]

---

19) Bekić, Darko (1988) 164.

〈그림 3: 한국 전쟁 발발 원인을 둘러싼 소련의 거짓 주장과 유고슬라비아의 비판〉[20]

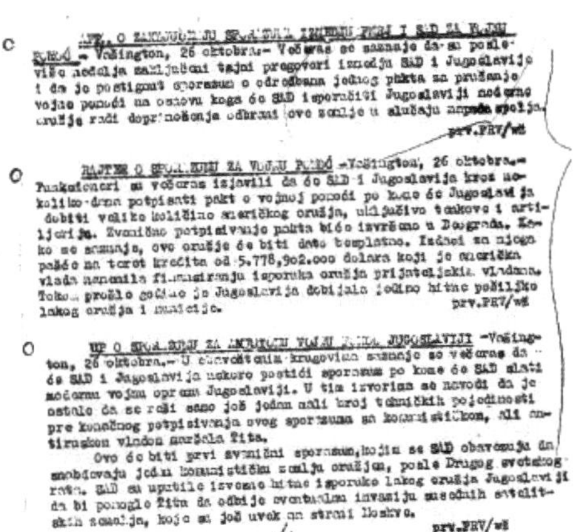

[illegible] O ZAKLJUČENJU SPORAZUMA IZMEDJU FNRJ I SAD ZA VOJNU POMOĆ - Vašington, 26 oktobra.- Večeras se saznaje da su posle više nedelja zaključeni tajni pregovori izmedju SAD i Jugoslavije i da je postignut sporazum o odredbama jednog pakta za pružanje vojne pomoći na osnovu koga će SAD isporučiti Jugoslaviji moderno oružje radi doprinošenja odbrani ove zemlje u slučaju napada spolja.
prv.PRV/wš

RAJTER O SPORAZUMU ZA VOJNU POMOĆ -Vašington, 26 oktobra.- Funkcioneri su večeras izjavili da će SAD i Jugoslavija kroz nekoliko dana potpisati pakt o vojnoj pomoći po kome će Jugoslavija dobiti veliku količinu američkog oružja, uključivo tenkove i artiljeriju. Zvanično potpisivanje pakta biće izvršeno u Beogradu. Koliko se saznaje, ovo oružje će biti dato besplatno. Izdaci za njega pašće na teret kredita od 5.778,902.000 dolara koji je američka vlada namenila finansiranju isporuka oružja prijateljskim vladama. Tokom prošle godine je Jugoslavija dobijala jedino hitne pošiljke lakog oružja i municije.
prv.PRV/wš

UP O SPORAZUMU ZA AMERIČKU VOJNU POMOĆ JUGOSLAVIJI -Vašington, 26 oktobra.- U obaveštenim krugovima saznaje se večeras da će SAD i Jugoslavija uskoro postići sporazum po kome će SAD slati modernu vojnu opremu Jugoslaviji. U tim izvorima se navodi da je ostalo da se reši samo još jedan mali broj tehničkih pojedinosti pre konačnog potpisivanja ovog sporazuma sa komunističkom, ali antiruskom vladom maršala Tita.
Ovo će biti prvi zvanični sporazum, kojim se SAD obavezuju da snabdevaju jednu komunističku zemlju oružjem, posle Drugog svetskog rata. SAD su uputile izvesne hitne isporuke lakog oružja Jugoslaviji da bi pomogle Tita da odbije eventualnu invaziju susednih satelitskih zemalja, koje su još uvek na strani Moskve.
./.
prv.PRV/wš
b/wš

〈그림 4: 한국 전쟁이후, 유고슬라비아를 위한 미국 군사 지원이 가능한지를 묻는 외교 문서〉

한국 전쟁과 관련하여 열린 긴급회의에서 논의된 내용들 중에 우리가 눈여겨보아야 할 또 다른 내용으로는 앞서의 언급처럼 유고슬라비아 정부가 한국 전쟁이 발발하기 이미 1년 전부터, 소련 및 동유럽 여러 지역에 침투시킨 비밀 스파이들을 통해 소련의 군사적 지원 속에 세계 여러 곳곳에서 대규모 군사 공격이 빠른 속도로 준비 중이라는 첩보를 입수하였고, 그 대상 지역이 만약 유럽이라면 서독 혹은 유고슬라비아가 우선 타깃이 될 것이라고 예측하고 있었다는 점을 공식 선상에서 밝히고 있다는 점이다. 이와 더불어, 김일성의 수차례 소련 비밀 방문 첩보와 동유럽 국가들에 대한 소련의 비밀 지시문들의 해독을 통해 극동에서의 상황 또한 매우 시급하게 돌아가고 있으며, 한반도에서의 전쟁 발발 가능성에 대해서도 유의 깊게 들여다보고 있었다.[21]

20) *Politika* (21. January 1951)
21) Bekić, Darko (1988) 160.

이러한 유고슬라비아 정부의 위기의식은 한국 전쟁 발발 직후 한국 전쟁에 대한 관심을 크게 불러왔으며, 이후로 정부의 대규모 지원 속에 한국 전쟁의 전개 및 특징들을 비롯해 한반도 역사와 한민족의 문화 특성 등에 대한 다양한 연구들이 뒤를 잇게 된다. 이중 한국전쟁 당시 북한군의 전술과 전략을 분석하였던 대표적인 인물로는 페코 다프체비치(Peko Dapčević)를 들 수 있다. 그는 소련 내에서 수집된 비밀 정보 수집 자료를 바탕으로 보다 분명한 어조로 "한국 전쟁은 북한군의 남침으로 인해 발발했다"는 점을 밝히고 있다. 이와 함께 그는 당시 수집한 자료를 바탕으로, 북한군은 한국 전쟁의 상황 변화에 따라 다음과 같은 세 가지 전략단계를 가지고 전쟁을 수행하였으며, 남한 정복 전략을 수립하였다고 밝히고 있다; 1차 전략 단계 - 서울 정복 후 한강과 금강 사이를 중심으로 전선을 분할, 2차차 전략 단계 - 서울과 인근 지역의 완전 장악이 확인될 경우, 금강을 넘어 대전 장악, 3차 전략 단계 - 남한 해안 도시 장악과 제주도를 비롯한 도서나 해안 지역에 남아 있는 한국군 격파.[22]

〈그림 5: 한국전쟁 전개 상황에 대한 분석도〉[23]

북한군의 남침에 의해 한국 전쟁이 발발하게 되었다는 유고슬

22) Dapčević, Peko (1951) 11.
23) Dapčević, Peko (1951) 25.

라비아의 입장은 중공군의 춘계 대공세가 한창이던 1951년 4월 관영지 <보르바>에 실린 한국전쟁 상황보고와 분석 기사를 통해서도 확인할 수 있다. 이에 따르자면 "한국전쟁은 북한군의 남한에 대한 선제공격에서 비롯된 것이 분명하며, 북한군이 UN의 퇴각 권고를 무시하고 남한 영토로 계속 밀고 내려옴으로써 중공군의 한국전 개입과 함께 한반도에서의 위기가 세계대전의 위기로 확대되고 있다"고 북한이 UN 결의를 무시함에 따른 세계대전의 위기를 우려하기도 하였다.[24] 한국 전쟁 이후 정부 지원 아래 발간된 유고슬라비아의 한 문헌에서는 소련이 북한에게 대량의 군사 무기와 물자를 제공함에 따라 한국 전쟁이 발발했으며, 이러한 북한군의 남침은 마치 제2차 세계대전 당시 모두가 잠들어 있는 이른 새벽, 선전 포고 없이 유고슬라비아 전 지역을 침공한 독일군의 행태 그리고 일본의 진주만 기습과 유사하다고 비난하고도 있다: "새벽녘에 불어 닥친 유고슬라비아에 대한 나치들의 공격과 일본의 하와이 습격처럼, 북한군은 소련식 무기로 중무장하고 소련에 의해 정예병으로 훈련된 북한 인민군을 주축으로, 1950년 6월 25일 새벽 4시 일요일 38선을 너머 4방면을 통해 남한으로의 침공을 시작하였다. 이중 북한군의 주력부대는 여러 방면 중 특히 역사적으로 가장 중요한 공격 루트를 따라 남한의 수도이자 (당시) 115여만 명의 인구를 지니고 있던 서울을 향해 진격해 들어왔다. 주요 공격 방법은 부대를 둘로 나누어 소련제 탱크들을 전면에 세우고 그 뒤를 대규모 보병부대가 뒤따르는 전략을 수립하였다. 이어 같은 날 오전에는 5대의 소련제 야크(Jak) 폭격기들이 서울에서 그리 멀지 않은 김포공항을 파괴하는 등, 소련군의 전방위적인 군사 지원 하에 한국 전쟁이 발발했다는 것을 확실하게

---

24) *Borba* (5. April 1951)

하였다...."[25]

Једна корејска породица бежи пред ратним вихором — све што има натоварила је на преосталу краву

Корејске избеглице

Институт Британске енциклопедије доделио је међународну награду за најбољу ратну слику у прошлој години. Награђена фотографија — коју доносимо — снимљена је у Кореји, после борби код луке Инчон, у близини Сеула. Овај снимак начинио је фоторепортер Берт Харди, из енглеског часописа „Пикчер пост". То је најбоља слика из његове збирке снимака са корејског фронта.

На репортере је оставило неизбрисив утисак страдање корејског становништва услед ратног пожара у њиховој земљи. Друмовима се свуда кр-ћу избегли становници, већином же- с децом и старци, који већ осам п- них месеци подносе ратне тешкоћ- У рушевинама некадашњих домова ил- у привремено начињеним склоништи- ма и збеговима, преко којих је тр- или четири пута већ прохујао фрон- становници Кореје преживљавају са- своје најтеже дане.

Призор из корејског села који снимио овај енглески репортер знач- јан је по томе што је он типичан свакодневни за читаву Кореју дана

У рушевинама Сеула, мала Корејка пере своју лутку у војничком шлему

〈그림 6: 남한 전쟁피난민의 비참함에 대한 신문 기사 사진과 분석〉[26]

25) Poljoprivredni nakladni zavod, *Koreja: zemlja, narod, privreda* (Zagreb, 1956) 73.
26) Dapčević, Peko (1951) 33.

유고슬라비아내 한국전쟁 일부 분석가들 가운데는 수정주의적 관점 아래 한국전쟁 시발에 대한 분석에 있어, 한국 전쟁을 누가 일으켰는지를 묻기 이전에 당시 한반도를 둘러싼 상황 분석이 우선되어야 한다는 점을 강조하고 있기도 하다. 한반도에 남한과 북한 정부가 각자 들어선 이후로 38선을 따라 여러 차례의 위험스러운 긴장관계가 지속되어 왔으며, 실제 1949년 2월 이후로 남한군이 38선을 넘어 북한을 공격하는 등 북한을 자극해 왔다고 말하고 있다. 뒤 이어 3월에는 남한군이 남한 내에 북한추종자들을 향한 대규모 군사작전이 진행되는 가운데, 8월에는 옹진반도에서 양측 간 심각한 군사적 충돌이 발생하였다는 점, 그리고 1950년 5월 30일 공산당을 불법단체로 규정한 채 남한 내에서 선거가 치러지자, 북한이 3명의 대표단을 파견해 통일 문제를 논의하고자 했으나, 이들을 구금함으로써 북한의 김일성을 보다 자극했다고 주장하고 있다. 결과적으로 이러한 긴장들이 마침내 6월 25일 38선을 따라 대규모 군사적 충돌을 낳았다는 것이다.[27]

하지만 이러한 일부 수정주의적 주장에도 불구하고, 한국전쟁 발발 기원에 대한 유고슬라비아 정부 및 대다수의 한국 전쟁 전문가들의 기본적인 입장은 소련군의 지원에 의한 북한군의 남침이었다는 점을 유지해왔다. 특히, 북한의 김일성이 주장했던 당시 한국의 미대사인 존 무초(John Mucco)를 중심으로 미국이 북한 침략준비를 서둘렀다는 증거는 UN의 여러 조사를 통해서도 전혀 확인되지 않는 무고라 언급하고 있다. 오히려, 한국에 파견된 UN위원회(UNCOK)의 공식적인 보고서를 바탕으로, 북한군이 오랜 기간 동안 남침을 준비해왔고 마침내 한국전쟁을 일으킴으로써 세계 평화를 위협하게 되었다고 기록하고 있다. 그는 또한 북한군이 오랜 기간 동안 침략 준비를

27) Radenković, Đ. i Stojiljković, D. (1950) 23.

했음을 입증하는 보다 더 명확한 증거로 UN위원회의 보고서를 인용하면서, 북한의 선제공격에 대한 입장을 분명히 하고 있다. 특히, 북한군이 UN에서 결정된 6월 25일과 27일의 결의와 의지에도 불구하고 군대를 퇴각시키지 않은 채 한반도 무력 통일의 당위성 등 여러 변명만을 언급했다는 점은 남한군의 북침에 대응한 방어전이었다는 소련과 북한의 주장이 허구라는 단적인 예라고 주장하고 있다.[28]

실제 사회주의 진영에 속해있으면서도 유고슬라비아는 여러 문헌과 언론들을 통해 한국전쟁의 시발에 대해 대체로 객관적이고 사실에 기초한 입장을 보이려 노력했으며, 이러한 유고슬라비아의 분석들은 또한 1994년 6월 당시 러시아의 옐친 대통령이 한국의 김영삼 대통령에게 전달한 한국전쟁과 관련한 소련의 비밀문서들을 통해서 보다 더 분명한 사실로 밝혀지게 된다. 이 문서들에 따르자면 전쟁을 준비하면서 소련은 한국전쟁 처음부터 이미 깊숙이 개입해 왔음이 확인되었다. 또한 중국 본토에서 모택동이 승리한 이후 김일성은 남한 침공에 대한 스탈린과 모택동의 분명한 지원약속을 들을 수 있었고, 이러한 약속은 김일성이 남한에 대한 군사 공격을 결정하게 되는 실질적인 배경을 만들어 주었다고 볼 수 있다.

제5장 한국 전쟁 기원의 진실과 시사점

한국전쟁이 발발했을 때, 동유럽 사회주의 국가들 대부분은 소련과 북한의 일방적 주장인 "남한의 군사적 북침에 대항하기 위해 북한군이 불가피하게 전쟁에 참여하여 한국 전쟁이 발발하게 되었다"는 주장을 그대로 수용하였다. 그리고 1990년대 들어와 동유럽의 민

28) Marković, Milan (1951) 108.

주화 이후 우리나라 정부를 비롯해 대학 관계자 등 민간외교단의 여러 노력에도 불구하고, 한국전쟁에 관한 역사적 오류들은 이들 국가들에서 여전히 그대로 받아들여지고 있는 실정이다. 하지만, 이들 국가들과는 달리 유고슬라비아는 사회주의 국가임에도 불구하고 한국전쟁 발발과 동시에 "한반도에서의 전쟁은 북한군이 소련의 군사적 도움을 받아 남한을 침공함에 따라 발생하게 되었다"는 분명한 입장을 보였고, 오늘날까지도 그러한 입장을 고수하고 있다.

이처럼 한국 전쟁을 바라보는 유고슬라비아의 객관적이고도 정확한 시각이 가능했던 배경에는 1948년 코민포름 분쟁의 여파를 들 수 있을 것이다. 유고슬라비아는 코민포름 분쟁이후 소련 및 주변 사회주의 국가들로부터 정치, 외교, 경제적 고립은 물론 군사적 침공 위협에 직면해 있었다. 이 결과 유고슬라비아는 머나먼 극동에서 발생한 한국 전쟁에 대해 많은 관심을 지니게 되었고, 마침내 자국에서 일어날 전쟁을 대신해 한반도에서 전쟁이 발발하게 되었다는 결론을 내리게 되었다. 따라서, 유고슬라비아는 아직까지도 한국전쟁을 '특별한 전쟁'으로 기록하고 있으며, 한국전쟁에 대한 평가에 있어서도 '발칸에서의 전쟁대신에 한국에서(Korejski, umjesto Blakanskog rata!)'이란 표현으로 당시 긴박했던 유고슬라비아의 상황과 한국 전쟁에 대한 유고슬라비아의 시각을 함축적으로 잘 보여주고 있다.[29]

국제정치학적으로 당시 한국전쟁은 사회주의 블록의 군사 침공에 대비하기 위한 NATO의 결속과 강화를 가져왔다. 당시 유고슬라비아는 비록 NATO 회원국은 아니었지만 그리스, 터키 등 NATO 회원국들과의 방위 조약과 함께, 미국 등 서구 진영으로부터 경제적 지원은 물론 군사적 원조를 약속 받아낼 수 있었다. 특히, 국가 기록에 보인 유고슬라비아 정부의 분석처럼 한국전쟁에 대한 미국과 UN

29) Bekić, Darko (1988)

의 대응은 소련이 유고슬라비아와 서독 등 유럽 침공 계획을 포기하게 한 중요한 역사적 의미를 지니고 있다고 할 수 있을 것이다.[30] 자국을 대신한 전쟁이라는 관점 아래, 유고슬라비아 정부는 한국 전쟁 시작부터 종결 때까지 깊은 관심을 보여 왔다. 이러한 관심은 한국 전쟁 발발 초기부터 종전 때까지 관영지인 <보르바>와 <폴리티카>에 연일 중요 기사로 한국 전쟁 과정과 이에 대한 국제 정세를 소개하는 분석 기사 및 칼럼 게재들을 통해 확인할 수 있으며, 이 외에도 한국 전쟁에 관한 수많은 국가 기록물 및 비밀 자료들을 통해서도 파악할 수 있다.

또한 유고슬라비아는 스탈린이 한국전쟁을 통해, 서유럽에서 사회주의 블록의 확대 혹은 세계 여러 이해 영역 지역으로의 침공시 미국 등 서구와 UN의 대응을 확인하려 했다고 분석하고 있다. 당시 국제 정세를 되짚어볼 때, 한국전쟁은 유고슬라비아에게 실제적인 전쟁 위협과 위기감을 안겨주었지만, 동시에 이를 통한 미국과 서방 진영의 폭넓은 지원을 얻는 계기가 되었다고 할 수 있다. 특히, UN군 북진과 중공군의 한국전쟁 개입은 유고슬라비아에게 제 3차 세계대전 발발에 대한 두려움과 함께, 우선 대상 국가가 바로 자국이 될 수 있을 것이라는 불안감을 안겨주게 된다.[31]

그럼에도 불구하고, 한국 전쟁은 유고슬라비아에게 '사회주의로 가는 또 다른 새로운 길(drugi put)'을 선택하는 중요한 기회를 제공하였다고 할 수 있을 것이다. 즉, 1950년 1월 이후 미국의 지원 아래 자리한 UN 안보리 비상임이사국 회원국으로서, 그리고 중공군의 한국전 개입 당시에는 안보리 의장국으로서, 유고슬라비아는 한반

30) 윌리엄 스톡 저, 김형인, 김남균, 조성규 그리고 김재민 공역 (2001) 16.

31) 실제, 당시 유고슬라비아는 소련이 중공을 부추겨 한국전쟁에 개입하게 함으로서 극동에서 미국을 비롯한 서구의 전력을 약화시키고, 곧 바로 소련과 바르샤바 군은 자국과 서독을 우선으로 서유럽을 침공할 것이라 예측하고 있었다.

도문제와 한국전쟁에 대한 UN에서의 여러 발언과 결의 주도에 중요한 영향력을 행사하였으며, 이를 토대로 자신이 처한 대내외적인 어려움과 외교적 고립을 타파해 나갈 수 있었다. 특히, 유고슬라비아는 한국전쟁에서의 경험과 한국전쟁 문제 해결을 위한 UN 논의 등을 통해, 인도, 이집트 등이 자신과 비슷한 입장을 견지하고 있다는 것을 확인할 수 있었다. 이를 토대로 유고슬라비아는 제 1, 2세계에 일방적으로 속해야 하는 틀을 벗어나, 새로운 국제 정치 모델의 대안이라 할 수 있는 제3세계 블록 형성에 강한 확신을 가질 수 있게 되었다. 또한 이들 국가들과의 외교적 연대를 바탕으로 양 대 어느 블록에도 편입되지 않는 독자적 외교 노선인 '비동맹 외교정책'의 기틀을 수립할 수 있었다.

유고슬라비아를 중심으로 사회주의 국가 기록을 통해 한국 전쟁 발발 기원과 그 역사적 의미에 대해 살펴보고자 한 본 연구는 한국전쟁 종전 60주년이 넘어가는 현재까지도, 한국 전쟁의 기원과 그 배경을 둘러싼 국내에서의 갈등과 여러 논쟁들에 대해 던지는 의미가 남다르다 할 수 있을 것이다. 우리는 본 연구를 통해, 냉전이 최고조에 이르고 있던 한국 전쟁 당시 유고슬라비아가 양대 블록 어디에도 들어가지 않는 객관적인 시각을 지니고 있었으며, 더불어 오직 정확한 정보들과 현지 자료들만을 기초로 한국 전쟁의 발발 배경과 전쟁 양상 그리고 그 진행과 국제사적 의미에 대해 분석하고 있음을 확인할 수 있었다. 이러한 점이 바로 동유럽 국가들의 국가 기록들을 통해 한국전쟁의 기원과 발생 배경을 분석하고, 더불어 정확하고도 객관적인 역사적 사실들을 현재의 우리들에게 전달하고 있다는 점에서 본 연구의 의미가 있다 할 것이다.

부록

참고문헌

색인

참고문헌

제 2부. 동유럽 국가들의 공산화 과정, 체제 전환 노력과 민주화

〈폴란드〉

Bereś, W., Skoczylas, J. (1991) Generał Kiszczak mówi ... prawie wszystko. Warszawa.

Burnetko, K. (2005년 10월 1일) Kolega z Krakowa. Polityka. (http://archiwum.polityka.pl/art/kolega-znbsp;krakowa,393956.html)

Cenckiewicz, S., Gontarczyk, P. (2008) SB a Lech Wałęsa. Przyczynek do biografii. Gdańsk-Warszawa-Kraków.

Chumiński, J. (1998) Formy nadzoru środowiska pracowników przysłu w latach forsowanej industrialzacji (1949-1956). Studia Historyczne, z. 4 (163).

Co kryją teczki? O tajnych współpracownikach bezpieki z Andrzejem Chojnowskim, Grzegorzem Majchrzakiem, Zbigniewem Nawrockim i Tadeuszem Ruzikowskim rozmawia Władysław Bułhak (2005) Biuletyn Instytutu Pamięci Narodowej, nr 3.

Czyźewski, A., Nowinkowski, S. M., Stobiecki, R., Żelazko, J. (red.) (2012) Bez taryfy ulgowej. Dorobek naukowy i edukacyjny Instytutu Pamięci Narodowej 2000-2010. Łódź.

Dokumenty i materiały do stosunków polsko-radzieckich, t. 8 (1974) Warszawa.

Drewnowski, J. (1979) Władza i opozycja. Próba interpretacji historii politycznej Polski Ludowej. Londyn.

Dudek, A. (2002) Pierwsze lata III Rzeczpospolitej 1989-2001. Kraków.

Dudek, A. (2003) Gryz, R., Komuniści i Kościół w Polsce (1945-1989). Kraków.

Dudek, A. (2012) Instytut. Osobista historia IPN. Warszawa.

Dudek, A., Marszałkowski, T. (1992) Walki uliczne w PRL 1956-1989. Kraków.

Dubiński, K. (1990) Magdalenka-transakcja epoki. Notatki z poufnych spotkań Kiszczak-Wałęsa. Warszawa.

Garlicki, A. (1993) Z tajnych archiwów. Warszawa.

Gelberg, L. (1960) Prawo międzynarodowe i historia dyplomatyczna. Wybór dokumentów. Warszawa.

Gebert, K. (1990) Mebel. Londyn.

Golimont, A. (1992) Generałowie bezpieki. Warszawa 1992.

Gomułka, W. (1947) W walce o demokrację ludową. Artykuły i przemówienia. Warszawa.

Grajewski, A. (2011) Gdy było tylko Kolegium. Uwagi o pierwszym roku działalności Kolegium IPN. Arcana, nr 5.

Hankiss, E. (1986) Pułapki społeczne. Warszawa.

Informacja o działalności IPN w 2006 r. dla Senatu RP. (http://ww2.senat.pl/k6/dok/dr/400/412.pdf)

Informacja o działalności Instytutu Pamięci Narodowej–Komisja Ścigania Zbrodni przeciwko Narodowi Polskiemu w okresie 1 stycznia 2011-31 grudnia 2011, Warszawa 2012.

IPN. Przegląd mediów 5–6 lipca 2005 r. (http://ipn.gov.pl/wai/pl/18/2818/PRZEGLAD_MEDIOW__56_lipca_2005_r.html)

Jagiełło, J. (1984) O Polską drogę do socjalizmu. Dyskusje w PPR i PPS w latach 1944-1948. Warszawa.

Jaruzelski, W., Orzechowski, M. (1991) [in] Koniec epoki. Wywiady Maksymiliana Berezowskiego. Warszawa.

Katalog publikacji IPN 2000-2008 (2009) Warszawa.

Kochanowski, J. (1995) Protokoły posiedzeń Biura Politycznego KC PPR 1944-1945. Dokumenty do dziejów PRL, z. 2. Warszawa.

______ (1995) Protokoły posiedzeń Prezydium KRN 1944-1947. Warszawa.

Kochański, A. (1998) Stalinowskim kursem. Sprawozdanie stenograficzne z posiedzenia Komitetu Centralnego Polskiej Partii Robotniczej 31 sierpnia–3 września 1948 r. Pułtuski-Warszawa.

Kochański, A. Paczkowski, A. i in. (1995) Polska-ZSRR. Struktury podległości. Dokumenty WKP(b). Warszawa.

Korzeniewska, B. (1998) Spekulantka. Karta, nr 26.

Koczwańska-Kalita, D. (2010) Kronika 10 lat IPN. Warszawa.

KOS (1989년 3월 12일자).

Kuczyński, W. (2008년 6월 26일) Fałszywy mit nocnej zmiany. Rzeczpospolita. (http://www.rp.pl/artykul/154598.html)

Kuczyński, K. (1992) Zwierzenia zausznika. Warszawa.

Kura, A. (2012) Trudna przeszłość-jaka przyszłość [in] R. Ignatiew. [in] A. Kura (red.), Zbrodnie przeszłość. Opracowania i materiały prokuratorów IPN, t. 4. Warszawa.

Lewandowski, J. (1991) Rodowód społeczny powojennej inteligencji polskiej (1944-1949). Szczecin.

Marcinkiewicz o doniesieniach w sprawie Kurtyki (2010년 12월 14일) Gazeta.pl. (http://wiadomosci.gazeta.pl/wiadomosci/1,114873,3066344.html

Mielczarek, T. (1998) Między monopolem a pluralizmem. Zarys dziejów środków komunikowania masowego w Polsce w latach 1989-1997. Kielce.

Morawski, M. (1994) Prawne instrumenty segmentacji społeczeństwa w okresie transformacji systemowej (na przykładzie Polski lat 1989-1992). Wrocław.

Musiał, F. (2007) Podręcznik bezpieki. Teoria pracy operacyjnej Słżby Bezpiczeństwa w świetle wydawnictw resortowych Ministerstwa Spraw Wewnętrznych PRL (1970-1989). Kraków.

Ożóg, M. (2001) Bipolarny układ polityczny a proces walki o władzę w Polsce w latach 1944-1947 [in] Pamiętnik rok 1947. Rzeszów.

Paczkowski, A. (1999) Od sfałszowanego zwycięstwa do prawdziwego klęski.

Szkice do portretu PRL. Kraków.

______ (2000) System nomenklatury kadr w Polsce (1950-1970). Warszawa.

Palska, H. (1994) Nowa inteligencja w Polsce Ludowej. Warszawa.

Perzkowski, S. (1994) Tajne dokumenty Biura Politycznego i Sekretariatu KC. Ostatni rok władzy 1988-1989. Londyn.

Piecuch, H. (1992) Wojciech Jaruzelski tego nigdy nie powie. Mówi były szef wywiadu i kontrwywiadu, pierwszy zastępca ministra spraw wewnętrznych generał dywizji Władysław Pożoga. Warszawa.

Pindelski, B. (1998) Inicjatywa na marginesie. Karta, nr 26.

Porozumienia okrągłego stołu. (1989) Olsztyn.

Pożegnanie: Andrzej Przewoźnik (1963–2010) (2010년 4월 10일) Culture.pl. (http://culture.pl/pl/culture/artykuly/wy_in_przewoznik_andrzej_pozegnanie_2010)

Raina, P. (1995) Rozmowy z władzami PRL. Arcybiskup Dąbrowski w służbie Kościoła i narodu, t. II. Warszawa.

Rakowski, M. F. (1991) Jak to się stało. Warszawa.

Raport Ośrodka Studiów Wschodnich. Lustracja w krajach Europy Środkowej i Państwach Bałtyckich (marzec 2009) Warszawa.

Rzepliński, A. (1998) Prawo prywatne w Polsce w latach 1944-1956 [in] M. Porowski (red.), IPSiR dzisiaj. Kięga jubileuszowa. Warszawa.

Rok 1989. Geremek odpowiada, Żakowski pyta. (1990) Warszawa.

Rokita, J. (1989) Przed okrągłym stołem. Arka, nr 25.

Sejm wybrał pięciu członków Rady IPN (2011년 3월 18일) RMF 24. (http://www.rmf24.pl/fakty/polska/news-sejm-wybral-pieciu-czlonkow-rady-ipn,nId,329944)

Skrzydło, W. (1979) Manifest Polskiego Komitetu Narodowego. Lublin.

Skórzyński, J. (1992) Ugoda i rewolucja. Władza i opozycja 1985-1989. Warszawa.

Skrzypek, A. (2002) Mechanizmy uzależnienia. Stosunki polsko-radzieckie 1944-1957. Pułtusk.

Społeczeństwo i władza lat osiemdzisiątych w badaniach CBOS (1994) Warszawa.

Sprawozdanie z wykonania budżetu państwa za okres od 1 stycznia do 31 grudnia 2012 r. (Druk nr 1414). Tom I, 31 maja 2013. (http://www.sejm.gov.pl/Sejm7.nsf)

Spór o Polskę. Z Aleksandrem Hallem rozmawiają Ewa Polak i Mariusz Kobzdej. (1993) Warszawa.

Stenogram plenarnego posiedzenia KC PPR z 13-14 IV 1947 r. (1982) [in] Archiwum ruchu robotniczego, t. 7. Warszawa.

Stenogram plenarnego posiedzenia KC PPR z 11 X 1947 r. (1988) [in] Archiwum ruchu robotniczego, t. 11. Warszawa.

Stenogram z posiedzenia Sejmu z 23 maja (1991) (http://orka2.sejm.gov.pl/Debata1.nsf)

Stenogram z posiedzenia Sejmu z 23 grudnia (1991) (http://orka2.sejm.gov.pl/Debata1.nsf)

Stenogram z posiedzenia Sejmu z 4 czerwca (1992) (http://orka2.sejm.gov.pl/Debata1.nsf)

Sto kilometrów teczek. O archiwum IPN z Bernadettą Gronek i Leszkiem Postołowiczem rozmawiają Krzysztof Persak i Barbara Polak (2002) Biuletyn Instytutu Pamięci Narodowej, nr 4.

Strzembosz, T. (2000) Polacy w PRL–sprzeciw, opozycja, opór. Zachowania opozycyjne w systemie totalitarnym, Studia Polityczne, nr 11.

Szczepański, J. (1965) Zmiany w strukturze klasowej społeczeństwa polskiego [in] A. Saraplata (red.), Przemiany społeczne w Polsce Ludowej. Warszawa.

Sztompka, P., Diagnoza stanu państwa i społeczeństwa po 14 latach transformacji (www.exportetr.pl)

Tabako, T. (1992) Strajk '88. Warszawa.

Trybuna Ludu (1988년 8월 27-28일자).

Turkowski, R. (1992) Polskie Stronnictwo Ludowe w obronie demokracji 1945-1949. Warszawa.

Uchwała Sejmu Rzeczypospolitej Polskiej z dnia 28 maja 1992 r. (M.P. 1992, nr 16, poz. 116) (http://isap.sejm.gov.pl/DetailsServlet?id=WMP19920160116)

Urban, J. (출판연도 미상) Jaja kobyły, Warszawa.

Ustawa o zmianie Konstytuscji PRL z 7 kwietnia (1989). Dziennik Ustaw (1989), nr 19, poz. 101.

Ustawa z dnia 23 lutego (1991) r. o uznaniu za nieważne orzeczeń wydanych wobec represjonowanych za działalność na rzecz niepodległego bytu Państwa Polskiego (Dz.U. 1991, nr 34, poz. 149)

Ustawa z dnia 4 kwietnia (1991) r. o zmianie ustawy o Głównej Komisji Badania Zbrodni Hitlerowskich-Instytucie Pamięci Narodowej (Dz.U. 1991, nr 35, poz. 195)

Ustawa z dnia 18 grudnia 1998 r. o Instytucie Pamięci Narodowej–Komisji Ścigania Zbrodni przeciwko Narodowi Polskiemu (Dz.U. 1998, nr 155, poz. 1016, zm. Dz.U. 1999, nr 38, poz 360) (http://isap.sejm.gov.pl/DetailsServlet?id=WDU19981551016)

Ustawa z dnia 18 października (2006 r.) o ujawnianiu informacji o dokumentach organów bezpieczeństwa państwa z lat 1944-1990 oraz treści tych dokumentów. (Dz.U. 2006, nr 218, poz. 1592) (http://isap.sejm.gov.pl/DetailsServlet?id=WDU20062181592)

Wassermann, Z. (2001) Penalizacja-pociągnięcie do odpowiedzialności karnej sprawców zbrodni komunistycznych [in] Od totalitaryzmu do demokracji. Pomiędzy "grubą kreską" a dekomunizacją o doświadczenie Polski i Niemiec. Kraków.

Wnuk-Lipiński, E. (1996) Demokratyczna rekonstrukcja. Z socjologii radykalnej zmiany społecznej. Warszawa.

Wrona, J. (1997) System partyjny w Polsce 1944-1950. Miejsce, funkcje, relacje partii politycznych w warunkach budowy i utrwalenia systemu totalitarnego. Lublin.

Wykonanie budżetu państwa w 2012 r. część 13-Instytut Pamięci Narodowej. Informacja o wynikach kontroli. [in] Najwyższa Izba Kontroli [on-line], 24 lipca 2013. (http://www.nik.gov.pl/kontrole/wyniki-kontroli-nik/

kontrole,11513.html)

Żaryn, J. (1997) Kościół a władza w Polsce (1945-1950). Warszawa.

Żenczykowski, T. (1987) Polska Lubelska 1944. Paryż.

〈헝가리〉

김 대순 (2012) "탈 사회주의 시대 헝가리 외교 정책의 변화: 동족민족 처우개선 문제 및 주변국 정책, 미완의 과제", 『민족 연구』. 제 49호.

Appel, H. (2005) 'Anti-Communist justice and founding the post-Communist order: Lustration and restitution in Central Europe', East European Politics and Societies, Vol. 19, No. 3.

Ash, T. (1990) We the people: The revolution of '89 witnessed in Warsaw, Budapest, Berlin and Prague, London: Granta Books.

Bayer, J. (2005) 'The process of the change of the political system in Hungary: Deepening crisis, emerging opposition', East European Quarterly, Vol. 39, No. 2.

Békés, C., Byrne, M., and Rainer, J. (2002) (eds.) The 1956 Hungarian Revolution: A History in Documents, Budapest: Central European University Press.

Bihari, M. (2005) Magyar politika 1944-2004: Politikai és hatalmi viszonyok, Budapest: Osiris Kiadó.

Bozóki, A. (2002) The Roundtable Talks of 1989: The Genesis of Hungarian Democracy, Budapest: CEU Press.

Bozóki, A. (2003) Politikai pluralizmus Magyarországon 1987-2002, Budapest: Századvég Kiadó.

Bozóki, A., and Karácsony, G. (2002) The making of a political elite: participating in the Hungarian Roundtable Talks of 1989, in Bozóki, A. (ed.) The Roundtable Talks of 1989: The genesis of Hungarian democracy, Budapest: Central European University Press.

Brown, A. (2000) 'Transnational influences in the transition from communism',

Post-Soviet Affairs, Vol. 16, No. 2.

Bruszt, L. (1990) '1989: The negotiated revolution in Hungary', Social Research, Vol. 57, No. 2.

Bruszt, L., and Stark, D. (1991) 'Remaking the political field in Hungary: From the politics of confrontation to the politics of competition', Journal of International Affairs, Vol. 45, No. 1.

Comisso, E. (1995) 'Legacies of the past or new institutions? The struggle over restitution in Hungary', Comparative Political Studies, Vol. 28, No. 2.

Crampton, R. (1997) Eastern Europe in the twentieth century and after, London and New York: Routledge.

Debreczeni, J. (2003) A miniszterelnök: Antall József és a rendszerváltozás, Budapest: Osiris Kiadó.

Elster, J. (1993) 'Bargaining over the presidency', East European Constitutional Review, Fall1993/Winter 1994 issue.

Elster, J., Offe, C., Preuss, U. (1998) Institutional design in post-Communist societies: Rebuilding the ship at sea, Cambridge: Cambridge University Press.

Enriquez, C. (1998) Elites and de-Communisation in Eastern Europe in Higely, J., Pakulski, Y., and Wesolwski, W. (eds.) Post-Communist Elites and Democracy in Eastern Europe, New York: St. Martin Press.

Fahidi, G. (1994) 'Paying for the past: the politics and economics of compensation', The Hungarian Quarterly, Vol. 35, No. 136.

Falk, B. (2003) The dilemmas of dissidence in East-Central Europe, Budapest: Central and European University Press.

Fleming, D. (1995) 'Compensation or restitution?: An analysis of the Hungarian Land Compensation Acts 1991-92', Journal of Property Valuation and Investment, Vol. 13, No. 4.

Göncz, Á. (1993) 'Breaking the vicious circle', Common Knowledge, Vol. 2, No. 1.

Gough, R. (2006) A good comrade: János Kádár, Communism and Hungary, London: I.B. Tauris.

Grodsky, B. (2009) 'Reordering justice: Towards a new methodological approach to studying transitional justice', Journal of Peace Research, Vol. 46, No. 6.

Halmai, G., Scheppele, K. (1997) Living well is the best revenge: The Hungarian approach to judging the past, in McAdams, J. (ed.) Transitional Justice and the rule of law in new democracies, Notre Dame, IN: University of Notre Dame Press.

Hankiss, E. (1990) East European Alternatives, New York: Claredon Press.

Hegedűs, A. (1997) The petőfi circle; The forum of reform in 1956 in Cox, T. (ed.) Hungary 1956: Forty years on, London and Portland: Frank Class.

Izsák, L. (2001) The Kádár regime and its collapse, in Ormos, M., and Király, B. (eds.) Hungary: Governments and Politics 1848-2000, New York: Columbia University Press.

Huyse, L. (1995) 'Justice after transition: On the choices successors elites make in dealing with the past', Law and Social Inquiry, Vol. 20, No. 1.

Kenez, P. (2006) Hungary from the Nazis to the Soviet: The establishment of Communist regime in Hungary, Cambridge: Cambridge University Press.

Kéri, L. (2010) A rendszerváltás krónikája 1988-2009, Budapest: Kossuth Kiadó.

Kim, D. S. (2013) The Transition to Democracy in Hungary: Árpád Göncz and the Post-Communist Presidency, London and New York: Routledge.

Kis, J., and Vida, I. (2005) (eds.) Magyarországi pártprogrammok 1988-1990, Budapest: ELTE Eötvös Kiadó.

Kiss, C. (2006) 'The misuses of manipulation: The failure of transitional justice in post-Communist Hungary', Europe Asia Studies, Vol. 58, No. 6.

Kontler, L. (2002) A history of Hungary: Millenium in Central Europe, New York: Palgrave MacMillan.

Kornai, J. (1996) 'Paying the bill for Goulash Communism: Hungarian development and macro-stabilisation in political-economy perspective', Social Research, Vol. 63, No. 4.

Körösényi, A. (1992) The decay of Communist rule in Hungary, in Bozóki, A., Körösényi, A., and Schöpflin, G. (eds.) Post-Communist Transition:

Emerging pluralism in Hungary, New York: St. Martin Press.

Körösényi, A. (1999) Governments and Politics in Hungary, Budapest: Central European University Press.

Kornai, J. (1992) The Socialist system: The political economy of communism, Princeton: Princeton University Press.

Kovács, Á. (2006) Viták a köztársasági elnök jogköréről, Debrecen: Debreceni Állam és Jogtudomány Kar.

Kozminski, A. (1997) 'Restitution of private property: Re-privatisation in Central and Eastern Europe', Communist and Post-Communist Studies, Vol. 30, No. 1.

Kramer, M. (1998) 'The Soviet Union and the 1956 crises in Hungary and Poland: Reassessment and new findings', Journal of Contemporary History, Vol. 33, No. 2.

Kukorelli, I. (1995) The Presidency in Király, B. (ed.) Lawful revolution in Hungary 1989-94, New York: Columbia University Press.

Linz, A., Alfred, S. (1996) Problems of democratic transition and consolidation: Southern Europe, South America and Post-Communist Europe, Baltimore and London: The Johns Hopkins University Press.

Litván, G. (1996) (ed.) The Hungarian Revolution of 1956: Reform, revolt and repression 1953-1963, London and New York: Longman.

Litván, G. (2008) Maradjunk a tényeknél: Történeti-politikai iratok, Budapest: 1956-os Intezet.

Mudde, C. (2001) 'In the name of the peasantry, the proletariat, and the people: Populism in Eastern Europe', East European Politics and Societies, Vol. 15, No. 1.

Okolicsanyi, K. (1991) 'The compensation law: Attempting to correct past mistakes', Report on Eastern Europe, Vol. 1, No. 42.

Olson, T., Payne, L., and Reiter, A. (2010) 'Transitional justice in the world, 1970-2007: Insights from a new data set', Journal of Peace Research, Vol. 47, No. 6.

Oltay, E. (1993) 'Hungary attempts to deal with its past', RFE/RL Research Report, Vol. 2, No. 18.

O'Neil, P. (1997) Hungary: Political transition and executive conflict: the balance or fragmentation of power, in Taras, R. (ed.) Post-Communist Presidents, Cambridge: Cambridge University Press.

O'Neil, P. (1998) 'Revolution from within: Analysis, transition from authoritarianism, and the case of Hungary', World Politics, Vol. 48, No. 4.

Paczolay, P. (1992) 'Judicial review of the compensation law in Hungary', Michigan Journal of International Law, Vol. 13, No. 4.

Pataki, J. (1992) 'Dealing with Hungarian Communists' crimes', RFE/RL Research Report, Vol. 9, No. 1.

Raadt, J. (2009) 'Contestable constitutions: Ambiguity, conflict, and change in East Central European dual executive systems', Communist and post-Communist Studies, Vol. 42, No. 1.

Rainer, J. (2002) The re-burial of Imre Nagy: A symbolic act of democratic transformation in Hungary, in Congdon, L., and Király, B. (eds.) The ideas of the Hungarian revolution suppressed and victorious 1956-1999, New York: Columbia University Press.

Romsics, I. (1999) Hungary in the twentieth century, Budapest: Corvina and Osiris.

Schöpflin, G. (1977) Hungary in McCauley, M. (ed.) Communist power in Hungary 1944-1949, London: MacMillan.

Sólyom, L., and Holló, A. (1992) Az alkotmánybíróśági határozatai 1991, Budapest: Triorg Kiadó.

Sólyom, L., and Holló, A. (1993) Az alkotmánybíróśági határozatai 1992, Budapest: Triorg Kiadó.

Swain, N. (1999) 'Agricultural restitution and cooperative transformation in the Czech Republic, Hungary and Slovakia', Europe Asia Studies, Vol. 51, No. 7.

Swain, N. (1992) The rise and fall of feasible socialism, London: Verso.

Swain, N., and Swain, G. (2003) Eastern Europe since 1945, London and New York: Palgrave MacMillan.

Szoboszlai, G. (1996) Parliamentarism in the making: Crisis and political transformation in Hungary, in Lijphart, A., and Waisman, H. (eds.) Institutional design in new democracies: Eastern Europe and Latin America, Colorado: Westview Press.

Tőkés, R. (1996) Hungary's negotiated revolution: Economic reform, social change and political succession, Cambridge: Cambridge University Press.

Verdery, K. (1999) What was socialism, and why did it fall? in Tismaneanu, V. (ed.) The revolutions of 1989, London and New York: Routledge.

Welsh, H. (1996) 'Dealing with the Communist Past: Central and East European experiences after 1990', Europe Asia Studies, Vol. 48, No. 3.

Whitehead, L. (1994) East Central Europe in comparative perspective in Pridham, G., Herring, E., and Sanford, G. (eds.) Building democracy?: The international dimension of democratisation in Eastern Europe, London: Leicester University Press.

기밀 해제문헌 및 신문 자료

Record of conversation between president M. S. Gorbachev and Mikós Németh, Member of the HSWP CC Politburo, Chairman of the Council of Ministers of People's Republic of Hungary', Moscow, 3 March 1989, in Cold War International History Project Bulletin, Issue 12/13.

"2030세대 그들은 누구인가?",『주간 경향』, 2014년 3월 11일자.

인터뷰 자료

Prof. Bód Péter Ákos, 전 산업부 장관, 전 헝가리 중앙은행장, 현 부다페스트 코르비너스 대학 경제학과 학과장, 5 February 2014.

Dr. Göncz Árpád, 전 자유 민주연합 창시자, 첫 민주정부 초대 대통령, 10 January 2008.

Prof. Hack Péter, 전 헝가리 자유 민주연합 부의장, 정화법 입법안 의원, 현 부다페스트 외트뵈쉬 로란트 대학 법대 교수, 3 February 2014.

Dr. Kulin Ferenc, 전 헝가리 민주포럼 부의장, 8 February 2014.

Dr. Lengyel László, 전 개혁 사회주의 경제학자, 현 금융연구소 소장, 6 February 2014.

Prof. Mihály Péter, 부다페스트 중부유럽 대학 경제학과 교수, 11 February 2014.

Prof. Nigel Swain, 리버풀 대학 전 동유럽 연구소장, 동유럽 비교 역사학자, 14 March 2014.

Dr. Salamon László, 전 헝가리 민주포럼 부의장, 현 헝가리 헌법재판소 판사, 29 January 2014.

Dr. Varga László, 공산당 기밀문서 윤리 및 보고 위원회 부의장, 역사학자, 14 February 2014.

Prof. Vass László, 정치국 상무의원 포즈거이 임레의 전 비서, 현재 부다페스트 경제대학 정치학과 교수, 부다페스트 방통대학 총장, 12 November 2010.

인터넷 자료

"Market, state, and informal networks in the growth of private housing in Hungary", http://www.raumplanung.tu-dortmund.de/.../ladanyi.pdf, (접속일: 2014년 4월 11일).

"The famous quote on Communism" in, http://www.famous-quotes.com/topic.php?page=1&total=53&tid=210, (검색일: 2014년 3월 14일).

"북 주민들, 중국산 노트텔로 한국드라마 시청",『자유 북한 방송』, 2013년 10월 23일자, (검색일: 2014년 4월 4일).

〈체코슬로바키아〉

게오르그 쇄렌센 (1996)『민주주의와 민주화: 민주화 물결의 과정과 전망』. 김만흠 옮김. 풀빛.

권재일 (1995)『체코슬로바키아사』. 대한교과서.

르네 알브레히트-까리에 (1989)『유럽외교사』. 까치.

박창희 (1983) “전후 소련의 동구개입과정과 요인에 관한 연구”, 박사학위논문. 경희대학교.

사뮤엘 P. 헌팅턴 (1992) “권위주의체제의 유형과 민주화의 경로”, 『비교정치론 강의2』. 김웅진 외 편역. 한울.

아담 쉐보르스키 (1992) “민주주의 이행에 관한 몇 가지 문제점”, 『권위주의정권의 해체와 민주화』. 염홍철 옮김. 한울.

이정희 (1989) 『동유럽사』. 대한교과서.

Agh, Attila (1996) “From Nomenklatura to Clientura: The Emergence of New Political Elite in East-Central Europe.” *Stabilising Fragile Democracies: Comparing new Party Systems in Southern and Eastern Europe.* Ed. Geoffrey Pridham and Paul G. Lewis. London: Routledge.

Anna, Grzymala-Busse (1988) “Reform Efforts in the Czech and Slovak Communist Parties and Their Successors, 1988-1993”. *East European Politics and Societies* 12/3: 442-471.

Bankowicz, Marek (1991) “Czechoslovakia: From Masaryk to Havel.” *The New Democracies in Eastern Europe: Party Systems and Political Cleavages.* Ed. Stern Berglund and Jan Åke Dellenbrant. Vermont: Edward Elgar.

Batt, Judy (1994) “The International Dimension of Democratization in Czechoslovakia and Hungary.” *Building Democracy: The International Dimensions of Democratization in Eastern Europe.* Ed. Geoffrey Pridham and Eric Herring and George Sanford. London: Leicester Univ. Press.

Bermeo, Nancy (1994) “Sacrifice, Sequence and Strength in Successful Dual Transition: Lessons from Spain”. *The Journal of Politics* 56/2: 601-627.

Brokl, Lubomir and Mansfeldova, Zdenka (1993) “Czechoslovakia”. *European Journal of Political Research* 24/4: 397-410.

Brown, J. F. (1990) Surge to Freedom: *The End of Communist Rule in Eastern Europe.* L.A.: Adamantine Press.

Brzezinski, Zbigniew K. (1971) The Soviet Bloc: Unity and Conflict. Massachusetts: Harvard Univ. Press.

Čerych, L. (1997) "Educational Reforms in Central and Eastern Europe: processes and outcomes". *European Journal of Education* 32/1: 75-97.

Clark, Terry D. (1995) "The Political Party System: A Study of Democratic Consolidation". *East European Politics and Society* 9/1: 41-62.

Cotta, Maurizio (1996) "Structuring the new Party Systems after the Dictatorships." *Stabilising Fragile Democracies: Comparing new Party Systems in Southern and Eastern Europe.* Ed. Geoffrey Pridham and Paul G. Lewis. London: Routledge.

Crawford, Beverly and Lijphart, Arend (1995) "Explaining Political and Economic change in Post-communist Eastern Europe: old legacies, new institutions, hegemonic norms and international pressures". *Comparative Political Studies* 28/2: 171-199.

Di Palma, Giuseppe (1990) *To Craft Democracies.* L.A: Univ. of California Press.

Dvořákova, V. and Gerloch, A. (1996) *Krystalizace Struktury Politických Stran v České republice po roce 1989.* Praha: Česká společnost pro politické vědy.

East, Roger (1992) *Revolution in Eastern Europe.* London: Pinter Publisher.

Ekiert, Grzegorz (1991) "Democratization Process in East-Central Europe: A Theoretical Reconsideration". *British J ournal of Political Science* 21/3: 285-313.

Friedrich, Carl J. and Brzezinski, Zbigniew K. (1965) *Totalitarian Dictatorship and Autocracy.* Cambridge: Harvard Univ. Press.

Grant, N. (1972) "Teacher Training in the U.S.S.R. and Eastern Europe". *Comparative Education.* 8/1: 7-29.

Gronsky, Jan a Hřebejk, Jiří (1999) *Dokumenty k Ustavnimu Vyvoji Československenaka I:* 1918-1945. Praha: Nakladatelstvi Karolinum.

Hanley, E. (2001) "Centrally Administered Mobility Reconsidered: the Political Dimension of Educational Stratification in State-Socialist Czechoslovakia". *Sociology of Education* 74/1: 25-43.

Huntington, Samuel P. (1991) *The Third Wave: Democratization in the late twenties century.* Norman: Univ. of Oklahoma Press.

Karklins, Rasma and Petersen, Poger (1993) "Decision Calculus of Protesters and Regimes: Eastern Europe 1989". *The Journal of Politics* 55/2: 588-614.

Kasková, A. (1958) *Education in Czechoslovakia*. Praha: Státní pedagogické nakladetelství.

Korbel, Josef (1977) *Twentieth-Century Czechoslovakia*. New York: Columbia Univ. Press.

Korbonski, Andrzej (1992) "Transition to Democracy in Czechoslovakia, Hungary and Poland: A Preliminary Analysis". From Leninism to Freedom: The Challenger of democratization. Ed. Margaret Latus. Boulder: Westview Press.

Kummel, Gerhard (1998) "Democratization in Eastern Europe: The Interaction of Internal and External Factors". *East European Quarterly* 32/2: 243-267.

Kusin, Vladimir V. (1982) "Husak's Czechoslovakia and Economic Stagnation". *Problems of Communism* 31/2: 29-30.

Lenner, Hans (1989) *A History of Czechoslovakia since 1945*. London: Routledge.

Liebert, Ulrike and Cotta, Maurizio (1990) *Parliament and Democratic Consolidation in Southern Europe*. London: Pinter Publisher.

Linz, Juan J. (1990) "Transition to Democracy". *The Washington Quarterly* 13/3: 143-164.

Luers, William H. (1990) "Czechoslovakia: Road to Revolution". *Foreign Affairs* 69/2: 77-98.

Nedelsky, Nadya (2004) "Divergent responses to a common past: Transitional justice in the Czech Republic and Slovakia". *Theory and Society* 33/1: 65-115.

Nellie, A. and Rosen, S. M. (1963) *Education in Czechoslovakia*. Wasington D.C.: Office of Education.

Orenstein, Mitchell (1998) "A Genealogy of Communist Successor Parties in East-Central Europe and the Determinants of their Success". *East European Politics and Societies* 12/3: 472-499.

Otahál, Milan (1994) *Opozice, Moc, Společnost*. Praha: Maxdorf.

Otahál, Milan a Sladek, Zdeněk (1990) *Deset Pražskych Dnů: Dokumentace*.

Praha: Academia.

Plasser, Fritz and Ulram, Peter A. and Waldrauch, Harald (1998) *Democratic Consolidation in East-Central Europe.* London : Macmillan.

Prečan, Vilém (1990) Charta 77: *Od Morální k Demokratické Revoluci.* Praha: Středisko Nezávislé Literatury.

Pridham, Geoffrey and Vanhanen, Tatu. eds. (1994) Democratization in Eastern Europe: *Domestic and International Perspectives.* London: Routledge.

Przeworski, Adam (1991) *Democracy and The Market: Political and Economic Reforms in Eastern Europe and Latin America.* Cambridge: Cambridge Univ. Press.

Ramet, Sabrina P. (1991) *Social Currents in Eastern Europe: The Sources and Meaning of the Great Transformation.* Durham: Duke Univ. Press.

Robertson, David (2006) "A Problem of Their Own, Solutions of Their Own: CEE Jurisdictions and the Problems of Lustration and Retroactivity." *Spreading Democracy and the Rule of Law? The Impact of EU Enlargem*ent *on the Rule of Law, Democracy and Constitutionalism in Post-Communist Legal Orders.* Ed. W. Sadurski. Dordrecht: Springer.

Rosenberg, T. (1995) *The Haunted Land: Facing Europe's Ghosts after Communism.* New York: Vintage Books.

Schmitter, Philippe C. (1988) *The Consolidation of Political Democracy in Southern Europe.* Stanford: Stanford Univ. Press.

Schmitter, Philippe C. and Karl, Terry L. (1991) "What Democracy is and is not". *Journal of Democracy* 2/3: 75-87.

Seton-Watson, Hugh (1956) *The East-European Revolution.* New York: Frederick A. Praeger.

Shvetsova, Olga (1999) "A Survey of Post-Communist Electoral Institutions 1990-1998". *Electoral Studies* 18/3: 400-401.

Šiklová, Jiřina and Havel, Václav (1999) "Lustration or the Czech Way of Screening." *The Rule of Law after Communism: Problems and Prospects in East-Central Europe.* Eds. M. Krygier and A. W. Czarnota. Aldershot: Ashgate.

Skąpska, Grażyna (2003) "Moral Definitions of Constitutionalism in East

Central Europe: Facing Past Human Rights Violations". *International Sociology* 18/1: 199-218.

Skilling, Gordon H. (1976) *Czechoslovakia's Interrupted Revolution.* New Jersey: Princeton Univ. Press.

Steiner, Jürg (1998) *European Democracies.* New York: Longman.

Szulc, Tad (1971) *Czechoslovakia since World War II.* New York: The Viking Press.

Wallace, William V. (1976) *Czechoslovakia.* London: Ernest Benn Limited.

Welsh, Helga A. (1994) "Political Transition Processes in Central and Eastern Europe". *Comparative Politics* 26/4: 381-382.

Zhang, Baohui (1994) "Corporatism, Totalitarianism and Transition to Democracy". *Comparative Political Studies* 27/1: 108-136.

〈루마니아〉

크리스 하먼 저/ 김형주 옮김 (1994), "동유럽에서의 계급투쟁(Class Struggles in Eastern Europe): 1945-1983", 갈무리.

Rupnik, Jacques저, 윤덕희 역 (1990), "오늘의 동유럽 -자유와 평등의 갈림길에서", 문학과 지성사.

문영찬 (2009), "통일전선전술의 현대적 의의", 노동사회과학 제2호, 노동사회과학연구소.

박정오 (2012) "정오의 휘뚜루마뚜루", 한국외국어대학교출판부.

안병영, 오세철 (1986) "동구제국의 역사적 형성", 박영사.

최동희 (1985), "소련과 동구 관계론", 종로서적.

최윤식, 배동철 (2010) "2020 부의 전쟁 in Asia", 지식노마드.

리차드 F. 스타아 저, 김영래·한석태 역 (1985), "동유럽공산정치론", 민음사.

Academia Română (2012) *România 1945-1989, Enciclopedia Regimului Comunist, Instituţii de Partid, de Stat, Obşteşti şi Cooperatiste,* Bucureşti : Institutul

Național pentru Studiul Totalitarismului.

Academia Română (2013) *Arhivele Totalitarismului 3-4*, București : Institutul Național pentru Studiul Totalitarismului.

Alexandrescu, Ion (1986) *Economia României în Primii Ani Postbelici (1945-1947)*, București : Editura Științifică și Enciclopedică.

Bărbulescu, *Mihai et als (2003) Istoria României*, București : Grupul Editorial Corint.

Boldur-Lățescu, *Gheorghe (1992) Genocidul comunist în România*, București : Editura Albatros.

Brucan, Silviu (1998) *O Biografie între Două Revoluții:* De la Capitalism la Socialism și Retur, București : Memira.

Bulai, Alfred (1999) *Mecanismele Electorale ale Societătii Românesti*, București : Editura Paideia.

Bulei, Ion (2007) *O Istorie a Românilor*, București : Editura Meronia.

Burakowski, Adam (2011) *Dictatura lui Nicolae Ceaușescu 1965-1989*, Geniul Carpaților, București : Polirom.

Comisia Prezidențială pentru Analiza Dictaturii Comuniste din România (2007) *Raportul Final*, București : Humanitas.

Constantiniu, Florin (1997) *O Istorie Sinceră a Poporului Român*, București : Univers Enciclopedic.

Denize, Eugen (2011) *Propaganda Comunistă în România* (1948-1953), Târgoviște : Cetatea de Scaun.

Dobre, Mihail (2011*) România la sfârșitul Războiului Rece*, Editura Enciclopedică.

Fontaine, Andre (1992), *Istoria războiului rece, vol. I*, DOSARE XX.

Gorgescu, Vlad (1995), *Istoria românilor, De la origine până în zilele noastre*, București : Humanitas.

Giurescu, Dinu C., Ștefănescu, Alexandru, Țiu, Ilarion (2010) *România și Comunismul, O Istorie ilustrată*, București : Corint.

Gluckstein, Ygael (1952) *Stalin's Satellites in Europe*, London.

Ionescu-Gură, Nicoleta (2010) *Dimensiunea represiunii din România în regimul*

Comunist, Dislocări de Persoane şi Fixări de Domiciliu Obligatoriu, Bucureşti : Corint.

Mureşan, Maria (1995) *Evoluţii Economice 1945-1990*, Bucureşti : Editura Economică.

Oţetea, Andrei (1985) *A Concise History of Romania*, London : Robert Hale.

Dăianu, Daniel (2000) *Încotro se îndreaptă ţările postcomuniste?*, Iaşi : Polirom.

Scurtu, Ioan (1982) *Viaţa Politică din România 1918-1944*, Bucureşti : Editura Albatros.

Scurtu, Ioan et als (2001) *Enciclopedia de Istorie a României*, Bucureşti : Meronia.

Scurtu, Ioan (2010) *Istoria Românilor de la Carol I la Nicolae Ceauşescu*, Bucureşti : Editura Mica Valahie.

Taborski (1961) *Communism in Czechoslovakia 1948-1960*, New Jersey.

Tănase, Stelian (1998) *Elite şi Societate, Guvernarea Gheorghiu-Dej*, 1948-1965, Bucureşti : Humanitas.

Tănase, Stelian (2006) *Revoluţia ca Eşec, Elite şi Societate*, Bucureşti : Humanitas.

Tismăneanu, Vladimir et als. (2007) *Comisia Prezidenţială pentru Analiza Dictaturii Comuniste din România, Raport Final*, Bucureşti : Humanitas.

Ţurlea, Petre (2009) *Ion Antonescu*, Bucureşti: Semne.

Verdery, Katherine (2002) Socialismul - *Ce a fost şi ce urmează*, trad. de Mihai Stroe, Iustin Codreanu, Iaşi : Institutul European.

인터넷 및 신문자료

http://stiri.rol.ro/content/view/52157/2/

동아일보 (2011.02.17), "中, 北유사시 김정은 대안체제도 준비"

연합뉴스 (2010.06.23), "독일학자 한국 통일비용, 서독보다 3-5배 클 수도"

뉴데일리(NewDaily; 2011.01.06), "북한, 9년 연속 "최악의 기독교 탄압국"

뉴스핌(Newspim; 2014.02.17) "루마니아의 깜짝 '전진'…새 신흥강국 부상"

미주한국일보 (2010.12.16/12.23/ 12.30) <박정오 칼럼> "루마니아식 혁명 북한에서도 가능할까? (1,2,3)"

〈중부유럽의 민주주의 공고화: 체제전환 이후 폴란드, 헝가리, 체코의 정당 · 총선을 중심으로〉

김신규(2005) "탈공산화 이후 체코 우익정당의 등장과 변화 연구", 『동유럽빌칸학』 제8권 1호.

김신규(2006) "탈공산화 이후 체코 우익정당의 등장과 변화 연구", 『동유럽 발칸학』 제8권 1호

김종석(2004) "체제전환 이후 폴란드 정치변동: 1997-2001", 『국제지역연구』(외대) 제8권 제3호

마인섭(2003) "한국 사회균열구조의 변화와 민주주의적 정착", 『한국정당회보』 제2권 제1호.

박정원(1995) "하이브리드 민주주의: 동유럽 민주주의 특성", 『국제정치논총』 제35집 1호.

윤덕희(2002) "동유럽 공산주의 계승정당의 재출현에 관한 연구", 『國際政治論叢』 Vol.42 No.4

이충묵(2000) "후기 공산주의 동유럽 정당체계와 형성: 체코공화국, 헝가리, 폴란드의 사례연구", 『국제정치논총』 40집 4호

이현우(2008) "사회균열이론의 후발민주주의 적용과 한계", 『OUGHTOPIA(경희대 인류사회재건연구원)』 제23호 제2호.

이현출(2001) "동유럽의 민주화와 정당체계의 안정성", 『국제정치논총』 제41집 3

정기진·이훈영(2008) "사회균열구조의 선거 영향력에 대한 유권자 인식에 관한 실증 연구: 투표에서 유권자의 정당 선택 기준을 중심으로", 『한국정당회보』 제7권 제1호.

정흥모(2001) 『체제전환기의 동유럽 국가 연구: 1989년 혁명에서 체제전환으로』. 도서출판 오름.

정흥모(2002) "동유럽연구 새 개념도구로서의 전환 : 독일·미국 학계의 비교 관점에서", 『국제지역연구(외대)』 제6권 제3호(통권22호)

정흥모(2012)『동유럽 국가 연구: 공산주의 붕괴 그 후 20년』. 성대출판부.

진승권(2010)."탈사회주의 체제전환기 동유럽 선거민주주의와 전당정치: 폴란드 사례",『세계정치』. 제31집 1호. 봄-여름.

Bakama, W(1991) "The Ministerial Career", J. Blondel and J.L. Thiebault(eds), The Profession of Government Ministers in Western Europe. London: Macmillan.

Bandelj, Nina and Radu, Bogdan(2006) "Consolidation of Democracy in Postcommunist Europe", Center for the Study of Democracy.

Brusis, Martin and Dimitrov, Vesselin(2001). "Executive configuration and fiscal performance in post-communist central and eastern Europe", Journal of European Public Policy. Vol. 8 No.6.

Dawisha, Karen(1997). "Dmocratization and political participation: research concepts and methodologies", Karen Dawisha and Bruce Parrot(ed.), Politics, power, and the struggle for democracy in South-East Europe. Cambridge University Press: Cambridge.

Goetz, Klaus H. and Wollmann, Hellmut(2001). "Governmentalizing central executives in post-communist Europe: a four-country comparison", Journal of European Public Policy. Vol. 8 No.6.

Inglehart, R(1977) The Silent Revolution: Changing Values and Political Styles among Western Publics. Princeton: Princeton University Press.

J. 린쯔·A. 스테판 지음. 김유남·이충묵·주미영·안순철·이상환 옮김(1999)『민주화의 이론과 사례: 이상과 현실의 갈등』. 삼영사.

Kopechy, Petr(2003) "Structures of Representation: The New Parliaments of Central and Eastern Europe", Stephen White, Judy Batt and Paul G. Lewis(ed.). Developments in Central and East European Politics 3. Palgrave Macmillan.

Krzysztof, Jasiewicz(2003) "Elections and Voting Behavior", Stephen White Judy Batt and Paul G. Lewis(ed.) Developments in Central and East European Politics 3. Palgrave Macmillan.

Lawson, Kay, Römmele, Andrea and Karasimeonov, Geori.(ed.)(1999) Cleavages,

Parties, and Voters: Studies from Bulgaria, the Czech Republic, Hungary, Poland, and Romania. London: Praeger.

Lipset, Seymour Martin and Stein, Rokkan(eds.)(1967) Party Sysrem and Voter Alignments. New York: Free Press.

Manza, J. and Brooks, C.(1997). "Social Cleavages and Political Alignments: U.S Presidental Election, 1960-62", American Sociological Review. No.62.

Müller-Rommel, Ferdiend, Fettelschoss, Katia, and Harfst, Philipp(2004). "Party Government in Central European Democracies: A data Collection(1990-2003)", European Journal of Political Research. Vol.43.

Müller-Rpmmel, Ferdinand(2005) "Types of Cabinet Durability in Central Eastern Europe", Center for the Study of Democracy. Paper 05'12.

Peral, Edurne Bartolome(2008) "Support for the Democratic Process in Europe." Center for the Study of Democracy. Paper No. 4(08-04).

Plusser, Fritz, Ulram, Peter A. and Waldrauch, Hatald(1998) Democratic Consolidation in East-Central Europe. Macmillan Press.

Sitter, Nick(2002) "Cleavage, Party Strategy and Party System Change in Europe, East and West", Perspectives on European Politics and Society. Vol.3 No.3

Somer-Topcu, Zeynep and Williams, Laron K(2008) "Survival of the Fittest? : Cabinet Duration in Postcommunist Europe", Comparative Politics. April.

Taras, Rag (2003) "Executive Leadership: Presidents and Governments", Stephen White, Judy Batt and Paul G. Lewis(ed.). Developments in Central and East European Politics 3. Palgrave Macmillan.

The Economist Intelligence Unit (2010) Democracy index 2010: Democracy in retreat.

Warwick, Paul(1994) Government Survival in Parliamentary Democracies. Cambridge: Cambridge University Press

Zubek, Radoslaw(2001) "A core in check: the transformation of the Polish core executive", Journal of European Public Policy. Vol. 8 No.6.

〈동유럽의 체제 전환 이후 한국과의 정치 관계 변동 연구〉

삼성경제연구소,「한국경제의 글로벌경쟁력」(2012)

안성호 (2012) "코소보민족문제를 통해 본 발칸의 정체성재건", 『동유럽연구』. 제30권. 241-270

안성호 (2010) "EU와 동유럽의 글로벌 경제위기극복에 대한 협력연구", 『동유럽발칸학』. 제12권1호.

안성호 (2007) "불가리아와 루마니아의 EU 가입이후의 변화에 대한 정치경제학적인 비교연구", 제1 회 한국유럽학 국제학술대회(5.26), pp.1-23.

Ahn, Sungho (2006) "A Comparative Study on Global Democracy Between Hungary and Romania", 『동유럽연구』. 제17권.

Aili, Piano, and Arch Puddington,(ed.).(2004) Freedom in the world 2004: the Annual Survey of Political Rights & Civil Liberties.N.Y.: Freedom House.

Bhagwati, Jagdish (2004) In defense of Globalization(Oxford University press), p. 93.

Cline, Ray (2001) World Power Assessment

Kearney, A.T. (2005) Foreign Policy magazine Globalization Index (May-June), pp. 52-61.

Kurian, George Thomas (ed.)(2001).The Illustrated Book of World Rankings.N.Y.: M.E. Sharpe.

Marcussen, Martin (2005) "multilateral surveillance and the OECD: playing the idea game," in Klaus Armingeon, The OECD and European Welfare States (Cheltenham, UK: Edward Elgar), pp. 22-23.

Piano, Aili & Arch Puddington (2004) Freedom in the World 2004.N.Y.: Freedom

Puddington, Arch (2009) "The 2008 Freedom House Survey: A Third Year of Decline," Journal of Democracy, April ,Vol. 20, No. 2, pp. 96-97.

Sindzingre, Alice (2004) "Truth,Efficiency and Multilateral Institutions:A Political Economy of Development Economics," in New Political Economy, Vol.9, No.2, June, p. 240.

AFP (2009. 03. 26) "South Korea says more talks needed on EU trade pac"t

BMI (2010) AutosReport,

Business Standard (2010. 09. 11) "EU-Korea FTA remains stalled"

Chicago Tribunne, January 21, (2005)

EIU (2008) World Investment Prospects to 2011Encyclopaedia Britannica (2014) TIME Almanac

EPA (European Pressphoto Agency).

European Commission (2010. 09. 17) "The EU-Korea Free Trade Agreement negotiations"

Financial Times (2009. 9.15-20)

FOX News (2009. 03. 22)

Global Insight (2010) IHS Global Insight Report, August .

IBM, Institute of Business Value,「조사자료」(2005.4.6발표)

IMD (2010-2013) The World Competitiveness Yearbook (Online).

IMF (2009) World Economic Outlook October 2009(Official Government forecasts valid as of October20).

IMF (2009-2013) International financial statistics: Washington DC: CD-Rom.

IMF Report (2011-2014)

NEWSWEEK, August 23 & 30, (2010)

TI (2010-2013) Global Corruption Report.

TIME (2012. April 30)

TIME Almanac (2012)

The League of Women Voters (2010-2013) Global Democracy Programs.

World Bank (2009-2013) World development indicators. Washington DC: CD-Rom.

Washington Post (2013. February 23)

Wall Street Journal (2009. 03. 24 - 2013. 03. 27)

기타자료

외교부a(2013)『세계각국편람』

외교부b(2013)『2013외교백서』

외교부c, (2013.3.27)「2013년도 업무계획보고」

외교통상부(2013)『성숙한 세계국가: 국민과 함께 더 넓은 세계로』.

외교통상부,(2013)「통계자료」

외교통상부,(2013)「한국외교60년」

한국무역협회, (2011-2014)「통계자료」

한국국제협력단(2009)『타원조기관의 ODA 평가제도』.

「중앙일보」,「동아일보」,「한겨레신문」,「서울신문」

Global Insight, 한·EU FTA 발효 후 유럽시장에서 선전하는 한국 자동차업체들 (2011)

OECD통계연보 (2005-2014)

인터넷자료

http://missiontoeu.mofat.go.kr (검색일:2014.3.28).

http://www.europa.eu (검색일:2014.3.27)

http://fta.korea.kr/ (검색일:2014.3.12) FTA종합지원포털

http://www.fta.go.kr (검색일:2014.3.10)외교통상부 자유무역협정

http://www.kita.net (검색일:2014.3.10) 한국무역협회

http://www.kiep.go.kr (검색일:2014.3.10)

http://www.edaily.co.kr (검색일:2014.3.18)

http://www.oecd.org (검색일:2014.3.5)

http://www.eiu.com/public/democracy_index (검색일:2014.3.23)

http://www.newfocus.co.kr/(검색일:2014.3.9)

wwwc.house.g o v /international (검색일:2014.3.20)

http://www.eu.org (검색일:2014.3.28)

http://www.yna.co.kr (검색일:2014.3.28-29)

http://www.nato.int/ (검색일:2014.3.29)

http://europa.eu/index (검색일:2014.3.29)

http://www.mofa.g ov.rs/policy/Priorities/bsec (검색일:2014.3.20)

http://hrv.mofa.go v.kr/korea/eu (검색일:2014.3.25)

http://www.un.org/en/ (검색일:2014.3.30)

http://www.atkearney.com (검색일:2014.3.10).

http://www.oecd.org/dac/stats.OECD/DAC DB.

EC. Europe Aid. https://ed.europa.eu/europeaid.

WorldBank, World Development Indicators DB.

OECD, International Development Statistics Online DB.

OECD CRS (Creditor Reporting System)DB.

〈동유럽 기록에 비친 한국전쟁 기원연구와 시사점: 유고슬라비아를 중심으로〉

김철민 (2000) "티토하의 유고슬라비아에 관한 연구 (1): 코민포름 분쟁의 배경과 그 영향," 『동유럽 연구』, Vol. 9, 한국외국어대 동유럽·발칸연구소.

______ (2002) "코민포름 분쟁(1948)에 대한 유고슬라비아의 시각과 대응전략," 『슬라브연구』, Vol. 18, No. 1, 한국외국어대 러시아연구소.

______ (2008) 『한국전쟁과 동유럽: 유고슬라비아는 왜 남침설을 지지했는가?』, 아카넷.

스툭, 윌리엄 저, 김형인, 김남균, 조성규 그리고 김재민 공역 (2001) 『한국전쟁의 국제사』, 푸른 역사.

Bekić, Darko (1988) *Jugoslavija u Hladnom ratu: Odnosi s velikim silama 1949-1955.* Zagreb.

Dapčević, Peko (1951) *Rat u Koreji.* Beograd.

Dedijer, Vladimir (1979) *Dokumenti o 1948, knj.* I-III. Beograd.

______ (1980) *Interesne sfere.* Beograd.

Khrushchev, Nikita S. (1970) *Khrushchev Remembers.* Boston.

Kim, Čol-Min (2002) *Jugoslavija i Korejski rat.* Beograd: Univerzitet Beograda.

Marković, Milan (1951) "Neke crte međunarodno-pravnog aspekta korejskog sukova," *Međunarodni problemi.* br. 6, godina III, January-February, Beograd, .

Međunarodna politika (1950) "Uz početak Pete Generalne skupštine UN," god. I, br. 9, 27. September, Beograd.

______ (1950) "OUN i događaji u Koreji," god. I, br. 3, July, Beograd.

Petranović, Branko, Ranko Končar i Radovan Radonjić eds. (1985) *Sednice Centralnog komiteta KPJ (1948-1952).* Beograd.

Petranović, Branko (1988) *Istorija Jugoslavije 1918-1988,* knj. I-III. Beograd.

Poljoprivredni nakladni zavod (1956) *Koreja: zemlja, narod, privreda.* Zagreb.

Radenković, Đ. i Stojiljković, D. (1950) *Koreja.* Beograd,

Savezni sekretarijat za inostrane poslove (1993) *Dokumenti o spoljnoj politici Socijalističke Federativne Republike Jugoslavije 1950.* Beograd.

Stojković, Momir ed. (1999) *Balkanski ugovorni odnosi 1876-1996., knj.* III (1946-1996). Beograd.

Stueck, William (1995) *The Korean War: An International History.* Princeton, New Jersey.

Borba (25. June 1950) "Izbio je oružani sukob između Severne i Južne Koreje," godina XV.

Borba (5. April 1951) "Pred likvidaciju Korejskog rata," god. XVIII.

Politika (26. June 1950) godina XLVII.

Politika (21. January 1951) godina XLVIII.

Politika (15. February 1951) godina XLVIII.

색인

ㄴ

ㄷ

ㄹ

ㅁ

ㅂ

ㅅ

ㅇ

ㅈ

ㅊ

ㅋ

ㅌ

ㅍ

ㅎ

동유럽 체제전환 과정과 통일 한국에 주는 의미

초판 인쇄 2014년 9월 25일
초판 발행 2014년 10월 3일

지 은 이 김철민 외
발 행 인 김인철
발 행 처 한국외국어대학교 지식출판원
130-791 서울특별시 동대문구 이문로 107
전화 02)2173-2495~7
팩스 02)2173-3363
홈페이지 http://press.hufs.ac.kr
전자우편 press@hufs.ac.kr
출판등록 제6-6호(1969. 4. 30)
편집 · 디자인 (주)이환디앤비 02-2254-4301
인쇄 · 제본 현문자현 031-902-1424

ISBN 978-89-7464-942-5 93920 정가 20,000원

*잘못된 책은 교환하여 드립니다.

HU:iNE은 한국외국어대학교 지식출판원의 어학 및 사회과학도서 Sub Brand이다. 한국외대의 영문명인 HUFS, 현명한 국제전문가 양성의 (International+Intelligent)의 의미를 담고 있으며, 휴인(携引)의 뜻인 '이끌다, 끌고 나가다'라는 의미처럼 출판계를 이끄는 리더로서, 혁신의 이미지를 담고 있다.